项目资助

教育部人文社会科学研究青年基金项目：学习分析技术支持的认知临场感过程模式挖掘与提升策略研究（23YJC880002）

宁夏大学西部一流教育学科系列丛书

王安全 / 主编

21世纪在线学习

探究社区理论与实证研究

白雪梅 ◎ 著

中国社会科学出版社

图书在版编目（CIP）数据

21 世纪在线学习：探究社区理论与实证研究／白雪梅著. -- 北京：中国社会科学出版社，2025. 5.
(宁夏大学西部一流教育学科系列丛书). -- ISBN 978-7-5227-4817-7

Ⅰ. G434

中国国家版本馆 CIP 数据核字第 2025C38P03 号

出 版 人	赵剑英
责任编辑	赵　丽
责任校对	郝阳洋
责任印制	郝美娜

出　　版	中国社会科学出版社
社　　址	北京鼓楼西大街甲 158 号
邮　　编	100720
网　　址	http://www.csspw.cn
发 行 部	010-84083685
门 市 部	010-84029450
经　　销	新华书店及其他书店

印刷装订	北京市十月印刷有限公司
版　　次	2025 年 5 月第 1 版
印　　次	2025 年 5 月第 1 次印刷

开　　本	710×1000　1/16
印　　张	23
字　　数	332 千字
定　　价	128.00 元

党的十九大报告明确提出，要加快一流大学和一流学科建设，实现高等教育内涵式发展。党的二十大报告强调指出，坚持以人民为中心发展教育，加快建设高质量教育体系，发展素质教育，促进教育公平。在国家"双一流"建设背景下，西部地区各省区的许多地方院校结合自身实际，分别提出了建设国家或者西部一流大学、西部一流学科的战略构想。宁夏回族自治区党委和政府也结合实际，提出了"集中建设一批优势特色学科和重点专业，把宁夏大学办成西部一流大学"的总体要求。宁夏大学根据自治区一流大学和一流学科建设精神，提出分 A、B 两个层次，分别建设国内和西部一流学科的要求。教育学是宁夏大学西部一流学科建设的任务之一，因此，学校对其提出了明确要求：提升教师教育人才培养和研究能力，引领自治区基础教育快速发展。

为扎实有效地推进宁夏大学西部一流教育学科建设，孕育和推出一批高质量、有影响力的学术研究成果，宁夏大学教育学院、教师教育学院从2017 年开始，组织教师教育理论、教师教育课程教学理论、教师教育心理学理论和教师教育信息化方向的科研团队积极开展相关研究。2018—2020年，在科学出版社推送出 7 本有分量的系列研究成果，汇集为丛书出版。

在"双一流"二期建设期间，宁夏大学教师教育学院科研人员又与中国社会科学出版社联系，计划出版 9 本系列丛书，它们分别为：

1. 王安全：《西部乡村振兴中的教师教育供给制度研究》。本书以宁夏西吉、海原、固原、隆德等地、甘肃庄浪、陕西定边、新疆南疆英吉沙县、四川老林、贵州花溪、凯里六省（区）有关地区为主、辅之以青海、内蒙古、云南、四川、重庆、广西等地；抽取十省（区）不同县域及其具有代表性的学校（共计 57 所），以本地区教育行政人员、乡村学校管理人员、师生、居民作为主要研究对象，以尊重教育情境为原则，首先通过文献分析方法、政策学政策文本分析法、社会学实地调查和访谈研究方法、民族学人种学研究方法、民俗学方法，最后运用比较研究方法，对西部乡村教师教育供给制度的历史与现状、西部乡村教师教育供给制度问题及原因、乡村振兴战略中的西部乡村教师教育供给制度内涵、西部乡村教师教育制度取向及变革方式等进行了系统研究，对提升西部乡村不同类型和层次贫困地区的教师教育制度科学化程度有重要参考价值。

2. 曹二磊：《预科生数学核心概念理解水平及教学策略研究》。通过自编测试题目、专家对测试题目理解水平认证等环节，对预科生导数理解水平进行了全面系统测查。在此基础上，结合课堂观察与课后访谈，深入挖掘了影响预科学生导数理解的隐性因素。并针对学生理解水平的测查结果，提出了有针对性的促进其导数理解水平提升的教学策略。最后通过微型教学实验，验证了教学策略的有效性。本书不仅从整体上分析了预科学生对导数的理解水平，而且深入预科生内部，从导数理解的四个维度对不同专业、性别、定向高校的预科学生的具体理解水平进行了全面细致的考查，对存在的问题及困难做了具体分析与整体掌握，较以往的研究更全面和有针对性。本书没有局限在理论层面以评价学生概念理解水平为导向进行的质化理解水平研究问题的讨论，而是通过本土化的实证研究，探讨了预科生导数理解的量化结果，这种探索在教育结果评价领域具有创新性。

3. 关荐：《民族地区文化共同体建设的心理学路径研究》。依托心理学实证研究方法，着眼于文化认同与共同群体认同模型建构、文化与心理学间关系梳理，以及文化认同如何促进文化共同体的建立开展研究。从群际接触、群际共情、群体动力三个方面重点探讨文化共同体建立的有效途径，从行为、眼动、神经生理等多视角为铸牢中华文化共同体提供了证据，为增强中华民族文化认同、建设中华民族共同的精神家园、弘扬中华民族优秀文化、夯实国家认同基础提供了科学依据。

4. 马晓凤：《精准帮扶视域下农村小规模学校发展研究》。西北农村小规模学校普遍分布在自然环境不利的贫困地区。受区域经济发展水平不均衡等因素制约，小规模学校的资源配置普遍不均，师资配置严重匮乏。本书以西北三省（区）农村为范围，以陕西、甘肃、宁夏三省（区）17所小规模学校为重点研究对象（它们均来自贫困地区各个县区的中心小学、完全小学或非完全小学乃至教学点，具有典型性），以教育公平理论、市场缝隙理论、教育生态理论为理论基础，基于精准帮扶的研究视角，综合运用多种研究方法，通过理论建构与实践探寻两个层面揭示西北地区小规模学校发展的基本现状及其发展困境，从总体上探究西北地区农村小规模学校发展特征及未来走向，对于贫困地区农村小规模学校的发展具有重要意义和参考价值。

5. 马晓玲：《西北地区农村教学点信息化演进研究》。乡村教学点一直是农村偏远地区适龄儿童就近入学的重要途径，因此，国家出台了系列政策措施，保障那些确需保留的教学点的生存与发展。本书认为，解决教学点生存与发展的路径很多，其中借助信息化赋能教育教学，是破解教学点发展难题的重要思路，也是国家长期以来的重要战略决策部署。为此，本书采取历史与现实相统一的思想以及质性研究范式，结合少量数据量化分析，梳理了西北地区农村教学点信息化演进的过程、路径、逻辑及问题等，以期丰富教学点信息化的相关研究，为教育管理部门的相关决策提供科学参考，为教学点信息化发展提供启示和借鉴。

6. 田养邑：《教育精准扶贫机制的人类学图志》。将教育扶贫作为农家子弟生命史书写与创造的时空境遇，使用民族志、扎根理论、大样本问卷调查方法，生动呈现了乡村境遇贫困产生的原因以及反贫困案例。同时，采用科学与人文结合的综合研究范式，全景式扫描全面打赢脱贫攻坚战之前宁夏特困地区教育精准扶贫介入机制，探索了这种介入机制的普遍骨架，并将教育扶贫的结构化演进和再生产机制作为农家子弟教育反贫困的经典机制，拓展性地延伸到了后脱贫时代。

7. 马笑岩：《小学教育专业教学质量评价标准研究》。本书梳理了国内外有关教学质量评价标准的文献资料，厘清了以学习为中心的小学教育专业教学质量评价标准的内涵。以分析中国本科小学教育专业教学质量评价的历史、现状及问题为切入点，在对现状进行实然考察的基础上，突破以"教师的教为核心"的评价维度，探索了"以学习为中心"的小学教育专业教学质量评价标准的指标框架，构建了以学习为中心的小学教育专业教学质量评价标准。同时，本书以学习中心教学理论、有效教学理论、第四代教育评价理论和人的全面发展理论等为指导，在理性反思的基础上，提出了以学习为中心的小学教育专业教学质量评价标准的保障机制和实施策略。

8. 李英慧：《梁漱溟青年教育观研究》。本书以梁漱溟先生的经典作品《朝话》为文本，本着"小心求证"的原则，采用"求同比较"与"求异比较"的比较研究法，全面系统梳理了梁漱溟先生青年教育观的主要内容，以及各部分内容之间的联系和区别。比较了梁漱溟青年教育观主要内容所遵循的共同原则与规律，及其青年教育观与他的其他思想观点之间的异同与联系，重点归纳分析了梁漱溟青年教育观的理论特征及实现路径，初步探索了梁漱溟《朝话》体现的青年教育观的当代价值。考察梁漱溟的青年教育观，虽然看似"题小"，但是却能赋予其新的研究价值与研究意义。

9. 陈琼：《西北地区小学中华优秀传统文化传承的典型案例研究》。在对几所小学中华优秀传统文化传承实践总结的基础上，首先对文化育人理想和现实、文化自信与经济自卑、创造转化和迎合兴趣之间的关系进行了深入思考。从目的、过程与路径、结果三个方面对小学阶段中华优秀传统文化传承教育的基本方式进行了建构，继而在借鉴案例研究学校积极经验、反思其传承不足和传承困境的基础上，从学校微观、辅之以宏观层面提出了西北地区小学中华优秀传统文化传承教育的建议。本书认为，文化自觉意识和自主发展行动是促进当下西北地区乃至全国小学进行中华优秀传统文化传承教育的关键。清晰确立本校文化传承教育的理念目标、积极探索"一体两翼"的文化传承思路、充分利用所处地域的地方文化特色资源、有效形成中宏观层面合力支撑的良好局面，是西北地区小学中华优秀传统文化传承教育发展的必由之路。

本套系列丛书是宁夏大学教师教育学院多位学术骨干根据自己的专业经历和研究专长多年思考和研究的结果，具有较高的理论水平和实践意义。它们既是宁夏大学教育科研研究水平和学科特色的一次集中展示，对推动中国教育科学研究水平提升和实践探索深化也具有重要意义。教育学是一门学科，也是一个研究领域。作为学科，教育学尚需在概念体系、知识体系、理论体系和方法论体系等方面不断完善；作为研究领域，教育研究则需要更好地回应教育改革与发展的理论和实践诉求。学科发展需要和教育实践诉求共同推动教育学科的发展，教育研究工作者使命光荣，任重道远。

我期待这些成果能在教育理论研究与区域教育改革实践中发挥应有的作用；我希望读者对丛书提出宝贵意见和建议，以帮助他们进一步修订和完善相关研究内容，这也是各位作者的真诚愿望；我相信，通过宁夏大学各位作者以及同人的共同努力，一定能为提高宁夏大学乃至中国西部地区的教育研究水平做出更大的贡献。

是为序。

国家教育咨询委员会委员，国务院教育督导委员会总督学顾问
北京师范大学原校长、中国教育学会原会长
2023 年 12 月

目 录

CoI 理论框架起源与发展

第一章

第一节　前言

随着信息技术的迅猛发展和全球化趋势的深化，教育领域正在经历一场深刻的转型。在这个变革的时代，如何高效地促进知识的创造、传播和应用，已成为研究者与实践者共同面临的重大课题。特别是在互联网技术的推动下，传统的教育模式正在向在线学习和混合式学习模式转变，这不仅为教育创新开辟了新的路径，也对教育的质量和效果提出了更高要求。

在线学习和混合式学习的兴起，为教育者提供了前所未有的机会，使学习不再局限于教室，而是跨越时空界限，能够实现在线学习。然而，伴随这种模式的普及，如何确保在线学习环境中的学习者能够进行深入、系统的知识探究，提升学习效果，成为亟待解决的问题。在线学习环境的虚拟性和去中心化特性，要求教育者重新思考如何构建有效的学习社群，促进学习者之间的互动与合作，以及如何设计能够激发学习者主动学习和深度思考的学习活动。

正是在这一背景下，加拿大远程教育领域的先驱学者加里森（Garrison）等，于21世纪初共同创立了探究社区理论框架（Community of Inquiry Framework，简称 CoI）。CoI 框架自问世以来，迅速获得了远程教育、在线教育以及混合学习等领域的广泛认可，成为教育技术学领域的重要理论之一。截至 2024 年 4 月，CoI 框架的第一篇学术论文已被引用超过 9000 次，其影响力可见一斑。CoI 框架的核心在于构建一个支持深度学习和知识创造的虚拟学习社区，强调社会临场感、教学临场感和认知临场感这三个维度对于在线学习的重要性。社会临场感关注学习者之间的互动和社群建设，教学临场感侧重于教学设计和教师的角色，而认知临场感则聚焦于学习者深度认知过程的培养。CoI 框架为教育者提供了分析与设计在线学习的理论工具，帮助教育者理解如何在在线虚拟学习中促进学习者之间的有效互动，激发学习者的主动性，以及设计能够促进深度学习的在线教学活动。CoI 框架的广泛应用和深远影响，不仅体现在其理论贡献上，更在于它为教育实践者提供了一套行之有效的指导原则，帮助教育者在设计和实施在线课程时，能够更加注重学习者体验，促进学习者之间的互动，以及提升学生在线学习与混合学习效果。简言之，CoI 框架为在线教育以及混合学习等技术支持的创新教育教学提供坚实的理论支持和实践指南。

首先，本书致力于全面而系统地呈现 CoI 理论的全貌，深入剖析其研究成果，以期为我国在线教育、混合教学及其他技术驱动的数字化学习模式提供有力的理论支撑。其次，本书旨在呈现我们团队对 CoI 框架，及其三要素之一认知临场感的实证研究。本书主要分为三个部分，首先，开篇详尽阐述了 CoI 理论框架的起源、核心概念及其发展脉络。这一部分不仅追溯了 CoI 理论框架的诞生历程，还深入解析了其理论根基、核心理念及外延价值。此外，通过全面梳理 CoI 理论框架的学术影响力与已有国际相关实证研究，以及对其拓展与深化的探讨，旨在展现 CoI 理论框架的动态发展与广泛适用性。同时，客观审视外界对该框架的质疑，力求呈现一个立体而全面的理论框架。紧接着，第二部分聚焦于 CoI 框架三大核心要素——社会临场感、教学临场感和认知临场感的国际研究前沿。这部分内容不仅归纳了三大要素的理论进展，还深入分析了它们在国际学术界的最新研究成果，为读者提供了对 CoI 理论框架全面而深入的介绍。最后，在第三部分，介绍了我们团队在 CoI 理论框架下的实证研究。其一，聚焦大规模开放在线课程（MOOC），就 CoI 框架在

MOOC 中的适用性，以及 MOOC 中学习者对于 CoI 框架三种临场感的感知差异进行了研究。其二，聚焦认知临场感这一重要要素，对于在线协作学习中认知临场感进行了系统研究，包括在线协作学习中认知临场感过程模式的诊断研究，以及认知临场感提升策略研究。通过对这些实证研究的详细介绍，展示了 CoI 理论在具体教育实践中的应用价值，及其对提升在线学习体验、促进深度学习和增强学习社群互动的潜在贡献。

第二节 CoI 框架的诞生

一 在线教育的兴起

自 20 世纪末以来，互联网技术的爆炸式增长与广泛应用，犹如一股不可阻挡的洪流，重塑了信息获取、知识分享与学习方式的全貌。在这一背景下，传统的面对面教学模式开始逐渐转型为在线教育，为学习者提供了更加灵活、便捷和个性化的学习体验。

然而，正如硬币的两面，线上教育的繁荣背后亦潜藏着不容忽视的挑战。与面对面的课堂教学相比，在线教育面临着独特的挑战。例如缺乏面对面的交流和互动、难以确保学习者的学习投入和参与度，以及如何提供有效的学习支持等问题，这些问题促使教育工作者和研究者重新思考教学方法和学习体验的设计，以更好地适应在线学习的特点。

二 早期在线教育的探析与局限

CoI 框架被正式提出之前，众多学者和教育研究者便已投身于在线教育领域的探索，试图揭开这一新型教育模式的奥秘。这些早期研究不仅丰富了我们对在线学习特性的认知，还为后续的理论构建铺垫了坚实的基础。其中，交互理论尤为引人注目，被视为在线教育理论的里程碑之一[1]。交互理论深刻剖析了在线学习中的三大交互类型：学生与内容的

---

[1] Michael G. Moore, "Three Types of Interaction", *The American Journal of Distance Education*, Vol. 3, No. 2, 1989, pp. 1–6.

互动、学生与教师的互动，以及学生与学生之间的互动。该理论强调，这三种交互模式在远程教育和在线学习情境中占据核心地位，对学习成效具有决定性影响，为理解在线学习环境下的社会互动与认知过程提供了新视角。

然而，尽管这些早期研究为在线教育领域贡献了丰富的洞见，但它们的局限性也不容忽视。首先，多数研究聚焦于特定类型的交互或在线学习的某个侧面，缺乏对在线学习社区整体性的考察，未能将学习的社会维度、认知维度和教学维度有机融合，构建一个全面而系统的理论框架。这意味着，对于在线学习体验的复杂性和多样性，早期理论未能提供足够深入的解释和指导。其次，这些研究往往基于理论假设和逻辑推断，缺乏充分的实证数据支持。虽然理论构建是科学研究的重要组成部分，但缺乏实证检验的理论，其有效性和实用性难以得到验证。这导致了理论与实践之间的脱节，即理论在实际教学场景中的应用可能遭遇挫折，无法有效指导在线课程的设计与优化。

面对上述局限，教育领域的研究者开始探索构建更加全面、综合的理论框架，旨在填补现有理论的空白，为在线学习的设计与实施提供更加科学和实用的指导。CoI 框架的提出，正是这一探索过程中的重要成果。它不仅强调了学习过程中的社会互动、认知发展和教学策略的三重作用，还为评估在线学习环境的质量提供了具体指标，从而推动了在线教育理论与实践的同步发展。此外，CoI 框架的诞生，不仅回应了早期研究的不足，也为在线教育的未来发展指明了方向，体现了教育研究与实践的紧密互动与持续进步。

第三节　CoI 框架概述与解析

一　CoI 概述：教学策略、社会文化与认知建构的融合

CoI 框架由三个相互交织的维度构成：教学临场感、社会临场感和认知临场感，它们共同构成了 CoI 框架的三大核心要素。

（一）教学临场感：引导与促进的枢纽

教学临场感是指为实现学习者富有个人意义和教育价值的学习结果，对学习者的认知过程与社会过程进行设计、促进和指导。教学临场感作为在线学习环境中至关重要的维度，聚焦于通过精心设计、促进和指导学习者的认知与社会互动过程，以达成具有个人意义与教育价值的学习成果。这一概念囊括了设计与组织、促进对话与直接指导三大子类目，旨在全方位构建有利于深度学习的教育环境。

在课程设计与组织层面，教学临场感要求教师或课程设计者精心策划课程内容，合理安排学习活动顺序，确保学习材料的逻辑连贯性和可操作性。通过设立明确的学习目标与路径，引导学习者有序地探索知识，形成系统化的认知结构。在促进对话方面，教学临场感强调教师在在线学习社区中扮演的催化剂角色，通过引导和维持高质量的互动对话，激发学习者之间的知识分享与思维碰撞，促进批判性思考与合作学习。教师通过提问、反馈和鼓励，营造一个包容、支持的学习氛围，让每个学习者都能积极参与，体验到学习的乐趣与成就感。直接指导则侧重于教师对学习者的个性化支持，通过定期监测学习进展，诊断学习需求，及时提供针对性的反馈与指导，确保学习者能够克服障碍，达到预期的学习目标。

本质上，教学临场感反映了教师或课程设计者在探究社区中的核心角色，负责课程设计、促进讨论和管理学习过程，以确保教育活动的连贯性和有效性。这一维度与布鲁姆的目标导向教学理论相呼应，即强调清晰的学习目标和策略性教学设计对学习成果的决定性影响。在CoI框架中，教学临场感通过精心设计的学习活动和适时的指导，确保学习者能够充分利用资源，实现深度学习。教师或设计者的角色不仅是知识的传递者，更是学习过程的引导者和促进者，通过创设富有挑战性且支持性的学习环境，激发学习者的主动参与和深度思考。

综上所述，教学临场感在在线学习中扮演着核心角色，它不仅为学习者提供了结构化、有目标的学习框架，还通过促进深度互动与个性化指导，激发了学习者的主动性和创造性，促进了高质量学习成果的生成。

通过设计与组织、促进对话和直接指导这三个子类目的协同作用，确保了学习活动的连贯性与有效性，引领学习者走向深度学习。

（二）社会临场感：情感与社交的纽带

社会临场感指的是学生在探究社区中通过利用通信媒体在社交和情感方面表现"真实"自己（即呈现完整个性）的能力。在缺少面对面情感交流的在线学习环境中，社会临场感的重要性不言而喻。社会临场感通过增强学习者的归属感和参与度，为批判性对话和知识共享奠定基础①。社会临场感包括情感表达、开放交流与小组凝聚力三个子类目。

首先，情感表达作为社会临场感的重要组成部分，鼓励学习者在交流中自然流露个人情感与态度，通过分享个人经历、兴趣爱好或情绪状态，增进彼此间的理解和共鸣。这种真诚的情感交流有助于打破线上学习的隔阂，让学习者感受到彼此间的真实联系，进而激发更深层次的学习投入。其次，开放交流则着重于学习者之间的信息共享与观点交换，通过讨论、协作和反馈，促进知识的共同构建。在开放的交流氛围下，学习者能够跨越地域限制，与来自不同背景的同伴进行思想碰撞，拓宽视野，深化理解。这种无拘束的知识共享机制，不仅丰富了学习资源，也为批判性思维的培养提供了肥沃土壤。最后，小组凝聚力，是社会临场感的又一基石，它关注于社区成员之间形成的相互支持和归属感。在线学习往往缺乏传统课堂的物理聚集，因此，通过团队项目、小组讨论等活动，强化成员间的联系，建立稳固的团队，对于维护学习动力和提高参与度至关重要。群体凝聚力的形成，为学习者创造了安全感，让他们在面临挑战时能获得同伴的支持和鼓励，共同克服困难。

综上所述，社会临场感通过情感表达、开放交流与群体凝聚力，为在线学习者搭建了一个充满人文关怀和支持的学习社区。它不仅促进了学习者之间的情感联结，还为知识共享与深度学习提供了良好的社会心理环境。通过社会临场感的培养，学习者得以在虚拟空间中构建真实的

---

① Terry Anderson, Liam Rourke, D. Randy Garrison, Walter Archer, "Assessing Teaching Presence in a Computer Conferencing Context", *Journal of Asynchronous Learning Networks*, Vol. 5, No. 2, 2001, pp. 1-17.

人际关系，体验到强烈的归属感，这不仅增强了学习动力，也为持续参与在线学习奠定了坚实基础。社会临场感的实现，是对奥尔波特社会身份理论的现代诠释，强调了群体认同在促进学习成效中的重要作用。

（三）认知临场感：知识建构与批判性思维的引擎

认知临场感是指学习者在批判性探究社区里通过不断反思和对话来构建意义的程度。认知临场感包括触发事件、探究、整合和解决四个阶段，即通过定义一个问题或任务来触发学生进入学习状态，学生在探究相关的信息或知识的基础上，通过分析和整合不同的观点与理解来确定解决问题的方案，并且最终解决问题。这些环节都是依靠注重批判对话的协作活动完成[①]。

认知临场感解释了知识发展中批判性思维的过程，是学习者通过互动、问题和推理，在学习社区中以深刻而有意义的方式发展知识优势的关键。认知临场感强调学习者在面对问题和挑战时，通过批判性思考和讨论，逐步构建和验证个人理解，最终达到知识的深化和整合。这一过程不仅培养了学习者的批判性思维能力，还促进了知识的内化和应用[②]。

认知临场感聚焦于学习者通过批判性思考和讨论，逐步构建和验证意义的过程。这一维度强调理解而非机械记忆的重要性。认知临场感鼓励学习者在安全、互动的环境中，通过问题解决、批判性反思和同伴交流，逐步构建个人和集体的知识体系。这种深度学习的过程，不仅加深了学习者对知识的理解，还培养了批判性思维，为终身学习和适应不断变化的世界奠定了基础。

二　CoI 解析：理论基石、核心要义与外在价值

（一）理论基石：批判反思理论、社会文化理论、协作建构主义

首先，杜威的批判反思理论为探究社区理论奠定了深厚的理论根基，

---

①　杨洁、白雪梅、马红亮：《探究社区研究述评与展望》，《电化教育研究》2016 年第 7 期。

②　D. Randy Garrison, Terry Anderson, Walter Archer, "Critical Thinking, Cognitive Presence, and Computer Conferencing in Distance Education", *American Journal of Distance Education*, Vol. 15, No. 1, 2001, pp. 7–23.

尤其是在促进认知发展和深化学习体验方面。杜威强调实践与经验在学习过程中的中心地位，主张知识是在实际情境中通过动手做和反思性思考来建构的。CoI 框架的核心理念与这一观点一致，即学习者通过积极参与和批判性反思，在真实或模拟的问题情境中共同探索知识，促进深度理解和创新思维。杜威的理论启示我们在探究社区中，学习不应仅仅局限于书本知识的传授，而应鼓励学习者主动参与到问题解决过程中，通过实践、观察、反思和讨论来加深对概念的理解。在这样的社区内，学习者能够体验到知识的生成过程，而非被动接受。此外，杜威对民主教育的推崇，以及他强调的教育应该培养个体成为积极参与社会的公民，也与探究社区中倡导的平等对话、合作学习和批判性思维的培养相呼应。在探究社区中，每个成员的声音都被重视，通过共同探讨和解决复杂问题，学习者不仅获得了知识，还学会了如何在多元视角中寻找共识，如何在面对不确定性时保持开放和批判的态度。简言之，杜威的批判反思理论为探究社区理论提供了理论支撑，强调了实践、反思和民主参与在学习中的重要性，促进了学习者在探究社区中通过合作与交流，实现知识的共创和个人成长。

其次，维果茨基的社会文化理论，深刻揭示了社会互动对于认知发展不可或缺的作用。该理论的核心在于，高级心理机能并非孤立于社会环境而自发产生，而是通过社会互动，特别是在与更有知识的他人（包括同伴）的交往过程中逐步形成的。基于这一理论，CoI 框架（尤其是社会临场感）强调学习者之间积极互动的重要性，以及由此产生的社区归属感对于知识共享和相互指导的关键作用。在一个充满活力的学习社区中，成员们通过频繁的沟通、协作和反馈，不仅能够弥补个人知识的局限，还能促进集体智慧的涌现。这种动态的社交网络为学习者提供了一个安全、包容的环境，使他们敢于表达自己的想法，勇于尝试新知，进而实现个人认知结构的不断丰富和重构。尤其在数字化时代，虚拟学习空间成为实施社会临场感策略的理想场所。在线平台不仅打破了地理界限，使得来自不同背景的学习者能够汇聚一堂，还提供了多样化的交互工具，如论坛、视频会议和协作文档等，极大地丰富了社会互动的形式。通过这些工具，学习者可以随时随地参与讨论，分享资源，甚至共同完成项目，从而使知识的获取和创造过程变得生动、高效且富有成效。通过精心构建支持性的学习社区，教育者能够激发学习者的内在动力，促进其在社会互动中主动探索、深入思考，最终实现知识的共创与个人成长的双重目标。在这一过程中，社会临场感不仅是学习成功的关键因素，更是连接学习者与知识世界的桥梁，帮助他们在不断变化的信息海洋中找到属于自己的航向。

再次，探究社区理论的基石根植于协作建构主义原则，该原则深刻体现了学习者间协作对于知识建构的核心价值。协作建构主义理论作为建构主义学习理论的深化与拓展，其核心在于强调学习者之间通过协作、互动与交流来共同建构和理解知识。它承袭了建构主义关于学习主动性与知识建构性的基本观点，即学习是学习者在与环境互动中主动构建内部心理表征的过程，但更进一步地，协作建构主义将"协作"视为学习过程中的关键要素。在这一理论中，学习者被置于中心地位，被视为知识的主动建构者，而非被动接受者。它鼓励学习者之间以及学习者与教师之间的协作与互动，共同探索、分享资源、交流思想并解决问题，从而深化对知识的理解和掌握。同时，协作建构主义也重视学习情境的创设，认为情境对于知识的建构具有重要意义，并倡导利用多样化的学习资源和学习方式，以激发学习者的学习兴趣和动力，提升学习效果。协作建构主义作为探究社区理论的基石，深刻体现了集体智慧的力量。在这一理论框架下，社群成员通过积极的互动与紧密的协作，共同构建和丰富社区的知识体系与文化内涵。他们分享经验、交流思想，不仅促进了个人成长，也推动了社区整体的持续学习与进化。这种共创过程不仅增强了社区的凝聚力和稳定性，还激发了无限的创新能力，使得社区能够适应变化，不断向前发展。协作建构主义强调了知识共享的重要性，为社区成员提供了一个开放、包容的平台，让每个人都能在其中找到属于自己的位置，共同为社区的繁荣贡献智慧和力量。

（二）核心要义：深度学习的生态体系

CoI 框架的核心目标是激发深度学习，促进有效的教育体验，确保在线学习不仅是信息的传递，还是知识的建构和批判性思维的培养。此外，CoI 深刻阐述了深度学习的实现机制，将社会临场感、认知临场感和教学临场感三大维度交织成一个综合体系，旨在促进学习者在知识构建、社会互动和情境适应中达到深度学习。

首先，通过社会临场感构建学习共同体。社会临场感是 CoI 框架的基石之一，它强调学习者之间的互动和社区感的建立，是知识共享和相互指导的催化剂。在探究社区中，通过促进学习者之间的对话、合作和反馈，可以营造一个支持性的学习环境，使每个成员都能够感受到自己的声音被听见，自己的贡献被认可。这种归属感和认同感激发了学习者参与的积极性，促进了深层认知加工和批判性思维的培养。正如维果茨基的社会文化理论所强调的，社会互动是高级心理机能发展的重要推手，在探究社区中，成员间的相互作用不仅加深了对知识的理解，还促进了个人与集体智慧的共生。

其次，认知临场感深化理解与创新。认知临场感关注的是学习者如何在复杂情境中进行深度思考和问题解决。它要求学习者能够超越表面信息，对知识进行批判性分析和综合应用。在探究社区中，通过设计挑战性问题和任务，引导学习者进入"最近发展区"，激发其内在的学习动力，促使他们主动探索未知，建构新知。认知临场感的实现依赖于学习者对知识的主动构建与深刻理解。在这一过程中，学习者不仅掌握了知识，更重要的是学会了如何学习，如何在面对复杂问题时运用批判性思维和创新策略。

最后，教学临场感聚焦于教育者如何设计和引导学习活动，以促进学习者深度学习。它要求教育者不仅仅是知识的传递者，更是学习过程的设计师和促进者。通过精心规划学习路径，创设真实或模拟的问题情境，教育者能够激发学习者的好奇心，引导他们主动参与探究，同时提供必要的支持和反馈，帮助学习者克服学习障碍，达到学习目标。教学临场感强调了教育者在构建学习环境中的关键作用，他们需要理解学习者的认知需求，设计适应不同学习者的教学策略，以及利用技术工具增强学习体验，从而实现深度学习的目标。

CoI 框架的三个维度相互支撑，共同构建了一个促进深度学习的生态体系。在这一体系中，社会临场感、认知临场感和教学临场感不是孤立存在，而是相互影响、相互促进。学习者在社会互动中深化认知，通过认知加工提升社会参与，而教育者的设计与引导则贯穿于整个学习过程，确保学习者能够在一个既充满挑战又充满支持的环境中成长。探究社区理论不仅为在线学习提供了理论指导，也为教育实践者提供了一套系统的方法论，以实现更加个性化、高效和全面的教育体验。随着教育技术的不断发展，CoI 框架将持续引领在线教育领域的创新，推动教育向更加个性化、高效和全面的方向靠近。

（三）外在价值：在线教学设计、实施与评价的综合性工具

自问世以来，CoI 框架迅速崛起并成为在线教育领域不可或缺的分析利器，它深刻揭示了社会临场感、教学临场感与认知临场感三者之间错综复杂的交织关系，为教育者提供了全方位透视在线学习生态的理论视角。CoI 框架的精髓在于，它倡导一种全面而深入的教学设计思想，强调三维交互作用的重要性，旨在提升在线教育的质量与学习成效。在实际应用中，CoI 框架被广泛视为在线教育设计、实施与评估的指南针。它不仅赋予教育者一套行之有效的工具，用于评估在线课程的深度与质量，更引领课程设计的创新方向，致力于促进学习者之间的有效互动与深度学习。

在设计阶段，CoI 框架帮助教育者识别和整合关键的教学元素，确保在线课程能够促进学生的参与、互动与知识构建。通过明确社会临场感、教学临场感和认知临场感的具体目标，教育者可以在社会临场感方面，创建促进学生间互动的机会，如讨论论坛、协作项目和虚拟小组会议，增强学习者的归属感和身份认同，构建充满活力的学习社群。在教学临场感方面，规划清晰的教学流程，包括课程大纲、时间表、学习资源和评估标准，同时安排教师引导的对话和反馈机制，以支持学生的学习进程。在认知临场感方面，设计促进批判性思维和问题解决的任务，鼓励学生主动探索、分析和综合信息，从而深化理解和应用知识的能力。

在实施过程中，CoI 框架继续发挥指导作用，帮助教育者监控学习动

态，适时调整教学策略，以维持学习社区的活跃和动力。具体而言，促进社会临场感，例如鼓励开放的沟通渠道，定期举办线上研讨会和团队建设活动，加强学生间的联系和合作精神。强化教学临场感，例如提供适时的反馈和支持，通过在线辅导和个别指导，确保每位学生都能跟上学习节奏，同时调整教学方法以适应不同的学习风格。激发认知临场感，例如引入挑战性的问题和情境，促使学生深入思考和讨论，培养独立学习和自我调节能力，促进批判性思维和问题解决能力的提升。

在评价阶段，CoI 框架作为衡量在线教学质量和学生学习成果的标尺，用于评估学习成效与改进空间。具体包括：其一，考查学生参与度、互动频率和情感投入，了解学习社区的凝聚力和社交氛围，评估社会临场感的建立情况。其二，审查教学设计的有效性，包括课程结构、资源质量、教师介入程度以及学生满意度，以确定是否达到预期的教学目标，评判教学临场感的实现程度。其三，评估学生的批判性思维水平、解决问题的能力和知识整合程度，判断学习成果的深度和广度，衡量认知临场感的达成水平。

综上所述，CoI 框架不仅是一种理论模型，更是在线教学设计、实施与评价的强大工具。它帮助教育者从多维度审视在线学习环境，确保教学活动既注重知识传授，又兼顾情感支持和批判性思维的培养。通过应用 CoI 框架，教育者能够构建更加丰富、互动和有效的在线学习体验，促进学生的全面发展，同时持续优化教学策略，以适应不断变化的教育需求和技术环境。在未来，随着在线教育的普及和深化，CoI 框架的外在价值将进一步彰显，成为推动在线教育创新和质量提升的重要力量。

三 CoI 框架的诞生：在线教育理论的里程碑

在在线教育领域蓬勃发展的背景下，加拿大远程教育领域著名学者 Garrison 作为一位敏锐的教育研究者和实践者，深刻认识到在线学习环境中互动机制对于促进深度学习的关键作用。他在开展相关在线教学项目的过程中，不仅见证了在线教育的无限潜力，也直面了其固有的挑战，尤其是如何在虚拟空间中复制和增强面对面教学中的互动与协作。Garrison 意识到，要实现真正的在线教育效能，必须超越表面的课程传输，深入挖掘在线学习的本质，探索能够促进深层次学习互动的策略。

为了系统性地研究在线学习中的互动机制，Garrison 集结了一批来自教育学、心理学、信息技术等不同学科背景的学者和在线教育实践者，组成了一个跨学科研究团队。这个团队的多元化视角，为 CoI 框架的构建提供了丰富的理论依据和实践经验。研究团队通过文献综述，梳理了前人关于在线学习的研究成果，基于已有相关研究建构理论框架；接着，通过实证研究，收集了在线学习过程中的第一手数据，对理论框架进行了验证；并通过案例分析，提炼了在线教育实践中的成功经验和教训。这一系列严谨的研究方法，为 CoI 框架的形成打下了坚实的基础。

在深入研究的过程中，Garrison 及其团队发现，传统的在线学习模式往往侧重于技术和内容的传递，而忽视了学习过程中的社会性、认知性和教学性这三个关键维度。他们意识到，仅仅依靠技术手段的更新，无法从根本上解决在线教育中的互动问题。因此，他们开始尝试构建一个能够综合考虑这三个维度的理论框架，旨在为在线学习环境的设计提供全面的指导原则。经过反复的讨论、实验和修正，Garrison 和他的团队最终提出了 CoI 框架，见图 1-1。这一框架强调了在线学习中社会临场感、教学临场感和认知临场感的相互作用，认为在线学习不仅是一个知识传递的过程，更是一个集体参与、互动和协作的动态系统。社会临场感关注学习者之间的互动与情感联系，教学临场感强调教师在引导和促进学习过程中的作用，而认知临场感则聚焦于学习者如何在在线环境中进行知识建构和思维发展。这三个维度相互依存、相辅相成，共同构成了在线学习社区的核心要素。

CoI 框架的出现标志着在线教育理论探索的一个重大突破，在学术界与教育实践领域内赢得了显著的认可与赞誉。CoI 框架被认为是在线教育的理论基石。这一框架不仅革新了我们对在线学习的认知，加深了我们对在线学习内在特性的理解，更关键的是，它为在线教育工作者与课程设计者提供了一套实用的操作指南与评估工具。除此之外，CoI 框架能够有效衡量在线课程的成效与质量，指引在线学习设计与实施的优化与

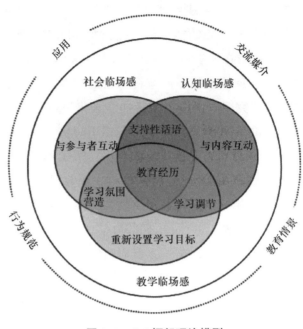

图 1-1　CoI 框架理论模型

升级。简言之，CoI 框架为教育实践者提供了坚实的理论支撑与实际操作方向，加速推动了在线教育质量提升。

第四节　CoI 框架的影响、深化与争议

一　CoI 框架的学术影响与实证验证

（一）CoI 框架学术影响

自 2001 年 Garrison 等学者首次提出 CoI 框架以来，该理论迅速成为在线教育领域内最具影响力的理论模型之一。CoI 框架为在线及混合教育教学研究和实践提供了坚实的理论基础。这一框架不仅指导了在线课程设计和教学策略的优化，还促进了对在线学习体验深度和质量的评估，从而在学术界和教育实践中产生了深远的影响。

（二）CoI 框架实证验证

起初，为了验证 CoI 框架的有效性和可靠性，学者们进行了大量的实证研究，覆盖了框架的各个组成部分。其中，Richardson、Swan、Shea 等人以及 Wise 等人分别从社会临场感、教学临场感和认知临场感三个方面进行了实证检验，证实了 CoI 框架在在线学习环境中的适用性和有效性①。这些研究在验证 CoI 框架的同时，还加深了相关学者对 CoI 框架的理解。

其次，Arbaugh 等人首次对 CoI 框架的三个组成部分进行了系统整体验证。研究者选取了美国中西部一所大学 55 门在线课程作为样本，涵盖从 2004 年 2 月至 2006 年 1 月的两年时间跨度。通过定量调查收集数据，结合探索性因子分析，该研究证明了社会临场感、教学临场感和认知临场感可以区分，进一步巩固了 CoI 框架的理论基础②。同年，Swan 等人进一步推进了 CoI 框架的验证工作③。他们采用 Arbaugh 等人开发的 CoI 测量工具，在 4 所不同高校中进行了测试，运用因子分析和验证性因素分析等统计方法处理数据。研究结果表明，社会临场感、教学临场感和认知临场感不仅是在线学习环境中不可或缺的三个要素，而且它们之间存在着密切的关联。这说明，CoI 框架的三个维度共同作用，对于促进在线学习社区的形成和学习者的深度参与具有至关重要的作用。

此外，Caskurlu 对 CoI 框架进行了进一步深化，通过对在线学习中的教学、社会与认知临场感的子维度进行深入探讨，旨在验证这些维度的

---

① Jennifer C. Richardson, Karen Swan, *Examining Social Presence in Online Courses in Relation to Students' Perceived Learning and Satisfaction*, State University of New York at Albany, 2001; Peter Shea, Alexandra M. Pickett, William E. Pelz, "A Follow-up Investigation of 'Teaching Presence' in the SUNY Learning Network", *Journal of Asynchronous Learning Networks*, Vol. 7, No. 2, 2003, pp. 61-80; Andrew Wise, James Chang, Timothy Duffy, Rafael Del Valle, "The Effects of Teacher Social Presence on Student Satisfaction, Engagement, and Learning", *Journal of Educational Computing Research*, Vol. 31, 2004, pp. 247-271.

② J. B. Arbaugh, Martha Cleveland-Innes, Sebastian R. Diaz, D. Randy Garrison, Philip Ice, Jennifer C. Richardson, Karen P. Swan, "Developing a Community of Inquiry Instrument: Testing a Measure of the Community of Inquiry Framework Using a Multi-institutional Sample", *The Internet and Higher Education*, Vol. 11, No. 3-4, 2008, pp. 133-136.

③ Karen P. Swan, Jennifer C. Richardson, Philip Ice, D. Randy Garrison, Martha Cleveland-Innes, J. Ben Arbaugh, "Validating a Measurement Tool of Presence in Online Communities of Inquiry", *E-Mentor*, Vol. 2, No. 24, 2008, pp. 1-12.

构建效度。通过验证性因子分析，发现教学临场感与社会临场感呈现出了三因素结构，认知临场感则展现为四因素结构，不仅证实了 CoI 框架中教学临场感、社会临场感和认知临场感的结构性质，还为三者的概念化与操作化提供了强有力的实证支持。该研究不仅丰富了 CoI 框架的理论内涵，还提升了其在在线学习中的适用性和解释力[①]。Heilporn 与 Lakhal 采用量化研究方法，对在线学习中的 CoI 框架进行了详尽的分析。研究者首先通过文献回顾确定了 CoI 框架中的关键类别和指标，随后利用这些类别和指标对在线学习平台上的互动数据进行了编码和分类，证实了这些子类别和指标的可靠性和有效性[②]。值得一提的是，为了评估 CoI 三种临场感的区分效度，该研究还对比了原始的十分类结构与其他几种替代结构，包括包含八个、七个和六个因子的模型。尽管这些替代结构的拟合度略低，但依然有效，显示出 CoI 框架的灵活性和适应性。此外，研究者还对 CoI 结构在不同群体中的结构不变性进行了确认，这表明 CoI 框架的适用性在不同背景下具有普遍性。

总之，从理论层面看，CoI 框架将在线学习环境中的教学、社会与认知临场感视为三个相互依存的维度，为教育者和研究者提供了一个综合性的视角去理解在线学习中学生之间的互动质量。这一框架不仅强调了在线学习中的社会互动、教学设计与认知发展，还强调了这三者之间的动态关系，对于构建高效、互动和有意义的在线学习环境至关重要。此外，通过一系列实证研究，CoI 框架的可靠性与有效性得到了充分验证。研究者采用多种方法，包括定量调查、探索性因子分析与验证性因素分析等，从不同角度检验了 CoI 框架的三个核心维度。例如，Arbaugh 等人证实了教学、社会与认知临场感在在线学习环境中的可区分性，进一步

---

① Secil Caskurlu, "Confirming the Subdimensions of Teaching, Social, and Cognitive Presences: A Construct Validity Study", *The Internet and Higher Education*, Vol. 39, 2018, pp. 1–12.

② Géraldine Heilporn, Sawsen Lakhal, "Investigating the Reliability and Validity of the Community of Inquiry Framework: An Analysis of Categories Within Each Presence", *Computers & Education*, Vol. 145, 2020.

支持了 CoI 框架的理论结构①。Caskurlu 则通过验证性因子分析，深入探讨了教学、社会与认知临场感的子维度构念效度，为 CoI 框架的子类别提供了实证支持②。Heilporn 和 Lakhal 验证了 CoI 框架子类别的信度和效度，丰富了对在线学习中三种临场感的理解③。

二　CoI 框架的拓展与深化

虽然诸多研究已证实原始 CoI 的有效性，认为 CoI 框架展现出了一定的效度和信度，但随着时间的推移，一些学者开始对框架的完整性和适用性提出了怀疑，批评者认为框架需要纳入更多维度才能更全面地描述在线学习的复杂性④。因此，一些研究关注 CoI 框架的深化和拓展，认为 CoI 可能还涉及其他要素，如"学习临场感"与"情感临场感"，以期构建一个更加全面、细致的在线学习分析框架。此外，随着在线教育技术的不断进步，以及人工智能、大数据分析等新技术在在线教育教学中的应用，CoI 框架也面临新的机遇与挑战，需要不断适应教育环境的变化，持续优化和升级，以更好地服务于在线教育的高质量发展。

（一）学习临场感的提出与验证

1. 学习临场感的提出与回应

自提出以来，CoI 框架因其对在线学习社群交互与知识构建过程的深刻洞察而广受学术界认可。该框架的核心焦点在于知识的社会建构，强

① J. B. Arbaugh, "An Empirical Verification of the Community of Inquiry Framework", *Journal of Asynchronous Learning Networks*, Vol. 11, No. 1, 2007, pp. 73–85.

② Secil Caskurlu, "Confirming the Subdimensions of Teaching, Social, and Cognitive Presences: A Construct Validity Study", *Internet and Higher Education*, Vol. 39, No. 1, 2018, pp. 1–12.

③ Géraldine Heilporn, Sawsen Lakhal, "Investigating the Reliability and Validity of the Community of Inquiry Framework: An Analysis of Categories Within Each Presence", *Computers & Education*, Vol. 145, 2020, p. 103712.

④ Kadir Kozan, Secil Caskurlu, "On the Nth Presence for the Community of Inquiry Framework", *Computers & Education*, Vol. 122, 2018, pp. 104–118; Zhiqiang Ma, Jing Wang, Qiyun Wang, Lili Kong, Yajie Wu, Hao Yang, "Verifying Causal Relationships among the Presences of the Community of Inquiry Framework in the Chinese Context", *International Review of Research in Open and Distributed Learning*, Vol. 18, No. 6, 2017, pp. 213–230; Peter Shea, Jennifer Richardson, Karen Swan, "Building Bridges to Advance the Community of Inquiry Framework for Online Learning", *Educational Psychologist*, *Vol.* 57, No. 3, 2022, pp. 48–161.

调社群成员间的互动与对话对于理解与生成新知的重要性。然而，尽管这一侧重点揭示了在线学习的社交本质，但研究者们指出它未能充分考虑到学习者个体在学习过程中的主观能动性与自我管理能力。

CoI 框架认为临场感具有分布式特征，这意味着在线环境中知识的构建和学习的推动是所有参与者共同努力的结果，而未明确区分教师指导与学生自主学习的边界。这种处理方式虽然反映了在线学习的协作性质，但也使得学习者如何在个体与团体层面调节学习（如理解教师指令、任务分配、时间管理、设定团队目标）的讨论显得不完整。此外，还有一些研究者认为 CoI 框架虽提及了学习者调节过程，但其表述不够充分。CoI 框架内的三个核心概念——教学临场感、社会临场感、认知临场感，主要关注知识的传授、社群的建立以及认知能力的发展，而未能全面涵盖个体学习者在自我调节和共同调节中的复杂活动。也就是说，学习者如何在在线环境中自我管理、与同伴协作设定目标等重要议题，在 CoI 框架内未能得到充分体现。

同样，一些研究者认为 CoI 框架对在线学习社群的分析具有开创性，但其在个体能动性、角色界定与调节过程的表述上存在局限。为了克服这些局限，Shea 等人呼吁明确区分教学与学习角色，并建议发展新的 CoI 子维度——"学习临场感"①。学习临场感旨在描述学生在在线和混合学习环境中如何主动参与学习，自我调节学习过程，以及如何在学习社区中发挥积极的主体性。Shea 等人最初定义学习临场感包含自我效能和努力调节两个子维度，自我效能指学生对完成学习任务能力的信心，努力调节涉及学生根据课程要求和个人目标调整学习努力和策略的能力②。

---

① Peter Shea, Temi Bidjerano, "Learning Presence: Towards a Theory of Self-efficacy, Self-regulation, and the Development of a Communities of Inquiry in Online and Blended Learning Environments", *Computers & Education*, Vol. 55, No. 4, 2010, pp. 1721-1731.

② Peter Shea, Temi Bidjerano, "Learning Presence as a Moderator in the Community of Inquiry Model", *Computers & Education*, Vol. 59, No. 2, 2012, pp. 316-326; Peter Shea, Suzanne Hayes, Sedef Uzuner Smith, Jason Vickers, Temi Bidjerano, Mary Gozza-Cohen, Shou-Bang Jian, Alexandra M. Pickett, Jane Wilde, Chi-Hua Tseng, "Online Learner Self-regulation: Learning Presence, Viewed Through Quantitative Content- and Social Network Analysis", *The International Review of Research in Open and Distributed Learning*, Vol. 14, No. 3, 2013, pp. 427-461.

此外，一些研究关注在线学习过程的调节机制①。其中，Hayes 等人将教育心理学的观点与 CoI 框架相结合，对在线协作学习调节过程进行了概念化，该研究将自我调节、共同调节和共享调节与"学习临场感"概念相关联，为后续研究奠定了坚实基础②。自我调节学习强调学习者个人在学习过程中主动、有意识地控制自己的认知、行为、动机和情绪状态的能力。它涉及规划、执行、反思和适应四个关键阶段，学习者在此过程中制定学习目标，选择和应用适当的学习策略，评估学习进展，并根据反馈调整方法③。共同调节则是在协作环境中，学习者通过相互作用、交流和利用环境资源，共同影响调节过程的策略。它不仅包括个体之间的直接互动，也涉及借助技术工具的支持，以及对文化信念和实践的理解④。在这个过程中，协作学习者需要理解彼此的目标和信念，适时地互相提供或接收调节支持，以促进有效学习。社会共享调节是协作学习者共同参与规划、执行、反思与适应的高级形式，他们通过集体监控、协商和持续调整，共同控制认知、行为、动机和情绪状态⑤。社会共享调节超越了个体和小群体的界限，强调了集体智慧和合作力量在调节过程中的作用。

---

① Moon-Heum Cho, Demei Shen, "Self-regulation in Online Learning", *Distance Education*, Vol. 34, No. 3, 2013, pp. 290-301; Yu-Chun Kuo, Andrew E. Walker, Kerstin E. E. Schroder, Brian R. Belland, "Interaction, Internet Self-efficacy, and Self-regulated Learning as Predictors of Student Satisfaction in Online Education Courses", *The Internet and Higher Education*, Vol. 20, 2014, pp. 35-50; Ruth E. H. Wertz, "Learning Presence within the Community of Inquiry Framework: An Alternative Measurement Survey for a Four-factor Model", *The Internet and Higher Education*, Vol. 52, 2022, p. 100832.

② Suzanne Hayes, Sedef Uzuner Smith, Peter Shea, "Expanding Learning Presence to Account for the Direction of Regulative Intent: Self-, Co-, and Shared Regulation in Online Learning", *Online Learning*, Vol. 19, No. 3, 2015, pp. 15-33.

③ Bary J. Zimmerman, "Self-efficacy: An Essential Motive to Learn", *Contemporary Educational Psychology*, Vol. 25, No. 1, 2000, pp. 82-91.

④ Allyson Hadwin, Sanna Järvelä, Mariel Miller, "Self-regulation, Co-regulation, and Shared Regulation in Collaborative Learning Environment", *Handbook of Self-regulation of Learning and Performance*, Routledge, 2017, pp. 83-106.

⑤ Sanna Järvelä, Allyson Hadwin, Jonna Malmberg, Mariel Miller, *Contemporary Perspectives of Regulated Learning in Collaboration*, International Handbook of the Learning Sciences, Routledge, 2018, pp. 127-136.

　　自我调节、共同调节与社会共享调节学习相关研究，为理解和优化在线学习环境中的个体与团体学习动态提供了新的视角，有助于深入理解学习者如何在个体和集体层面上进行有效调节，以及如何利用技术和社会资源优化在线学习体验。这不仅深化了我们对学习者如何在不同情境下进行调节的认识，而且为教育者和课程设计师提供了策略性的指导，以促进更加个性化、协作化和情感化的在线学习体验。然而，随着在线学习研究者关注学习临场感和学习调节，一系列问题随之而来。例如，不同配置的异步、同步和混合学习中，学习者如何协商与共享任务感知、策略和目标？基于文本的异步在线学习环境（在线课程中最常见的形式）如何影响学习者的情感、动机、行为、认知以及表现？Järvelä 等人提出了三项设计原则，以支持协作情境下学习者的调节：增强学习者对自己与他人学习过程的认知、促进学生学习过程的外显化、激发调节过程的获取与激活①。对在线协作学习中的调节，进行全面呈现将增强学习临场感概念。在此基础上，Shea 等人建议将"学习临场感"概念整合进原始 CoI 框架中，提出了加入了学习临场感的 CoI 框架（如图 1-2 所示）②。这将使 CoI 由教育心理学中关于协作学习调节的现代视角所丰富，同时有机会反哺这些理论，从而对当前 CoI 框架中描述不足的学习过程进行拓展。

　　然而，Garrison 对 Shea 等人的新框架进行了有力回应，重申了他对将"学习临场感"作为 CoI 框架第四元素的质疑。Garrison 认为，将学习临场感纳入 CoI 框架违背了其核心结构，因为它破坏了探究社区的基本前提，即协作建构主义原则。Garrison 指出，探究社区中的成员在不同程度上体现了教学临场感、社会临场感和认知临场感，每个人都承担着教学、社会及认知职责。在 CoI 框架下，不存在独立的教师临场感和学习者

① Sanna Järvelä, Jonna Malmberg, Marta Sobocinski, Paul A. Kirschner, "Metacognition in Collaborative Learning", *International Handbook of Computer Supported Collaborative Learning*, 2021, pp. 281–294.

② Peter Shea, Jennifer Richardson, Karen Swan, "Building Bridges to Advance the Community of Inquiry Framework for Online Learning", *Educational Psychologist*, Vol. 57, 2022, pp. 148–161.

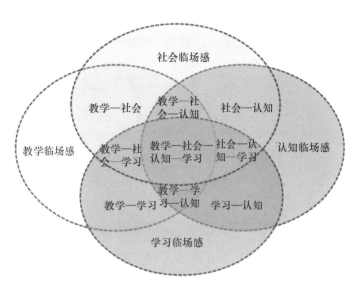

图 1-2 包含了学习临场感的探究社区理论框架

临场感，所有参与者在不同层面上扮演着教学与学习的角色①。协作建构主义理念源自杜威的教育哲学，强调私人世界与公共世界之间不可分割的关系。教学与学习只能在理论上分离——实际上，它们是统一的②。这是 CoI 框架的精髓，即所有参与者均承担着教学与学习的角色与责任。在 CoI 框架中，"教学和学习的责任随学习进程而动态转移……聚焦个体和单一角色是错误的，因为这会固化这些责任，将其视为仅属于教师或学习者的属性"。因此，引入"学习临场感"概念，会隐含地将教学临场感限定为教师的专属责任③。

但是，Akyol、Garrison 认为 Shea 和 Bidjerano 的文章很好地启发相关

① Zehra Akyol, D. Randy Garrison, "Understanding Cognitive Presence in an Online and Blended Community of Inquiry: Assessing Outcomes and Processes for Deep Approaches to Learning", *British Journal of Educational Technology*, Vol. 42, No. 2, 2011, pp. 233-250.

② D. Randy Garrison, *E-Learning in the 21st Century: A Community of Inquiry Framework for Research and Practice*, Routledge, 2016, pp. 158-159.

③ Zehra Akyol, D. Randy Garrison, "Understanding Cognitive Presence in an Online and Blended Community of Inquiry: Assessing Outcomes and Processes for Deep Approaches to Learning", *British Journal of Educational Technology*, Vol. 42, No. 2, 2011, pp. 233-250.

研究者关注与自我调节学习相关的议题，并且他和 Akyol 基于此，发展了共享元认知概念，不仅涵盖个人，还包括协作学习社区中共享调节行为①。谨慎确保共享元认知与 CoI 框架的协作建构性质保持一致，同时也与 CoI 三大临场感在理论上相联结。也就是说，Garrison 表示同意 Shea 等人的观点，即增强调节的表述将有利于提高 CoI 框架的解释力。然而，分歧在于，Garrison 认为这并非通过添加第四临场感（学习临场感）来实现，而是通过元认知和共享元认知来实现。

Garrison 认为 Shea 等人基于教育心理学提出的三类调节的分类并不与自我调节和共享调节相矛盾②。他们将共享调节作为一个总括术语，涵盖了共同调节。Garrison 认为共享调节是指一组人在合作完成任务时进行的具体联合活动，调节的重点在于达成共识。在这种情况下，期望或要求小组成员在特定结果或解决方案上达成共识。然而，这通过个体间的共享调节得以实现，并且从群体角度来看，共享调节可以通过监控和管理两个子维度表征。Garrison 认为三种调节（自我调节、共同调节、共享调节）定义似乎过度重叠，增加了复杂性和潜在的混淆。在没有进一步证据和论证的情况下，从精炼现有构念和简约性出发，他倾向于将共同调节视为共享调节的子维度。与此同时，Garrison 认为共享元认知构念及其对调节的描述需要进一步研究和精炼，但是重点在于，不考虑框架的理论假设就简单地添加元素是不合理的，不应无谓地增加复杂性，也不应引入违背 CoI 框架基本前提的新构念，例如学习临场感。他支持 Järvelä 等人的设计原则，以进一步明确和增强对调节的表述。然而，他认为 Shea 等人提出的新模型的不利之处在于，既严重损害 CoI 框架的基本前提，同时也徒增不必要的复杂性。

---

① Zehra Akyol, D. Randy Garrison, "Assessing Metacognition in an Online Community of Inquiry", *The Internet and Higher Education*, Vol. 14, No. 3, 2011, pp. 183-190; D. Randy Garrison, Zehra Akyol, "Toward the Development of a Metacognition Construct for Communities of Inquiry", *The Internet and Higher Education*, Vol. 24, 2015, pp. 66-71.

② D. Randy Garrison, "Shared Metacognition in a Community of Inquiry", *Online Learning*, Vol. 26, No. 1, 2022, pp. 6-18; Peter Shea, Jennifer Richardson, Karen Swan, "Building Bridges to Advance the Community of Inquiry Framework for Online Learning", *Educational Psychologist*, Vol. 57, No. 3, 2022, pp. 148-161.

在理论与实践的交汇处，对 CoI 框架的持续探索和批判性分析不仅能够促进在线教育研究领域的学术进步，也能为教育实践者提供更加精细和有效的工具，以支持在线和协作学习环境中的教学设计与实施。Garrison 对 Shea 等人研究的回应，不仅是一场学术对话，更是一个持续演进的过程，旨在推动教育向前发展，为未来的学习者创造更加丰富和有意义的学习体验。

2. 学习临场感实证研究

自从 Shea 等人提出学习临场感以来，一些研究者在实证研究中，将学习临场感作为 CoI 的一个维度，尝试将学习临场感作为第四个因子整合到了原始 CoI 框架中①。在此基础上，研究者进一步探索了学习临场感与 CoI 框架原有教学临场感、社会临场感与认知临场感之间的关系，以从侧面检验将学习临场感作为第四个核心要素整合到原始 CoI 框架中的合理性。研究发现，CoI 框架的各个元素与学习临场感的构建之间存在正向的联系。具体而言，教学临场感、社会临场感和认知临场感不仅与学习临场感整体上呈正相关，而且与学习临场感的子维度（自我效能感和努力调节）也表现出显著的相关性。这表明，一个促进社会互动、教学引导和认知发展的学习环境，有助于增强学习者的自我效能感和努力调节能力，从而促进更深层次的学习体验。研究者认为引入学习临场感不仅丰富了 CoI 框架的内容，还提示我们在线学习的设计和评估应更加关注个体学习者的主观能动性和自我管理能力。

尽管 CoI 框架中的学习临场感最初聚焦于自我效能感和努力调节，但有学者提出，这一概念应涵盖更广泛的维度，以全面捕捉在线学习者在自我调节学习中的丰富体验②。其中，Shea 和 Bidjerano 通过考察在线及混合学习情境下自我调节学习的多个维度（环境创设、目标设定、时间管理、寻求帮助、任务策略、自我评价、前瞻规划、监控及策略运

---

① Peter Shea, Temi Bidjerano, "Learning Presence: Towards a Theory of Self-efficacy, Self-regulation, and the Development of Communities of Inquiry in Online and Blended Learning Environments", *Computers & Education*, Vol. 55, No. 4, 2010, pp. 1721-1731.

② Peter Shea, Temi Bidjerano, "Learning Presence as a Moderator in the Community of Inquiry Model", *Computers & Education*, Vol. 59, No. 2, 2012, pp. 316-326.

用），揭示了学习临场感与 CoI 之间积极而显著的关联①。研究提出，学习临场感这一术语嵌入 CoI 框架，不仅与原始 CoI 框架的三大临场感相互关联，还凸显了学习者采取的主动性角色：他们积极调动思维、情感、动力、行为及策略，以促进在线学习的成功。学习临场感强调的是学习主体的积极性和主导权，而非顺从或被动接受。据此，研究者主张，那些成功在线学习者能够自主调控的元认知过程、动机特征、行为倾向及实践活动，均可视为"学习临场感"这一核心概念的基本构成要素。也就是说，学习临场感的核心构成要素包括成功在线学习者所展现的自主调控能力。这些要素涵盖了元认知过程的精细管理，如自我监控和调节学习策略；动机特征的积极塑造，包括内在动机的激发和目标设定的合理性；行为倾向的主动调整，如有效的时间管理和资源利用；以及实践活动的创新开展，如创造性解决问题和批判性思维的运用。这些要素共同构成了学习临场感的丰富内涵，为在线学习者提供了自我驱动和自我优化的学习路径。

此外，部分研究者进行了相关实证研究，以增加学习临场感作为 CoI 理论框架第四个要素的可信性，如 Wertz 在原始 CoI 量表的基础上，构建了 WebTALK 调查工具，旨在测量学习临场感、教学临场感、社会临场感和认知临场感四个结构②。研究结果不仅证实了 WebTALK 在测量所有四个结构时的出色模型拟合度，还特别强调了学习临场感作为一个由发展、动机和行为指标组成的三维结构的独特贡献。这一发现进一步证明了学习临场感与认知临场感之间存在最密切的关系，为学习临场感作为 CoI 框架第四要素的理论观点增添了实证支持。Ma 等人进行了一项实证研究，该研究除了涉及 CoI 原始三大核心要素之外，还以 14 项具体指标评估学习临场感（自我效能感与努力调节），基于 325 份有效问卷数据，

---

① Peter Shea, Temi Bidjerano, "Learning Presence as a Moderator in the Community of Inquiry Model", *Computers & Education*, Vol. 59, No. 2, 2012, pp. 316−326.

② Ruth E. H. Wertz, "What is Learning Presence and What Can it Tell Us about Success in Learning Online?", 2014 *IEEE Frontiers in Education Conference（FIE）Proceedings*, Madrid, Spain, 2014, pp. 1−6.

验证了 CoI 框架内各临场感之间的因果关联，并确证了学习临场感的存在[1]。这一发现强调了学习临场感在 CoI 框架中的核心地位，提示教学设计应着重培养在线学习者的自我调节能力，以促进认知深度和学习成效。沿相同思路，Cho 等人发现，自我调节能力较强的学习者表现出对社区探究要素更强的感知，因此他们强调自我调节学习能力的重要性[2]。值得一提的是，Wertz 在其后续研究中，不仅强调和补充了学习临场感与认知临场感之间的强关联，还对 CoI 框架进行了进一步优化，指出教学临场感的子量表可以通过简化至"教学设计与组织"和"直接指导"两个子量表，以达到更简洁的模型[3]。此外，研究还建议将"同伴促进"这一子量表从教学临场感转移至社会临场感，以更好地反映理论框架与学习环境内感知互动间的实际差距。最重要的是，该研究再次凸显了学习临场感与认知临场感之间的紧密关联，进一步证明了学习临场感作为 CoI 框架独立构建的必要性和重要性。Edumadze 和 Govender 采用修订后的 CoI 框架收集数据，发现引入学习临场感维度后，CoI 框架能更有效地提升学生参与度，其影响力超越了传统的仅包含教学、社会与认知临场感三要素的模型[4]。

此外，研究者深入探讨了将自我调节学习视为一个重要的中介变量，用以连接教学临场感、社会临场感与认知临场感等之间的关系。通过采用定量研究方法，研究者发现自我调节学习在异步在线课程中，对社会

---

[1]　Zhiqiang Ma, Jing Wang, Qiyun Wang, Lili Kong, Yajie Wu, Hao Yang, "Verifying Causal Relationships among the Presences of the Community of Inquiry Framework in the Chinese Context", *International Review of Research in Open and Distributed Learning*, Vol. 18, No. 6, 2017, pp. 213-230.

[2]　Moon-Heum Cho, Yanghee Kim, DongHo Choi, "The Effect of Self-regulated Learning on College Students' Perceptions of Community of Inquiry and Affective Outcomes in Online Learning", *The Internet and Higher Education*, Vol. 34, 2017, pp. 10-17.

[3]　Ruth E. H. Wertz, "Learning Presence within the Community of Inquiry Framework: An Alternative Measurement Survey for a Four-factor Model", *The Internet and Higher Education*, Vol. 52, 2022, p. 100832.

[4]　John Kwame Eduafo Edumadze, Desmond Welsey Govender, "The Community of Inquiry as a Tool for Measuring Student Engagement in Blended Massive Open Online Courses (MOOC): A Case Study of University Students in a Developing Country", *Smart Learning Environments*, Vol. 11, No. 1. 2024, p. 19.

临场感、认知临场感和学习满意度起到了关键的中介作用①。Shea 和 Bidjerano 的研究进一步拓展了这一视角，指出社会临场感与认知临场感之间的关系受到学习临场感的调节②。在高社会临场感的环境下，即使学生自我调节学习的能力存在差异，只要在线或混合学习环境中提供了充足的在线交流机会和社交支持，所有学生都能够获得相似的认知收益。这一发现强调了在具备良好社会临场感的条件下，自我调节学习能力的差异性对认知效果的影响相对减弱，为在线教育实践者提供了一种新的视角，即通过构建高度社会化的学习环境，可以有效弥补不同学习者自我调节能力的差异，促进全体学生认知能力的均衡发展。Blaine 通过调查 347 名在线学习者，采用偏最小二乘结构方程模型分析，研究了"学习临场感"如何与教学临场感、社会临场感和认知临场感相互作用，发现"学习临场感"与教学临场感、社会临场感和认知临场感之间存在显著的正相关关系③。这意味着，当学生感到自己在学习过程中拥有更强的临场感时，他们也更可能感受到教师的有效指导、同学间的社交互动以及深入的认知参与。这种相互作用表明，在线学习环境中的临场感并非孤立存在，而是彼此交织，共同影响学习效果和体验。Blaine 的研究强调了"学习临场感"作为 CoI 框架中的一个关键维度的重要性。认为它不仅补充了原有框架中关于自我调节和主动学习的讨论，还进一步揭示了在线学习者如何通过自身的积极参与和投入，促进整个学习社群的发展。这一发现对于设计有效的在线教育策略，提升在线课程的教学质量和学生满意度，具有重要的启示意义。

综合以上研究，可以看出，"学习临场感"的引入不仅丰富了 CoI 框

---

① Ghada ElSayad, "Can Learning Presence Be the Fourth Community of Inquiry Presence? Examining the Extended Community of Inquiry Framework in Blended Learning Using Confirmatory Factor Analysis", *Education and Information Technologies*, Vol. 28, No. 6, 2023, pp. 7291-7316.

② Peter Shea, Temi Bidjerano, "Learning Presence as a Moderator in the Community of Inquiry Model", *Computers & Education*, Vol. 59, No. 2, 2012, pp. 316-326.

③ Andrew M. Blaine, "Interaction and Presence in the Virtual Classroom: An Analysis of the Perceptions of Students and Teachers in Online and Blended Advanced Placement Courses", *Computers & Education*, Vol. 132, 2019, pp. 31-43.

架，而且在解释在线和混合式学习中的学生体验、参与度和满意度方面发挥了关键作用。未来研究可进一步探索不同交互模式、学生特征的调节效应，以及更广泛的样本群体，以构建更加全面的模型，考虑更多的变量与交互模式，为在线教育实践提供更深入的指导。

（二）元认知与共享元认知的视角

如前文所述，一部分研究者认为，学习临场感能够反映学习者在在线或混合学习环境下自我调节、自我效能感和主动参与学习过程的能力，是 CoI 框架中不可或缺的组成要素。然而，Akyol 等人对此持保留意见。他指出，如果将学习临场感纳入 CoI 框架，将违背 CoI 框架的基本假设①。但是，与此同时，Garrison 强调元认知以及共享元认知对于探究社区的重要性。在 CoI 框架中，元认知和共享元认知被视为是促进学习者在认知、教学和社会三个维度上深入参与和互动的关键机制。

首先，元认知是指个人对自己的认知过程的认识和调控，它包括计划、监控和评估个人的学习策略和过程。Garrison 认为元认知能力对于学习者在在线环境中进行自我调节学习至关重要，因为在线学习往往要求学习者具有更强的自主性和自我导向能力。其次，元认知在问题解决和批判性思维中发挥着核心作用。学习者需要识别、分析问题，规划解决问题的步骤，并反思结果的有效性。元认知能力帮助学习者在探究社区中更有效地参与讨论，提出有建设性的问题，以及评估和整合他人的观点。最后，共享元认知是指学习者作为一个集体共同理解和调控他们的认知过程。在探究社区中，成员之间的交流和协作可以促进共享理解的形成，这有助于集体解决问题和创造新知识。从社会建构主义的角度看，学习不仅仅是个人的内在过程，也是社会互动的结果。共享元认知强调了学习者之间的互动和合作，这对于构建共同的意义和理解至关重要。共享元认知有助于增强社区成员之间的联系和参与感，因为它鼓励成员之间的沟通、反馈和相互支持，这些都是维持和加强探究社区的重要因素。

① Zehra Akyol, D. Randy Garrison, "Educational Communities of Inquiry: Theoretical Framework", *Journal of Online Learning and Teaching*, Vol. 9, No. 1, 2013.

Garrison 等人在论文 "Toward the Development of a Metacognition Construct for Communities of Inquiry" 中，深度探讨了如何在 CoI 框架下构建并融合元认知概念，以深化对学习者在线协作学习中自我管理与调节过程的理解①。该研究详细解析了元认知如何贯穿并赋能于 CoI 三大维度（教学临场感、社会临场感与认知临场感），指出元认知不仅关乎学习者对自身思维过程的洞察与调控，更涉及学习目标的设定、进度的监督以及理解程度的评估等关键环节。

在探究社区的语境下，元认知被视作促进深度学习、培养批判性思维与问题解决能力的催化剂。通过阐述元认知如何在在线学习的不同阶段促进学习者的表现与参与，即学习者如何自主设定目标、跟踪学习进展、评估知识掌握程度以及灵活调整学习策略，以有效应对在线学习的独特挑战。Garrison 倡导将元认知作为 CoI 框架中的核心要素，旨在优化在线学习环境的教学设计与学习者支持体系。这种深度融合不仅为研究者与教育实践者提供了崭新视角，更深化了对学习者如何在在线协作学习中自主驾驭学习的理解，为提升在线教育的质量与效果开辟了新的路径。本质上，元认知和共享元认知对于 CoI 的贡献主要在于对认知临场感发展的影响。Garrison 强调，若认知临场感的发展未能涵盖协作学习环境中的元认知发展，其完整性将大打折扣②。共享元认知对于在学习者群体中有效理解和实施认知临场感至关重要，因为它反映了对探究过程的共同认识，这是构建个人意义和协作共同理解的基础。Garrison 指出当元认知应用于协作建构主义学习社区时，它必须超越个体层面，进入集体层面。协作探究为监管实践提供了丰富的土壤，允许学习者识别和探索构建意义及确认理解的策略。在这个过程中，批判性话语成为实现自我和共享调节的关键。共享元认知能增强学生对协作探究的意识，并为有效监控和管理学习者社区的学习奠定基础，从而有助于推动协作探究

---

① D. Randy Garrison, Zehra Akyol, "Toward the Development of a Metacognition Construct for Communities of Inquiry", *The Internet and Higher Education*, Vol. 24, 2015, pp. 66-71.

② D. Randy Garrison, "Cognitive Presence Update", *Journal of Ascending Education Practices*, 2023.

过程，实现深刻而有意义的学习成果。

其一，元认知是学会学习的核心，其关键在于增强学习者对学习过程的认知，并激励他们承担起掌控学习的职责。鉴于此，深入理解共享元认知及其在探究社区中的运作机制显得尤为关键。Garrison 认为元认知由对学习过程的认知和实施策略（即调节）两部分组成，使学习者能够监控、主动管理并调节探究活动。简言之，元认知意识与执行能力为学习者提供了监控与管理有效探究的知识与策略。在协作学习环境中，这种认知与策略通过批判性对话得以深化，参与者需对自己和他人的思维过程进行阐释与论证。Garrison 建议，构建协作学习环境中可行的元认知框架，应当融合自我调节与共享调节，形成统一的结构。共享元认知结构展现了自我与共同调节的动态特性，涵盖了监控（认知）与管理（策略行动）的双重功能。值得一提的是，Garrison 呼吁对于共享元认知结构本身的进一步研究的必要性，他认为共享元认知结构的进一步完善和细化，对于推动教育实践和理论研究都至关重要。

Garrison 提出的共享元认知概念，位于认知临场感与教学临场感的交会处，是深度与有意义学习体验的关键所在。因此，深入挖掘共享元认知的实际应用，关键在于探索认知临场感与教学临场感的交集，这要求我们细致剖析两者间错综复杂的关系。具体而言，需关注教学临场感下的核心子维度——设计与组织、促进对话与直接指导，如何与认知临场感的动态过程，即问题定义、探索、整合及解决方案的生成，产生互动与影响。当前，学界在界定和量化共享元认知架构方面已积累了相应的理论基础，但关于如何切实有效地将其融入教育实践，尤其是在制定和实施支持策略方面，仍处于起步阶段，存在诸多待解之谜。这不仅呼唤着研究者们对现有理论框架进行深入拓展，还需在实证研究中不断摸索，提炼出既符合教育规律又能适应不同学习场景的有效方法。未来，一方面深化对共享元认知机制的理解，另一方面积极探索其在以在线教育为重要组织要素之一的多元情境下的应用路径。通过构建更加灵活多样的学习环境，促进学生之间以及师生之间的深度交流与协作，最终实现共享元认知能力的全面提升。

值得一提的是，Garrison 从教学临场感的视角，特别是其教学设计与组织这一子维度，提炼出了七项设计原则，旨在促进共享元认知的发展①。具体包括：构建开放沟通与信任（营造一个自由交流、相互信赖的环境）、促进批判性反思与对话（鼓励深入的思考与交流，推动知识的深化）、强化社区凝聚力（培养集体归属感，增强团队合作）、确立有目的的探究动态（明确探究目标，引导有意义的学习）、维护尊重与责任感（确保每位成员都受到尊重，同时承担起各自的责任）、推进探究至解决阶段（持续推动探究进程，直至达成解决方案）、确保评估与预期一致（使评估标准与学习目标相匹配，确保评价的公正性）。值得注意的是，Garrison 虽然着重于认知临场感的教学方面，但也强调了社会临场感的价值。其中，第一、三、五原则直接关联到社会临场感的培养，而第二、四、六原则则凸显了协作探究的必要性。特别地，第二原则——促进批判性反思与对话，对于构建认知临场感至关重要。它要求提供一个元认知地图，帮助参与者理解有目的探究的结构和流程，从而提升他们对自己角色的认知，确保探究活动高效有序地推进。这种对探究过程的元认知意识不仅有助于促进学生的自我反思，还有助于激励他们进行有效的元认知调节，进而推动成效显著的学习行为。共享元认知意识的实际益处在于，它有助于优化探究管理，确保探究活动顺畅过渡至下一阶段，避免在任一环节停滞。

其二，培养共享元认知意识与能力，是成为一名高效探究者的基石。如何培养共享元认知的意识和管理，以及如何利用这种意识实现深度学习成果是另一重要议题。从共享元认知意识出发，可以衍生出许多关键研究问题。例如，探究共享元认知意识如何影响个体对学习材料的深度理解和批判性分析能力，以及它如何促进群体间的知识构建。此外，考察共享元认知意识如何通过促进反思性对话和增进同伴间沟通来加强社群的凝聚力和归属感。再者，对比分析共享元认知意识下的学习小组与对照组在探究速度和效率上的差异，以验证其在认知临场感结构中的作

---

① D. Randy Garrison, "Cognitive Presence and Critical Thinking", *Retrieved From*, 2017.

用。此外，研究不同背景、能力和动机的学习者如何受益于共享元认知意识，以及这一意识如何适应不同的学习风格和学科需求。深入研究元认知相关主题，不仅有助于我们理解如何在探究社区中激发和运用元认知能力，还能为教育实践者提供基于证据的指导和策略，用于优化在线和混合学习环境中的教学设计和学生支持系统。通过量化的研究方法，我们能更准确地评估共享元认知意识的实施效果，进一步完善其应用策略，确保教育干预措施能够精准地促进学习者的深度学习和概念成长。这不仅有利于提升学习质量，还能够增强教育的个性化和有效性，使每个学习者都能在适合自己的节奏和方式下取得最佳学习成果。

其三，共享元认知评估是另一重要议题。共享元认知的评估是确保合作探究焦点清晰、进程持续的关键环节。评估的影响力不容小觑，它不仅能显著塑造学生的学习策略，还能促进个体与集体责任的承担，以及对探究活动的自我与共同调节。鉴于在线和混合式探究社区的复杂性和动态性，持续的形成性评价显得尤为重要。这种评价不仅能够及时反馈学习状态，还能引导学生适时调整学习路径，确保探究活动的高效与深度。在课程结束之际，进行一次全面的总结性评估尤为关键。这一步骤旨在提炼探究过程中的核心概念，审视学习成果，同时为学生未来的学术旅程指明方向。这种评估对于巩固认知临场感和社会临场感都至关重要。它不仅能够为学生带来成就感，激发进一步学习的动力，还能为教师提供宝贵的反馈，帮助他们优化教学设计和学生支持策略。在社交层面，总结性评估亦是一个珍贵的节点，它允许学生回顾整个学习旅程，分享收获，感受团队合作带来的喜悦与成就，为一段学习经历画上圆满句号。然而，要深刻理解教育体验的价值，仅凭表面的评估远远不够。教育工作者和管理者必须通过严谨的评估和评价研究，深入探究教育过程的复杂性，把握影响学习成效的多重因素。与评估相关的共享元认知研究应侧重于形成性反馈的机制，探究如何通过真实、建设性的评价促进个人与团队学习方法的优化，以及对预期成果的合理设定。目标是构建一个以协作、反思和进步为核心的学习生态，让每一位参与者都能在正向反馈循环中不断提升自我，共同推动学习社区的发展。

在当今高度互联的时代，共享元认知已成为学习者掌握协同思考与学习的关键能力，它巧妙融合了个体自我调控与集体协作监管，促进学习者不仅深化自我认知，还能理解并适应同伴思维模式，有效调整学习策略。值得一提的是，为了促进共享元认知相关研究，Garrison 等人设计与开发了共享元认知问卷，将共享元认知结构为两个相辅相成的组成部分：自我调节和共享调节，二者均包含监测（意识）和管理（战略行动）两个子维度①。共享元认知结构不仅在定量问卷中得到了操作和验证，还通过验证性因子分析进一步证实了其有效性②。此外，Garrison 指出未来相关研究的首要挑战在于理解向学习者介绍共享元认知概念的影响，以及如何认识到个体和协作对探究进行调节是社区中实现深刻、有意义学习方式的关键，研究者需要关注以下重要问题：共享元认知对个体在社区中承担责任并有效推进探究过程有何影响？如何培养学习者对共享元认知的意识，使其成为深思熟虑的学习方法？在协作学习环境中，共享元认知如何促进学习者个体与集体监测和管理探究进程？教学临场感直接指导在多大程度上能增强或限制共享元认知？团队调控如何促进学习成果的提升，其机制是什么？如何设计评估策略以支持共享元认知的发展，并确保学习目标与过程的一致性？

（三）情感临场感的提出与验证

随着研究者对于 CoI 的持续关注，有一些研究者从情感的视角对原始包含教学临场感、社会临场感与认知临场感的 CoI 框架提出了怀疑，并且提出应该在原来三要素结构的基础上增加另外一个新要素，即"情感临场感"。情感临场感被定义为在线环境中人与人之间以及个人内部通过与学习技术、课程内容、同伴及教师的关联和互动所表达出来的情

---

① D. Randy Garrison, Zehra Akyol, "Toward the Development of a Metacognition Construct for Communities of Inquiry", *The Internet and Higher Education*, Vol. 24, 2015, pp. 66-71.

② D. Randy Garrison, Zehra Akyol, "Thinking Collaboratively in Educational Environments: Shared Metacognition and Co-regulation in Communities of Inquiry", *Educational Developments*, *Practices and Effectiveness*: *Global Perspectives and Contexts*, 2015, pp. 39 – 52; Selcan Kilis, Zahide Yıldırım, "Investigation of Community of Inquiry Framework in Regard to Self-regulation, Metacognition, and Motivation", *Computers & Education*, Vol. 126, 2018, pp. 58-64.

绪、情感和感受的外在表现。它在促进思考、判断、记忆和信息加工中扮演着重要角色。情感体验不仅是认知活动的催化剂，也是提升教学效果的关键因素，它搭建起了认知和教学之间的桥梁，强调了情感在学习过程中的重要性。

首先，Cleveland-Innes和Campbell开创性地揭示了"情感临场感"，并且认为其是在线学习体验中不可忽视的关键维度①。研究者通过调查问卷、文本分析等手段收集与分析数据，识别出在线学习中学生的正面与负面情绪，包括对在线学习灵活性的喜悦、热情和兴奋，以及对未知学习模式和技术需求的恐惧和焦虑等。研究结果表明，在线学习中确实存在着丰富的情感。在原始CoI框架中，情感主要与社会临场感关联，但该研究强调，情感在构建意义、促进深入思考和实现教育目标方面同样重要。因此，研究者建议应将"情感临场感"视为与社会临场感、认知临场感和教学临场感同等重要的一个独立维度纳入CoI框架。

此外，一些研究强调情感（与情绪）在教育过程中的核心地位。例如Rienties和Rivers在综述了大量文献的基础上，展示了情感或情绪如何正面或负面地影响学习动机、自我调节能力和学业成就，该研究指出情感与情绪不仅塑造学习者的态度和行为，还深刻影响其认知过程，对学习成果产生显著影响②。鉴于此，Rienties等人在原始的CoI框架的基础上，加入了"情感临场感"，构建了一个新的CoI框架，如图1-3所示。

Rienties等人将情感临场感的概念融入CoI框架中，这一创新不仅丰富了CoI理论模型，也为其在教育实践中的应用开辟了新路径。之后，Zou与Zhang进一步证实了"情感临场感"的重要性③。该研究采用修改

① Martha Cleveland-Innes, Prisca Campbell, "Emotional Presence, Learning, and the Online Learning Environment", *International Review of Research in Open and Distributed Learning*, Vol. 13, No. 4, 2012, pp. 269-292.

② Bart Rienties, Bradley A. Rivers, "Measuring and Understanding Learner Emotions: Evidence and Prospects", *Learning Analytics Review*, Vol. 1, No. 1, 2014, pp. 1-27.

③ Jumei Zou, Sujing Zhang, "Using Student Feedback to Analyze the Characteristics of Presence in Classroom Settings Based on the Community of Inquiry Framework", *Sustainability*, Vol. 14, No. 10, 2022, p. 6103.

图1-3 融入了情感临场感的 CoI 框架

之后包含四个维度（即教学临场感、社会临场感、认知临场感与情感临场感）的 CoI 框架对收集到的数据进行质性编码分析，结果发现，这四个维度共同构成了高质量学习的基石，情感临场感与教学、社会以及认知临场感并驾齐驱，对促进学生积极参与和深度学习至关重要。这一发现呼吁教育者不仅要关注知识的传授和技能的培养，还要重视情感层面的教育，以全方位地支持学生的学习和发展。此外，Sundgren 等人探讨了数字技术支持的教学、CoI 框架的临场感以及学科认识论结构之间的关系①。通过结构方程模型和反思性主题分析，同时也揭示了情感临场感作为 CoI 框架第四要素的可能性。

情感临场感的引入，不仅深化了 CoI 框架的理论内涵，也为教育实践提供了新的视角。提醒教育者，情感体验是学习过程中不可忽视的组成部分，对学习成效有着深远影响。通过重视情感临场感，教育者可以创造更加人性化、支持性和包容性的学习环境，促进学生的全面发展。未来的研究和实践应继续探索情感临场感在不同教育场景下的表现形式、影响机制以及如何通过教学设计和策略优化来增强情感临场感，以进一

①　Marcus Sundgren, Jimmy Jaldemark, Martha Cleveland-Innes, "Disciplinary Differences and Emotional Presence in Communities of Inquiry: Teachers Expressions of Digital Technology-Enabled Teaching", *Computers and Education Open*, Vol. 4, 2023, p. 100134.

步提升教育质量和学习成效。

（四）自主与调节临场感的引入

首先，Lam 在其研究"Autonomy Presence in the Extended Community of Inquiry"中对 CoI 框架进行了创新性扩展，引入了"自主临场感"这一新概念①。CoI 框架根植于社会建构主义理论，一直强调学习是在协作与互动中基于个人经验积累的过程，被广泛应用于理解与评估混合学习场景。然而，Lam 敏锐地观察到，原始 CoI 框架未能充分涵盖学习者在缺乏直接教师干预时自我引导学习的能力与动力，特别是在社交媒体等新兴学习平台上，学习者展现出了前所未有的自主性。为此，Lam 创造性地提出了"自主临场感"这一概念，旨在强调学习者在学习过程中的主动性和自我控制能力。通过将"自主临场感"作为 CoI 框架的新增元素，Lam 不仅丰富了原始 CoI 框架的内涵，也突出了学习者在教育过程中的自主性和独立性，尤其是在非正式学习环境中的自我驱动学习行为，为理解与促进学习者自主性提供了新的视角。值得一提的是，CoI 提出作者之一的 Anderson 在综合讨论了已有有关对于 CoI 组成要素进行扩展的相关研究的基础上，提倡可以考虑添加"自主临场感"至原始 CoI 框架中，Anderson 认为"自主临场感"这一概念"建立在 Bandura 的奠基性研究之上，同时涵盖了 Shea 等所提及'学习临场感'的组成部分，但同时又更为精炼"②。

在教育领域，尽管"自主性"的重要性不言而喻，但在实践中，学生的自主性往往受到教师指导和课程结构的限制。然而，随着互联网技术的发展，特别是在线教育平台和虚拟学习社区的兴起，学生有了更多获取信息、交流思想和自我发展的途径。"自主临场感"在当前数字化学习环境中显得尤为重要。Lam 将自主临场感分为自我管理、自我引导、自我激励三个子维度，每个子维度下包含了具体的衡量指标，其中，自

① Jeanne Y. C. Lam, "Autonomy Presence in the Extended Community of Inquiry", *International Journal of Continuing Education and Lifelong Learning*, Vol. 8, No. 1, 2015, pp. 39-61.

② Terry Anderson, Virtual Canuck, "A Fourth Presence for the Community of Inquiry Model", 2016.

我管理包括目标设定、时间管理、自我监控；自我引导包括自主决策、学习策略的使用；自我激励包括自我激励、内在动机、成就动机、自我效能感。这些指标共同构成了自主临场感的框架，用于评价学习者在在线学习环境中的自主性、主动性和自我调节能力。这些指标不仅反映了学习者个体层面的特征，也体现了他们在学习社区中的角色和贡献，从而为理解在线学习的成功因素提供了更全面的视角。此外，这些指标不仅帮助教育者理解学生如何在自主学习中寻找资源、建立网络和验证知识，还揭示了学生如何在教师指导之外，利用网络空间的丰富资源来深化和拓展自己的学习体验。

随着互联网技术的不断进步，学生能够轻松访问各种在线资源，参与全球范围内的学习社区，这为"自主临场感"的实现提供了前所未有的机遇。学生不再仅仅是被动的知识接收者，而是成为主动的学习者，能够根据个人兴趣和需求，自主选择学习路径，探索未知领域，随时随地与同行进行交流和合作。这种自主性和独立思考的能力，正是"自主临场感"所强调的核心特质。

自主临场感的引入旨在充实原始 CoI 框架，尤其在缺乏直接教学干预的场景下，强化其对学习者自我管理学习活动的描述能力。这一概念的提出，不仅深化了框架内对学习者主动性与独立学习能力的重视，特别是在在线学习环境中，而且强调了学习者即便在没有教师直接指导的情况下，也能自主设定学习目标、规划学习路径、监控学习进展、评估学习成果，从而实现高效自我导向学习的能力。自主临场感不仅彰显了学习者的自我驱动力和独立性，更丰富了 CoI 框架的内涵。尽管新引入的临场感类别为 CoI 框架增添了层次，但其实证研究的基础仍需进一步夯实[1]。未来的研究方向应着重于深入探究"自主临场感"与原始 CoI 框架三大核心要素之间的相互作用关系，及其如何填补理论缺口，以深化和拓宽我们对在线学习环境中学生互动与学习过程的理解。尤其需要加强对自主临场感及相关概念的实证研究，通过这些努力，CoI 框架将

---

① Kadir Kozan, Secil Caskurlu, "On the Nth Presence for the Community of Inquiry Framework", *Computers & Education*, Vol. 122, 2018, pp. 104–118.

得以进一步巩固和拓展，为教育实践提供更为坚实和全面的理论支持，有力推动在线学习领域的持续发展。通过这样的研究，我们不仅能更好地理解学习者如何在不同环境下自主学习，还能为教育者提供指导，帮助他们设计更有效的在线学习体验，促进学习者的成长和发展。

其次，在以往的研究中，CoI 框架只关注社会临场感、教学临场感和认知临场感三个核心元素，缺乏对自我调节、元认知和动机等关键因素的考量。而 Selcan 和 Yıldırım 的研究发现学生的自我调节能力对三大临场感有积极正向的影响[①]；同样 Cho 等人也发现自我调节能力越强的学习者对三大临场感的感知水平越高[②]。除此之外，自我调节不仅对认知临场感有着显著的正向影响，而且是社会临场感和其他类型临场感之间联系的重要中介。这些研究者共同强调了自我调节能力在探究社区中的重要性。鉴于自我调节对于在线学习中的探究社区构建具有重要作用，而原 CoI 框架并未将这一因素纳入其中，这可能限制了框架的完整性和实用性。为了解决这一局限，Selcan 和 Yıldırım 基于 CoI 框架及其三大构成要素，在深入分析了自我调节、元认知与学习动机，及其对于学生学习的显著贡献的基础上，提出一个全新的概念——"调节临场感"，用以全面反映学习者在学习历程中的自我调节行为与技能[③]。在此基础上，Kilis 和 Yıldırım 将"调节临场感"纳入 CoI 框架使其更为完善，构建了一个新的 CoI 框架，如图 1-4 所示。

研究者认为调节临场感是指学习者在学习过程中所展现的自我调控行为和技能的整体表现，由以下三个类别构成：前瞻思维，即学习者在开始学习任务前的规划和准备；表现或意志控制，即学习者在学习过程中执行计划并持续努力克服障碍的能力；自我反思，即学习者在学习活动

① Selcan Kilis, Zahide Yıldırım, "Investigation of Community of Inquiry Framework in Regard to Self-regulation, Metacognition, and Motivation", *Computers & Education*, Vol. 126, 2018, p. 32.

② Moon-Heum Cho, Yanghee Kim, DongHo Choi, "The Effect of Self-regulated Learning on College Students' Perceptions of Community of Inquiry and Affective Outcomes in Online Learning", *The Internet and Higher Education*, Vol. 34, 2017, pp. 10-17.

③ Selcan Kilis, Zahide Yıldırım, "Investigation of Community of Inquiry Framework in Regard to Self-regulation, Metacognition, and Motivation", *Computers & Education*, Vol. 126, 2018, p. 32.

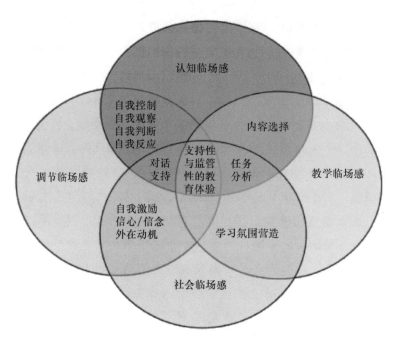

图 1-4 包含了"调节临场感"的 CoI 理论框架

结束后对学习过程和成果的回顾和评估。这一重构尝试旨在弥补原 CoI 模型在自我调节与学习动机方面的不足，通过引入调节临场感这一创新概念，进一步丰富了学习者在学习过程中的自我调节行为与技能的描述。这不仅拓展了 CoI 框架的理论内涵，同时也凸显了自我调节学习技能在在线协作学习环境中的核心价值。

三 外界对 CoI 框架的争议与反思

CoI 框架作为在线和混合学习中的重要理论框架，尽管在教育领域得到了广泛的认可和应用，但仍面临着一系列批评与争议。这些挑战主要集中在以下几个方面：如何准确测量批判性思维、社会临场感的定义多样性与测量不一致性、教学临场感概念界定的模糊性以及理论与实践之间的脱节。

首先，关于认知临场感的争议主要围绕如何准确测量批判性思维展开。尽管 CoI 框架强调批判性思维在知识建构中的关键作用，但在实际操作中，通过认知临场感来评估学生的批判性思维发展仍然面临诸多挑战。Celentin 等人利用实践探究模型评估在线讨论中的批判性思维，研究发现学生在达到高阶认知临场感，即整合与解决问题阶段存在困难①。这些困难一方面源于测量工具的局限性，另一方面是由于讨论设计本身可能未能充分激发深层次的批判性反思。此外，当前研究倾向于将批判性思维简化为知识构建和问题解决过程，这种简化忽略了批判性思维更广泛的内涵。Lipman 强调批判性思维不仅仅是逻辑推理，还包括培养良好的判断力、开放的思维、愿意质疑假设和接受合理批评等②。然而，Kaczkó 和 Ostendorf 指出，尽管 CoI 框架受到 Lipman 思想的启发，但在实际操作过程中，对批判性思维的解读过于狭窄，未能充分包含 Lipman 关于批判性思维促进良好判断的核心特征③。

此外，认知临场感编码方案也存在局限性。这些编码方案，包括原始版本和其他变体，往往聚焦于认知过程的某些特定阶段，如触发事件、探究、整合和解决，却忽视了批判性思维的其他重要维度，如基于标准的推理和自我校正。这种局限性意味着基于现有编码方案的教学建议可能只针对认知临场的某个单一视角，从而限制了对批判性思维全面发展的支持。Breivik 分析了在线讨论中批判性思维的评估方法，指出认知临场感作为一种衡量在线讨论中批判性思维的工具，其局限性主要体现在未能充分关注到讨论参与者对论断的深入评估④。Kaczkó 和 Ostendorf 分析和比较多个在线学习环境中的认知临场编码方案，指出当前研究对 CoI

①　Paola Celentin, "Online Training: Analysis of Interaction and Knowledge Building Patterns among Foreign Language Teachers", *Journal of Distance Education*, Vol. 21, No. 3, 2007, pp. 39–58; D. Randy Garrison, Martha Cleveland–Innes, Tak Shing Fung, "Exploring Causal Relationships among Teaching, Cognitive, and Social Presence: Student Perceptions of the Community of Inquiry Framework", *The Internet and Higher Education*, Vol. 13, Nos. 1–2, 2010, pp. 31–36.

②　Matthew Lipman, "Critical Thinking: What Can It Be?", *Educational Leadership*, Vol. 46, No. 1, 1988, pp. 37–42.

③　Éva Kaczkó, Annette Ostendorf, "Critical Thinking in the Community of Inquiry Framework: An Analysis of the Theoretical Model and Cognitive Presence Coding Schemes", *Computers & Education*, Vol. 193, No. 2, 2022, p. 104662.

④　Jens Breivik, "Critical Thinking in Online Educational Discussions Measured as Progress through Inquiry Phases: A Discussion of the Cognitive Presence Construct in the Community of Inquiry Framework", *International Journal of E–Learning and Distance Education*, Vol. 31, No. 1, 2016, pp. 2292–8588.

框架中批判性思维的解读存在局限性，只关注了批判性思维的一个较窄方面，并没有全面覆盖这一复杂概念的所有维度①。这意味着，基于这些编码方案所形成的教学策略和评估结果可能无法充分代表或促进学生批判性思维能力的全面发展。综上所述，笔者亦认为 CoI 框架在测量批判性思维方面存在一定局限性，主要表现在对批判性思维内涵的简化和认知临场感编码方案的局限性上。这些局限性可能导致对批判性思维评估的不全面，限制了对批判性思维全面发展的支持。因此，未来的研究需要进一步探索如何改进测量工具和编码方案，以更全面地反映批判性思维的复杂性，从而更好地支持在线和混合学习环境中的批判性思维培养。

其次，社会临场感的定义多样性和测量不一致性是 CoI 框架研究面临的另一重大挑战。根据 Kreijns 等人、Lowenthal 和 Snelson 以及 Richardson 等人的研究，目前学术界至少存在 15 种关于社会临场感的不同定义②。这些定义中融入了诸如即时性、情感表达、共存感、在线隐私、信任、同伴感知存在、教师感知存在、社交空间和亲密感等多元元素，均被认为是社会临场感构建的关键组成部分。然而，这种定义的多样性引发了测量方法的不一致性，导致难以对社会临场感形成统一的理解。Lowenthal 等人指出，由于存在大量的社会临场感定义，以及随之而来的多种测量方法，不同的研究中采用的量表和维度可能在评估完全不同的方面③。这种情况下，研究结果之间缺乏可比性，使得跨研究的综合分

---

① Éva Kaczkó, Annette Ostendorf, "Critical Thinking in the Community of Inquiry Framework: An Analysis of the Theoretical Model and Cognitive Presence Coding Schemes", *Computers & Education*, Vol. 193, No. 2, 2023, p. 104662.

② Karel Kreijns, Kate Xu, Joshua Weidlich, "Social Presence: Conceptualization and Measurement", *Educational Psychology Review*, Vol. 22, 2021, pp. 1 – 32; Patrick R. Lowenthal, Chareen Snelson, "In Search of a Better Understanding of Social Presence: An Investigation into How Define Social Presence", *Distance Education*, Vol. 38, No. 2, 2017, pp. 141 – 159; Jennifer C. Richardson, Yukiko Maeda, Jing Lv, Secil Caskurlu, "Social Presence in Relation to Students' Satisfaction and Learning in the Online Environment: A Meta – analysis", *Computers in Human Behavior*, Vol. 71, 2017, pp. 402–417.

③ Patrick R. Lowenthal, Joanna C. Dunlap, Chareen Snelson, "Live Synchronous Web Meetings in Asynchronous Online Courses: Reconceptualizing Virtual Office Hours", *Online Learning Journal*, Vol. 21, No. 4, 2017.

析变得异常困难。例如，Giesbers 等通过准实验研究探讨了网络视频会议对社会临场感和学习效果的影响①。尽管预期视频通信能够增强社会临场感，但研究结果却发现，使用网络视频会议的学生在整体学习满意度上并未显示出显著提升，这与预期相悖，揭示了社会临场感定义多元化可能带来的研究结果偏差。

社会临场感面临的另一挑战是其构造未能充分考虑到情感在探究社区中的重要性。Cleveland-Innes 和 Campbell 认为尽管社会临场感被用来描述参与者如何通过沟通媒介展现自己作为"真实"个体的能力，但它并未充分涵盖情感在探究社区中的全部作用。他们研究强调，情感不应仅局限于社会互动层面，而应渗透到在线学习的各个环节，包括教学和认知过程②。这一洞见凸显了在 CoI 框架中，情感临场感作为独立维度的重要性，强调了在评估和促进在线学习社群时，情感因素的全面考量是必要的。综上所述，社会临场感定义的多样性和测量的不一致性，以及对情感因素在探究社区中作用的忽视，构成了 CoI 框架研究中的两大挑战。笔者建议为了克服这些挑战，未来的研究应致力于构建更加统一和全面的社会临场感定义，同时发展一套标准化的测量工具，以提高研究结果的可比性和一致性。

再次，CoI 框架中对教学临场感的诠释，引发了关于教师与学习者角色定位的混淆问题，这一点在学术界引发了广泛的讨论与争议。Hayes 等人和 Pool 等人的研究，特别对 CoI 框架中教师和学习者共享教学临场感的观点提出了批评。他们指出，CoI 框架未能清晰地区分教师与学习者在教学过程中的独特角色与职责，这种模糊性可能导致实践中的误解

---

① Bas Giesbers, Bart Rienties, Dirk T. Tempelaar, Wim Gijselaers, "Why Increased Social Presence through Web Videoconferencing Does Not Automatically Lead to Improved Learning", *Learning and Digital Media*, Vol. 11, 2014, pp. 31-45.

② Martha Cleveland-Innes, Prisca Campbell, "Emotional Presence, Learning, and the Online Learning Environment", *International Review of Research in Open and Distributed Learning*, Vol. 13, No. 4, 2012, pp. 269-292.

与混淆①。Shea 等人的研究进一步强调了 CoI 框架在描绘在线学习环境中参与者角色时的不足之处②。具体而言，框架中对教师和学习者角色的描述不够充分，特别是对学习者角色的界定显得尤为模糊，缺乏明确的阐述。更重要的是，教师在正式评估与教学指导中的核心作用，在 CoI 框架的描述中被一定程度上淡化了，这可能削弱了 CoI 框架在指导教学实践方面的有效性。

笔者认为这一问题的根源在于 CoI 框架在设计之初，旨在强调在线学习环境中互动与协作的重要性，但在强调参与者平等交流的同时，未能充分考虑到教师与学习者在教育过程中的不对称性。教师不仅是知识的传递者，更是学习过程的引导者和评估者，而学习者则处于接受知识、探索和构建个人理解的过程中。这种角色的差异性，要求理论框架在描述教学临场感时，必须更加精确地反映出教师与学习者各自的责任与功能。为了解决这一问题，笔者建议未来研究可细化角色定义，即明确区分教师与学习者在教学临场感中的不同职责，强调教师在教学设计、指导和评估中的核心作用，同时突出学习者在自主学习、合作学习和自我调节学习中的主体地位。

最后，CoI 框架在理论构想与实践应用之间存在的显著差距亦遭到了广泛批评，这一议题引起了教育研究者们的深切关注。Rourke 和 Kanuka 在其研究中，通过对 2000—2008 年间引用 CoI 框架的 252 篇文献进行综合回顾，揭示了 CoI 框架在理论与实践对接上的主要问题③。这些问题集

---

① Suzanne Hayes, Sedef Uzuner Smith, Peter Shea, "Expanding Learning Presence to Account for the Direction of Regulative Intent: Self-, Co-, and Shared Regulation in Online Learning", *Online Learning*, Vol. 19, No. 3, 2015, pp. 15 – 33; Jessica Pool, Gerda Reitsma, Dirk Van Den Berg, "Revised Community of Inquiry Framework: Examining Learning Presence in a Blended Mode of Delivery", *Online Learning*, Vol. 21, No. 3, 2017, pp. 153–165.

② Peter Shea, Jennifer Richardson, Karen Swan, "Building Bridges to Advance the Community of Inquiry Framework for Online Learning", *Educational Psychologist*, Vol. 57, 2022, pp. 148–161.

③ Liam Rourke, Heather Kanuka, "Learning in Communities of Inquiry: A Review of the Literature (Winner 2009 Best Research Article Award)", *International Journal of E-Learning & Distance Education*, Vol . 23, No. 1, 2009, pp. 19–48.

中体现在以下三个方面：其一，理论深度与实践广度的不匹配。作为一项理论构想，CoI 框架强调了通过持续的批判性交流来实现深度和有意义的学习。然而，实际应用中，框架未能深入探究其核心思想的具体实施路径，尤其是在如何促进批判性思维和深度学习的细节上，缺乏足够的指导和实践案例。这导致了理论设想与现实操作之间的脱节，使得教育实践者在尝试将 CoI 框架应用于课堂教学时感到迷茫和困惑。其二，促进学习成果的实效性受限。作为数字化学习模型，CoI 框架旨在通过促进沟通互动来提升学习效果。然而，实证研究表明，CoI 框架在促进预期学习成果方面的效果有限。学生往往倾向于将所学知识与独立自主学习或传统讲授方式相联系，而不是将学习成效归功于 CoI 框架中倡导的交流互动。这一现象暗示，CoI 框架在激发学习动力和深化学习体验方面，可能存在某些尚未解决的局限性。其三，深度学习实证研究的不足。作为激发深度学习的手段，CoI 框架在实证研究中显示出一定的局限性。大多数研究依赖于学生的自我报告，通过问卷调查等形式收集数据，试图评估学生对学习过程的感知和满意度。然而，这种方法难以准确反映深层和有意义学习的实际发生，因为深度学习涉及复杂的认知过程，单纯依赖主观感知可能无法全面捕捉到学习过程中的细微变化和深层次理解的形成。

综上所述，CoI 框架在理论与实践对接上的挑战，是教育研究领域在将抽象理论转化为实际教学策略时所面临的普遍难题。为了缩小这一理论与实践之间的鸿沟，笔者建议未来的研究需要更加注重理论的实操性，通过设计更精细、更具针对性的实验，深入探究 CoI 框架在促进批判性思维和深度学习方面的具体机制。同时，研究者应积极探索多元化的评价方法，以更全面、更客观的方式评估学习效果，尤其是深度学习的达成情况。此外，加强教育实践者与理论研究者之间的沟通与合作，共同探索 CoI 框架在不同教育场景下的最佳实践，将是推动这一理论向前发展的关键。

第五节　CoI 评估工具的发展轨迹

一　CoI 测量工具的开发与验证

随着在线学习的有效性日益受到关注，CoI 框架获得了广泛认可。然而，其影响力因缺乏系统性的评估工具而受阻，这限制了其在理论层面对在线学习进步的推动作用。针对此局限，Arbaugh 等人设计与开发了 CoI 量表，以填补评估手段的空白，该量表旨在全方位、多层次地描绘与测量 CoI 框架中的三大核心维度：社会临场感、认知临场感与教学临场感[①]。CoI 量表包含 34 个问题，其中，12 个测量指标用于评估认知临场感，13 个测量指标用于评估教学临场感，9 个测量指标用于评估社会临场感。Arbaugh 等人运用主成分分析验证了问卷结构的有效性，并通过多机构样本增强了其外部效度。分析结果证实，CoI 量表具有较强的信效度，为在线教育领域的实践者和研究者提供了一套标准化的评估工具，有助于更全面、深入地理解在线学习体验，进而促进在线教育质量的持续改进。

自从 Arbaugh 等人开发 CoI 测量工具以来，多项研究对其有效性进行了验证，进一步巩固了其在在线教育评估中的地位。Swan 等人通过在四所不同机构中的应用，结合因子分析和验证性因子分析，验证了 CoI 测量工具的结构稳定性和可靠性[②]。进一步地，Shea 和 Bidjerano 基于 2159 位在线学习者的样本数据，证实了 CoI 测量工具在评估教学临场感、社会临场感和认知临场感方面的效度[③]。接着，CoI 量表的广泛应用催生了

① J. B. Arbaugh, Martha Cleveland-Innes, Sebastian R. Diaz, D. Randy Garrison, Philip Ice, Jennifer C. Richardson, Karen P. Swan, "Developing a Community of Inquiry Instrument: Testing a Measure of the Community of Inquiry Framework Using a Multi-institutional Sample", *The Internet and Higher Education*, Vol. 11, No. 3-4, 2008, pp. 133-136.

② Karen P. Swan, Jennifer C. Richardson, Philip Ice, D. Randy Garrison, Martha Cleveland-Innes, J. Ben Arbaugh, "Validating a Measurement Tool of Presence in Online Communities of Inquiry", *E-Mentor*, Vol. 2, No. 24, 2008.

③ Peter Shea, Temi Bidjerano, "Community of Inquiry as a Theoretical Framework to Foster 'Epistemic Engagement' and 'Cognitive Presence' in Online Education", *Computers & Education*, Vol. 52, No. 3, 2009, pp. 543-553.

一系列实证研究，极大地丰富了 CoI 框架的实证基础与应用领域。例如，Shea 等人以五千余名在线及混合学习参与者为样本，运用 CoI 量表对学习者进行了大规模调查，通过量化数据的收集与聚类分析，成功识别了不同教学、社会及认知临场感水平的群组，为理解在线学习环境中的互动模式与学习成效提供了新的视角①。此外，Mo 等人采用混合研究方法，不仅使用 CoI 量表对在线学习者进行了问卷调查，还借助 CoI 框架对学生的在线学习反思进行了内容分析，从多角度审视虚拟学习环境中社会临场感与认知临场感的互动关系，以及它们在解决复杂认知任务过程中的作用与影响，为深化对在线学习动态过程的理解开辟了新路径②。CoI 量表的广泛应用不仅证明了其在评估学生在线互动体验方面的显著价值，还推动了研究者对在线教育现象的深入探究与理论构建，为教育技术的优化与在线学习体验的提升提供了坚实的数据支撑与理论指导。CoI 量表不仅作为研究者手中的利器，为 CoI 理论框架的实证研究提供了强大工具，还激励着教育实践者不断创新教学模式，推动在线教育向着更高质量的方向发展。

值得一提的是，Stenbom 对 CoI 量表在 2008—2017 年的研究应用进行了全面的分析，共涵盖了 103 篇相关论文。这项研究的目的是深入了解 CoI 量表在当前教育研究领域的应用现状及其发展趋势，结果发现 CoI 量表已成为收集和分析在线及混合学习的主流工具，其可靠性与有效性得到了广泛认可，而且能够跨越不同教育情境，为比较和评估各种变量的影响提供了有力的支持③。特别地，CoI 量表在探索 CoI 框架的三大核心组成部分——认知临场感、教学临场感和社会临场感——方面展现了独特的优势。通过 CoI 量表的运用，研究者能够深入洞察学习者在不同

---

① Peter Shea, Temi Bidjerano, "Community of Inquiry as a Theoretical Framework to Foster 'Epistemic Engagement' and 'Cognitive Presence' in Online Education", *Computers & Education*, Vol. 52, No. 3, 2009, pp. 543-553.

② Su Kyoung Mo, Sangmin Lee, "The Relationships Among the Presences of Community of Inquiry and the Perceptions of EFL College Students in Online Learning", *Multimedia-Assisted Language Learning*, Vol. 20, No. 2, 2017, pp. 11-35.

③ Stefan Stenbom, "A Systematic Review of the Community of Inquiry Survey", *The Internet and Higher Education*, Vol. 39, 2018, pp. 22-32.

学习环境下的体验与表现，揭示 CoI 三大临场感维度对学生学习相关变量及其学习成效的影响，从而为优化在线和混合学习的设计与实施提供了宝贵的实证依据。

自 CoI 评估工具面世以来，一系列先进的研究方法被整合至对 CoI 框架的探索中，这些方法包括但不限于结构方程模型、社会网络分析、学习分析、自动化内容分析和元分析等。自 2009 年起，研究者开始尝试将定性与定量分析相结合，采用混合方法论以深化对 CoI 理论的理解，这一趋势标志着 CoI 研究进入了一个更为成熟和精细的阶段。例如，Shea 等人运用了内容分析与社会网络分析相结合的综合方法，深入剖析了在线异步课程中参与者间的交流话语，揭示了个体自我效能感、自我调节能力与社区形成之间的内在联系，为 CoI 理论的深化提供了有力的实证支持①。随着研究的不断深入，混合方法在 CoI 框架的研究中逐渐占据主导地位，内容分析作为其中的关键手段，被广泛应用于分析学生学习对话记录，以探求更深层次的学习过程和社区构建机制。

然而，尽管市场上已存在多种质性数据分析软件，但在 CoI 框架下的专业支持工具仍显不足，这为研究者带来了不小的挑战。为应对这一技术瓶颈，Gabriel 和 Popescu 应运而生，他们开发了一款名为 CollAnnotator 的辅助工具，专为 CoI 框架下的内容分析设计②。CollAnnotator 不仅提供了丰富的注释选项，允许用户为每个分析单元标记多个类别，还支持多编码人员之间的协作，通过协商一致提高了分析的精确度和可信度。此外，该工具内置了详尽的统计摘要和可视化报告功能，帮助用户直观理解分析结果，极大地提升了数据解读的效率和准确性。值得一提的是，CollAnnotator 拥有简洁友好的用户界面，即使不具备专业技能的用户也能快速上手，有效降低了内容分析的技术门槛，使得更多的学者和研究

---

① Peter Shea, Temi Bidjerano, "Learning Presence: Towards a Theory of Self-efficacy, Self-regulation, and the Development of Communities of Inquiry in Online and Blended Learning Environments", *Computers & Education*, Vol. 55, No. 4, 2010, pp. 1721-1731.

② Badea Gabriel, Elvira Popescu, "Collannotator—a Support Tool for Content Analysis According to Community of Inquiry Framework", *2017 IEEE 17th International Conference on Advanced Learning Technologies (ICALT)*, 2017.

者能够参与到 CoI 框架的深度研究中。CollAnnotator 的推出，无疑为 CoI 研究领域注入了新的活力，为该领域的学术进展和理论创新提供了强有力的技术支撑，标志着 CoI 研究工具的又一次飞跃。

二　CoI 测量工具的发展与优化

原始英文版本的 CoI 量表不仅在本土研究中显示出了卓越的可靠性，而且在多元文化背景下也得到了广泛的验证，彰显了其作为在线与混合学习评估工具的普适价值。例如 Moreira 等人选择了 510 名来自葡萄牙不同大学不同专业的学生，以验证 CoI 量表在葡萄牙语境中的信度和效度[①]。Yu 和 Richardson 以 995 名韩国在线大学本科生为研究对象，探讨了 CoI 量表的信度和效度[②]。这些研究都验证了 CoI 量表具有良好的可靠性。特别值得一提的是，Ma 等人对中国语境下的 CoI 量表进行了本土化改编，研究者基于原始 CoI 量表，经过四个阶段的精心翻译与调整，成功开发出中文版的 CoI 量表[③]。研究者利用 LISREL 软件进行的验证性因子分析和路径分析，以及借助 SPSS 进行的可靠性分析和回归分析，均证实了中文版 CoI 量表的出色表现。所有子量表均展现出可接受的可靠性水平，这不仅彰显了 CoI 量表在跨文化环境中的稳健性，也体现了其在全球范围内应用的潜力与价值。这些研究共同证明，无论是在本土还是跨国界的情境中，CoI 量表均是一个值得信赖且有效的评估工具。

在信度方面，Swan 等人、Díaz 及其同事、Shea 与 Bidjerano 以及 Kozan 与 Richardson 共同确立了 CoI 量表的稳固性，其可靠性得到了一致

---

①　José António Moreira, António Gomes Ferreira, Ana Cristina Almeida, "Comparing Communities of Inquiry of Portuguese Higher Education Students: One for All or One for Each?", *Open Praxis*, Vol. 5, No. 2, 2013, pp. 165-178.

②　Taeho Yu, Jennifer C. Richardson, "Examining Reliability and Validity of a Korean Version of the Community of Inquiry Instrument Using Exploratory and Confirmatory Factor Analysis", *Internet and Higher Education*, Vol. 25, 2015, pp. 45-52.

③　Zhiqiang Ma, Jing Wang, Qiyun Wang, Lili Kong, Yajie Wu, Hao Yang, "Verifying Causal Relationships Among the Presences of the Community of Inquiry Framework in the Chinese Context", *International Review of Research in Open and Distributed Learning*, Vol. 18, No. 6, 2017, pp. 213-230.

认可①。在效度方面，也有一系列研究提供了有力证据，表明 CoI 量表的各个项目与其所属的维度紧密相关，且与 CoI 框架的操作定义相吻合。不过，值得一提的是，关于 CoI 量表的结构效度，学者们的见解并非完全一致。Arbaugh 等人、Díaz 等人及 Kozan 与 Richardson 的研究揭示，可能存在一个超越教学临场感、社会临场感和认知临场感之外的第四维度②。此外，还有一些研究发现教学临场感可能由两个独立的子维度构成，而另外一部分研究发现这一潜在的第四因素可能嵌入于认知临场感之中，作为其子类别存在。

其次，MOOC 的兴起，研究者开始探索 CoI 调查工具在这一新型学习环境中的适用性。尽管传统的在线课程研究已经充分验证了 CoI 工具的信度和效度，但 MOOC 的特殊性质要求对这一工具的有效性进行重新评估。Damm 首次在 MOOC 背景下使用 CoI 调查工具，对学生的在线学习体验进行了测量，同时通过深度访谈增强研究的深度，但他的研究未触及对该工具因素结构的验证③。随后，Kovanović 等人在 MOOC 学习者

---

① Karen P. Swan, Jennifer C. Richardson, Philip Ice, D. Randy Garrison, Martha Cleveland-Innes, J. Ben Arbaugh, "Validating a Measurement Tool of Presence in Online Communities of Inquiry", *E-mentor*, Vol. 2, No. 24, 2008, pp. 1-12; Sebastián R. Díaz, Karen Swan, Philip Ice, Lori Kupczynski, "Student Ratings of the Importance of Survey Items, Multiplicative Factor Analysis, and the Validity of the Community of Inquiry Survey", *Internet and Higher Education*, Vol. 13, Nos. 1-2, 2010, pp. 22-30; Peter Shea, Temi Bidjerano, "Community of Inquiry as a Theoretical Framework to Foster 'Epistemic Engagement' and 'Cognitive Presence' in Online Education", *Computers & Education*, Vol. 52, No. 3, 2009, pp. 543-553; Kadir Kozan, Jennifer C. Richardson, "New Exploratory and Confirmatory Factor Analysis Insights into the Community of Inquiry Survey", *The Internet and Higher Education*, Vol. 23, 2014, pp. 39-47.

② J. B. Arbaugh, Martha Cleveland-Innes, Sebastian R. Diaz, D. Randy Garrison, Philip Ice, Jennifer C. Richardson, Karen P. Swan, "Developing a Community of Inquiry Instrument: Testing a Measure of the Community of Inquiry Framework Using a Multi-institutional Sample", *The Internet and Higher Education*, Vol. 11, Nos. 3-4, 2008, pp. 133-136; Sebastián R. Díaz, Karen Swan, Philip Ice, Lori Kupczynski, "Student Ratings of the Importance of Survey Items, Multiplicative Factor Analysis, and the Validity of the Community of Inquiry Survey", *Internet and Higher Education*, Vol. 13, Nos. 1-2, 2010, pp. 22-30; Kadir Kozan, Jennifer C. Richardson, "New Exploratory and Confirmatory Factor Analysis Insights into the Community of Inquiry Survey", *The Internet and Higher Education*, Vol. 23, 2014, pp. 39-47.

③ Carol A. V. Damm, "Applying a Community of Inquiry Instrument to Measure Student Engagement in Large Online Courses", *Current Issues in Emerging e Learning*, Vol. 3, No. 1, 2016, pp. 138-172.

中运用 CoI 调查工具收集数据，并通过探索性因子分析（EFA）揭示了一个六因素结构的 CoI 框架[①]。这一模型不仅包含了原 CoI 框架中的教学、社会和认知临场感，还引入了设计与组织、情感表达以及解决三个新维度。在这一六因子的 CoI 结构中，设计与组织是原始教学临场感的子类，情感表达则隶属于原始三因子 CoI 结构中社会临场感的一个维度，解决是原始三因子 CoI 结构中认知临场感的一个维度。简言之，这三个新因素各自从原框架中分离，构成了 CoI 框架的扩展，但仍被视为原三大维度的子分类。

遗憾的是，Kovanović 等人未能通过验证性因子分析（CFA）确认六因素模型的结构效度，尤其是新因素与原有因素之间的区分效度。根据 Hair 等人的观点，即使 CFA 揭示了各因素，仍需通过判别效度检验确保它们能够有效区分[②]。Kovanović 等人也未将六因素模型与三因素模型进行对比，因此，尚不清楚扩展后的六因素模型是否相较于传统模型有显著优势。然而，笔者前期通过综合运用探索性因子分析、验证性因子分析以及卡方检验等方法发现：尽管原始三因素结构的 CoI 调查工具在 MOOC 环境下依然具有既定的效度，可以作为评估学生学习体验的有效工具，但根据卡方差异检验的结果，包含教学临场感、社会临场感、认知临场感、设计与组织、情感表达和解决的六因素结构模型被认定为最优模型[③]。这个六因素模型不仅展现了良好的收敛效度，也具备出色的判别效度，意味着它在区分不同维度方面表现优异，能够更精细地刻画 MOOC 学习者的学习体验。该研究立足于先前的理论和实证研究，旨在确定 CoI 测量工具在 MOOC 环境下的最佳模型，并深入验证其结构效度。研究伊始，他们对 MOOC 背景下 CoI 调查工具的多种潜在模型进行了探

①　Vitomir Kovanović, Srećko Joksimović, Oleksandra Poquet, Thieme Hennis, Iva Čukić, Pieter de Vries, Marek Hatala, Shane Dawson, George Siemens, Dragan Gašević, "Exploring Communities of Inquiry in Massive Open Online Courses", *Computers & Education*, Vol. 119, 2018, pp. 44-58.

②　Joseph Franklin Hair, William C. Black, Barry J. Babin, Rolph E. Anderson, "Multivariate Data Analysis: A Global Perspective（7th ed.）", *Upper Sadder River*, NJ: Prentice Hall, 2010.

③　Xuemei Bai, Xiaoqing Gu, Rifa Guo, "More Factors, Better Understanding: Model Verification and Construct Validity Study on the Community of Inquiry in MOOC", *Education and Information Technologies*, Vol. 28, 2023, pp. 10483-10506.

索，运用 EFA 和 CFA 对这些模型进行细致检验。该研究不仅再次验证了 Arbaugh 等人提出的原始三因素模型，即教学临场感、社会临场感和认知临场感，同时也对 kovanović 等人提出的六因素模型进行了评估，后者在此基础上新增了设计与组织、情感表达和解决三个维度。通过卡方检验，研究者比较了这两种模型以及其他潜在模型的适配性，最终确定最优模型，并深入检验其结构效度。

第六节　CoI 框架三要素的相互依存与影响

探究社区理论框架由社会临场感、教学临场感和认知临场感三大核心元素构成，它们相互作用，共同驱动学生的学习进程。这种相互作用关系引起了众多研究者的关注。现有研究普遍揭示出社会临场感与认知临场感、教学临场感之间存在紧密的相互联系与影响：教学临场感直接影响社会临场感，而社会临场感作为教学临场感与认知临场感之间的中介变量，同时也对认知临场感产生直接影响。

一　教学临场感与社会临场感的关系

教学临场感与社会临场感之间的互动关系是在线学习研究领域中的一个重要议题，二者相辅相成，共同构建了高质量在线学习体验的基石。教学临场感，主要体现于教师的教学设计、组织、引导以及实时交互活动中，它能够营造一个有利于社交互动的环境，进而增强学生对社会临场感的感知。大量实证研究表明，教学临场感与社会临场感之间存在着显著的正相关关系，这一点在多项研究中得到了证实。例如，Akyol 和 Garrison 通过分析学生论坛发帖记录，发现随着课程的进展，教学临场感呈现出明显上升趋势[1]。该研究强调了教师在教学过程中对社会互动氛围的积极维护作用，表明教师教学临场感能够有效维持学生的社交氛围，

---

[1]　Zehra Akyol, D. Randy Garrison, "The Development of a Community of Inquiry over Time in an Online Course: Understanding the Progression and Integration of Social, Cognitive, and Teaching Presence", *Journal of Asynchronous Learning Networks*, Vol. 12, 2008, pp. 3-22.

促进学习社群的健康发展。Nolan-Grant 指出教学临场感对社会临场感具有显著的正向影响，进一步证明了教师的积极参与能够增强学生之间的社会临场感体验①。Shea 等人的研究发现进一步证明了这一观点，他们发现教学临场感与社会临场感之间存在显著的正相关性②。具体而言，教师积极的教学临场感能够激发学生感知到更多的社会临场感，意味着教师通过有效的设计、组织和引导，能够促进学生之间建立信任、开展有意义的互动，以及构建稳定的人际关系，从而增强学习社群的凝聚力。Lin 等人通过定量调查和统计分析，同样发现教学临场感对社会临场感有着积极的促进作用③。具体来说，如果教师定期参与，并且积极给予学生及时反馈，那么学习者的互动和讨论将会得到显著增强，学习共同体的凝聚力也会随之提升，最终带来社会临场感的显著提高。Chen 和 Feng 通过双边网络分析和交叉相关分析，发现视频增强在线学习中，教学临场感与社会临场感之间存在着显著关联，尤其是在实践活动设计方面，增加实践环节能够有效提升学生社会临场感④。这表明，教师精心设计的互动性和实践性教学活动，不仅能够增强教学临场感，还能促进学生之间的社会互动和情感联结，从而加深社会临场感的体验。

然而，Borup 等人的研究提供了另一种视角，指出在某些特定情境下，如教师提供反馈支持时，教学临场感并不总是对社会临场感产生积极正面的影响。研究发现，过强的教学主导性可能会过度干预学生之间的同伴互动，从而抑制了学生的主动参与，最终导致学生之间的反馈减

---

① Candace R. Nolan-Grant, "The Community of Inquiry Framework as Learning Design Model: A Case Study in Postgraduate Online Education", *Research in Learning Technology*, Vol. 27, 2019, p. 2240.

② Peter Shea, Temi Bidjerano, "Learning Presence: Towards a Theory of Self-efficacy, Self-regulation, and the Development of Communities of Inquiry in Online and Blended Learning Environments", *Computers & Education*, Vol. 55, No. 4, 2010, pp. 1721-1731.

③ Shinyi Lin, Tze-Chien Hung, Chia-Tsung Lee, "Revalidate Forms of Presence in Training Effectiveness", *Journal of Educational Computing Research*, Vol. 53, 2015, pp. 32-54.

④ Xiuyu Chen, Shihui Feng, "Exploring the Relationships between Social Presence and Teaching Presence in Online Video-based Learning", *Computer Assisted Learning*, Vol. 39, 2023, pp. 1769-1785.

少、注意力分散等问题，反而可能削弱学生对社会临场感的体验①。这一发现强调了教学临场感与社会临场感之间的关系是复杂多变的，其影响力的大小和方向受到多种因素的影响，包括教师角色的定位、教学活动的设计以及学习者自主互动的程度等。

综观现有研究，教学临场感与社会临场感之间的相互作用无疑是在线学习领域中的核心议题。多数研究一致表明，教师通过创新的教学设计和持续的互动参与，不仅能增强自身的教学临场感，还能显著提升学生间的社会临场感，进而促进学习社群的构建与发展。这一发现对在线课程的开发、教学策略的优化以及整体在线教育质量的提升具有深远的实践意义。精心构建的教学环境和互动模式，为在线学习者营造了一个充满活力、互动频繁且包容性强的学习空间，极大地丰富了在线学习体验。

然而，值得注意的是，教学临场感对于社会临场感的影响并非恒定不变，其作用机制在不同情境下可能呈现出多样化的特点。部分研究指出，在某些特定条件下，教学临场感的增强可能并不会直接转化为社会临场感的提升，甚至在某些极端情况下，过度的教学主导性可能会抑制学生间的自然互动，反而削弱社会临场感的建立。这表明，社会临场感与教学临场感之间的关系远比简单的正相关更为复杂，它是一个由多种因素交织而成的动态平衡系统。

教师角色的定位、教学设计的精细度以及学习者自主互动的程度，都是影响二者关系的关键变量。在实际操作中，教育实践者和研究者需敏锐地捕捉这些变量的微妙变化，灵活调整教学策略，以期在发挥教师指导作用的同时，激发学生之间的有效互动，促进深度学习的发生。寻找这一平衡点，要求教育工作者具备深厚的教育学知识、敏锐的观察力以及创新的教育理念，确保在线学习既能体现教师的专业引领，又能保障学生的主体地位，实现教与学的和谐共生。

---

① Jered Borup, Richard E, Rebecca Thomas, "The Impact of Text Versus Video Communication on Instructor Feedback in Blended Courses", *Educational Technology Research and Development*, Vol. 63, 2015, pp. 161–184.

二 教学临场感与认知临场感的关系

理论上，教学临场感对认知临场感的发展起着至关重要的推动作用，二者之间的关联成为研究领域的热点议题。实证方面，Hosler 和 Arend 的研究聚焦于探究教学临场感与认知临场感之间的互动效应，收集了 208 名学生的调查数据，并针对认知临场感和教学临场感的三个核心方面进行深入访谈，旨在剖析二者间的相互作用机制。采用多元线性回归分析，研究揭示，教学临场感的三大维度——教学设计与组织、促进对话、直接指导，共同解释了认知临场感方差的 46.9%，其中"促进对话"这一维度的影响力尤为显著。定性数据分析进一步表明，学生普遍认为，当教师精心设计课程结构，明确学习目标，布置相关作业，提供激励性、及时且针对性强的直接反馈，以及积极引导课堂讨论，能够有效促使每位学生都能保持专注，以富有意义的方式参与到学习过程中[①]。

Silva 等人则采用 CoI 作为理论框架，探究了非专业设计者教师的教学临场感对学生认知临场感的预测作用。研究者收集了远程学习者对教师教学行为的感知数据，这些行为包括但不限于课程设计、学习活动的组织、讨论的引导以及对学生提问和贡献的反馈。随后，研究者分析了这些数据，以确定教学临场感的哪些方面与学生认知临场感的提高最为相关。研究结果表明，非专业设计者教师的教学临场感确实能够预测远程学习者认知临场感的水平[②]。这意味着，即使教师不是专业的课程设计者，通过展现一定的教学临场感，也能显著提升学生在在线学习中的认知参与度和知识构建能力。这一发现对于在线教育实践具有重要意义，表明在设计在线课程时，即使教师自身不具备课程设计的专业背景，通过积极参与课程管理、提供及时反馈和引导学习讨论，也能有效促进学

---

① Kim A. Hosler, Bridget D. Arend, "The Importance of Course Design, Feedback, and Facilitation: Student Perceptions of the Relationship between Teaching Presence and Cognitive Presence", *Educational Media International*, Vol. 49, No. 3, 2012, pp. 217-229.

② Laura Silva, Mary Shuttlesworth, Phil Ice, "Moderating Relationships: Non-designer Instructors' Teaching Presence and Distance Learners' Cognitive Presence", *Online Learning*, Vol. 25, No. 2, 2021, pp. 54-72.

生认知临场感的发展。

此外，COVID-19 疫情导致全球教育系统迅速转向线上和混合学习模式，这给教育者和学习者带来了前所未有的挑战和机遇。Doo 等人通过大规模调查，收集了在 COVID-19 疫情期间的在线学习过程中，韩国 1435 名本科生的调查数据，研究者使用结构方程模型法分析数据，研究结果显示：教学临场感与认知临场感之间存在正向关联，即教师在在线学习环境中的积极存在（如提供及时反馈、引导讨论等）能够促进学生认知临场感的发展[1]。该研究为教育实践者和政策制定者提供了宝贵的见解，强调了教师在促进学生认知临场感和学习投入中的关键作用。研究结果表明，即使在充满挑战的疫情时期，通过教师积极的教学临场感，仍然可以有效促进学生的学习投入和认知发展。这为教育工作者提供了指导原则，即在设计在线课程和教学策略时，应重点关注教师教学临场感，以促进学生在在线学习环境中的认知临场感等，从而提高学习成效。Li 的研究旨在探究教学临场感如何通过社会临场感和社群归属感的链式中介作用，影响学生的认知临场感。研究关注点在于理解混合学习环境中，教师如何通过其教学行为促进学生深度学习和知识建构的过程。研究采用了定量研究方法，通过在线问卷调查收集数据。通过链式中介效应分析，来检验这些构念之间的关系以及它们在混合学习环境中的作用机制，数据分析结果显示：教学临场感与认知临场感之间存在显著的正向关系，即教师在混合学习环境中的教学行为能够显著促进学生的认知临场感[2]。

综上所述，上述研究一致强调了教学临场感在促进认知临场感发展中的核心地位，认为教学临场感对提升学生认知临场感具有重要意义。鉴于此，教育实践者应高度重视教学临场感的构建，通过精心设计课程、

[1]　Min Young Doo, Curtis J. Bonk, Heeok Heo, "Examinations of the Relationships between Self-efficacy, Self-regulation, Teaching, Cognitive Presences, and Learning Engagement during COVID-19", *Educational Technology Research and Development*, Vol. 71, 2023, pp. 481-504.

[2]　Ling Li, "Teaching Presence Predicts Cognitive Presence in Blended Learning during COVID-19: The Chain Mediating Role of Social Presence and Sense of Community", *Frontiers in Psychology*, Vol. 13, 2022, p. 950687.

积极引导课堂讨论、提供及时反馈等手段，为学生创造一个支持深度学习和批判性思维发展的教学环境。未来的研究应继续深入探索教学临场感的各个子维度如何更有效地促进认知临场感的形成，及其四个阶段的顺利发展，以及如何在不同教育场景中优化教学策略，以满足多样化学习需求，提升在线学习成效。

三　社会临场感与认知临场感的关系

社会临场感与认知临场感之间存在着密切的相互作用关系。社会临场感能够为学习者提供情感支持和归属感，这对于激发认知投入至关重要。当学习者感觉自己是学习社区的一部分时，他们更有可能积极参与到认知活动中，从而促进更深层次的学习。社会临场感通过促进学习者之间的互动和合作，为认知临场感创造了条件。通过小组讨论、同伴评估等活动，学习者可以共同探讨复杂问题，进行批判性思考，从而深化对知识的理解。此外，社会临场感有助于创建一个支持性的学习环境，学习者之间的积极互动促进了知识的共同建构，这种社会互动不仅能够激发认知临场感，还能促进学习者之间的知识共享和集体智慧的发展。社会临场感中的积极反馈机制能够鼓励学习者进行反思性学习，这种反思有助于学习者评估自己的理解水平，识别知识缺口，并调整学习策略，从而进一步促进认知临场感。

自 CoI 框架提出以来，社会临场感与认知临场感之间的关系一直是相关研究的核心议题，Rourke 等人通过内容分析法，选取了两门研究生课程讨论区记录作为样本来测量学生社会临场感在远程教育环境中的表现，揭示了社会临场感通过影响学习者群体的批判性思维来支持和维持认知临场感，此后，诸多研究者对两者的关系进行了深入探讨。首先，大量实证研究表明，社会临场感与认知临场感显著相关，即两者相互作用，共同促进学习者在虚拟网络空间中的认知发展与社交互动。例如Lee 通过量化分析在线课程论坛的内容，揭示了社会临场感与认知临场感之间总体上的正相关关系，尽管认知临场感的密度与高阶思维技能的提升并非线性关系，但二者之间的联系依然明显①。Shea 等人进一步确认了社会临场感与认知临场感之间的高度相关性，强调了在线学习中社会互动的重要性②。Kozan 和 Richardson 发现社会临场感与认知临场感显著正相关，即社会临场感水平较高的学生，其认知临场感水平也相应较高，这一发现再次印证了二者之间的紧密联系③。Mo 等人证实了社会临场感与认知临场感之间的相关性，进一步丰富了我们对二者关系的理解④。这表明社会临场感与认知临场感之间的密切联系，强调了社会临场感在支持和维持认知临场感方面的重要作用。通过增强社会临场感，可以促进学习者之间的互动，提高情感支持，进而激发认知临场感，促进更深层次的学习和知识建构。

其次，研究进一步发现社会临场感与认知临场感存在因果关系。例如 Shea 和 Bidjerano 通过结构方程模型法，发现社会临场感对于认知临场感具有显著直接影响，该研究为二者之间的因果关系提供了强有力的证据⑤。这一发现强调了社会临场感在促进认知发展中的关键作用，揭示了社会互动与认知构建之间的内在联系。Akyol 等人将社会临场感视为"合作与批判性话语的先决条件"，强调了社会临场感在激发、维持和支持批判性思维中的关键作用，进而促进学习者达成认知目标⑥。Archibald

---

① Sangmin-Michelle Lee, "The Relationships between Higher Order Thinking Skills, Cognitive Density, and Social Presence in Online Learning", *The Internet and Higher Education*, Vol. 21, 2014, pp. 41-52.

② Peter Shea, Suzanne Hayes, Sedef Uzuner-Smith, Mary Gozza-Cohen, Jason Vickers, Temi Bidjerano, "Reconceptualizing the Community of Inquiry Framework: An Exploratory Analysis", *The Internet and Higher Education*, Vol. 23, 2014, pp. 9-17.

③ Kadir Kozan, Jennifer C. Richardson, "Interrelationships between and among Social, Teaching, and Cognitive Presence", *The Internet and Higher Education*, Vol. 21, 2014, pp. 68-73.

④ Su Kyoung Mo, Sangmin Lee, "The Relationships Among the Presences of Community of Inquiry and the Perceptions of EFL College Students in Online Learning", *Multimedia-Assisted Language Learning*, Vol. 20, No. 2, 2017, pp. 11-35.

⑤ Peter Shea, Temi Bidjerano, "Community of Inquiry as a Theoretical Framework to Foster 'Epistemic Engagement' and 'Cognitive Presence' in Online Education", *Computers & Education*, Vol. 52, No. 3, 2009, pp. 543-553.

⑥ Zehra Akyol, D. Randy Garrison, M. Yasar Ozden, "Online and Blended Communities of Inquiry: Exploring the Developmental and Perceptional Differences", *International Review of Research in Open and Distance Learning*, Vol. 10, No. 6, 2009.

则通过多重回归分析，进一步揭示了社会临场感对于认知临场感的显著影响，且其作用强度要超过教学临场感①。这表明，在在线学习环境中，建立良好的社会关系和社交氛围对于促进认知临场感的提升具有不可忽视的重要性，社会临场感的增强能够显著促进学习者对知识的深入理解与批判性思考。

　　近年来，随着研究的不断深入，学者们开始细致探讨社会临场感的不同维度与认知临场感各个发展阶段之间的相互作用，即社会临场感的情感表达、开放交流和小组凝聚力与认知临场感触发事件、探究、整合和解决之间存在相互作用。这些实证研究为理解在线学习中，社会临场感对于认知临场感的影响机制具有重要启示。例如，Morueta 等发现，无论任务类型如何，社会临场感与认知临场感之间均呈现出显著的正相关关系，特别是在子维度层面，这种相关性尤为明显。这表明，社会临场感的提升不仅能够促进认知临场感的整体发展，还能在特定的认知发展阶段发挥关键作用②。Rolim 等人通过认知网络分析法发现，社会临场感的情感表达类指标与认知临场感的高级阶段（整合和解决）联系更为紧密，而开放交流互动类指标则与认知临场感的初级阶段（触发事件和探索）关联更紧密③。这一发现强调了社会临场感的不同维度对认知临场感不同发展阶段的差异化影响，为在线学习设计提供了精细化的指导。此外，Fathali 同样采用认知网络分析方法，但研究结果与 Rolim 有所差异。Fathali 指出情感表达类的社会临场感指标与认知临场感各阶段的关联较弱，而互动类指标则与认知临场感的探究阶段和整合阶段关联最强。此外，该研究还分析了不同学业水平学生在社会临场感各维度与认知临场感各维度之间的差异，发现高分学生在社会临场感与认知临场触发阶

① Douglas Archibald, "Fostering the Development of Cognitive Presence: Initial Findings Using the Community of Inquiry Survey Instrument", *The Internet and Higher Education*, Vol. 13, 2010, pp. 73-74.

② Ramón Tirado Morueta, Pablo Maraver López, Ángel Hernando Gómez, Victor W. Harris, "Exploring Social and Cognitive Presences in Communities of Inquiry to Perform Higher Cognitive Tasks", *The Internet and Higher Education*, Vol. 31, 2016, pp. 122-131.

③ Vitor Rolim, Rafael Ferreira, Rafael Dueire Lins, Dragan Găsević, "A Network-based Analytic Approach to Uncovering the Relationship between Social and Cognitive Presences in Communities of Inquiry", *The Internet and Higher Education*, Vol. 42, 2019, pp. 53-65.

段和探究阶段的联系更为紧密，而低分学生则在探究阶段和整合阶段的联系更为显著①。这一发现揭示了社会临场感与认知临场感之间关系的复杂性，以及不同学习水平学生在这一过程中的差异性表现。笔者团队通过相关分析和多元回归分析，探讨了社会临场感的子维度（情感表达、开放交流、小组凝聚力）与认知临场感各阶段（触发事件、探究、整合、解决）之间的关系。研究结果表明，社会临场感的三个子维度均对认知临场感的各个阶段产生显著影响，其中小组凝聚力对触发事件、探究和整合阶段的影响最为显著，情感表达则对解决阶段的影响最大②。这一发现深化了我们对社会临场感如何影响认知发展过程的理解，为优化在线学习环境中的社会互动提供了具体路径。

简言之，一些研究发现社会临场感与认知临场感相关，一些研究发现社会临场感能够显著预测认知临场感。究其原因，首先，从社会建构主义视角来看，社会临场感强调学习者之间的互动与合作，这种互动有助于构建共同的知识体系和理解框架。在社会建构主义的框架下，学习是个体与他人通过对话、协商和共享经验共同构建知识的过程。社会临场感的提升，意味着学习者在虚拟环境中能够更好地感知彼此的存在，建立信任，共享情感和想法，从而促进更深层次的认知交流和知识建构。因此，社会临场感的增强有助于激发和维持学习者的认知临场感，促进批判性思维和解决问题的能力。其次，认知负荷理论认为，学习者的认知资源是有限的，过多的信息输入或复杂的任务会超出学习者的处理能力，导致认知负荷过高，影响学习效果。社会临场感通过提供支持性的社会环境，降低学习者的心理压力，减少不必要的认知负荷，使学习者能够更专注于学习任务，提高信息加工效率。此外，社会临场感的增强能够促进学习者之间的有效互动，通过同伴互助和合作学习，共同解决问题，减轻个体的认知负担，促进认知临场感的提升。最后，从自我决

---

① Somayeh Fathali, "Social and Cognitive Presence in a Community of Inquiry: An Epistemic Network Analysis of CALL Students' Interactions via NowComment", *System*, Vol. 121, 2024, p. 103233.

② 白雪梅、马红亮、赵梅：《探究社区中社会存在对认知存在的影响机制》，《现代远程教育研究》2020 年第 6 期。

定理论视角而言，自我决定理论强调自主性、胜任感和归属感对于个体动机和行为的重要性。社会临场感的提升，能够增强学习者的归属感和参与感，使他们感受到自己是学习社区的一部分，从而激发内在动机，促进深度学习和持久参与。同时，社会临场感通过提供反馈和认可，增强学习者的胜任感，促进其在认知临场感上的发展，实现更高层次的认知目标。

社会临场感是在线学习环境中促进认知临场感的关键因素之一，通过增强学习者之间的社会互动与情感联结，可以有效提升其认知参与度和学习成效。以下是几种基于社会临场感视角，旨在提高认知临场感的策略：（1）建立学习共同体。通过定期组织线上或线下见面会、团队建设活动，以及设立共同的学习目标和奖励机制，增强学习者之间的归属感和团队凝聚力，构建一个支持性的学习环境，促进社会临场感和认知临场感的同步发展。（2）利用技术促进社会临场感。运用视频会议、虚拟现实、社交媒体等技术手段，模拟面对面的交流场景，增加学习者之间的视觉、听觉和情感联系，提升在线学习的沉浸感和互动性。例如，使用视频直播进行实时授课和答疑，或通过虚拟现实技术创建逼真的学习情境，增强学习者的情感投入和认知参与。（3）鼓励自我表达与情感分享。创造一个开放、包容的学习氛围，鼓励学习者表达个人情感、经历和观点，通过分享和倾听，增强学习者之间的同理心和信任，促进社会临场感的建立，进而提升认知临场感。（4）强化学习者之间的合作与互助。鼓励学习者组成学习小组，通过分工合作、资源共享和互帮互助，共同完成项目或任务，促进社会临场感的增强，同时提升学习者的合作能力和团队精神，增强认知临场感。

四　社会临场感在教学与认知临场感间的中介作用

在线教育环境中，社会临场感在教学临场感与认知临场感之间的中介作用，已成为教育研究领域的热点话题。通过一系列深入探讨，学者们揭示了社会临场感如何在教学临场感与认知临场感之间搭建桥梁，促进在线学习的深度和广度。例如 Shea 和 Bidjerano 指出，教学临场感在课程设计与组织、促进讨论和直接指导三个方面的显性行为，为社会临场感的形成提供了土壤①。教师通过营造信任、开放沟通和团队凝聚力的氛围，为学生之间建立有意义的联系奠定了基础。社会临场感，作为学生在虚拟环境中感受到的彼此认同、目的性沟通以及个体个性展现的体验，既是教学临场感的直接结果，也是实现认知临场感的前提条件。简言之，社会临场感在教学临场感与认知临场感之间发挥了关键的中介作用，连接了教师的引导与学生的深度认知发展。Garrison 等人通过 CoI 量表收集数据，采用结构方程模型法深入分析三大临场感之间的关系，研究结果进一步证实了社会临场感在教学临场感与认知临场感之间的中介作用②。这一发现强调了社会临场感在在线教育中作为连接教学实践与认知发展的纽带作用。Armellini 和 Stefani 指出教学临场感和认知临场感在某种程度上已经融入了社会性元素，而社会临场感则被视为是提升参与度、促进意义构建和增强同伴支持的关键驱动力。基于这一发现，研究者呼吁对 CoI 框架进行调整，以更突出社会临场感在教学和认知临场感构建中的核心地位③。

与此同时，Kadir 通过比较结构方程模型法，深入探讨了 CoI 三大临场感之间的相互作用关系，以及社会临场感在教学临场感影响认知临场感过程中的中介作用，发现教学临场感不仅直接促进了认知临场感的提升，还通过增强社会临场感，间接影响认知临场感的发展，从而推动学生认知过程不断发展④。Li 通过定量研究方法，发现教学临场感对认知临场感有显著的正向影响，并且这一影响是通过社会临场感和社区意识

---

①　Peter Shea, Temi Bidjerano, "Community of Inquiry as a Theoretical Framework to Foster 'Epistemic Engagement' and 'Cognitive Presence' in Online Education", *Computers & Education*, Vol. 52, No. 3, 2009, pp. 543-553.

②　D. Randy Garrison, Martha Cleveland-Innes, Tak Shing Fung, "Exploring Causal Relationships among Teaching, Cognitive, and Social Presence: Student Perceptions of the Community of Inquiry Framework", *The Internet and Higher Education*, Vol. 13, Nos. 1-2, 2010, pp. 31-36.

③　Alejandro Armellini, Magdalena De Stefani, "Social Presence in the 21st Century: An Adjustment to the Community of Inquiry Framework", *Educational Technology*, Vol. 47, 2016, pp. 1202-1216.

④　Kozan Kadir, "A Comparative Structural Equation Modeling Investigation of the Relationships among Teaching, Cognitive, and Social Presence", *Online Learning*, Vol. 20, No. 3, 2016, pp. 210-227.

两个连续的中介变量实现①。这意味着，在混合式学习模式中，教学临场感通过增强社会临场感，间接地促进了认知临场感的提升，显示了社会临场感在在线学习社区构建中的核心作用。Mutezo 等人则通过相关和回归分析方法，探讨了社会临场感对教学临场感与认知临场感之间关系的中介效应②。研究结果表明，社会临场感在教学临场感与认知临场感之间起到了显著的中介作用。研究指出，当学生感知到有效的认知与社会互动过程时，他们能够通过持续的反思来确认意义，促进深度学习的发生。此外，Asghar、Isaac 等人同样发现社会临场感在教学临场感和认知临场感之间起中介作用③。

综上所述，社会临场感在在线教育中扮演着核心角色，它是教学临场感与认知临场感之间的重要桥梁，同时也是推动在线学习者深度参与和认知发展的关键因素。教育实践者和研究者必须深刻理解社会临场感的价值，通过创新的教学设计和策略，强化社会互动，构建一个既能体现教师引导作用，又能激发学生认知潜力的在线学习生态系统，从而达到在线教育的最佳实践效果。社会临场感不仅加深了学习者之间的社会联系，为认知临场感的提升创造了有利条件，还在教学临场感与认知临场感之间搭建了动态的相互作用链。在这个链条中，教学临场感作为原动力，通过塑造社会临场感间接促进认知临场感的生成，同时直接推动认知过程的深化。因此，教育实践者和研究者应当重视这一动态交互机制，在线教育设计中融入促进社会互动和深度学习的元素，建立一个既

---

① Ling Li, "Teaching Presence Predicts Cognitive Presence in Blended Learning during COVID-19: The Chain Mediating Role of Social Presence and Sense of Community", *Frontiers in Psychology*, Vol. 13, 950687, 2022, pp. 1-13.

② Ashley Teedzwi Mutezo, Suné Maré, "Teaching and Cognitive Presences: The Mediating Effect of Social Presence in a Developing World Context", *Cogent Education*, Vol. 10, No. 1, 2023, p. 2171176.

③ Muhammad Zaheer Asghar, Yasemin Kahyaoğlu Erdoğmuş, Ercan Akpınar, Şeyda Serenintepeler, "Continuing Higher Education through the Social Media-based Community of Inquiry during the Crisis: Evidence from Turkey and Pakistan", *Behaviour & Information Technology*, 2023, Advance online publication; Dunmoye Isaac, Olalogun Olanrewaju, Hunsu Nat, May Dominik, Baffour Robert, "Examining the Predictive Relationships Between Presences of a Community of Inquiry in a Desktop Virtual Reality (VR) Learning Environment", *IEEE Transactions on Education*, 2024, p. 99.

支持教师主导又鼓励学生自主探索的在线学习环境。通过增强社会临场感，我们不仅能够强化学习者之间的社会联系，还能显著提升其认知临场感，最终实现高质量的在线教育体验。

第七节　CoI 的建立与维持：促进策略

CoI 框架强调了教学临场感、社会临场感和认知临场感三个子维度在促进高质量在线学习体验中的关键作用。学生对于 CoI 三大临场感的感知对于在线学习成效具有重要意义。因此，如何建立和维持 CoI 是研究者关注的重要议题。

起初，随着互联网技术的发展，异步在线讨论板成为专业学习的重要平台。Shin 的研究旨在探索如何在这样的环境中，构建一个能够促进深度学习、批判性思考和专业成长的探究社区[①]。研究者通过分析异步在线讨论板上的帖子内容，考察了参与者之间的互动模式和知识构建过程。此外，研究者还收集了参与者的反馈和评价，以了解他们对社区构建和学习体验的主观感受。通过内容分析、主题编码和参与者的深度访谈，深入探讨了构建有效探究社区的关键要素。首先，该研究强调了教学临场感、社会临场感和认知临场感三个维度在构建有效探究社区中的核心作用。教学临场感体现在教师的引导和组织上，社会临场感反映了参与者之间的互动和情感联结，而认知临场感则涉及深度学习和知识建构的过程。其次，研究还发现，异步在线讨论环境中的有效沟通和参与策略，如提问、反馈、反思和合作，对于促进知识共享和专业发展至关重要。该研究强调了在异步在线讨论环境中，构建有效探究社区的关键策略，包括强化教学、社会和认知临场感，促进多元文化的包容性和语言的多样性，以及设计促进深度学习和知识共享的沟通模式。教育者和课程设计师在构建探究社区时，应注重营造一个支持性、包容性和互动性的学习环境，通过精心设计的课程结构、促进参与者之间的互动和合

---

① Joan Kang Shin, "Building an Effective International Community of Inquiry for EFL Professionals in an Asynchronous Online Discussion Board", *University of Maryland*, *Baltimore County*, 2008.

作、提供及时反馈和引导，来促进知识构建。

同时，随着在线教育的蓬勃发展，异步讨论作为增强学生互动与知识建构的关键策略日益受到重视。因此，如何提升异步讨论的质量，以激发深度学习与批判性思考，成为教育者与课程设计者亟待解决的难题。Zydney 等人在《计算机与教育》这一国际权威期刊上发表的研究，针对此问题进行了深入探索，旨在验证特定讨论协议对在线异步讨论质量的提升效果及其对于构建探究社区的重要性①。该研究采用实验设计，将在线课程学生随机分为实验组与对照组。实验组学生在讨论中遵循精心设计的讨论协议，该协议包含一系列旨在促进深度思考与批判性交流的指导原则与步骤，如鼓励提问、积极回应、深入反思及总结等；而对照组则未采用此协议。通过细致分析讨论帖子内容，研究团队评估了两组学生在认知临场感（知识理解与建构的深度）、社会临场感（互动中的情感联系与归属感）及教学临场感（教师引导与反馈的有效性）三方面的表现。结果显示，遵循讨论协议的实验组学生在认知与社会临场感上显著优于对照组，其讨论更为深入、富有意义，展现出更高的批判性思考与知识建构水平。此外，该协议还促进了教学临场感的提升，强化了教师在讨论中的引导与反馈作用，为构建更加有效的在线探究社区奠定了坚实基础。

这一发现不仅揭示了讨论协议在优化异步讨论质量中的核心作用，也强调了教师在促进深度学习中的不可或缺性。它启示教育者应积极参与异步讨论设计与实践，通过制定并实施针对性的讨论协议，有效提升在线教育的互动质量与学习效果。同时，该研究为在线课程设计与教学策略的优化提供了宝贵的理论依据与实践指南，为推动在线学习社区的创新与发展贡献了重要力量。

进一步地，Akyol 和 Garrison 长期追踪在线课程，研究三大临场感的

---

① Janet Mannheimer Zydney, Aimee Denoyelles, Kay Kyeong-Ju Seo, "Creating a Community of Inquiry in Online Environments: An Exploratory Study on the Effect of a Protocol on Interactions within A-synchronous Discussions", *Computers & Education*, Vol. 58, 2012, pp. 77-87.

发展及其对探究社区构建的影响。通过混合研究方法发现，在课程初期，教学临场感扮演了关键角色，教师通过引导和组织讨论，为学生建立了基本的学习框架和社群规则，从而促进了社会临场感的初步形成。随着课程的推进，社会临场感逐渐增强，学生之间的互动和合作加深，为认知临场感的形成奠定了基础。在课程后期，认知临场感成为推动学习进程的主要动力，学生开始主动参与深度学习活动，进行批判性思考和知识建构。该研究强调在设计和实施在线课程时，教育者应关注社会临场感、认知临场感和教学临场感的动态发展和相互作用，通过精心设计课程结构、促进师生和生生互动、提供及时反馈和引导，来构建一个高度整合的探究社区。研究结果提示，教育者可以通过持续监测和评估这三个维度的发展状况，适时调整教学策略，以促进学生深度学习和知识建构，提升在线学习的整体质量。此外，研究还为教育者提供了具体策略，即在课程设计中融入促进社会互动和认知发展的活动，如在线讨论、协作项目和反思练习，以增强学生的临场感体验，促进探究社区的成熟和发展。这一发现对优化在线课程设计，提升在线教育质量，以及推动教育技术创新具有重要意义。

近些年，随着在线教育的普及，如何构建一个能够促进学生积极参与、深度学习和知识共享的在线学习环境，成为教育者和课程设计师面临的挑战。Fiock 在题为《在线课程中探究社区的设计》的研究中深入探讨了如何在在线课程中设计和促进一个有效的探究社区，以促进学生的深度学习和知识建构[1]。Fiock 首先通过文献综述回顾了 CoI 框架的理论基础，包括教学临场感、社会临场感和认知临场感三个核心维度。接着，通过案例分析法分析了一系列成功的在线课程案例，探讨了如何在课程设计中融入 CoI 三大临场感，以促进探究社区的构建。该研究最终揭示了在线课程中设计与维持探究社区的几个关键策略。首先，研究强调了教学临场感的重要性，包括课程的结构性设计、教师的引导和组织，

---

① Holly Fiock, "Designing a Community of Inquiry in Online Courses", *the International Review of Research in Open and Distributed Learning*, Vol. 21, 2020, pp. 134-152.

以及对学生学习进度的监督和支持。其次，社会临场感被视为促进学生互动和社群归属感的关键，可以通过设计促进交流和合作的学习活动来实现。再次，认知临场感被认为是深度学习和知识建构的核心，需要通过设计促进批判性思考和问题解决的学习任务来加强。此外，研究还指出，成功的在线课程设计应该是一个迭代和反思的过程，教育者需要持续监测和评估社区构建的效果，以便及时调整和优化课程策略。Fiock 为在线教育实践者提供了具体的设计指南，以构建有效的探究社区。研究结果提示，教育者在设计在线课程时，应全面考虑教学、社会和认知临场感的融合，通过精心设计的课程结构、促进学生之间的互动和合作，以及提供及时反馈和引导，来促进学生的深度学习和知识建构。此外，研究还强调了课程设计的灵活性和迭代性，鼓励教育者根据学生反馈和学习成效，持续优化课程内容和教学策略，以适应不断变化的学习需求和教育环境。通过深入理解在线课程中探究社区的设计原则，教育者可以更好地设计和实施在线学习。

此外，Parrish 等人就如何通过整合在线团队合作学习（Integrated Online-Team Based Learning，IOTBL）来促进 CoI 中的认知临场感、社会临场感和教学临场感进行了研究[①]。该研究采用混合学习设计，将在线学习与团队合作学习相结合，通过案例研究、小组讨论、同伴评价等方式，促进了学生之间的互动和合作。研究者收集了学生的学习成果、参与度、满意度等数据，以及教师的反馈，来评估 IOTBL 模式对培养三大临场感的效果，发现 IOTBL 模式够显著提升教学、社会与认知临场感。具体表现为：通过参与深度学习活动，如案例分析、问题解决等，学生能够更深入地理解和应用知识，展现出较高的批判性思维和解决问题的能力。社会临场感方面，IOTBL 模式下的团队合作促进了学生之间的互动和交流，增强了学习社区的凝聚力，使学生感受到归属感和参与感。

① Christopher W. Parrish, Sarah K. Guffey, David S. Williams, Julie M. Estis, Drew Lewis, "Fostering Cognitive Presence, Social Presence, and Teaching Presence with Integrated Online—Team-Based Learning", *Tech Trends*, Vol. 65, 2021.

教学临场感方面，教师在 IOTBL 模式中扮演了引导者和促进者的角色，通过提供结构化的学习材料、及时反馈和指导，有效支持了学生的学习过程。该研究展示了 IOTBL 模式作为一种有效策略，能够促进探究社区框架中的三大要素，为提升在线学习体验和学习成效提供了有力的证据。研究结果提示，通过设计和实施 IOTBL 模式，教育者可以构建一个支持性、互动性和启发性的学习环境，从而促进学生的深度学习和全面发展。Parrish 等人的研究对于优化在线学习体验和提升教学质量提供了有价值的参考和启示，鼓励实践者在课程设计和教学实践中融入更多促进学生认知、社会和教学临场感的元素，以提升在线学习的整体效果。

再次，随着视频技术在教育领域的广泛应用，视频作为多媒体教学资源的一种形式，越来越受到重视，如何有效地整合视频资源，以促进在线深度学习和知识建构，成为教育者和课程设计师面临的重要课题。鉴于此，Robertson 深入探讨了如何使用基于关注的采纳模型（Concerns-Based Adoption Model，CBAM）来理解视频技术在在线课程中的采纳过程，并促进探究社区的构建[①]。换言之，该研究旨在通过采用 CBAM 模型，深入理解教师和学生对视频技术的采纳过程，以及如何利用视频资源促进探究社区的构建。Robertson 首先通过文献回顾，阐述了 CBAM 模型的基本原理，包括教师在技术采纳过程中的关注层次、决策阶段和使用水平。然后，研究者通过案例研究，收集了教师和学生在在线课程中使用视频资源的实例，分析了他们在采纳过程中的关注点、决策依据和使用经验。此外，研究者还通过访谈、观察和反思日志等方法，深入了解了视频技术在促进探究社区构建中的作用和影响。最终发现视频资源在促进探究社区构建中发挥了重要作用，包括促进师生互动、丰富学习材料、激发学习兴趣和促进知识共享。此外，该研究还强调了内部行动研究者身份在促进视频技术采纳和探究社区构建中的优势，即能够深入

---

① Emily G. Robertson，"Understanding Video Adoption：An Insider Action Researcher's Case Study Using the Concerns-based Adoption Model to Facilitate a Community of Inquiry in Online Courses"，*Gardner-Webb University*，2018.

理解教育实践中的复杂性和动态性，以及教师和学生的真实需求和体验。该研究为教育实践者提供了关于视频技术采纳和在线社区设计的深刻洞见，强调视频在促进探究社区构建中的潜力。

此外，Lazarevic 等人的研究旨在探究视频增强的在线教学如何影响学习者对探究社区的感知，以及这种教学模式是否能够促进更高质量的在线学习体验[①]。研究者采用混合研究范式开展研究，最终揭示了视频增强的在线教学对探究社区感知的积极影响。研究发现，视频材料不仅能够增强教学临场感，使学习者感觉教师的存在更加明显和有帮助，而且还能够促进社会临场感，增强学习者之间的互动和联结感。此外，研究还发现，视频在促进认知临场感方面也发挥了作用，通过提供生动的例子和演示，帮助学习者更好地理解复杂概念，促进深度学习和批判性思考。同样，该研究为在线教育实践者提供了关于如何利用视频资源优化在线教学的实证证据。研究结果提示，通过整合高质量的视频材料，教育者可以促进更高质量的探究社区体验，增强学习者在社会、认知和教学临场感方面的感知。

最后，值得一提的是，随着在线教育的快速发展，如何在在线学习中复制或超越传统教室中的学习体验成为一个关键议题。临场感被认为是在线学习成功的重要因素之一。因此，Moore 和 Miller 采用了系统性回顾的方法，系统地筛选和分析了 2008—2020 年间发表的有关在线课程中临场感的研究文献。研究者综合了不同研究的设计、方法、发现和结论，以识别促进在线课程中临场感的共同策略和最佳实践。最终揭示了多种促进在线课程中临场感的有效策略。教学临场感方面，强调教师的角色至关重要，包括提供清晰的指导、及时的反馈、促进讨论和活动，以及建立一个结构化和有序的学习环境。社会临场感方面，促进学生之间的互动和合作，通过小组项目、在线讨论和社交活动增强学生的归属感和社区感。认知临场感方面，设计促进深度学习和批判性思考的活动，如

---

① Bojan Lazarevic, Julia Fuller, Jabari Cain, "Facilitating Community of Inquiry Through Video-Enhanced Online Instruction: What are Learners' Impressions?", *Tech Trends*, Vol. 67, 2023.

案例研究、问题解决和反思日记，以增强学生的认知参与和知识建构[①]。该研究对在线教育实践者和课程设计师具有重要启示。它提供了关于如何在线上环境中培养临场感的综合指南，为教育者构建一个更加互动、支持和富有成效的在线学习环境提供了理论指导。

第八节　CoI 与学习相关变量之间的关系

CoI 三大临场感与学习结果的关系研究，主要聚焦在课程满意度、学习表现、自我效能感、自我调节学习、学习参与度五方面。

一　CoI 三大临场感与课程满意度的关系

课程满意度是衡量学习者对课程质量感知的关键指标，它不仅影响学生的学习动机和持续参与，还可能影响到学生的整体学习成果。CoI 作为在线和混合式教学中的一个重要理论，对在线教学的设计和实施具有重要的指导作用。因此，研究 CoI 三大临场感与课程满意度之间的关系，对于深化理解在线和混合学习环境中的有效教学实践至关重要，还可以为一线教师和教学设计师提供相关的指导经验，帮助他们优化课程设计以及提升教学策略，从而改善在线和混合学习环境下的教学质量，提升学生的学习成果。

一些研究者对 CoI 三大临场感与课程满意度之间的关系进行了深入研究。例如 Lim 和 Richardson 通过采用混合研究方法，结合定性和定量数据，从 CoI 框架的视角深入探究了影响不同学科学生学习满意度的因素。研究发现教学、社会和认知临场感均会对学生学习满意度产生显著影响[②]。Nasir 等人采用 CoI 和课程满意度调查工具，通过结构模型来检

---

① Robert L. Moore, Courtney N. Miller, "Fostering Presence in Online Courses: A Systematic Review (2008–2020) ", *Online Learning*, Vol. 26, No. 1, 2022, pp. 130–149.

② Jieun Lim, Jennifer C. Richardson, "Predictive Effects of Undergraduate Students' Perceptions of Social, Cognitive, and Teaching Presence on Affective Learning Outcomes According to Disciplines", *Computers & Education*, Vol. 161, 2021, p. 104063.

验教学、社会和认知临场感对课程满意度的影响。研究结果也表明，CoI 中的教学、社会和认知临场感对学生课程满意度有显著的积极影响①。Chen 和 Feng 的研究进一步指出教学临场感与社会临场感相辅相成，共同促进学生对课程的满意度，强调通过设计能激发学生互动的教学活动，教师可以有效促进学生的社会临场感，进而提升学生在线学习整体体验②。他们的研究强调了教学临场感（如提供信息丰富的演示、有价值的插图）与社会临场感之间的紧密联系，为优化在线课程设计提供了新的视角。Hosler 和 Arend 发现教学临场感与认知临场感是影响学生课程满意度的重要因素，且认知临场感对课程满意度的影响程度大于教学临场感③。这一发现强调了认知临场感在提升课程满意度中的核心地位，表明学生对教师引导、鼓励和支持其进行深度批判性思考的渴望，以及这种深层次互动对于激发学生积极参与、深化学习体验的关键作用。Hosler 和 Arend 的研究结果深刻揭示了教学和认知临场感与课程满意度之间存在密不可分的关联。在在线学习环境中，学生对课程的满意度往往取决于其能否感受到认知上的挑战与成长。认知临场感的提升，意味着学生在学习过程中能够进行更深层次的思考与探索，这种体验不仅能够满足学生对知识的好奇心和求知欲，还能增强其对课程内容的吸收与理解。当学生感觉到教师在引导他们进行批判性思维的过程中扮演了积极的角色，他们对课程的满意度便会显著提高。

鉴于社会临场感在在线学习环境中的重要作用，研究者专门研究了社会临场感与学生学习满意度之间的关系。大量实证研究表明，社会临

---

① M. Khalid M. Nasir, Abdul Hafaz Ngah, "The Sustainability of a Community of Inquiry in Online Course Satisfaction in Virtual Learning Environments in Higher Education", *Sustainability*, Vol. 2022, pp. 14, 9633.

② Xiuyu Chen, Shihui Feng, "Exploring the Relationships between Social Presence and Teaching Presence in Online Video-Based Learning", *Computer Assisted Learning*, Vol. 39, 2023, pp. 1769-1785.

③ Kim A. Hosler, Bridget D. Arend, "The Importance of Course Design, Feedback, and Facilitation: Student Perceptions of the Relationship between Teaching Presence and Cognitive Presence", *Educational Media International*, Vol. 49, No. 3, 2012, pp. 217-229.

场感与学生的学习满意度之间存在显著的正相关性，尤其在促进学生积极参与课程讨论、促进观点与情感的交流方面，社会临场感被视为是增强学生学习体验的关键因素①。后来，Lo 等人进一步发现社会临场感不仅对学习者满意度产生了显著的积极影响，还促进了学术互动和知识交换，尽管其对学习者满意度的影响并非直接作用，但通过增强学术互动和知识共享，间接提升了学习者的整体满意度②。

　　值得一提的是，Baharudin 等人发现教学临场感和认知临场感两者与课程满意度的正向关联最为强烈，而社会临场感虽稍弱，但也体现出正面影响③。Kucuk 和 Richardson 以及后续的相关研究均发现教学临场感对课程满意度具有最强的预测效果，是学生满意度的首要预测指标，认知临场感是学生满意度的第二大预测指标，社会临场感与课程满意度的关

① Charlotte N. Gunawardena, Frank J. Zittle, "Social Presence as a Predictor of Satisfaction within a Computer-Mediated Conferencing Environment", *The American Journal of Distance Education*, Vol. 11, No. 3, 1997, pp. 8–26; Jennifer C. Richardson, Karen Swan, "Examining Social Presence in Online Courses in Relation to Students' Perceived Learning and Satisfaction", *Journal of Asynchronous Learning Networks*, Vol. 7, No. 1, 2003, pp. 68–88; Hyo-Jeong So, Thomas A. Brush, "Student Perceptions of Collaborative Learning, Social Presence and Satisfaction in a Blended Learning Environment: Relationships and Critical Factors", *Computers & Education*, Vol. 51, 2008, pp. 318–336; Richard D. Johnson, Steven Hornik, Eduardo Salas, "An Empirical Examination of Factors Contributing to the Creation of Successful E-Learning Environments", *International Journal of Human-Computer Studies*, Vol. 66, No. 5, 2008, pp. 356–369; Robert Strong, Travis L. Irby, J. Thomas Wynn, Megan M. McClure, "Investigating Students' Satisfaction with Relearning Courses: The Effect of Learning Environment and Social Presence", *Journal of Agricultural Education*, Vol. 53, No. 3, 2012, pp. 98–110; Carol Hostetter, Monique Busch, "Measuring up Online: The Relationship between Social Presence and Student Learning Satisfaction", *Journal of Scholarship of Teaching and Learning*, Vol. 6, No. 2, 2006, pp. 1–12; Myunghee Kang, BaoYng Teresa Liew, Jiyoon Kim, Young Park, "Learning Presence as a Predictor of Achievement and Satisfaction in Online Learning Environments", *International Journal on E-Learning*, Vol. 13, 2014, pp. 193–208.

② Fang-ying Lo, Chien-Yuan Su, Cheng-Huan Chen, "Identifying Factor Associations Emerging from an Academic Metaverse Event for Scholars in a Postpandemic World: Social Presence and Technology Self-Efficacy in Gather. Town", *Cyberpsychology, Behavior, and Social Networking*, 2024, pp. 19–27.

③ Harun Baharudin, M Khalid M Nasir, Nik Mohd Rahimi Nik Yusoff, Shahlan Surat, "Assessing Students' Course Satisfaction with Online Arabic Language Hybrid Course", *Advanced Science Letters*, Vol. 24, No. 1, 2018, pp. 350–352.

系虽然最弱，但也具有正向影响①。对于这一结论，笔者认为这可能是因为在在线学习环境中，教学和认知层面的因素往往比社交因素更能直接影响学习者的参与度和满意度。尽管如此，这并不意味着社会临场感不重要，它仍然是建立学习社区和促进学习者间互动的关键，可能在其他研究或不同学习情境下显示出不同的效果。需要更多研究来探讨社会临场感在不同在线学习环境中的作用，以及如何优化社交互动以增强学习体验。

此外，Zhang 等人聚焦于 CoI 框架三大临场感对在线学习满意度的间接影响，中介分析结果揭示：教学和认知临场感通过自我调节学习对学习者在线学习满意度有显著影响，但社会临场感对其在线学习满意度没有显著影响②。这意味着，在特定的在线学习环境中，社交互动和群体归属感并不是影响学习满意度的关键因素，或者这种影响可能受到其他因素（如课程内容、教学方法、学生个体差异等）的干扰和调节。因此，未来需要对社会临场感和学习满意度之间的关系进行深入研究。该研究说明了增强自我调节学习对于教学临场感和认知临场感影响学生在线学习满意度的重要性。鉴于此，笔者建议，首先引导学生设定具体且可实现的学习目标，这些目标应当与课程内容紧密结合，激发内在的学习动力，同时要将大目标分解为小目标，使之更具操作性和可行性。进一步地，还要培养学生自我监控与反思的能力。比如利用学习日志或反

---

① Sevda Kucuk, Jennifer C. Richardson, "A Structural Equation Model of Predictors of Online Learners' Engagement and Satisfaction", *Online Learning*, Vol. 23, No. 2, 2019, pp. 196−216; Jinhee Choo, Nesrin Bakir, Norma I. Scagnoli, Boreum Ju, Xiaoping Tong, "Using the Community of Inquiry Framework to Understand Students' Learning Experience in Online Undergraduate Business Courses", *Tech Trends*, Vol. 64, 2020, pp. 172−181; M. Khalid M. Nasir, Abdul Hafaz Ngah, "The Sustainability of a Community of Inquiry in Online Course Satisfaction in Virtual Learning Environments in Higher Education", *Sustainability*, Vol. 14, No. 15, 2022, p. 9633; Florence Martin, Tong Wu, Liyong Wan, Kui Xie, "A Meta-Analysis on the Community of Inquiry Presences and Learning Outcomes in Online and Blended Learning Environments", *Online Learning Journal*, Vol. 26, No. 1, 2022.

② Yanfang Zhang, Jinyan Huang, Shahbaz Hussain, Yaxin Dong, "Investigating the Impact of the Community of Inquiry Presence on Online Learning Satisfaction: A Chinese College Student Perspective", *Psychology Research and Behavior Management*, Vol. 16, 2023, pp. 1883−1896.

思日记，促使学生定期记录学习进展、遇到的挑战以及解决方案，通过在线平台或小组讨论的形式分享自我监控的经验，相互学习和鼓励。还要教育学生认识并管理自身情绪，尤其在面对学习挫折时，保持积极心态，帮助学生建立自信和乐观的学习态度。还可以借助技术工具如时间管理应用、笔记软件等使学生能够实时了解学习状态，从而提高学习效率和自我调节能力。此外，课程设计中还应融入元认知策略训练，包括预测、总结、提问和自解释等，帮助学生深入理解学习材料，增强认知临场感，从而提高学生对课程的满意度。

综上所述，目前绝大多数的研究发现，教学、社会与认知临场感对课程满意度有直接影响，教学临场感通过高质量的教学指导和材料支持，直接促进了学生对课程内容的理解和吸收，是影响学生满意度的关键因素之一。社会临场感的建立，则通过增强学生间的互动与社群归属感，展现出对学生满意度的显著正面影响。而认知临场感，作为最强的预测指标，着重于促进学生的主动学习、深度理解和知识建构过程，对于提高学生整体的感知学习成效和满意度至关重要。这些研究成果不仅强化了 CoI 理论在在线教育领域的应用价值，还为教育者设计和优化在线学习环境提供了策略导向，强调了通过综合考虑和平衡三种临场感的培养，来最大化地提升学生的学习体验及满意度。鉴于此，笔者建议：首先，教育者和课程设计师应优先考虑提高教学临场感，确保课程设计清晰、结构合理，提供及时反馈，以增强学习者满意度。其次，设计促进深度学习和批判性思考的活动，如案例研究、小组讨论和问题解决任务，以提升认知临场感和学习者满意度。最后，虽然部分研究发现社会临场感可能并不会对课程满意度有显著影响，但它对于建立学习社区和促进学生间的长期关系仍然重要。教育者应鼓励和促进健康的社交互动，即使它们可能不是直接影响满意度的主要因素。

二　CoI 三大临场感与学习表现的关系

学习表现作为衡量学生知识掌握与技能发展的关键指标，不仅反映了教育活动的直接成果，还深刻影响着学生的未来学习动机。而 CoI 理论，以其独特的视角为在线和混合式教学的设计与实施提供了有力的理论支撑。因此深入探讨 CoI 三大临场感与学习表现之间的联系，对于深化理解在线和混合学习环境中的教学效果和学生发展至关重要，不仅可以丰富我们对有效在线学习机制的认识，还能够为一线教师提供宝贵的经验和指导。

　　CoI 三大临场感与学习表现之间存在正相关关系，对学习成果有着积极正面的影响。这意味着，当教学、社会和认知临场感都得到加强时，学习者的学习成果也会相应提高。其中，当教学临场感强时，学生会感受到教师的支持和指导，这有助于提高他们的学习动机和效率；社会临场感增强时，能够增强学习者之间的信任感和归属感，从而促进更深层次的交流和合作；认知临场感涉及高层次的认知活动，如分析、综合和评价。当学生积极参与讨论并进行反思时，他们的认知临场感就会增强，进而促进更深入的理解和知识建构。例如 Yang 等揭示了 CoI 三大临场感均对学习表现有显著影响，其中认知临场感，在预测学习者学习表现方面扮演着至关重要的角色[①]。这一发现强调了认知临场感在促进深度学习和提高学习成果中的核心作用。Yun 等人发现，感知到更高水平教学和社会临场感的学生往往更投入学习，从而有更好的学习表现[②]。随着混合学习的发展，一些研究关注混合学习中 CoI 三大临场感与学习表现的关系。Liu 等人采用准实验研究，发现基于 CoI 理论框架的混合学习模式能显著提升学生的学习成果和实践能力，该研究再次印证了 CoI 理论框架对提高学生学习表现的重要性。此外，一些研究关注完全在线学习

---

①　Jie Chi Yang, Benazir Quadir, Nian-Shing Chen, Qiang Miao, "Effects of Online Presence on Learning Performance in a Blog-Based Online Course", *The Internet and Higher Education*, Vol. 30, 2016, pp. 11–20.

②　Heoncheol Yun, Suna Oh, Hyunsuk Yoon, Seon Kim, "Effects of University Students' Social and Teaching Presence on Learning Engagement and Perceived Learning Achievement in Online Courses", *Educational Technology International*, Vol. 22, No. 2, 2021, pp. 111–137.

中 CoI 三大临场感与学习表现的关系①。例如 Bissessar 等发现，学习者的学习表现与教学、社会以及认知临场感的子维度有关②。社会临场感培养群体凝聚力是帮助完成学习模块和实现学习结果的最关键因素，认知临场感触发事件、探究和整合阶段的体验也尤为重要，并且上述因素通过教学临场感的促进对话和直接教学对学习者的学习结果产生显著影响。最后，Lim 等人还研究了完全在线学习中认知临场感、教学临场感和社会临场感对学生情感学习表现的预测作用③。结果表明，认知临场感和教学临场感对学生的情感学习表现有显著影响，而社会临场感对学生情感学习表现的影响较小。

在社会临场感和认知临场感二者与学习表现的关系中，Law 等人揭示了社会临场感与认知临场感共同作用于学习过程，并且通过提升学生的互动合作能力和深度思考能力，间接提高了学习成果，展示了认知临场感和社会临场感在促进学生更好学习表现中的间接路径④。Guo 等人则旨在分析在线项目学习中社会和认知临场感与学生学习表现之间的关系⑤。研究选取了 24 组学生在为期三周的在线项目学习中通过微信进行讨论的记录，采用编码方案对在线话语记录进行了详细分析。通过逐步回归分析，研究发现学生社会临场感的情感表达与认知临场感的探究阶

---

① Weichu Liu, Jun Wang, Han Zhang, Changfeng Yu, Shuai Liu, Cen Zhang, Jingya Yu, "Determining the Effects of Blended Learning Using the Community of Inquiry on Nursing Students' Learning Gains in Sudden Patient Deterioration Module", *Nursing Open*, Vol. 8, No. 6, 2021, pp. 3635–3644.

② Charmaine Bissessar, Debra Black, Mehraz Boolaky, "International Online Graduate Students' Perceptions of CoI. European Journal of Open", *Distance and E-Learning*, Vol. 23, No. 1, 2020, pp. 61–83.

③ Jieun Lim, Jennifer C. Richardson, "Predictive Effects of Undergraduate Students' Perceptions of Social, Cognitive, and Teaching Presence on Affective Learning Outcomes According to Disciplines", *Computers & Education*, Vol. 161, 2021, p. 104037.

④ Kris M. Y. Law, Shuang Geng, Tongmao Li, "Student Enrollment, Motivation, and Learning Performance in a Blended Learning Environment: The Mediating Effects of Social, Teaching, and Cognitive Presence", *Computers & Education*, Vol. 136, 2019, pp. 1–12.

⑤ Pengyue Guo, Nadira Saab, Lin Wu, Wilfried Admiraal, "The Community of Inquiry Perspective on Students' Social Presence, Cognitive Presence, and Academic Performance in Online Project-Based Learning", *Journal of Computer Assisted Learning*, Vol. 37, No. 5, 2021, pp. 1479–1493.

段分别与学习表现之间存在正相关关系。具体而言，情感表达是所有社会临场感子维度中预测学习表现的唯一显著预测因子，解释了34%的方差；探究被确认为是认知临场感子阶段中预测学习表现的唯一显著预测因子，解释了34%的方差，更进一步，表明学生的学习表现与社会临场感的情感表达和认知临场感的探究阶段有着密切的关联。

在教学临场感与在线学习表现的直接关系中，相关研究均发现教学临场感与学习表现之间有显著的正相关关系[①]。例如，Zhao 等人研究了教学临场感如何影响学生在线讨论学习成果，结果发现教学临场感中教师角色和教师展现教学临场感的方式，在很大程度上决定了教学临场感对学生学习成果的影响，即教师展现教学临场感的水平越高，学生的学习成果越好[②]。Lim 等人将关注点转至教学临场感与情感学习的影响研究上，探讨了不同学科的学生对探究社区临场感及其组成的感知如何影响他们的情感学习结果[③]，发现教学临场感及其组成对学生情感学习结果有重要影响。Kourkouli 的研究进一步证明了教学临场感的直接教学子维度在异步在线讨论社区中能够有效促进深度讨论和提高学生的学习成效[④]。在有关教学临场感对在线学习表现的影响是否受其他因素的中介

① J. B. Arbaugh, "Sage, Guide, Both, or Even More? An Examination of Instructor Activity in Online MBA Courses", *Computers & Education*, Vol. 55, No. 3, 2010, pp. 1234-1244; Elson Sze-to, "Community of Inquiry as an Instructional Approach: What Effects of Teaching, Social and Cognitive Presences Are There in Blended Synchronous Learning and Teaching?", *Computers & Education*, Vol. 81, 2015, pp. 191-201; Florence Martin, Tong Wu, Liyong Wan, Kui Xie, "A Meta-Analysis on the Community of Inquiry Presences and Learning Outcomes in Online and Blended Learning Environments", *Online Learning Journal*, Vol. 26, No. 1, 2022; Rosa Huiju Chen, "Effects of Deliberate Practice on Blended Learning Sustainability: A Community of Inquiry Perspective", *Sustainability*, Vol. 14, No. 3, 2022, p. 1785.

② Huahui Zhao, Kirk P. H. Sullivan, "Teaching Presence in Computer Conferencing Learning Environments: Effects on Interaction, Cognition, and Learning Uptake", *British Journal of Educational Technology*, Vol. 48, No. 2, 2017, pp. 538-551.

③ Jieun Lim, Jennifer C. Richardson, "Considering How Disciplinary Differences Matter for Successful Online Learning Through the Community of Inquiry Lens", *Computers & Education*, Vol. 187, 2022, p. 104551.

④ Katerina Kourkouli, "Unlocking In-Depth Forum Discussion and Perceived Effectiveness: Teaching and Social Presence Categories in Online Teacher Communities", *Teaching and Teacher Education*, Vol. 146, 2024, p. 104630.

影响的相关研究中，Shea 等人发现教学临场感通过对学习社区的感知进而对学习成效产生正向影响①。

在认知临场感对学习表现的特定正面作用研究中，Jo 等人研究了在线讨论中，认知临场感与学习表现的关系②。研究结果表明，认知临场感与学生的学习表现呈现出显著的正相关性。Galikyan 和 Admiraal 则深入探讨了认知临场感四个阶段与在线论坛学习表现之间的关系③。结果发现认知临场感的触发事件、整合、解决阶段与最终课程成绩之间存在显著正相关性，而探究阶段与最终课程成绩之间的相关性并不显著。进一步的多元回归分析表明，整合和解决阶段对学生的最终成绩有显著的预测作用，这表明在线论坛中认知临场感的后两个阶段对学习成绩有直接的促进效果。这两项研究共同揭示了认知临场感在混合学习和在线论坛环境下对学习表现的积极影响。Jo 等人的研究强调了认知临场感在异步在线讨论环境中促进学习表现的关键作用，而 Galikyan 和 Admiraal 的研究则细化了认知临场感不同阶段与学习成果之间的关联，特别是触发事件、整合和解决阶段对学习表现的显著正向影响。在 MOOC 学习环境下认知临场感与学习表现的关系研究中，Liu 等人通过对 13 个 MOOC 中超过 40 万篇帖子的量化分析，采用了多层次模型来深入探究认知临场感的不同阶段与学习者学习表现之间的关系④。研究发现，触发事件阶段对学习者的学习表现没有显著影响；与触发事件阶段相比，探究阶段与

① Peter Shea, Chun Sau Li, Alexandra Pickett, "A Study of Teaching Presence and Student Sense of Learning Community in Fully Online and Web-Enhanced College Courses", *The Internet and Higher Education*, Vol. 9, No. 3, 2006, pp. 175-190.

② Il-Hyun Jo, Yeonjeong Park, H. Lee, "Three Interaction Patterns on Asynchronous Online Discussion Behaviours: A Methodological Comparison", *Journal of Computer Assisted Learning*, Vol. 33, No. 2, 2017, pp. 106-122.

③ Irena Galikyan, Wilfried Admiraal, "Students' Engagement in Asynchronous Online Discussion: The Relationship between Cognitive Presence, Learner Prominence, and Academic Performance", *The Internet and Higher Education*, Vol. 43, 2019, p. 100692.

④ Bowen Liu, Wanli Xing, Yifang Zeng, Yonghe Wu, "Linking Cognitive Processes and Learning Outcomes: The Influence of Cognitive Presence on Learning Performance in MOOCs", *British Journal of Educational Technology*, Vol. 53, No. 5, 2022.

学习者学习表现呈现出正相关关系，但其积极影响远小于整合与解决阶段；整合阶段对学习者学习表现的积极影响显著大于探究阶段；解决阶段虽对学习者学习表现有积极影响，但相较于整合阶段，其影响程度稍弱。这一研究不仅揭示了认知临场感的不同阶段对 MOOC 学习者学习表现的差异化影响，更强调了整合与解决阶段在促进深度学习和知识内化中的核心作用。

在社会临场感与学习表现的关系研究中，Hackman 和 Walker 最早发现了社会临场感与学生学习成果之间的积极关联，后续的研究则进一步证明了这一观点①。Hostetter 的研究则通过量化调查问卷和定性文本分析，发现学生在讨论中展现出的社会临场感与其在课程评估中的成绩呈显著正相关②。Joksimović 等人的研究进一步证实了社会临场感对学业成绩的显著预测作用，研究者使用社会临场感编码框架对学生在线讨论帖子进行编码，通过回归分析发现，社会临场感与学生期末考试成绩之间存在显著正相关关系，即在课程社区中展现出更高社会临场感的学生，其考试成绩也相应更高③。Alessio 等人的研究虽未在社会临场感与测验分数之间找到直接关联，但揭示了社会临场感与整体课程成绩之间的显著相关性，感知到较高水平社会临场感和认知临场感的学生，其课程总成绩评分比感知较低水平社会临场感和认知临场感的学生高出 12 分（满分 100 分），这表明社会临场感与学习者学术表现的关联不仅限于某一具

---

① Michael Zane Hackman, Kim B. Walker, "Instructional Communication in the Televised Classroom: The Effects of System Design and Teacher Immediacy on Student Learning and Satisfaction", *Communication Education*, Vol. 39, No. 3, 1990, pp. 196–209; Carol Hostetter, "Community Matters: Social Presence and Learning Outcomes", *Journal of the Scholarship of Teaching and Learning*, Vol. 13, 2013, pp. 77–86; S. Joksimović, D. Gašević, V. Kovanović, B. E. Riecke, M. Hatala, "Social Presence in Online Discussions as a Process Predictor of Academic Performance", *Journal of Computer Assisted Learning*, Vol. 31, No. 6, 2015, pp. 638–654.

② Carol Hostetter, "Community Matters: Social Presence and Learning Outcomes", *Journal of the Scholarship of Teaching and Learning*, Vol. 13, 2013, pp. 77–86.

③ S. Joksimović, D. Gašević, V. Kovanović, B. E. Riecke, M. Hatala, "Social Presence in Online Discussions as a Process Predictor of Academic Performance", *Journal of Computer Assisted Learning*, Vol. 31, No. 6, 2015, pp. 638–654.

体的学习成果，而是可能影响整体的学习成效①。

另外，值得一提的是，尽管社会临场感通常与更积极的学习表现相关联，但其对学习成绩的实际影响却可能不如预期显著。在某些情况下，即使社会临场感有所增强，学生的学术表现并未随之提升。此外，有些研究还表明，社会临场感对学习成效的影响可能受到多种因素的调节，包括课程设计、教学方法、学习者特征以及学习环境。这意味着，虽然社会临场感对创造支持性学习氛围至关重要，但它对学术成就的直接影响可能较为有限。例如 Picciano 的研究对社会临场感与学术表现的关系进行了细化，他将学生按照社会临场感感知水平分为低、中、高三个组别，比较了各组在书面作业和考试成绩上的表现②。研究发现，尽管社会临场感感知水平并非考试成绩的显著预测变量，但它对学生书面作业的表现有显著的预测作用，这表明社会临场感对学习过程中的某些方面具有独特的影响。Rau 等人发现尽管短信服务因其非正式和广泛应用的特性被认为具有较高的社会临场感，能够增进师生间的联系而不增加学生压力，但是对学习成绩的影响并不显著③。Mackey 和 Freyberg 通过调查收集社会临场感数据，以家庭作业和考试成绩作为衡量学生学术表现的数据，通过分析发现学生学习表现不随社会临场感而增减④。该研究认为加强课程中的社会临场感可能会为在线学习者创造更积极的学习体验。这说明社会临场感虽未直接影响学术表现，但对创建积极学习体验非常重要。

---

① Matthew A. d'Alessio, Loraine L. Lundquist, Joshua J. Schwartz, Vicki Pedone, Jenni Pavia, "Social Presence Enhances Student Performance in an Online Geology Course but Depends on Instructor Facilitation", *Journal of Geoscience Education*, Vol. 67, No. 1, 2019, pp. 1-15.

② Anthony G. Picciano, "Beyond Student Perceptions: Issues of Interaction, Presence, and Performance in an Online Course", *Journal of Asynchronous Learning Networks*, Vol. 6, No. 1, 2002, pp. 21-40.

③ Pei-Luen Patrick Rau, Qin Gao, Li-Mei Wu, "Using Mobile Communication Technology in High School Education: Motivation, Pressure, and Learning Performance", *Computers & Education*, Vol. 50, 2008, pp. 1-22.

④ Katherine R. M. Mackey, David L. Freyberg, "The Effect of Social Presence on Affective and Cognitive Learning in an International Engineering Course Taught via Distance Learning", *Journal of Engineering Education*, Vol. 99, No. 1, 2010, pp. 23-34.

综上所述，三大临场感对学习表现有着显著的正面影响。认知临场感，尤其是其整合与解决阶段，对促进深度学习和提高学习成果至关重要。社会临场感通过培养群体凝聚力和增强学生间的互动，对学习过程产生积极影响，尤其是对书面作业表现有显著预测作用。教学临场感通过直接教学和促进对话，对学习成效有重要影响。然而，社会临场感对学习成绩的影响可能较复杂，有时即便增强也不一定直接提升学术表现，这取决于多种因素，如课程设计、教学方法和学习环境。基于这些发现，教育者应注重以下几点：设计促进深度学习的课程内容，规划学习路径，鼓励从探究到整合与解决的过渡；提供反思与整合的机会，通过小组讨论和在线论坛促进知识共享与反思；强化实践应用与问题解决能力，设计模拟项目和案例研究；利用技术工具支持学习，如学习管理系统的讨论板和反馈机制，监测学习者认知临场感表现；促进师生与同伴间的互动，增强社会临场感，教师应积极参与学习过程，提供适时的指导与反馈。总之，通过精心设计的课程和有效的教学策略，可以显著增强学习者在认知、社会和教学临场感方面的体验，进而提升学习表现。教育者应综合运用上述策略，以实现更高效和个性化的在线教育体验。未来研究应进一步探索如何优化认知临场感的培养，以适应不同类型的学习形式和学习者需求，实现更高效和个性化的在线教育体验。

三　CoI 三大临场感与自我效能感的关系

自我效能感是个体对自己能否成功完成特定任务或达成目标的内心信念和信心。它涉及个体在面对挑战时，对自己能力的主观评估，这种评估在很大程度上决定了一个人的行为选择、努力程度和面对困难时的韧性。在线学习中，自我效能感尤为重要。高自我效能感的学生倾向于更加积极地参与在线课程，因为他们坚信自己有能力理解和掌握课程材料。相反，自我效能感较低的学生可能会因为害怕失败而避免挑战，导致他们在学习中的参与度降低。此外，高自我效能感的学生也更倾向于采用有效的学习策略，如合理的时间管理、详细的笔记记录和自我测试等。他们相信这些策略能够助力他们取得更好的学习成果。在面对学习障碍时，高自我效能感的学生展现出了更强的坚持性。他们相信自己有能力克服困难，因此更可能坚持到底。而自我效能感较低的学生在遭遇挑战时，则可能更容易产生挫败感，甚至放弃。在线学习需要学生具备一定的自我管理能力，而高自我效能感的学生在这方面表现得尤为出色。他们能够迅速适应在线学习环境的变化，如技术故障或课程格式的调整，从而确保学习的顺利进行。因此，提升学生的自我效能感成为在线教育中一项至关重要的任务。

正是出于这一目的，不少研究开始关注 CoI 三大临场感与自我效能感之间的关系，CoI 框架中的教学临场感、社会临场感和认知临场感均对学习者的自我效能感有着积极的影响。教学临场感通过提供清晰的学习目标、及时的反馈和支持，增强了学习者对自己学习能力的信心；社会临场感通过促进学习者之间的交流和合作，建立了支持性的学习社群，这种社群感和归属感提升了学习者在面对挑战时的信心；认知临场感通过鼓励学习者参与批判性思维和解决问题的过程，培养了学习者解决问题的能力，从而提高了他们解决问题的信心。这一结论在不同情景和多项研究中均得到了验证。Yin 和 Yuan 发现教学、社会及认知临场感与自我效能感之间存在正向关系①。Chen 等人则通过结构方程模型，量化了这些关系，揭示了它们之间的高度正相关性（相关系数均大于 0.61），强调了这一联系在促进学习成效中的关键作用②。Burbage 等人的研究聚焦于自我效能感在 CoI 临场感与学生持续学习偏好间的中介作用，发现教学、社会与认知临场感均能正向预测学生的自我效能感③。而 Doo 等人通过对 1435 名本科生的在线调查，利用结构方程模型验证了自我效能

① Bin Yin, Chih‑Hung Yuan, "Precision Teaching and Learning Performance in a Blended Learning Environment", *Frontiers in Psychology*, Vol. 12, 2021, p. 631125.

② Qihui Chen, Wenting Sun, Xiaoling Wang, "The Influence of Cognitive Presence, Social Presence and Teaching Presence on Online Foreign Language Speaking Anxiety, L2 Motivational Self and Intended Effort‑A Structural Equation Modeling Approach", *International Conference on Computer Supported Education*, 2022.

③ Amanda K. Burbage, Yuane Jia, Thuha Hoang, "The Impact of Community of Inquiry and Self‑efficacy on Student Attitudes in Sustained Remote Health Professions Learning Environments", *BMC Medical Education*, Vol. 23, 2023.

感与教学、认知临场感之间的正相关关系，进一步拓宽了这一领域的研究视野[①]。值得一提的是，Lin等人通过一项针对210名参与者的问卷调查，揭示了教学临场感对学习者自我效能感的显著正向影响[②]。该研究指出，教师的即时干预与互动不仅强化了学习成效，还加深了学习者对内容的理解，进而促进了自我效能感的提升。同时，社会临场感亦展现出类似的正向效应，强调学习过程中的分享、讨论所建立的情感联系，能够激励学习者投入更多努力以实现学习目标。然而，该研究还发现学习者的自我效能感对认知临场感有反向促进作用，也就是说自我效能感显著预测认知临场感，这表明高自我效能感的学习者倾向于更积极地探索与深入理解，形成良性循环，增强认知体验的深度与广度。这一研究发现不同于前人的研究，即其他研究均发现认知临场感显著影响自我效能感。这提示我们认知临场感与自我效能感之间可能存在较为复杂的相互作用关系。鉴于这方面的研究还处于起步阶段，笔者建议未来研究对此进行更加细致的研究。

CoI三大临场感与自我效能感之间的正向关联可以从多个角度来解释。首先，社会临场感强调在虚拟学习环境中学习者之间建立的情感联系和社交互动。当学习者感到自己属于一个相互支持、尊重和理解的社区时，他们会更加乐于参与讨论、分享观点和协作学习。这种积极的社交体验不仅有助于减少孤独感和隔离感，还能促进学习者之间的合作与互助，从而增强他们的学习动力和自信心。社会临场感的提升，使得学习者在面对学习挑战时，能够获得来自同伴的支持和鼓励，进而增强他们的自我效能感。

其次，教学临场感体现了教师在学习过程中的关键角色和重要作用。教师作为知识的引导者、学习的促进者和情感的支持者，在远程教育或

---

① Min Young Doo, Curtis J. Bonk, Heeok Heo, "Examinations of the Relationships between Self-efficacy, Self-regulation, Teaching, Cognitive Presences, and Learning Engagement during COVID-19", *Educational Technology Research and Development*, Vol. 71, 2023, pp. 481-504.

② Shinyi Lin, Tze-Chien Hung, Chia-Tsung Lee, "Revalidate Forms of Presence in Training Effectiveness: Mediating Effect of Self-Efficacy", *Journal of Educational Computing Research*, Vol. 53, 2015.

协作学习中发挥着不可替代的作用。当教师能够及时提供反馈、解答疑惑、引导思考时，学习者会感受到教师的关注和支持，从而增强他们的学习信心和自我效能感。此外，教师还能够通过创造积极的学习氛围、设计富有挑战性的学习任务和提供个性化的学习支持，来激发学习者的学习兴趣和潜能，促进他们的全面发展。教学临场感的提升，使得学习者能够在教师的指导下更加高效地学习，同时也能够感受到自己在学术和个人成长方面的进步和成就，最终增加学生的学习自我效能感。

最后，认知临场感强调个体在远程学习环境中感受到的深度认知参与和沉浸感，它使学习者能够如同在现实情境中一样，对学习材料进行深入思考、分析和应用。这种深度参与促进了知识的理解和内化，使学习者能够在复杂的问题解决过程中表现出更高的灵活性和创新性。自我效能感是指个体对自己完成特定任务或达成目标的能力的信心水平。在学习情境中，自我效能感高的人倾向于认为自己有能力克服学习中的障碍，相信自己能够成功掌握新知识和技能。当学习者在远程学习环境中经历到强烈认知临场感时，他们会更加投入于学习过程，感受到自己在知识建构中的主体地位。这种积极的学习体验和成功解决问题的经历会增强他们的自我效能感，即他们开始相信自己有能力在类似的学术挑战中取得成功。正如 Lin 等人的研究所示，高自我效能感的学习者展现出更强的认知临场感，形成了一种正向反馈机制。反过来，当学习者对自己的学习能力充满信心时，他们更愿意接受挑战，主动探索未知领域，这促进了认知临场感的发展。具有高自我效能感的学习者更可能采取主动学习策略，如提问、反思和批判性思考，这些策略有助于深化理解和记忆，进而加强认知临场感。认知临场感与自我效能感之间的关系是相互促进的。随着学习者在远程学习中不断获得成功的经验，他们的自我效能感得到提升，这反过来又促使他们在后续的学习中更加深入地参与，体验到更强的认知临场感。

综上所述，CoI 的三大临场感与自我效能感之间的正向关联，源于它们在学习过程中的互补与促进作用。社会临场感为学习者提供了情感上的支持和社交互动的机会，教学临场感通过教师的引导和支持促进了学习者的学术和个人成长，而认知临场感则使学习者能够在深度参与中提升自我效能感。这种正向关联不仅有助于提升学习者的学习动力和自信心，还能够促进他们的全面发展和长期学习成效。因此，在设计远程教育或协作学习课程时，应充分考虑如何培养这三大临场感，以最大化学习者的学习成效和全面发展。

值得注意的是，尽管多数研究确认了这三者之间的正向关联，但Harrison 的研究揭示了其中的细微差异：（1）社会临场感与自我效能感之间存在显著联系，共同促进归属感，即学习者在感受到来自同伴和教师的社会支持时，其自我效能感会得到提升，这种归属感使得学习者更加愿意参与学习活动，并相信自己能够完成任务。社会临场感不仅直接影响自我效能感，还通过教学临场感间接影响自我效能感①。这意味着，当教学临场感（如教师的教学支持、反馈等）增强时，也会促进学习者的社会临场感（如与同伴的互动、合作等），进而提升自我效能感。（2）教学临场感与自我效能感正相关，且两者间存在重叠。具体而言：当教师能够积极关注学生的学习需求，提供及时的反馈和支持时，学生的自我效能感会得到增强。此外，Harrison 的研究指出，教学临场感与自我效能感之间有一些重叠。这可能涉及教师的教学风格、教学策略以及对学生学习过程的关注程度等。这些因素都会直接或间接地影响学生的自我效能感。（3）尽管认知临场感与自我效能感有正面关系，但这种影响相对较小。这可能是因为认知临场感更多地关注于学习者个人的认知过程，而较少涉及外部的社会和教学支持。因此，在提升自我效能感方面，认知临场感的作用可能不如教学临场感与社会临场感。而认知临场感虽与自我效能感正面相关，但其影响相对较小。这一发现提示，在远程教育或协作学习课程设计中，需重视社会和教学支持，以补充深度知识参与。强调平衡三大临场感，同时考虑学习者的个性化需求，提供多样化学习支持和策略，对于促进学习者全面发展和最大化学习成效至关重要。

综合以上研究，我们可以得出，CoI 三大临场感与自我效能感之间存

---

① Cynthia D. Harrison, "Student Perceptions of Community of Inquiry in Blended Developmental Courses During the COVID-19 Pandemic", *Walden Dissertations and Doctoral Studies*, 2021.

在普遍的正向关系，这一关系在多种学习环境和不同学科背景下得到体现。然而，这一关系的强度和影响程度可能受到个体特征、学习情境和其他心理社会因素的调节。因此，未来的研究需要更细致地探讨这些变量之间的交互作用，以期更全面地理解 CoI 三大临场感与自我效能感的相互影响机制，为教育实践和干预策略的制定提供科学依据。例如，针对 Harrison 研究中提出的例外情况，未来研究可深入探索在特定学习领域和情境下，哪些因素会削弱或加强认知临场感与自我效能感之间的联系，以及如何设计有效的干预措施来促进学习者在这两方面的共同发展。通过这样的研究，我们有望进一步深化对学习过程中复杂心理机制的理解，为提高教育质量和学习效果作出贡献。

四 CoI 三大临场感与自我调节学习的关系

自我调节在 CoI 中扮演着至关重要的"中介"角色[①]。这是因为在线学习环境的独特性质要求学习者必须具备高度的自我监控和自我管理能力。虽然，CoI 框架由教学临场感、社会临场感和认知临场感三大要素构成，但是自我调节在此框架中的作用不容小觑，原因如下：首先，在线学习者常常需要在非传统的学习时间表中安排自己的学习，这要求他们能够有效地管理时间，制订和执行个人学习计划。自我调节能力使得学习者能够根据自身进度和学习需求调整学习策略，以适应不断变化的学习环境。其次，在线学习者需具备调整学习环境的能力，以满足个人的学习偏好和需求。这包括选择合适的学习空间、筛选和整合学习资源，以及创建有助于深度学习的学习环境。再次，在线学习环境中，学习者与技术工具、同伴以及教师的互动方式直接影响学习效果。自我调节能力使学习者能够主动寻求技术支持，参与有意义的同伴交流，以及

---

① Peter Shea, Temi Bidjerano, "Learning Presence: Towards a Theory of Self-efficacy, Self-regulation, and the Development of Communities of Inquiry in Online and Blended Learning Environments", *Computers & Education*, Vol. 55, No. 4, 2010, pp. 1721 - 1731; Peter Shea, Suzanne Hayes, Sedef Uzuner Smith, Jason Vickers, Temi Bidjerano, Alexandra Pickett, Mary Gozza-Cohen, "Learning Presence: Additional Research on a New Conceptual Element within the Community of Inquiry (CoI) Framework", *Internet and Higher Education*, Vol. 15, No. 2, 2012, pp. 89-95.

有效地与教师沟通，以获取必要的反馈和指导。此外，自我调节学习者能够深入思考学习材料，批判性地分析信息，解决问题，并将新知识与已有的知识结构相联系。这种深度学习过程有助于构建认知临场感，即学习者在在线环境中体验到的深度参与和知识构建。最后，通过自我调节，学习者能够设定个人学习目标，监测学习进展，并调整策略以克服学习障碍。这种自我监控和自我激励的过程增强了学习者的内部动机，从而提高了学习成果。

在 CoI 框架中，教学临场感、社会临场感和认知临场感这三大临场感与自我调节学习之间存在着紧密的联系。教学临场感帮助学习者设定学习目标、规划学习步骤，并根据反馈调整学习策略。社会临场感通过促进合作学习、提供情感支持，帮助学习者互相学习、减轻压力，并激发自我调节的动力。认知临场感通过促进批判性思考、问题解决和增强元认知意识，使学习者能够发展出更高层次的思维技能，并对自己的学习过程进行反思和监控。这些临场感共同作用，为学习者提供了一个有利于自我调节学习的环境。通过增强这些临场感，教育者可以为学习者提供更多的支持，从而提高他们的自我调节能力和学习成果。因此，在设计在线课程时，考虑到这些因素并采取相应的策略来强化三大临场感，可以帮助学习者更有效地进行自我调节学习。因此，自我调节学习与 CoI 三大临场感之间的关系是研究者关注的另一大重要议题。

在这些研究中，一方面，研究者集中在自我调节学习对 CoI 三大临场感的影响上，发现自我调节学习对 CoI 临场感的发展具有重要贡献。Cho 等人的研究发现，高水平自我调节的学习者比低水平自我调节的学习者表现出更强的 CoI 临场感，也就是自我调节学习能力水平越高，就对 CoI 三大临场感的感知水平越高[1]。Kilis 和 Yıldırım 通过对 1535 名参与在线课程的学生进行在线调查，并运用多元线性回归分析发现，自我调节对 CoI 感知有显著贡献，单独预测了学生对 CoI 感知的 17.4%，是

---

[1]　Moon-Heum Cho, Yanghee Kim, DongHo Choi, "The Effect of Self-regulated Learning on College Students' Perceptions of Community of Inquiry and Affective Outcomes in Online Learning", *The Internet and Higher Education*, Vol. 34, 2017, pp. 10-17.

这三个变量中对 CoI 感知贡献最大的变量①。同样，在教学、社会和认知临场感的预测中，自我调节均是较好的预测因素。这说明学生自我调节能力水平越高，其教学、社会和认知临场感水平越高。可见自我调节对 CoI 感知的重要性。此外，除了对 CoI 感知的整体贡献外，自我调节还在预测教学、社会和认知临场感方面表现出色。这表明学生的自我调节能力不仅影响他们对 CoI 的整体感知，还直接关联到他们在不同方面的临场感体验。Doo 等人收集了 1435 位大学生在线学习经历的调查数据，通过结构方程模型检验了自我调节学习与认知临场感之间的关系②。研究结果同样显示自我调节学习与认知临场感之间存在正相关关系。因此，教育者在设计和实施在线课程时，应特别关注如何培养学生的自我调节能力，以促进他们在不同层面的积极参与和深度学习。

有研究在 CoI 三大临场感的基础上拓展出学习临场感（自我调节是其重要组成之一），以表示在线学习者的自我调节。接着，一些研究关注自我调节学习对临场感的影响。Shea 和 Bidjerano 研究发现，教学临场感和社会临场感对认知临场感的影响因学习者在线自我调节认知和行为而异，这说明 CoI 三大临场感的关系受到自我调节学习的影响。另外，该研究还指出，在缺乏足够的教学和社会临场的情况下，需要更高的自我调节能力来达到认知临场感③。EISayad 对学习临场感与 CoI 三大临场感的关系进行了检验，结果发现学习临场感与 CoI 三大临场感具有强烈的相关性，其中学习临场感与认知临场感之间的关系尤为强烈，这说明学习者的自我调节能力对学生的认知临场感具有重大影响④。接着，研究者对学习临场感进行细化，在自我调节的基础上提出共同调节，以此

① Selcan Kilis, Zahide Yıldırım, "Investigation of Community of Inquiry Framework in Regard to Self-regulation, Metacognition, and Motivation", *Computers & Education*, Vol. 126, 2018, pp. 58-64.

② Min Young Doo, Curtis J. Bonk, Heeok Heo, "Examinations of the Relationships between Self-efficacy, Self-regulation, Teaching, Cognitive Presences, and Learning Engagement during COVID-19", *Educational Technology Research and Development*, Vol. 71, 2023, pp. 481-504.

③ Peter Shea, Temi Bidjerano, "Learning Presence as a Moderator in the Community of Inquiry Model", *Computers & Education*, Vol. 59, No. 2, 2012, pp. 316-326.

④ Ghada ElSayad, "Can Learning Presence Be the Fourth Community of Inquiry Presence? Examining the Extended Community of Inquiry Framework in Blended Learning Using Confirmatory Factor Analysis", *Education and Information Technologies*, Vol. 28, No. 1, 2022, pp. 5-6.

探究自我调节和共同调节如何共同影响学习成果。Zheng 等人探究了自我调节和共同调节对认知临场感的影响，研究结果显示：自我调节和共同调节对认知临场感均有显著的积极作用①。这意味着自我调节和共同调节都能显著预测在线学习者的认知临场感。

另一方面，还有少数研究者关注 CoI 三大临场感对于在线自我调节学习的影响，例如 Zhang 等人聚焦于 CoI 框架下的教学、社会和认知临场感与自我调节学习之间的关系，研究收集了 2608 名中国大学生的问卷数据，通过数据分析发现：教学与认知临场感对自我调节学习有显著影响，且认知临场感（$\beta = 0.663$，$t = 19.841$，$p<0.001$）与自我调节学习之间的关系强于教学临场感（$\beta = 0.206$，$t = 8.327$，$p<0.001$）与自我调节学习之间的关系，但社会临场感与自我调节之间的相关关系不显著②。这一发现进一步证实了自我调节学习对促进认知临场感的重要作用。Zheng 等人探究了教学、社会临场感对自我调节和共同调节的影响，研究结果显示：社会临场感对自我调节和共同调节均有显著的正向影响，但教学临场感仅对共同调节有显著正向影响③。Zhang 等人和 Zheng 等人对自我调节学习相关研究有不同的结论，说明临场感对自我调节的影响关系是复杂的，未来研究需要进行深入探索。

自我调节在 CoI 下的临场感中扮演着核心角色，尤其体现在认知临场感的构建上。这些研究对于我们如何从自我调节学习的视角，提高学生认知临场感具有重要启示。笔者建议：首先，培养自我调节能力，即教育者应设计课程活动，鼓励学生设定个人学习目标，进行自我监控和评估，以培养他们的自我调节能力。其次，提供元认知训练，通过元认

---

① Binbin Zheng, Fraide A. Ganotice, Chin-Hsi Lin, George L. Tipoe, "From Self-regulation to Co-regulation: Refining Learning Presence in a Community of Inquiry in Interprofessional Education", *Medical Education Online*, Vol. 28, No. 1, 2023.

② Yanfang Zhang, Jinyan Huang, Shahbaz Hussain, Yaxin Dong, "Investigating the Impact of the Community of Inquiry Presence on Online Learning Satisfaction: A Chinese College Student Perspective", *Psychology Research and Behavior Management*, Vol. 16, 2023, pp. 1883-1896.

③ Binbin Zheng, Fraide A. Ganotice, Chin-Hsi Lin, George L. Tipoe, "From Self-regulation to Co-regulation: Refining Learning Presence in a Community of Inquiry in Interprofessional Education", *Medical Education Online*, Vol. 28, No. 1, 2023.

知策略的培训，如计划、监控和反思，帮助学生发展深度学习和批判性思维能力，进而增强认知临场感。简而言之，自我调节是 CoI 中实现有效在线学习的关键。它不仅促进了学习者对学习过程的主动控制，还加强了教学、社会和认知临场感的形成，进而提升了在线学习的质量和效果。教育者在设计在线课程时，应注重培养学习者的自我调节能力，通过提供学习策略指导、促进同伴互动、给予及时反馈等方式，帮助学习者发展成为自主、高效的学习者。

自我调节学习是一种学习策略，涉及学习者对自己的学习过程进行计划、监控、评估和调整的能力。它包括设定学习目标、选择适当的学习方法、监控自己的学习进度、评估学习成果，以及根据反馈进行必要的调整。这种能力使学习者能够主动管理自己的学习，提高学习效率和效果。认知临场感的核心是学习者在远程学习中体验到的深度认知参与和知识建构感。它涉及学习者对学习材料的主动探索、批判性思考和应用能力。首先，自我调节能力强的学习者能够设定明确的学习目标，并有动力去追求这些目标。在追求目标的过程中，他们更容易沉浸在学习内容中，体验到认知临场感。其次，具备自我调节能力的学习者能够根据学习材料的性质和自身的需求，选择合适的学习策略，如总结、提问、推理等，这有助于加深对知识的理解和记忆，从而促进认知临场感的形成。再次，自我调节学习者能够有效地监控自己的学习进度和理解程度，当遇到困难时，他们能够及时调整学习策略，避免学习停滞不前，这种动态调整的过程有助于维持和增强认知临场感。最后，自我调节学习者在学习后会进行反思和评估，检查自己的学习成果是否达到预期目标。这种反思过程有助于巩固知识，提高学习质量，同时也有利于提升认知临场感。简言之，自我调节学习能力显著影响认知临场感，因为这种能力使学习者能够主动、高效地管理自己的学习过程，促进深度学习和知识建构，从而在远程或虚拟学习环境中体验到更强的认知参与感。

五　CoI 三大临场感与在线学习体验和学习参与度的关系

在线学习体验的重要性不言而喻。它不仅是学生持续参与学习的关键动力，更是衡量教育质量的重要指标。特别是在数字化教育转型的浪潮下，学生对于高质量在线学习体验的需求越发强烈。为此，探究影响在线学习体验的关键因素，进而提升学生在线学习体验，成为教育领域的重要课题。其中，CoI 理论中的三大临场感为我们提供了理解和优化在线学习体验的新视角。

起初，Ke 的研究率先揭示了在线学习中教学、认知和社会临场感与在线学习体验之间的紧密联系，明确了教学临场感的核心地位，特别是有效的教学设计和策略对优化成年学生学习体验的重要性，这为后续研究奠定了坚实基础[1]。随后，Capra 的研究进一步细化了这一领域，她采用定性研究方法，揭示了学生在 CoI 三个维度上的学习体验感知，发现特别是当社会、教学和认知临场感受到压抑时，学生难以获得有意义的在线学习体验[2]。这一发现不仅验证了 Ke 关于临场感重要性的观点，还进一步揭示了临场感与学生在线学习体验之间的正向关联，即当学生在三种临场感方面得到满足时，他们更可能获得丰富而深刻的学习体验。Ong 等人通过多元回归分析，明确指出了教学、社会和认知临场感与在线学习体验之间的显著正相关关系[3]。这一发现不仅强化了前两项研究的结论，还进一步量化了三种临场感在影响学习者在线学习体验方面的具体作用，为实践者提供了更为具体和可操作的指导。

总之，从 Ke 到 Capra，再到 Hussin 等人的研究，我们可以清晰地看到在线学习中临场感与学习体验关系研究的逐步深入和发展，这些研究为在线教育的实践者和课程设计者提供了宝贵启示：首先，重视 CoI 三大临场感的营造。在线学习环境中，学生可能会感到孤立和缺乏归属感。因此，课程设计者应当创造更多的社交互动机会，如在线讨论、小组项

---

① Fengfeng Ke, "Examining Online Teaching, Cognitive, and Social Presence for Adult Students", *Computers & Education*, Vol. 55, No. 2, 2010, pp. 808–820.

② Theresa Capra, "Online Education from the Perspective of Community College Students within the Community of Inquiry Paradigm", *Community College Journal of Research and Practice*, Vol. 38, 2014, pp. 108–121.

③ Ardvin Kester S. Ong, Yoshiki B. Kurata, Jairus J. Joyosa, Makkie John Prince S. Santos, "Predicting Factors Influencing Perceived Online Learning Experience among Primary Students Utilizing Structural Equation Modeling Forest Classifier Approach", *European Review of Applied Psychology*, Vol. 73, No. 5, 2023.

目和协作学习，以增强学生的社会临场感，提升他们的学习体验和归属感。教师需要提供及时的反馈、清晰的指导，以及对学生需求的关注，以增强学生的学习信心和动力。此外，教师还可以通过在线辅导、答疑和讨论来营造积极的教学氛围，提升学生的学习体验。另外，课程设计者应当设计具有挑战性和启发性的学习任务，鼓励学生进行批判性思考、问题解决和知识应用，以提升他们的认知临场感和学习体验。其次，关注学习者的背景与经验，即认识到不同背景和经验的学生在在线学习中的需求可能不同，课程设计者应考虑提供个性化支持，帮助所有学生，尤其是首次参加在线课程的学生，更好地适应在线学习环境。最后，课程设计者需要不断优化在线课程的设计和实施，以提升学生的三大临场感和学习体验。例如，可以定期收集学生的反馈和意见，根据这些反馈来改进课程内容、教学方法和学习活动；同时，也可以借鉴其他成功的在线课程案例和最佳实践，不断提升自己的课程设计水平。

学习参与度是衡量教学效果和学生主动学习行为的核心指标，尤其是在远程和在线学习情境下，它直接关联到学生的学习成果和满意度。CoI 模型强调的三大临场感为增强学习参与提供了坚实的理论基础。认知临场感鼓励学生深入思考、建构知识，教学临场感确保教师有效引导、激发讨论，而社会临场感则促进学生间积极互动与合作，形成支持性的学习社群。通过精心设计教学活动，强化这三大临场感，教育者能够显著提升学生的参与水平，使他们从被动接受转为主动探索，从而在学习过程中更加投入和持久。对 CoI 与学习参与之间关系的深入探索，不仅能深化我们对促进学生积极参与策略的理解，还能为教育设计者和教师提供具体可行的方法论，指导他们如何在多样化的学习环境中最大化激发学生潜力，实现深度学习。

首先，在三大临场感与学习参与的直接影响的研究中，Littler 的研究讨论了在线学习环境中社会临场感、认知临场感、教学临场感和在线学习参与度之间的关系①。研究结果发现三大临场感均对学习参与产生影

---

① Mark Littler, "Social, Cognitive, and Teaching Presence as Predictors of Online Student Engagement Among MSN Students", *Walden Dissertations and Doctoral Studies*, 2024.

响。其中，增强社会临场感可以促进学生之间以及学生与教师之间的有效沟通，从而提升学习动力和参与度；在促进深度学习和批判性思维方面，认知临场感被证实是另一个关键因素，即学生在在线环境中进行意义构建和知识探索的程度越高，他们的学习参与度也越深；教学临场感，对激发学生参与同样不可或缺。教师通过明确的学习目标、及时反馈和促进互动，能够显著提高学生的在线学习投入。进一步地，LaseKan等人通过以CoI为理论框架，研究了影响学生在线课程参与度的因素。研究发现课程内容的质量是影响学生参与度的认知预测因素；在社会临场感方面，学生是否拥有指定的私人空间和要求学生使用网络摄像头被发现对学生参与度至关重要；教学临场感通过促进课堂互动和教师向学生提供快速反馈来影响学生的学习参与，具体来说即教师是否准备了优质的课程材料、课堂互动水平以及无干扰的物理环境对学生参与度至关重要[1]。

其次，如何通过提升学生的三大临场感水平来间接地提升学生的学习参与也受到了研究者的关注。Xiao等人研究了教学、环境和个人因素如何影响在线环境下学生的课堂参与度，研究结果表明，学生的在线参与度是一个情境化过程，受到教学设计、在线教师支持、群体动态和在线环境的影响[2]。值得注意的是，在线环境对学生的认知投入产生了双重影响：对某些学生而言，它可能构成一定的阻碍，而对另一些学生则可能起到促进作用。这种差异主要取决于学生对社会临场感的个人偏好。综合来看，通过精心的教学设计、有效的在线支持、积极的群体互动以及适宜的在线环境，有可能显著提升学生的教学临场感、社会临场感和认知临场感，进而增强他们在在线课堂中的参与度。

总之，在提升在线学习环境中的学生参与度方面，三大临场感扮演着至关重要的角色。具体而言，现有研究深刻揭示了它们的独特贡献。

① Olusiji Adebola Lasekan, Vengalarao Pachava, Margot Teresa Godoy Pena, Siva Krishna Golla, Mariya Samreen Raje, "Investigating Factors Influencing Students' Engagement in Sustainable Online Education", *Sustainability*, Vol. 16, 2024, p. 689.

② Yangyu Xiao, Xiaohua Liu, Yangyang Zhu, "Disentangling the Mechanism of Student Engagement in Online Language Classrooms from the Perspective of Community of Inquiry", *Heliyon*, 2024.

首先，社会临场感极大地促进了学生之间以及师生之间的有效互动与沟通，不仅增强了学习社区的凝聚力，还显著提升了学生的学习动力和主动参与的积极性，为学生营造了更加温馨、互动的学习氛围。其次，在促进深度学习与批判性思维方面，认知临场感展现出了不可替代的价值。它鼓励学生深入探索知识领域，积极建构个人知识体系，这种在知识探索与建构上的持续投入，与学生学习参与度的提升形成了正向循环，促进了学习成效的飞跃。最后，教师的积极引导、清晰明确的学习目标设定以及即时有效的反馈机制，共同构成了教学临场感的核心。这一要素显著提高了学生在线学习的参与深度与广度，通过教师的专业指导和即时反馈，学生能够在学习过程中保持高度的注意力和积极性，从而确保学习效果的持续优化。综上所述，三大临场感相辅相成，共同构成了增强在线学习环境中学生参与度的坚实基石。

社会临场感：在线学习情感与社交的纽带

社会临场感是指个体在远程通信或在线环境中感受到的"被看见""被听见"及与其他参与者建立有意义联系的程度。相较于传统的面对面教学，线上学习因其时空分离的特性，往往面临师生间沟通受限、人际互动不足等问题。在此背景下，社会临场感作为一种衡量在线学习环境下参与者之间感知到的亲近程度和真实感的重要指标，成为学术界关注的焦点。社会临场感起源于早期的计算机会议研究，当时主要用于描述人们在使用电信系统时所感受到的社会临场感。随着时间推移，其内涵不断丰富和发展，不仅适用于在线学习和混合学习，甚至还延伸至虚拟环境、人工智能交互以及大规模开放在线课程等各种新型学习场景中。已有研究表明，有效的社会临场感能够显著提升学生的学习满意度、感知学习、学习体验，以及他们继续参与和完成在线课程的意愿等。随着在线教育的普及和技术的进步，社会临场感在教育中的作用越来越重要，对其进行深入研究将有助于提高在线学习的质量和效果。基于此，本书通过系统回顾社会临场感的国际研究进展，详细阐述社会临场感相关内容以及在在线环境中的重要性，为教育实践者、研究者提供参考，以促进社会临场感的进一步研究与应用，优化学生学习体验。

第一节　社会临场感发展及分类维度

一　社会临场感的早期发展

社会临场感，源自英文"Social Presence"，这一概念在国内学术界多被译作"社会临场感"或"社会存在"。社会临场感是 20 世纪 70 年代在社会心理学领域发展起来的。按照时间顺序可分为三个不同时期：第一个时期是从 20 世纪 70 年代发展到 80 年代初，其特点是强调媒体属性以及比较面对面的社会属性和以媒体为中介的社会属性。第二个时期是 20 世纪八九十年代，此时关于社会临场感的研究发生了转变，研究的重点是人而不是媒介属性。第三个时期是 2000 年至今，在线教育、混合教育中的社会临场感得到了广泛的关注。

社会临场感的概念最早萌芽于通信学领域，由 Short 等学者于 1976 年提出，旨在探索媒介环境对人际互动与感知的影响①。在其开创性的研究中，社会临场感被定义为在媒介交流过程中，个体被感知为"真实存在"的程度，以及他们对与他人连接的感受。这一概念强调了媒介作为信息传递载体的属性，特别是它们在模拟或逼近面对面交流体验方面的能力，进而影响着交流者之间的社会感知和社会关系的建立。Short 等人将社会临场感与"即时性"紧密关联，指出不同的通信媒介因其社会临场感的差异（不同通信媒介的社会临场感程度不同），在人际沟通中扮演着截然不同的角色。高社会临场感的媒介被认为能够促进更加亲密和友好的交流，而社会临场感较低的媒介则可能导致孤立感和疏离。这一发现不仅深化了我们对于媒介特性的理解，也为后续研究者提供了宝贵的视角，以探讨特定媒介特性（例如符号系统、信息处理能力等）如何塑造学习者的认知和行为，从而影响教育过程和成果。例如 Daft 和 Lengel 延续了对媒介属性与社会临场关系的探讨，考察特定媒介特性如

---

① J. Short, E. Williams, B. Christie, "The Social Psychology of Telecommunications", *New York: Wiley*, 1976.

何影响学习者学习过程[①]。

进入 20 世纪 80 至 90 年代，随着计算机媒介交流（Computer mediated communication，CMC）的兴起，社会临场感迎来了新的应用领域。研究者开始聚焦于 CMC 所特有的非人性化特征，尝试揭示技术如何影响人际交流的质量。然而，尽管在线教育在此期间逐渐崭露头角，但由于其发展尚处于初级阶段，因此有关 CMC 在教育场景中的社会临场感研究相对匮乏。这一时期的研究主要集中在识别和分析 CMC 技术的局限性，以及探索如何通过设计和策略优化，克服技术障碍，增强在线学习环境中的社会临场感，从而提升学习体验和成效。

20 世纪 90 年代以来，随着网络接入使得在线教育发展迅速，在线教育参与者日渐增长。在此背景下社会临场感的研究发生了显著转变，研究者开始质疑社会临场感的媒介属性，在 Short 等人对社会临场感定义的基础之上，对社会临场感的定义进行了进一步的丰富。研究的重心从单纯的媒体属性转向人（参与者）本身，研究也不再仅关注媒介本身的特性，而是更加重视用户对媒介的感知。例如 Gunawardena 认为社会临场感不仅是媒体的一种属性，也是人与人在使用媒体进行交互的过程中产生的心理感知，即利用计算机媒介进行交流的人在情感上相互联系的程度，他将社会临场感界定为个人在网络环境中对自己作为真实人的感知[②]。在 CMC 中，社会临场感是理解教师和学习者之间互动的重要基础。这一转变标志着社会临场感研究重心从媒介转移到用户感知。

此后，大量研究指出社会临场感不再是媒介本身的变化，而是将社会临场的属性聚焦于参与者。例如 Biocca 进一步提出"网络思维社会临场"概念，他认为社会临场感不仅仅是媒介固有属性的结果，而是由多种因素共同作用的结果，包括参与者对媒介的使用方式、参与者的行为、

① Richard L. Daft, Robert H. Lengel, "A Proposed Integration Among Organizational Information Requirements, Media Richness, and Structural Design", *Management Science*, Vol. 30, No. 5, 1984, pp. 554–571.

② Charlotte N. Gunawardena, "Social Presence Theory and Implications for Interaction and Collaborative Learning in Computer Conferences", *International Journal of Educational Telecommunications*, Vol. 1, No. 2, 1995, pp. 147–166.

情境以及个人差异等①。Ijsselsteijn 等人在一项实验研究中发现，参与者的社会临场感会随时间发生改变，其原因是参与者感知到的刺激材料信息程度的提升，而不是媒介的变化②。Biocca 和 Harms 强调突出主观体验在塑造社会临场中的核心作用③。Biocca 等人将社会临场感视为一个连续体，提出其由共同存在、心理参与和行为参与构成，认为社会临场感表现为对与他人共同存在及参与感的持续觉察④。这一系列观点得到了 Shen 和 Khalifa 的检验，Shen 和 Khalifa 认为社会临场感是指参与者在中介环境中与另一个人在一起的感觉，可以通过共同存在、心理参与和行为参与来表现⑤。Tu 则在综述了一系列社会临场感定义的基础上，将社会临场感视为在中介环境中人与人之间意识程度的度量，以及在计算机支持的通信中与其他智能实体相连接的感觉、知觉和反应⑥。他提出三个主要影响社会临场感的变量：社会背景、在线交流和互动性。

随后，Picciano、Swan 和 Shih、Rogers 等人分别从归属感、感知联系和社交认同角度扩展了社会临场感的概念。Picciano 将社会临场感描述为通过归属感而具有的社会情感品质，认为社会临场感是学习者对自己在线课程中的存在意识，社会临场感的形成是基于长期密切的相互作用，当社会临场感程度高时，可代替面对面沟通⑦。Swan 和 Shih 强调对社会

---

① Frank Biocca, "The Cyborg's Dilemma: Embodiment in Virtual Environments", *Journal of Computer-Mediated Communication*, Vol. 3, No. 2, 1997.

② Wijnand Ijsselsteijn, Huib De Ridder, Roelof Hamberg, Don Bouwhuis, Jonathan Freeman, "Perceived Depth and the Feeling of Presence in 3DTV", *Displays*, Vol. 18, 1998, pp. 207-214.

③ Frank Biocca, Chad Harms, "Defining and Measuring Social Presence: Contribution to the Networked Minds Theory and Measure", *Proceedings of PRESENCE*, Vol. 2002, 2002, pp. 7-36.

④ Frank Biocca, Chad Harms, Judee K. Burgoon, "Toward a More Robust Theory and Measure of Social Presence: Review and Suggested Criteria", *Presence: Teleoperators & Virtual Environments*, Vol. 12, No. 5, 2003, pp. 456-480.

⑤ Kathy Ning Shen, Mohamed Khalifa, "Exploring Multidimensional Conceptualization of Social Presence in the Context of Online Communities", *International Journal of Human-Computer Interaction*, Vol. 24, No. 7, 2008, pp. 722-748.

⑥ Chih-Hsiung Tu, "The Measurement of Social Presence in an Online Learning Environment", *International Journal on E-Learning*, Vol. 1, No. 2, 2002, pp. 34-45.

⑦ Anthony G. Picciano, "Beyond Student Perceptions: Issues of Interaction, Presence, and Performance in an Online Course", *Journal of Asynchronous Learning Networks*, Vol. 6, No. 1, 2002, pp. 21-40.

临场感的感知，而不是媒体的客观质量，将在线学习中社会临场感描述为在基于媒体的沟通过程中个人与他人联系感知及被视作"真实人"的程度①。Rogers 等人把社会临场感作为社会认同的角度来定义社会临场感，提出社会临场感是学习者在网上学习小组内的归属和认同知觉而导致的归属感与沉浸感②。此外，Lowenthal 综合已有对于社会临场感的各类定义，指出社会临场感涵盖对他人真实存在的感知、他人社会情感品质的感知，以及个体情感投射的能力③。上述研究者均证实除了媒介属性这一技术因素外，表情符号、互动、沟通技巧等交互过程中的社会因素也会对社会临场感产生影响，并且这些因素在塑造社会临场感中起着关键作用，超越了单纯的技术或媒介属性。

此外，随着互联网技术的发展，人们在线上的活动逐渐增多，也越来越追求线上活动过程中的社交体验。因此，社会临场感在更多领域有了应用，主要包括在线教育、混合学习、人机交互等领域。自 20 世纪90 年代起，社会临场感被应用于在线教育领域中，来探索在线教育这一情境中社会临场感是否会在学习者的成绩、动机及参与度等方面产生影响。其中社会临场感作为 CoI 理论三大核心要素之一，受到了研究者前所未有的关注。Garrison 首先将社会临场感定义为参与者能够在媒介中有效地表现自己的程度。后来基于使用 CMC 和计算机会议支持的教学实践，Garrison 等人提出了 CoI 框架，将社会临场感作为认知临场感与教学临场感之外的第三个组成要素④。CoI 框架认为有意义的教学活动通过教学临场感、社会临场感与认知临场感的相互作用产生，其中社会临场感聚焦于学习者在探究社区中利用通信媒介在社交和情感层面展现"真

①　Karen Swan, Li Fang Shih, "On the Nature and Development of Social Presence in Online Course Discussions", *Journal of Asynchronous Learning Networks*, Vol. 9, No. 3, 2005, pp. 115-136.

②　P. Lea Rogers, M. Rogers, "Social Presence in Distributed Group Environments: The Role of Social Identity", *Behaviour & Information Technology*, Vol. 24, No. 2, 2005, pp. 151-158.

③　Patrick R. Lowenthal, *The Evolution and Influence of Social Presence Theory on Online Learning*, Social Computing: Concepts, Methodologies, Tools, and Applications, IGI Global, 2010, pp. 113-128.

④　D. Randy Garrison, Terry Anderson, Walter Archer, "Critical Inquiry in a Text-based Environment: Computer Conferencing in Higher Education", *The Internet and Higher Education*, Vol. 2, Nos. 2-3, 2000, pp. 87-105.

实"自我（即完整个性的呈现）的能力。

与早期研究者不同，Garrison 等人认为媒介本身并不是决定社会临场感的最显著因素，而更侧重于人际互动过程与学习共同体的构建。Garrison 等指出社会临场感的三个子维度分别是情感表达、开放交流与小组凝聚力。其中，情感表达这一子维度主要指的是学习者在在线环境中展示个人情感、态度和个性的程度。它涉及个体愿意分享自己的想法、感受和经历，而不只是局限于事实性信息的交流。情感表达能够帮助学习者建立更加真实和亲密的人际关系，使得在线学习环境更加人性化。当学习者感到他们的个性和情感得到了认可和尊重时，他们更可能积极参与讨论，从而促进深度学习和知识的共享。开放交流则强调学习者之间的信息自由流动和思想的无保留分享。它强调信任的学习氛围，成员可以坦诚地表达观点，即使这些观点可能与他人不同。开放交流鼓励批判性思维和创造性解决方案的产生，因为它创造了一个安全的空间，让学习者可以挑战现有的假设和观念，而不用担心收到负面的反馈或评判。这种类型的交流有助于建立一个相互尊重和支持的学习社区，促进知识的深度探索和集体智慧的形成。小组凝聚力是指团队成员之间形成的团结感和归属感。它体现了小组成员共同的目标、价值观和相互依赖的关系。高凝聚力的小组通常表现出更强的合作意愿和持续的参与度，因为成员们感受到自己是团队不可分割的一部分，他们的贡献对于实现小组目标至关重要。小组凝聚力有助于克服在线学习中常见的孤独感和隔离感，确保所有成员都能感觉到自己的价值和重要性，从而提升整体的学习效果和满意度。这三个子维度共同构成了社会临场感的核心，它们相互关联，共同作用于在线学习环境，创造出一个既有利于知识构建又促进社会互动的学习空间。当这些方面得到良好培养时，学习者能够在虚拟环境中体验到与面对面课堂相似的社交体验，这对于远程学习的成功和学员的持续参与至关重要。

Shea 等人应用 CoI 框架进行研究，验证了其在分析在线讨论中学生学习的适用性，结果表明 Garrison 等人提出的社会临场感框架在理解和促进在线社交环境中的社会临场感具有一定有效性。后来，Garrison 修订了社会临场感的定义，将其界定为"在可信赖的环境中，学习参与者通过展现个人特质，能够被群体认同，有目的地进行沟通，从而逐渐发展个人和人际关系的能力"[1]。不同于早期通信理论对于社会临场感的定义，Garrison 等认为媒介本身的特性不是决定参与者在对话过程中建立和发展社会临场感的最显著因素，要注重以社会情感交流发展社会临场感，社会情感互动对实现有意义有价值的教育成果很重要，甚至必不可少。社会临场感必须超越简单地建立社会情感和个人关系，要通过小组凝聚力，建立开放和有目的的沟通，强调参与者之间互动交流的目的性[2]。此外，由于计算机技术的快速发展，社会临场感开始被引入人机交互领域，包含虚拟现实、增强现实、元宇宙等场景，探索社会临场感对于用户感知学习的影响、学习满意度等。

综上所述，社会临场感的概念历经数十年发展，从早期关注媒介属性逐步转向关注用户主体性与感知，理论内涵不断深化。在 CoI 框架中，社会临场感成为理解与促进在线教育社交互动的关键维度。此外，随着技术进步，笔者建议当前和未来相关研究继续探索社会临场感在新型技术环境支持的在线教育中的表现形式、影响因素及优化策略，以期推动新型技术支持的在线教育的有效性。

二　社会临场感的内涵界定

社会临场感的概念在学术界经历了从单一到多元、从静态到动态、从媒介属性到个体体验的演变过程，反映了在线教育和数字通信领域对人际关系本质理解的深化。可以将社会临场感的内涵归纳为三个主要方面，每个方面都体现了不同时期研究者关注的核心议题。

一是媒介属性与个体心理感受的融合。最初，社会临场感被界定为在利用媒体进行交流时，个体感受到的对方如同面对面交流般的真实性

---

[1]　D. Randy Garrison, *Communities of Inquiry in Online Learning*, Encyclopedia of Distance Learning, Second Edition, IGI Global, 2009, pp. 352-355.

[2]　D. Randy Garrison, "Online Community of Inquiry Review: Social, Cognitive, and Teaching Presence Issues", *Journal of Asynchronous Learning Networks*, Vol. 11, No. 1, 2007, pp. 61-72.

及其与他人联系的感知程度。这一定义着重于媒介的固有属性，即媒介如何影响个体对他人"真实性"的感知和与他人的关联程度。然而，随着研究的深入，Gunaward 等学者提出，社会临场感不仅是媒体的特性，更是个体在使用媒体互动过程中产生的内在心理感受。在网络环境中，个体对自身作为真实个体的感知变得尤为重要，这种感知能够通过主动适应、表达和交流行为得到强化，从而在数字世界中营造出类似现实生活的社会交往体验。

二是社交与情感层面的深度互动。随着在线教育的兴起，社会临场感的定义逐渐聚焦于学习者如何在社交和情感层面上展现真实自我并与他人建立深厚联系。Garrison 等人将社会临场感具体化为学习者在虚拟环境中，通过自我情感、态度和价值观的投射，形成深度社会互动的能力。这一定义强调了学习者通过有效传达真实自我，建立和增强与同伴间的真实联系，对于提升在线学习质量和体验具有重要意义。

三是归属感与身份认同的沉浸体验。Rogers 将社会临场感定义为一种在计算机支持的在线环境中，学习者因强烈感受到归属感和身份认同而产生的深度沉浸体验。这种定义突出了个体如何在虚拟环境中通过与他人的互动获得社会接纳和团体归属感，进而增强团队凝聚力。Garrison 在此基础上进一步拓展了社会临场感的内涵，将其视为一个多层次、动态发展的心理感知过程，涵盖了心理与行为层面的参与度，强调了学习者在网络环境中通过自我投射实现社交和情感层面的真实自我呈现。

社会临场感的定义经历了从关注媒体特性向注重个体主观体验与深层次社会互动的转变，这一演变过程反映了研究者们对在线教育中人际关系本质的不断探索。不同的界定共同构成了社会临场感的丰富内涵，体现了其在不同研究背景下的广泛适用性和深远意义。随着在线教育和技术的持续发展，社会临场感的研究也将继续深化，为创造更加人性化、有效的在线学习环境提供理论支撑和实践指导。

三　社会临场感的分类维度

社会临场感作为在线学习和协作学习中至关重要的心理现象，其内涵涉及个体在虚拟环境中感知到的社会临场感、互动的真实性和参与的深度。它不仅关注个体在数字空间中的沟通技能、情绪智力以及建立信任关系的能力，还关注个体在社会性空间中的行为表现，包括互动的频率、信息分享的质量等方面。随着研究的深入其内涵与外延在不同的研究视角下呈现出丰富的多样性。不同学者从多个维度对社会临场感进行探究，提出了不同的维度划分，如社会情境、在线交流、互动、情感反应、互动反应、凝聚力反应、共同存在、心理参与、行为参与、感官维度、情感维度、认知维度等。这些划分不仅丰富了社会临场感的理论框架，还为教育实践者和研究者提供了具体指导，以促进在线学习环境中社会临场感的构建和增强。

Kreijns 等学者强调了在分布式学习小组中，通过计算机支持的协作学习来衡量学生感知到的社会临场感的必要性和重要性。他们指出，社会临场感受到两个核心因素的显著影响[①]。其一是学习者的社交能力。这一维度涉及学习者在虚拟环境中的沟通技能、情绪智力以及建立信任关系的能力。它评估了学习者是否具备在数字化空间中有效构建和维护社会联系的能力，是社会临场感的重要基石。社交能力的强弱直接影响到个体在在线学习社群中的融入度和互动质量，是衡量社会临场感水平的关键指标之一。其二是学习者在社会性空间中的行为表现。这包括学习者互动的频率、信息分享的质量以及响应的速度等方面。通过积极的行为表现，学习者能够强化自己作为"真实人"的形象，增进与同伴之间的联系，从而提升整个学习社群的社会临场感水平。

Tu 则为社会临场维度划分提供了更详尽的视角，提出了在线情境下社会临场感的三个维度：社会情境（即虚拟环境中的社会背景和文化氛围）、在线交流（包括文字、音频、视频等形式的信息交换）以及互动（指学习者之间的双向反馈和响应机制）[②]。接着，Tu 和 McIsaac 采用定

①　Karel Kreijns, Paul A. Kirschner, Wim Jochems, Hans Van Buuren, "Measuring Perceived Social Presence in Distributed Learning Groups", *Education and Information Technologies*, Vol. 16, 2011, pp. 365-381.

②　Chih-Hsiung Tu, "Online Learning Migration: From Social Learning Theory to Social Presence Theory in CMC Environment", *Journal of Network and Computer Applications*, Vol. 23, No. 1, 2000, pp. 27-37.

性数据分析方法深入探究了社会临场感在在线互动中的实际作用，通过对谈话记录、深度访谈、现场观察和文档资料的分析，证实了社会临场感的三个维度（社会情境、在线交流和互动）对在线学习效果具有重要影响①。

此外，Rourke 等人在 Garrison 提出的关于社会临场感的原始框架——情感表达、开放交流和群体凝聚力的基础上，结合对媒体能力、教师存在和群体互动的文献回顾，构建了一个社会临场感评估模型，他们细化并新增了三个类别，分别为情感反应、互动反应和凝聚力反应，并进一步细分出十二项指标，包括情感表达、幽默运用、自我披露、话题延续性、参考他人的信息等②。这一分类方式更加注重在实际交互情境中捕捉和量化社会临场感的表现形式，为分析在线协作学习情境中的社会临场提供了精细的操作工具。后来，在 Biocca 等人提出的社会临场感理论模型中，共同存在强调的是在虚拟空间中个体对于他人实体存在的感知，心理参与关注个体在心理层面对于与他人共享同一虚拟环境的意识与投入，而行为参与则体现在通过媒介技术实现的互动行为和反馈③。这种维度划分突出了社会临场感作为一个连续的过程，体现了个体在虚拟世界中的全面参与状态。

再后来，Shen 和 Khalifa 深入剖析了在线社区情境下社会临场感的多维度本质，指出在数字化环境中社会临场感应包含感官、情感和认知三个维度④。其中感官维度侧重于个体对他人在虚拟环境中的存在感，包括物理空间的共存感和对他人的基本属性的认知；情感维度涉及个体对

---

① Chih-Hsiung Tu, Marina McIsaac, "The Relationship of Social Presence and Interaction in Online Classes", *American Journal of Distance Education*, Vol. 16, No. 3, 2002, pp. 131-150.

② Liam Rourke, Terry Anderson, D. Randy Garrison, Walter Archer, "Assessing Social Presence in Asynchronous, Text-based Computer Conferencing", *Journal of Distance Education*, Vol. 14, No. 3, 2001, pp. 51-70.

③ Frank Biocca, Chad Harms, Judee K. Burgoon, "Toward a More Robust Theory and Measure of Social Presence: Review and Suggested Criteria", *Presence: Teleoperators & Virtual Environments*, Vol. 12, No. 5, 2003, pp. 456-480.

④ Kathy Ning Shen, Mohamed Khalifa, "Exploring Multidimensional Conceptualization of Social Presence in the Context of Online Communities", *International Journal of Human-Computer Interaction*, Vol. 24, No. 7, 2008, pp. 722-748.

虚拟环境的情感反应，反映了个体的心理卷入程度；认知维度涉及个体对他人心智模型的理解，即在虚拟环境中对其他用户思维过程的认识。此外，为了验证上述三维架构的有效性和独立性，研究者采用了主成分因子分析，对这三个维度分别在衡量社会临场感方面的作用进行了检验。研究结果显示，这三个维度不仅可以独立衡量社会临场感的不同方面，而且其理论框架获得了统计学证据的支持，证明了社会临场感的多维度性及其在实践中的可操作性。

此外，还有一些学者将社会临场感划分为四个维度和五个维度。例如，Short 等人早先基于语义差异法对社会临场感进行测量，将其划分为四个维度：社交力（反映个体在交际中的互动效能）、敏感度（对他人情绪和需求的敏锐感知）、温馨度（人际关系中的温暖和接纳感受）和个人性（个体独特性格和特征的展现）。这种划分揭示了社会临场感在人际交往中多样化的心理体验。Nanda 等人则进一步扩展了社会临场感的概念边界，引入了"准社会临场感"的理念，强调了理解感（对他人意图和观点的理解）、亲密感（在非面对面环境中形成的亲近感）、卷入感（高度投入网络互动的程度）以及积极参与（主动参与到虚拟环境中的意愿和行动）这四个维度[①]。这些维度不仅丰富了社会临场感的内涵，还特别适用于探讨网络环境下用户与网站间的深层互动联系，反映出随着信息技术的发展，社会临场感的研究正在不断深化，逐渐涵盖更多维度的人机交互体验。

此外，Sung 和 Mayer 基于 CoI 框架中对于社会临场感的界定，提出了一个五维度划分，即社会尊重、社会分享、思想开放、社会认同和亲密关系[②]。这一创新性框架对原有的社会临场感的概念进行了深化和拓宽，尤其是将其置于 CoI 模型中时，能够更加明确地区分社会临场感与认知临场感和教学临场感。该维度的划分为社会临场感提供了更加具体

① Kumar Nanda, Izak Benbasat, "Para-social Presence: a Re-conceptualization of 'Social Presence' to Capture the Relationship between a Web Site and Her Visitors", *Proceedings of the 35th Annual Hawaii International Conference on System Sciences*, 2002, pp. 106-112.

② Eunmo Sung, Richard E. Mayer, "Five Facets of Social Presence in Online Distance Education", *Computers in Human Behavior*, Vol. 28, No. 5, 2012, p. 1738.

和丰富的内涵，强调了在虚拟环境中，学习者之间相互尊重、共享信息与经验、保持思维开放性、形成群体认同以及建立亲密关系对于提升社会临场感的重要性。综上所述，不同学者对社会临场感的维度的划分存在多样性，具体参考表 2-1。

表 2-1　　　　　　　　　　社会临场感的分类维度

维度	代表学者	分类维度
二维度	Kreijins	学习者社交能力、学习者的行为
三维度	Rourke	情感反应、交互反应、凝聚力反应
	Tu	社会情境、在线交流、互动
	Biocca	共同存在、心理参与、行为参与
	Garrison	情感表达、开放交流、小组凝聚力
	Shen & Khalifa	感官、认知、情感
四维度	Short	社交力、敏感度、温馨度、个人性
	Kumar & Benvasat	理解感、亲密感、卷入感、积极参与
五维度	Sung & Mayer	社会尊重、社会分享、思想开放、社会认同、亲密关系

第二节　社会临场感测量与研究方法

社会临场感的测量是相关研究关注的重要话题之一。早期的研究主要通过量表的方式对社会临场感进行测量。测量量表主要有社会临场感量表、社会临场感指标以及社会临场感与隐私问卷，且由于不同研究者在不同领域内对社会临场感的定义有所差异，研究者所提出的量表指标及维度均有所不同。最初，是由社会临场感理论开创者之一 Short 等人所开发的语义差异量表，后来被应用于在计算机媒介交流情境中的社会临场感测量。该量表共有 8 个测量指标，主要从媒介体验的单维度视角探讨社会临场感。然而，随着研究的深入与发展，对社会临场感进行了多维度的扩展，并相应地对该量表进行了修订和扩充。Gunawardena 等人将社会临场感的概念迁移至教育领域的计算机媒介交流研究中时，对其内涵的界定经历了从单一到多元的演变，进而孕育出了一个更为丰富、全面的评估框架①。基于这一多维视角，他们精心修订并扩充了原有的量表，最终形成了包含 14 个测量指标的全新版本，并且采用了广为人知的李克特五点量表法，从而为后续的定量分析奠定了坚实的基础。Gunawardena 等人运用修订后的社会临场感测量量表，通过让被试对每个测量指标进行 1—5 等级的评分，提升了数据收集的精准度和信效度，其内部一致性系数 Alpha 达到 0.88，显示出该量表在测量社会临场感时的较高可靠性②。

另外，不同于传统依赖自我报告问卷的方式，一些研究者开始尝试通过质性编码的方式测量社会临场感。例如 Çakmak 等人在探究在线讨论中社会临场感的深度与广度时，创造性地将其细分为情感响应、交互响应与凝聚力响应三大核心维度，每一维度之下又衍生出若干具体指标，旨在全面捕捉网络交流中的多元行为特质与互动模式③。具体而言，情感响应维度通过情绪符号的使用频率、幽默元素的融入程度以及参与者自我披露的意愿等三个方面，量化了线上交流中情感共鸣的强度与深度。交互响应维度则聚焦于个体间的互动质量，涵盖了主动回应他人言论、持续追踪并引用先前信息、提及特定用户、解答疑问及表达认同等六个细分指标，展现了在线社群中信息传递与反馈的动态过程。而凝聚力响应维度，则从呼唤特定成员、使用群体性称谓以及代词与语气词的选用等角度，揭示了社区成员间的归属感与集体意识，体现了在线交流中集体身份的构建与维护。通过这一精细的指标体系，研究者得以从微观层

---

① Charlotte N. Gunawardena, "Social Presence Theory and Implications for Interaction and Collaborative Learning in Computer Conferences", *International Journal of Educational Telecommunications*, Vol. 1, No. 2, 1995, pp. 147-166.

② Charlotte N. Gunawardena, Frank J. Zittle, "Social Presence as a Predictor of Satisfaction within a Computer-mediated Conferencing Environment", *American Journal of Distance Education*, Vol. 11, No. 1, 1997, pp. 8-26.

③ Çakmak Ebru Kiliç, Ayça Çebi, Adnan Kan, "Developing a 'Social Presence Scale' for E-Learning Environments", *Educational Sciences*: *Theory & Practice*, Vol. 14, No. 2, 2014, pp. 764-768.

面剖析在线讨论中的社会临场感表现，不仅捕捉到了个体间情感交流的细微变化，也揭示了群体互动模式的复杂结构，为理解虚拟空间中的人际联结与社会动态提供了丰富的视角与实证依据。这一研究成果不仅深化了我们对社会临场感这一概念的认识，也为在线教育、远程协作与社交媒体平台的设计与优化提供了重要的理论参考与实践指导。

然而，面对 Short 等先驱者所构建的社会临场感初始量表在计算机媒介交流环境中的局限性，Tu 等学者敏锐地察觉到传统评估工具未能充分反映计算机媒介交流情境下社会临场感的特异属性与复杂内涵。基于这一认知，他们设计与开发了社会临场感与隐私问卷量表（SPPQ），这一举措旨在弥补现有量表的不足，更准确地捕捉计算机媒介交流中社会临场感的微妙变化与深层结构。在 SPPQ 量表的构建过程中，研究团队不仅借鉴了态度测量与隐私感知领域的先进理念，还进行了严谨的效度与信度检验，确保了量表的科学性与可靠性。经验证，SPPQ 量表不仅在内容效度上表现出色，能够全面覆盖社会临场感的关键维度，而且在结构效度上也得到了有力支持，证明了其在理论架构上的合理性和在实践应用中的有效性。更重要的是，SPPQ 量表揭示了社会临场感在计算机媒介交流环境中的五大核心影响因素：社会情境、在线交流、互动性、系统隐私与隐私感。这五个维度不仅构成了社会临场感的框架，也解释了观测变量总变异度的 82.33%，彰显了 SPPQ 量表在解释力上的卓越表现。此外，量表的内部一致性阿尔法系数在 0.74—0.85，表明各题项间具有高度的一致性，进一步验证了 SPPQ 量表在信度方面的稳健性，为后续研究与实践应用奠定了坚实的基础①。SPPQ 量表的诞生不仅标志着社会临场感研究进入了一个新纪元，也为我们深入理解与优化计算机媒介交流环境下的社会互动提供了有力的工具与视角。这一创新成果不仅丰富了社会临场感理论体系，也为在线教育、虚拟社区建设与社交媒

---

① Chih-Hsiung Tu, Michael Corry, "Online Discussion Durations Impact Online Social Presence", in *Proceedings of Society for Information Technology and Teacher Education International Conference*, 2004, pp. 3073-3077; Chih-Hsiung Tu, Marina McIsaac, "The Relationship of Social Presence and Interaction in Online Classes", *American Journal of Distance Education*, Vol. 16, No. 3, 2002, pp. 131-150.

平台设计等领域带来了宝贵的启示，预示着未来研究与实践将更加注重社会临场感的多维刻画与情境适应性，以促进人机界面下更加自然、和谐与高效的人际交流。

后来，面对在线教育与计算机支持的协作学习领域中对于精准衡量学生在分布式学习小组内社会临场感的迫切需求，Kreijns 等人的研究为解决这一挑战作出了重要贡献。社会临场感，作为衡量个体在虚拟环境中体验到他人如同实体存在的感知程度，对于激发学习者的积极参与、促进社会互动以及推动知识构建过程起着至关重要的作用。然而，在线学习环境中社会临场感的测量一度受到已有工具局限性的困扰，这些局限不仅限制了研究者深入探究的能力，也妨碍了教育实践者有效评估社会临场感实际水平的可能。有鉴于此，Kreijns 等人通过对现有文献的综合分析，设计与开发了一套专用于计算机支持的协作学习中的社会临场感测量量表[①]。该量表采取了一维结构，由 5 个关键项目构成，旨在直接而具体地触及社会临场感的核心要素，尤其强调了社会性空间与学习者社交能力的重要性。通过实证研究，Kreijns 等人证实了该量表具有令人满意的内部一致性。此外，通过对量表与其他相关概念之间的关联性进行分析，Kreijns 等人进一步验证了该量表的有效性与实用性，确保它能够准确捕捉社会临场感的本质特征，并将其转化为可操作的数据，为研究者和教育实践者提供了洞察在线学习中社会临场感动态变化的窗口。这一成果不仅填补了领域内的测量空白，也为后续研究指明了方向，鼓励更多学者和教育工作者探索如何进一步优化在线学习体验，强化社会临场感，以提升学习成效和促进更加丰富多元的学习社群生态。

Arbaugh 等人开发的 CoI 量表中有 9 个题项用于测量社会临场感，9 个测量指标分别用于测量社会临场感的 3 个子维度。其中，3 个测量指标用于测量情感表达，具体为：了解其他课程参与者使我在这门课程中有了归属感，我能够对一些课程参与者形成鲜明的印象，在线或基于网络的沟通

① Karel Kreijns, Paul A. Kirschner, Wim Jochems, Hans Van Buuren, "Measuring Perceived Social Presence in Distributed Learning Groups", *Education and Information Technologies*, Vol. 16, 2011, pp. 365-381.

是进行社交互动的绝佳媒介；3 个测量指标用于测量开放交流，具体是：我觉得通过在线媒介交谈很自在，我参与课程讨论时感到很自在，我与其他课程参与者互动时感到很自在；3 个测量指标用于测量小组凝聚力，分别是：即便与其他课程参与者意见相左我仍能保持信任感，我觉得我的观点得到了其他课程参与者的认可；在线讨论帮助我培养了一种协作感。CoI 量表出现后，大量研究开始使用该量表，开展相关研究。

近年来，认知网络分析作为一种创新的量化研究方法，凭借其能够揭示复杂社会结构中个体间互动模式与关系网络动态的能力，逐渐在探索社会临场感的研究领域占据了一席之地。如，Roilm 等人和 Fathali 的研究对学习者在线讨论文本进行编码，通过认知网络分析法分析在线学习社区中参与者之间的互动模式和关系结构，探究学生异步讨论中社会临场感各维度与认知临场感各阶段的关系，以反映社会临场感的形成和影响①。此外，还有研究采用了定性内容分析方法来探究在线学习中学生的会话记录，如电子邮件、论坛帖子、聊天记录等，以识别和量化社会临场感的表现。如，Delfino 和 Manca 采用定性内容分析法对在线学习环境中参与者文字交流记录进行内容分析，通过对文本中的语言表达、互动模式等进行编码，探究在线学习环境中参与者如何运用比喻等修辞手段以体现其社会临场感②。

近年来，随着人工智能技术，尤其是自然语言处理领域的迅猛发展，自动内容分析作为一种新兴的研究方法，正逐渐成为探究社会临场感关键特征的重要工具。这一方法通过运用先进的计算机算法，对海量的在线交流文本进行自动化解析，识别与社会临场感相关的细微语言特征，从而为在线学习环境中的社会互动模式与情感交流状态提供了前所未有

①　Vitor Rolim, Rafael Ferreira, Rafael Dueire Lins, Dragan Găsević, "A Network-based Analytic Approach to Uncovering the Relationship between Social and Cognitive Presences in Communities of Inquiry", *The Internet and Higher Education*, Vol. 42, 2019, pp. 53-65; Somayeh Fathali, "Social & Cognitive Presence in a Community of Inquiry: An Epistemic Network Analysis of CALL Students' Interactions via NowComment", *System*, Vol. 121, No. 4, 2024, p. 101233.

②　Manuela Delfino, Stefania Manca, "The Expression of Social Presence through the Use of Figurative Language in a Web-based Learning Environment", *Computers in Human Behavior*, Vol. 23, 2007, pp. 2190-2211.

的洞察。Ferreira 等人的研究展示了自动内容分析在社会临场感研究中的强大潜力①。他们巧妙地结合了 LIWC 和 Coh-metrix 两种词频统计工具，运用随机森林分类模型和 SMOTE 算法，对在线讨论中蕴含的社会临场感进行精准分类。通过对分类特征的深入挖掘，研究者们不仅揭示了社会临场感各子维度间的微妙差异，还通过认知网络分析验证了自动分类方法的结构效度，证实了该方法在准确捕捉社会临场感结构特征方面的有效性。这一成果不仅为社会临场感的自动化评估提供了可靠的解决方案，也为后续研究者提供了宝贵的参考与启示。André 等人则进一步拓展了自动分类技术在社会临场感研究中的应用②。通过收集并分析加拿大一所公立大学硕士课程中的大量在线讨论数据，运用多种机器学习算法（包括 XGBoost、AdaBoost、随机森林和 BERT 等）对社会临场感的情感表达、开放交流和小组凝聚力进行了精确的二分类预测。这一研究不仅验证了不同机器学习算法在社会临场感识别上的性能差异，还展示了自动分类技术在处理大规模在线交流文本时的高效性与准确性，为理解在线学习环境中复杂的社会互动模式提供了强有力的数据支撑。

值得注意的是，为了更全面地把握社会临场感的多维度特性及其复杂影响，不少研究者开始采取混合式研究方法，结合定性与定量数据，以期获得更为立体和深入的洞见。Shea 等人的研究便是一个典型例证，他们运用内容分析与社会网络分析相结合的方式，深入剖析了在线异步课程中参与者之间的交互话语，揭示了社会临场感在实际教学情境中的具体表现与演变轨迹③。与此同时，Lowenthal 和 Dunlap 则通过融合量化

①　Maverick Andre Dionisio Ferreira, Vitor Rolim, Rafael Ferreira, Rafael Dueire Lins, Guanliang Chen Dragan Gašević, "Towards Automatic Content Analysis of Social Presence in Transcripts of Online Discussions", *Proceedings of the Tenth International Conference on Learning Analytics & Knowledge*, 2020.

②　Máverick André, Rafael Ferreira Mello, André Nascimento, Rafael Dueire Lins, Dragan Gašević, "Toward Automatic Classification of Online Discussion Messages for Social Presence", *IEEE Transactions on Learning Technologies*, Vol. 14, 2021, pp. 802-816.

③　Peter Shea, Temi Bidjerano, "Cognitive Presence and Online Learner Engagement: A Cluster Analysis of the Community of Inquiry Framework", *Journal of Computing in Higher Education*, Vol. 21, No. 3, 2009, pp. 199-217.

数据与质性数据，探讨了不同教学策略对在线学习环境中学生社交互动与群体归属感的影响，为优化教学设计与促进学生参与提供了有力的实证依据①。我们不难发现，自动内容分析与混合式研究方法的结合，不仅极大地提升了社会临场感研究的效率与精度，还为理解在线学习环境中的社会互动机制开辟了新的视角。这一趋势不仅反映了现代教育研究方法的创新与进步，也为未来在线教育的实践与理论发展指明了方向。通过持续探索与应用这些前沿技术，我们有望更深入地理解社会临场感的本质，进而为打造更加富有成效与意义的在线学习体验奠定坚实的基础。

综上所述，社会临场感的研究方法涵盖了定性、定量及混合方法等多种类型，既包括传统的文献分析、访谈、问卷调查，也涉及现代的数字化数据挖掘、可视化分析和自动内容分析等技术手段，旨在从不同角度、不同深度探究社会临场感的内涵、影响因素、作用机制及其在在线学习中的应用价值。

第三节　社会临场感影响因素

社会临场感作为在线学习环境中个体感知他人存在、建立人际关系以及进行有效互动的关键要素，其发展与多种因素紧密相关。因此，了解影响和预测社会临场感的因素对优化在线学习环境、提升学习成效具有重要意义。近年来，研究者们从不同角度深入探讨了影响和预测社会临场感的多种因素，旨在为在线教育实践提供理论依据和实践指导。

一　媒体与平台的特性

媒体与平台的特性在塑造社会临场感的过程中扮演着关键角色，深刻影响着学习者的感知、互动及学习体验。媒体丰富度作为媒体与平台特性的核心要素之一，对于提升社会临场感具有显著作用，这一点在

① Patrick R. Lowenthal, Joanna C. Dunlap, "Investigating Students' Perceptions of Instructional Strategies to Establish Social Presence", *Distance Education*, Vol. 39, 2018, pp. 281-298.

Kim等人的研究中得到了体现①。该研究通过多元回归分析，探讨了媒体整合对远程教育中学生社会临场感的影响，研究结果表明，媒体整合程度越高，学生的社会临场感就越强。这一发现强调了媒体工具的有效利用和整合对于提高通信质量和学习体验的重要性。具体来说，同步聊天、异步讨论、视频音频流等多种媒介形式的无缝对接和协调使用，能够极大地丰富沟通方式，使信息传递更加生动直观，从而加深学生对社会临场感的感知。媒体与平台的即时性、亲密性与个性化等特性也对社会临场感的形成与发展产生重要影响。即时性特征能够快速响应用户的交流需求，增强用户之间的互动感；亲密性特征则通过提供一种私密的交流空间，使用户感到更加亲近和舒适；个性化特征则能够满足用户的个性化需求，提升他们的归属感和满意度。这些特性的优化和创新将进一步促进社会临场感的形成与深化。例如，Han等人聚焦于社交网站中社会临场感的影响因素，揭示了社交网站的即时性特征（如即时反馈）和亲密性特征（如隐私感和回复）对用户社会临场感的显著影响②。此外，交互性设计也是媒体与平台特性中不可忽视的一环。良好的交互性设计能够模拟面对面交流的场景，使学习者在虚拟环境中也能感受到强烈的参与感和真实感。这种设计不仅包括实时反馈、多人协作编辑工具等具体功能，还体现在界面的友好性、操作的便捷性等方面。通过优化交互设计，可以激发学习者的积极性和创造力，促进他们之间的深度互动和合作。Han等人还提出了其他能够促进社会临场感的因素，包括个性化问候、富有感情的文字、图像和视频等③。个性化问候能够让用户感到被重视和尊重，增强其归属感；富有感情的文字、图像和视频则通过传

① Jungjoo Kim, Yangyi Kwon, Daeyeon Cho, "Investigating Factors That Influence Social Presence and Learning Outcomes in Distance Higher Education", *Computers & Education*, Vol. 57, 2011, pp. 1512-1520.

② Sehee Han, Jinyoung Min, Heeseok Lee, "Antecedents of Social Presence and Gratification of Social Connection Needs in SNS: A Study of Twitter Users and Their Mobile and Non-Mobile Usage", *International Journal of Information Management*, Vol. 35, 2015, pp. 459-471.

③ Sehee Han, Jinyoung Min, Heeseok Lee, "Antecedents of Social Presence and Gratification of Social Connection Needs in SNS: A Study of Twitter Users and Their Mobile and Non-Mobile Usage", *International Journal of Information Management*, Vol. 35, 2015, pp. 459-471.

递情感色彩，增加交流的真实感和生动性，从而提升社会临场感。

综上所述，研究发现媒体与平台的特性，包括媒介类型、界面设计、功能支持等，是影响社会临场感的重要因素。教育工作者和平台开发者应充分考虑这些特性，通过优化媒体整合、强化即时性和亲密性特征、采用个性化和情感化的交流方式，来促进社会临场感的形成与深化，为在线学习者创造更加支持性、互动性和包容性的学习环境。笔者建议未来的研究可以进一步探索不同媒体与平台特性对社会临场感的差异化影响，以及如何通过技术创新与教育策略的优化，有效促进社会临场感的形成与强化。

二　小组讨论规模

小组讨论规模对社会临场感的形成确实具有直接且显著的影响。小组讨论为学习者提供了一个相对封闭且安全的交流空间。这种空间减少了外界干扰，使得成员能够更加专注于彼此的对话，从而建立起更加深入和真诚的连接。在这种亲密的交流环境中，学生更容易敞开心扉，分享个人的见解、感受和经验，这种情感的交流和共鸣正是社会临场感的重要体现。同时，当小组规模变小时，小规模讨论还促进了"小圈子"文化的形成，成员间因共同的目标或兴趣而聚集，这种归属感增强了他们对讨论组的认同和投入，进一步提升了社会临场感。这一点在 Akcaoglu 和 Lee 以及 Kimmel 等人的研究中得到了充分证实①。Akcaoglu 和 Lee 采用量化研究方法，专门探究了在线学习环境中小组讨论规模对提高学生社会临场感的影响。研究结果表明，在小规模讨论组中，学生对亲和力、社交空间和群体凝聚力的感知水平显著高于全班大组讨论的情况。这说明，讨论组的规模直接影响了学生社会临场感的形成，较小的讨论组能够提供更加亲密、专注的交流环境，有利于加深学生之间的相互了

---

① Mete Akcaoglu, Eunbae Lee, "Increasing Social Presence in Online Learning through Small Group Discussions", *The International Review of Research in Open and Distributed Learning*, Vol. 17, 2016, pp. 1–17; Simon Kimmel, Frederike Jung, Andrii Matviienko, Wilko Heuten, Susanne Boll, "Let's Face It: Influence of Facial Expressions on Social Presence in Collaborative Virtual Reality", *Association for Computing Machinery*, Vol. 429, 2023, pp. 1–16.

解和情感联系，从而增强社会临场感。Kimmel 等人的研究进一步支持了这一观点，他们通过对比不同讨论组规模下社会临场感的显著差异性，发现当学生在人数较少的小组讨论时，学生在社交性、社会空间和团体凝聚力等方面的感知显著提高。这一发现与 Akcaoglu 和 Lee 的研究结果相呼应，共同证实了小规模讨论组不仅有助于增强学生在亲和力、社交空间和群体凝聚力等多方面的感知，而且能够通过促进深度互动和个体参与，显著提高他们的社会临场感。从互动质量的角度来看，小规模讨论组有利于实现更高质量的互动。在人数较少的小组中，每个学生都有机会发表自己的观点，并得到其他成员的及时反馈。这种即时、有效的互动不仅提高了学生的参与度，还促进了思想的碰撞和融合。相比之下，全班大组讨论往往因人数众多而难以保证每位学生的发言机会，互动质量大打折扣。因此，小规模讨论组通过提升互动质量，增强了学生之间的连接感和共同体验，进而提升了社会临场感。

此外，值得注意的是，虽然小规模讨论组在提升社会临场感方面具有显著优势，但并不意味着它适用于所有情况。在实际教学中，教师应根据教学目标、学生特点和资源条件等因素综合考虑，灵活选择讨论组的规模，合理划分小组，以促进学生之间的深度交流与合作，增强社会临场感。具体而言，可以通过以下策略来优化课堂结构与组织，以提升社会临场感：首先，合理设定讨论组规模，避免过大或过小，以保持适度的互动频率和深度，促进学生之间的有效沟通与合作；其次，根据课程进度、教学主题和学生需求，适时调整讨论组成员，增加学生之间的交流机会，促进多元视角的碰撞与融合；再次，设计以任务为导向的小组活动，鼓励学生围绕共同目标进行协作，通过完成具体任务来增强团队凝聚力和社会临场感；最后，教师应积极参与小组讨论，提供必要的指导与反馈，帮助学生解决交流障碍，促进小组讨论的顺利进行。

三　学习者个性特征

学习者个体特征，包括自我效能感、学习动机、先前经验等，对社会临场感的发展具有显著影响，这一点在 Jin、Kim 等人以及 Swan 和

Shih 的研究中得到了深入探讨。随着虚拟现实和在线社交平台的兴起，人们开始在虚拟环境中构建和表达自我身份，与他人进行互动①。Jin 旨在理解这一过程中社会临场感的形成机制，特别是在 Second Life 这样的虚拟世界中，用户如何通过与虚拟化身的互动来体验社会临场感，以及社会临场感如何受到自我观念类型的影响。该研究将学习者自我观念分为相互独立型和相互依赖型，其中，相互独立型学习者更强调个人独立性和独特性；而相互依赖型学习者更注重与他人之间的关系和联系。该研究通过实证分析发现，相较于独立型学习者，具有相互依赖型自我观念的学习者在与虚拟化身互动时，更可能感受到强烈的社会临场感，从而加深他们对互动的沉浸感和满足感。这一研究提示了在创建和维护虚拟社区时，需要考虑用户的自我观念类型，以优化社会临场感体验，促进更深层次的互动和参与。此外，Kim 等人发现，学习者的社会临场感与他们的个人属性和参与方式之间存在密切关联。研究指出，诸如性别、在线学习经验和工作状态在某些情况下对社会临场感有一定的影响。最值得注意的是，该研究还发现参与者间的互动性对社会临场感有显著预测作用，当学习者之间的交流与互动呈现出高度活跃的状态时，他们所体验到的社会临场感也随之增强，反之亦然。这强调了互动性在社会临场感形成中的关键作用，提示教育者应注重促进学生之间的互动，以提升社会临场感。最后，Swan 和 Shih 深入分析了社会临场感随时间推移的动态变化，探讨了初期阶段的初步接触、中期阶段的深入交流以及后期阶段的持续互动对社会临场感的影响。该研究发现社会临场感的感知与其呈现有关，即能够呈现出较高水平社会临场感的人，也越能够感知到

① Seung-A Annie Jin, "Parasocial Interaction with an Avatar in Second Life: A Typology of the Self and an Empirical Test of the Mediating Role of Social Presence", *Presence: Teleoperators & Virtual Environments*, Vol. 19, No. 4, 2010, pp. 331 – 340; Jungjoo Kim, Yangyi Kwon, Daeyeon Cho, "Investigating Factors That Influence Social Presence and Learning Outcomes in Distance Higher Education", *Computers & Education*, Vol. 57, 2011, pp. 1512–1520; Karen Swan, Li Fang Shih, "On the Nature and Development of Social Presence in Online Course Discussions", *Journal of Asynchronous Learning Networks*, Vol. 9, No. 3, 2005, pp. 115–136.

较高水平的社会临场感。值得一提的是，Khan 等人同样发现，当学习者从其他人那里感知到高度的社会线索时，他们对社会临场感的感知会更强①。社会线索，作为非言语交流的重要组成部分，包括但不限于表情符号、语音语调、即时反馈以及共享的视觉和听觉元素，它们在网络空间中模拟了面对面交流中的微妙信号，从而增强了交流的丰富性和真实性。学习者通过在线平台接收到的社会线索越多，他们越能够感受到与同伴之间的紧密联系和即时互动，这些行为不仅传递了信息内容，还隐含了情感交流和社会支持，对于一些"自我效能感"低的学生而言，同伴发出的社会线索使得学习者感受到自己并非孤立无援，而是处于一个充满活力和互动性的学习社群中。

综上所述，学习者个人特征对学习者在线学习中社会临场感有重要影响。因此，为最大化提升远程与虚拟学习环境下的社会临场感，教育者应聚焦于四个核心策略：一是实施个性化互动设计，依据学习者特质量身打造互动环节；二是强化学习社群的互动性，通过小组讨论和协作项目促进高频互动；三是提供持续的社会支持，确保学习者全程参与并获得定期反馈；四是整合多媒体元素，丰富社会线索，增进情感连接与深度交流。这些策略的综合应用将显著增强社会临场感，为学习者营造一个更具吸引力、连贯性和教育价值的在线学习空间。

四　教师角色与教学策略

教师角色与教学策略，包括教学临场感、指导与支持、教学风格、媒体使用素养等，对学生的社会临场感具有显著影响。教学临场感作为教师在线上或线下教学中展现出的设计与组织、促进对话和直接指导的能力，直接影响了学生感受到的学习环境的真实性和互动性。当教师能够迅速响应学生的需求，积极参与课堂讨论，并在讨论中通过表情、语

---

① Arshia Khan, Ona Egbue, Brooke Palkie, Janna Madden, "Active Learning: Engaging Students to Maximize Learning in an Online Course", *Electronic Journal of E-Learning*, Vol. 15, No. 2, 2017, pp. 107-115.

调等方式传达情感时，学生更容易产生被关注和重视的感觉，从而增强他们的社会临场感。指导与支持涉及教师如何为学生提供必要的学习指导、心理支持和资源帮助。关于在线讨论，例如，Cui 等人的研究指出，在线学习环境中，高水平社会临场感的创建受到多种因素的影响，其中在线课程设计师和教师的能力是影响创建社会临场感的重要因素[①]。这意味着，在平衡社会临场感的有效性和效率问题时，设计者需要整体考虑教学策略的设计过程，以促进社会临场感的形成。Khan 等人发现教师教学临场感对学生社会临场感有显著影响。这意味着，教师在在线课程设计与教学过程中展现出的活跃度、引导力、互动性、对学生的关注和支持等，直接影响学生在虚拟学习环境中感知他人存在、建立社会联系的能力[②]。当教师展现出强烈的教学临场感，即积极参与讨论、及时反馈、有效引导学习进程时，学生更可能感受到强烈的社会临场感。Kaufmann 和 Vallade 采用了量化和定性相结合的方法，评估在线课程中 11 个论坛的社会临场感和认知临场感的维度。该研究强调了在线学习中教师角色的重要性，指出教师有意识地建立和维护良好的课堂气氛和师生关系，对减少学生的孤独感至关重要[③]。

综上所述，教师的角色与教学策略对学生的社会临场感具有显著影响，教育工作者在设计在线课程和教学活动时，应注重提升教学临场感，通过积极的互动、及时的反馈、创新的教学策略等手段，有效促进社会临场感的形成与深化。未来的研究应深入探讨不同教学方法对社会临场感所产生的不同效果，并探讨如何通过调整和改进教育手段，来更有效

[①] Guoqiang Cui, Barbara Lockee, Cuiqing Meng, "Building Modern Online Social Presence：A Review of Social Presence Theory and Its Instructional Design Implications for Future Trends", *Education and Information Technologies*, Vol. 18, No. 4, 2013, pp. 661-685.

[②] Arshia Khan, Ona Egbue, Brooke Palkie, Janna Madden, "Active Learning：Engaging Students to Maximize Learning in an Online Course", *Electronic Journal of E-Learning*, Vol. 15, No. 2, 2017, pp. 107-115.

[③] Renee Kaufmann, Jessalyn I. Vallade, "Exploring Connections in the Online Learning Environment：Student Perceptions of Rapport, Climate, and Loneliness", *Interactive Learning Environments*, Vol. 30, No. 2, 2020, pp. 1-15.

地推动社会临场感的建立和发展。

五 课程设计与组织

课程设计与组织因素，包括论坛参与模式、课程特征、课程组织等，对社会临场感感知具有显著影响。首先，论坛参与模式作为课程设计中促进交流的重要一环，其设计直接关系到学生社会临场感的强弱。一个开放、包容且互动性强的论坛环境能够鼓励学生积极参与讨论，分享观点，甚至进行深度思考和批判性对话。当论坛设计鼓励小组合作、问题导向学习和即时反馈时，学生不仅能感受到彼此之间的紧密联系，还能体验到类似面对面交流的社会临场感。此外，定期的主题讨论、专家讲座或在线辩论等活动，能够进一步激发学生的参与热情，增强他们的归属感和社区意识。课程的多样性、相关性和挑战性对于吸引学生的注意力、激发他们的学习兴趣至关重要。一个内容丰富、贴近实际、充满挑战的课程，能够促使学生更加投入地学习，并在此过程中建立起与课程内容及同伴之间的深厚联系。同时，课程的灵活性和个性化设计也能够满足不同学生的学习需求，增强他们的学习动力和满意度，进而提升社会临场感。最后，课程组织结构的合理性对于社会临场感的感知同样重要。一个清晰、有序且富有逻辑性的课程组织，能够帮助学生更好地理解课程内容，掌握学习进度，减少学习中的迷茫和挫败感。此外，通过合理的课程安排和时间管理，教师可以确保学生在课程的不同阶段都有充分的机会进行交流和互动，从而增强他们的社会联系和归属感。同时，课程评价体系的多元化和公正性也能够激发学生的学习动力，促进他们之间的良性竞争和合作，进一步提升社会临场感。

例如，Reio 和 Crim 的研究指出，教学方法对学生的社会临场感感知有显著影响，其中在线讨论论坛被认为是最能体现社会临场感的教学环节，研究发现设计互动性强、鼓励深入交流的在线教学活动，如精心策划的讨论论坛，有助于提升学生的社会临场感，进而可能促进他们获得更好的学习成果①。Poquet 等人的研究探究了开放课程中，不同论坛参与模式下学生对社会临场感的感知，以及课程特征（如讨论论坛交互量、课程持续时间、活跃讨论者群体规模）对社会临场感感知的影响②。研究者使用 CoI 量表中的社会临场感量表来收集学生对社会临场感的自我报告数据，对比不同论坛参与模式的学生群体对社会临场感的感知差异，以及在具有不同课程特征的课程中学生对社会临场感的感知变化。研究发现，学生的论坛参与模式显著影响其对社会临场感的感知，持续活跃参与论坛的学生具有较高的社会临场感。同时，课程特征对学生的社会临场感感知有显著影响，不同特征的课程中学生感知到的社会临场感有所不同。Şeyh 等人基于 CoI 框架，探讨了角色分配策略对在线讨论中学生社会临场感的影响③。该研究将学生分为实验组和控制组，实验组学生分配特定的角色（如启动者、调解者、总结者），控制组学生按照传统方式展开讨论。研究发现，角色分配策略对学生的社会临场感产生了显著影响，实验组学生的社会临场感得分显著高于控制组。不同角色的参与者在讨论帖中展示的社会临场感指标频率和种类存在差异，且与各自角色的责任相匹配。

综上所述，课程设计与组织因素对学生的社会临场感感知具有显著影响。教育工作者在设计在线课程和教学活动时，应注重优化论坛参与模式，设计互动性强、鼓励深入交流的在线教学活动，以及采用创新的教学策略，如角色分配，以有效促进社会临场感的形成与深化。未来的研究可着重分析课程架构与实施过程中的多种因素如何影响社会临场感，并探讨如何通过优化教育策略来更好地支持社会临场感的培养与加强。

---

① Thomas G. Reio, Susan J. Crim, "Social Presence and Student Satisfaction as Predictors of Online Enrollment Intent", *American Journal of Distance Education*, Vol. 27, No. 2, 2013, pp. 122-133.

② Oleksandra Poquet, Vitomir Kovanović, Pieter de Vries, Thieme Hennis, Srećko Joksimović, Dragan Gašević, "Social Presence in Massive Open Online Courses", *International Review of Research in Open and Distributed Learning*, Vol. 19, No. 3, 2018, pp. 43-68.

③ Fatma Şeyh, Mutlu Şen-Akbulut, Duygu Umutlu, "The Impact of Role Assignment on Social Presence in Online Discussions: A Mixed-Method Study", *Internet Higher Education*, Vol. 56, 2022, p. 100892.

第四节　MOOC 中的社会临场感

一　MOOC 中社会临场感的感知

随着 MOOC 的兴起与不断发展，全球范围内参加 MOOC 的学生人数已经达到数百万之多。MOOC 以其大规模、开放性、免费等特点吸引了来自世界各地的学习者。随着 MOOC 平台的不断成熟和技术的进步，研究者开始关注 MOOC 环境中学习者对社会临场感的感知，即学习者在虚拟学习环境中感受到自己与其他参与者之间存在真实互动的能力。

社会临场感被认为是 MOOC 成功的关键因素之一，它能够改善在在线学习中学习者面临的"情感缺失"问题，增强学习者之间的互动，提高学习体验的质量。研究表明，即使在大规模的开放环境中，MOOC 学习者也能感知到一定程度的社会临场感。例如，Whitney 和 Lowenthal 使用 CoI 量表中的社会临场感测量指标，就 MOOC 学习者对课程中社会临场感的感知进行了调查。数据分析结果显示，学习者可以感知到一定水平的社会临场感，这表明即使在 MOOC 这种大规模、开放的学习环境中，社会临场感的建立仍然是可能的[①]。进一步的研究，如 Poquet 等人通过社会网络分析和内容分析，评估了学习者在 MOOC 讨论论坛中的社会临场感水平，并揭示了 MOOC 论坛中学习者网络的动态演变及其对社会临场感的影响[②]。研究发现，社会临场感在 MOOC 论坛中由一系列因素驱动，包括学习者间关于课程主题的深度讨论、对学习策略的共享、对课程质量的反馈，以及对学习目的的反思等。这些因素促进了学习者之间的认知参与、情感连接和共同价值观的形成，表明在 MOOC 学习环境中，通过有效设计论坛活动、鼓励持续参与和深度交流，可以促进学习者之间的社会互动，建立社会临场感。然而，也有研究指出，大多数

① Kilgore Whitney, Patrick R. Lowenthal, *The Human Element MOOC: An Experiment in Social Presence*, Hershey, PA: IGI Global, 2015.

② Oleksandra Poquet, Dawson Shane, "Untangling MOOC Learner Networks", *Proceedings of the Sixth International Conference on Learning Analytics & Knowledge*, 2016, pp. 208-212.

MOOC 学习者认为 MOOC 的很多方面并没有有效建立社会临场感，因此，在课程评估中将社会临场感的建立标记为不适合①。这表明，虽然社会临场感在 MOOC 中是可感知的，但其建立和维护仍然面临挑战，需要进一步的探索和优化。Poquet 等人的研究进一步探讨了 MOOC 学习者对社会临场感的感知差异。他们比较了 edX 中三个不同 MOOC 中学习者对社会临场感的感知，该发现在人数规模较大的 MOOC 中，只有持续参加论坛活动的学习者才能感知到较高水平的社会临场感；而在人数规模较小的 MOOC 中，几乎所有学习者都能感知到较高水平的社会临场感。此外，感知到较高水平社会临场感的学习者在情感表达上的得分较低，而在小组凝聚力上的得分较高②。

可见，MOOC 中学习者对社会临场感的感知构成了一个复杂而多维的领域。尽管社会临场感在 MOOC 中是可以被感知的，但其建立和维护需要教育工作者的精心设计与持续努力。通过优化论坛设计、鼓励深度交流、促进情感连接和共同价值观的形成，MOOC 可以成为一个有效平台，用于建立社会临场感，为学习者提供更加互动、支持和富有成效的学习体验。值得注意的是，情感表达和小组凝聚力在不同规模的课程中表现各异，这为 MOOC 教学设计带来了新的挑战和机遇。未来的研究应着重探索如何在不同规模、不同学科的 MOOC 中，针对不同学习者群体，有效设计和实施提升社会临场感的策略，特别是在情感表达和小组凝聚力方面的干预措施，以进一步优化在线学习体验和学习成果。

二　MOOC 中社会临场感的建立策略

在 MOOC 中，建立和维持社会临场感是提升互动质量与促进学习成效的关键。多项研究表明，通过精心设计的教学策略，可以显著增强

① Carol A. V. Damm, "Applying a Community of Inquiry Instrument to Measure Student Engagement in Large Online Courses", *Current Issues in Emerging ELearning*, Vol. 3, No. 1, 2016, pp. 138-172.

② Oleksandra Poquet, Vitomir Kovanović, Pieter de Vries, Thieme Hennis, Srećko Joksimović, Dragan Gašević, "Social Presence in Massive Open Online Courses", *International Review of Research in Open and Distributed Learning*, Vol. 19, No. 3, 2018, pp. 43-68.

MOOC 参与者间的社会临场感。一系列研究深入探讨了如何通过教学策略的巧妙设计来实现这一目标。首先，优化讨论平台是 MOOC 中建立社会临场感的策略之一，改进论坛布局以确保讨论区易于导航和信息结构清晰，同时设置鼓励互动的机制，如定期发布讨论主题、挑战问题或邀请专家参与讨论，以此促进社会临场感的构建。例如，Appiah-Kubi 与 Rowland 在其研究中，集中分析了 MOOC 中的在线讨论论坛，通过量化与质性方法，揭示了优化论坛布局、激励互动及促进社群构建对于提升社会临场感及有效同伴支持的显著作用[1]。他们强调，改进讨论平台以促进学习者间的频繁交流，是增强 MOOC 社会临场感的核心策略之一。随后，Appiah-Kubi 通过内容分析，进一步探索了 MOOC 中学习者的同伴互动行为与社会临场感特征，发现积极参与课程互动的学习者展现出较高的社会临场感，验证了精心设计在线互动机制对于促进学习者间社会互动与同伴支持的重要性[2]。这一发现为设计促进 MOOC 内紧密学习社群形成的方法提供了实证基础。其次，游戏化教学策略可以显著提升社会临场感[3]。例如 Antonaci 等人的研究证明了游戏化是增强 MOOC 中社会临场感的有效手段，为提高用户参与度开辟了新途径。近年来，Gamage 与 Whitting 设计了 PeerCollab 平台，旨在通过构建紧密的学习社区来增强 MOOC 学习者的社会互动与同伴支持[4]。实证结果表明，该平台有效提升了学习者的社会临场感，促进了积极的在线学习行为与学习小组的紧密合作，从而优化了整体学习体验。总之，这些研究成果共同指向了提升 MOOC 中社会临场感的有效途径：通过优化讨论平台设计、

---

[1]　Kwamena Appiah-Kubi, Duncan Rowland, "PEER Support in MOOC: TheRole of Social Presence", *In Proceedings of the Third ACM Conference on Learning*, 2016, pp. 237-240.

[2]　Kwamena Appiah-Kubi, "An Examination Of Peer Support Behaviours Enacted in Stanford's Principles of Economics Massive Open Online Course", *University of Lincoln*, 2019.

[3]　Alessandra Antonaci, Roland Klemke, Johan Lataster, Karel Kreijns, Marcus Specht, "Gamification of MOOC Adopting Social Presence and Sense of Community to Increase User's Engagement: An Experimental Study", *In European Conference on Teachology Enhanced Learning*, 2019, pp. 172-186.

[4]　Dilrukshi Gamage, Mark E. Whitting, "Together We Learn Better: Leveraging Communities of Practice for MOOC Learners", *Proceedings of the Asian CHI Symposium*, 2021, pp. 28-33.

实施游戏化教学策略以及开发专门的社交学习平台等方法，不仅能够促进更深层次的同伴互动与学习社群的形成，还为提高在线教育体验与学习成效开辟了新的路径。这些策略的实施，将为 MOOC 的未来发展提供有力支持。

此外，社会临场感的增强在 MOOC 环境中显著促进了学习者间的亲密互动与情感纽带，有助于学习者形成更加团结的学习社群。这不仅激发了学习者在讨论中的主动参与、真诚情感表达、知识共享，还促进了个人价值的认同，共同营造了一个丰富的在线学习社区。因此，深入研究和实施有效提升社会临场感的策略，对于克服 MOOC 中因参与者众多而可能产生的孤立感、提升学习投入度和满意度，以及提高学习成效具有重要意义。为了实现这一目标，研究者和教学工作者可以采取多种策略，包括但不限于优化论坛设计、鼓励深度交流、促进情感连接、设计小组活动，以及利用技术手段（如人工智能、数据分析）来支持和监测社会临场感的形成与维护。这些措施将有助于为 MOOC 学习者提供更加个性化、互动性和支持性的在线学习环境。同时，研究者还应持续关注社会临场感如何与学习者个体差异、教学目标、技术平台等因素相互作用，以构建更加全面、有效的在线学习支持体系，推动教育公平与优质教育资源的普及。总之，未来的研究方向应当致力于深入理解 MOOC 中社会临场感的形成机制，以及如何通过教学策略的优化，有效促进社会临场感的形成与深化，以期为 MOOC 的优化与发展提供更为科学、精准的指导，同时也为构建更加个性化、互动性和支持性的在线学习环境作出贡献。

第五节　虚拟环境中的社会临场感

一　虚拟空间中社会情感连接：社会临场感的作用

随着互联网技术的迅猛发展，协作学习的边界得以拓宽，超越了传统的面对面交流模式，更加注重学习者之间深层次的情感交流与互动。在这一背景下，社会临场感作为连接虚拟与现实、促进学习者身份认同与情感互动的桥梁，其作用越发凸显。它不仅使学习者能够在虚拟空间中感知到彼此的"真实存在"，还极大地促进了情感的传递、认知活动的展开以及高效互动的实现。社会临场感不仅加深了学习者与虚拟社区的联系，更成为影响学习交流质量、团队协作紧密度及学习成效的关键因素。

　　Stacey 在其研究中深入探讨了虚拟环境中社会临场感的建立机制，特别是在缺乏直观视觉和情境线索的条件下，学习者如何通过小团体间的社会情感互动来构建社会临场感。研究表明，这种社会情感支持对于虚拟协作学习小组成员的成功至关重要，为远程学习效果的提升奠定了坚实基础[1]。Stacey 的研究不仅揭示了社会临场感在远程学习中的核心地位，还为后续研究指明了方向，强调了构建和维护虚拟环境中社会临场感的重要性。Kreijns 等人进一步拓展了社会临场感的研究领域，提出了一个针对计算机支持的协作学习环境的社会维度研究框架[2]。该框架聚焦于社会互动、社会空间构建以及社会临场感三大核心要素，深入剖析了它们之间的相互作用关系。研究指出，一个理想的社会空间是基于成员间共同规范、价值观、角色认知和理念共享的紧密人际关系网络，这种网络的形成促进了学习共同体的构建。Kreijns 等人的研究强调了社会临场感在提升学习者交流参与度、提高团体协作质量以及巩固社会空间方面的关键作用，进一步验证了其在高效协作学习环境中促进团体凝聚力的不可或缺性。这凸显了社会临场感在虚拟学习环境中的重要作用，不仅对于构建有效的在线学习体验至关重要，而且为设计和实施促进社会情感连接的教学策略提供了理论依据。通过优化在线互动机制、促进学习者间的社会情感交流和支持，可以显著提高远程学习的效果和质量。

　　此外，与基于文本的交流平台（即社交媒体、在线社区等）相比，虚拟世界中的 3D 虚拟环境可以通过增强社会临场感为学习者提供独特

　　① Elizabeth Stacey, "Social Presence Online: Networking Learners at a Distance", *Education and Information Technologies*, Vol. 7, 2001, pp. 287-294.

　　② Karel Kreijns, Paul A. Kirschner, Marjan Vermeulen, "Social Aspects of CSCL Environments: A Research Framework", *Educational Psychologist*, Vol. 48, No. 4, 2013, pp. 229-242.

的交流互动机会。Oh 等人的研究通过结构方程模型，对参与者在元宇宙平台 Roblox 和 Zepeto 上的社交行为进行了调查，探究了元宇宙中社会临场感、支持性互动、社会自我效能感以及孤独感之间的关系①。这项研究揭示了元宇宙环境下社会临场感的重要作用及其对参与者社交行为的影响。研究发现，在元宇宙中的社会临场感能够促进参与者之间的支持性互动和积极社交技能的共同学习。具体来说，当参与者在元宇宙中感受到较强的社会临场感时，他们更倾向于与其他用户进行有意义的交流和支持性的互动。这种互动不仅限于简单的对话交流，还包括合作解决问题、共享经验和技巧等更深层次的互动形式。此外，参与者通过这些互动经历，能够共同学习和发展积极的社交技能，这有助于他们在虚拟环境中建立更紧密的社交网络和更深层次的社交联系。同时，通过增强社会自我效能感，能够在一定程度上减轻参与者在现实生活中的孤独感。社会自我效能感是指个体对自己在社交场合中表现和取得成功的信心。在元宇宙环境中，参与者如果能够感受到较高的社会临场感，那么他们在社交互动中的积极体验和成功经历可能会转化为更高的社会自我效能感。这种自信感反过来又可以帮助他们在现实生活中更好地应对社交挑战，减少孤独感的发生。

Bradbury 等人通过对比不同数字沟通平台对个体社交行为的影响，发现相较于传统二维通信方式，虚拟现实用户更倾向于分享深层次个人信息、情感和观点，且在虚拟现实中，配置了与自身相似的人类化身的用户会表现出更高的自我披露程度和更多的情感分享，这表明了虚拟现实中使用人类化身能够增强用户社会临场感，进而促进参与者更深的社交互动和情感连接②。可见，社会临场感在虚拟空间中的社会情感连接

① Hyun Jung Oh, Junghwan Kim, Jeongheon J. C. Chang, Sangrock Lee, "Social Benefits of Living in the Metaverse: The Relationships among Social Presence, Supportive Interaction, Social Self-efficacy, and Feelings of Loneliness", *Computers in Human Behavior*, Vol. 139, 2022, p. 107498.

② Amanda Bradbury, Sara Schertz, Eric WiebeView, "How Does Virtual Reality Compare? The Effects of Avatar Appearance and Medium on Self-Disclosure", *Proceedings of the Human Factors and Ergonomics Society Annual Meeting*, Vol. 66, No. 1, 2022, pp. 2036-2040.

中发挥着关键作用，它不仅促进了学习者之间的情感交流与互动，还对提升学习参与度、减轻孤独感、增强社会自我效能感等多方面产生了积极影响。在虚拟现实环境中，通过增强社会临场感，参与者能够建立更加紧密的关系网，这对于远程学习和在线学习尤其重要。

二　人机交互的深度：社会临场感对用户体验的影响

随着人工智能技术的飞速进步，传统面对面的信息交流模式正逐步被高效的人机交互所取代。在这一转型过程中，基于计算机终端的一对多"虚拟交互"已成为日常生活的常态，极大地促进了信息传递与交流的速率。然而，如何在冰冷的计算设备中构建富有情感的"交互情境"，以最大化地提升用户的感知体验，成为人机交互领域有待解决的关键问题。近年来，社会临场感作为衡量人机交互质量的重要指标，受到了广泛关注。研究表明，人工智能驱动的聊天机器人通过提供个性化的互动与持续服务，能够显著增强在线学习过程中学生对社会临场感的感知，这对于维持和提升学习体验具有不可忽视的作用。

首先，Jung 和 Lee 奠定了社会临场感在人机交互中重要性的基础。他们通过对比物理具象化机器人与虚拟机器人在社交互动效果上的差异，发现物理机器人因其能够触发触觉反馈，更能增强用户的社会临场感，进而提升学习参与度和兴趣[①]。这一发现揭示了触觉沟通在构建深度社交互动中的核心地位，提示未来设计应重视感官互动的真实性与沉浸感。Jin 进一步细化了社会临场感在虚拟环境中的作用机制。他指出，用户自我观念（依赖型或独立型）会影响其与虚拟化身的社会互动体验，依赖型用户更易于在虚拟环境中感知到强烈的社会临场感，从而促进更紧密的社会互动[②]。这一发现强调了在设计虚拟环境时，需充分考虑用户个

①　Younbo Jung, Kwan Min Lee, "Effects of Physical Embodiment on Social Presence of Social Robots", *Computer Science and Psychology*, 2004.

②　Seung-A Annie Jin, "Parasocial Interaction with an Avatar in Second Life: A Typology of the Self and an Empirical Test of the Mediating Role of Social Presence", *Presence: Teleoperators & Virtual Environments*, Vol. 19, No. 4, 2010, pp. 331-340.

体差异，以优化其社交体验。Jin 和 Youn 则通过大规模实证调查，深入探究了人机交互虚拟情境下，聊天机器人展示的社会临场感及其图像处理能力对用户持续使用意向的影响。研究结果表明，聊天机器人的社会临场感在感知层面，包括真实感、互动性以及沟通效率等方面，对用户持续使用聊天机器人的意向产生了显著影响[1]。这一发现进一步证实了社会临场感在人机交互中能够显著提升用户对技术的接受度和满意度，增强用户在虚拟情境中的体验感，该研究对促进技术的持续使用具有重要意义。

其次，Lee 和 Kim 通过对比虚拟协作学习环境中智能虚拟同伴和现实同伴的社会临场感对学生在线学习体验和学习成效的影响，揭示了同伴学习者较高的社会临场感与学生参与度的紧密关联，而智能虚拟同伴的社会临场感对学生参与度的影响则相对较小。这一发现强调了在虚拟学习情景下同伴互动的重要性，同伴的社会临场感能够显著提升学生的学习参与度和学习成效，说明在虚拟学习环境中，同伴的作用是不可替代的，与同伴的互动能够为学习者提供更加丰富、真实和富有成效的学习体验。综上所述，社会临场感在人机交互中发挥着至关重要的作用[2]。它不仅影响了用户与机器人或虚拟化身之间的社交互动效果，还决定了用户在虚拟环境中的整体体验。

由此可见，社会临场感在虚拟学习社区中发挥着关键作用，其重要性体现在多个维度，首先，高水平的社会临场感能显著提升网络互动的效率与质量，促进学习者感知环境中的多元视角与广泛思维，从而深化学习投入，提升学生合作学习效能。其次，社会临场感被视为可持续学习不可或缺的心理基石，它关乎个体对社区的认同、归属及依赖，直接影响学习行为的发生。当学习者视自己为社区不可分割的一部分，对其

---

① S. Venus Jin, Seounmi Youn, "Social Presence and Imagery Processing as Predictors of Chatbot Continuance Intention in Human-AI-Interaction", *International Journal of Human-Computer Interaction*, Vol. 39, 2022, pp. 1874-1886.

② Bumho Lee, Jinwoo Kim, "Managing Social Presence in Collaborative Learning with Agent Facilitation", *Sustainability*, 2023.

产生依恋与喜爱时，社区的活力得以焕发，形成一个充满生命力的学习生态系统，进而正面影响学习成效。因此，为了有效提升虚拟学习社区中的社会临场感，笔者提出以下策略：首先，要强化社区内的意见领袖角色，加深成员间的联系。教师应转变为学生学习的引导者和支持者，扮演好意见领袖的身份，主动承担起组织、激发讨论和提供情感支撑的责任。其次，要重视并培养成员的虚拟能力，这是促进社区内高效协作与增强凝聚力的关键，鼓励成员在虚拟学习社区中主动展示自我，利用数字化平台自由表达，通过频繁且深入的交流互动，自发形成具有强大凝聚力的虚拟组织。这些组织不仅能够促进问题解决和知识共享，还能加深成员间的情感联系，共同提升集体的社会临场感体验。最后，重视技术革新与用户体验的双重提升，借助新兴技术优化学生虚拟学习空间、优化平台设计以增强人性化体验，增强实时互动功能与界面的生动性，使交流过程更为流畅自然。

展望未来，人工智能技术在教育领域的潜力不容小觑，尤其在模拟人类交流特质、提供个性化学习支持与增强用户体验方面贡献卓著。人工智能技术不仅能够模仿人类的交流方式，还能根据学习者的个性化需求提供定制化学习方案，有效提升学习效率与体验。然而，技术进步也伴随着挑战，如何在人工智能与人类互动之间找到平衡点，以及如何设计既激发学习动力又满足个体差异化需求的学习系统，成为未来研究亟待探索的重要议题。随着人工智能技术的深入融合，未来的在线学习环境将更加注重创造贴近真实、提高互动性与情感共鸣的学习体验。为此，教育工作者与研究者需深入了解社会临场感在虚拟学习环境中的构建与维护机制，探索如何通过技术创新与教学策略优化，有效建立和维持社会临场感。在技术不断演进的背景下，社会临场感将在在线教育与虚拟学习社区中扮演越发重要的角色，为学习者带来更加丰富、深入与有意义的学习体验。教育领域应持续关注社会临场感的研究动态，积极探索其在虚拟学习环境中的应用潜力，以促进教育技术的健康发展与教育质量的持续提升。

第六节　社会临场感促进策略

一　多样化的互动媒介：构建社会临场感的基石

在线教育环境中的社会临场感构建，对于弥补远程学习中缺失的面对面情感交流至关重要，有助于填补远程学习中面对面情感交流的空白。首先，多样化的互动媒介，如音频、视频、文字及表情符号，是增强社会临场感的基础，能够营造更接近真实的交流体验。音频和视频能够传递非语言信息，如语气、面部表情和肢体语言，这些都是增强社会临场感的重要因素。通过论坛、聊天室或社交媒体平台进行的文字交流也是构建社会临场感的重要手段。虽然缺乏非语言信息，但文字交流可以通过使用表情符号、加粗、斜体等格式来传达情绪和强调重点。Aragon 综合分析了社会临场感理论与在线学习环境设计的相关文献，提炼出一系列成功实践案例，总结了十二项关键策略，旨在增进社会临场感[①]。这些策略涵盖运用多媒体资源，尤其是音频和视频等，旨在多维度提升在线学习的社交属性。Ice 等人指出在促进社会临场感方面，音频反馈相较于文本反馈更为有效，这可能归因于声音传达的情感丰富性[②]。

此外，表情符号作为一种视觉辅助工具，被广泛用于在线交流中，以传达情感、态度和非言语线索，对于在线学习和协作环境中的社会临场感具有重要影响。Luor 等人发现，在简单和复杂的任务导向沟通中，表情符号的使用均能够显著提升沟通的效率和质量[③]。在简单任务沟通中，表情符号有助于传达情感和语气，使信息更加生动和亲切；而在复

①　Steven R. Aragon, "Creating Social Presence in Online Environments", *New Directions for A-dult and Continuing Education*, 2003, pp. 57–68.

②　Philip Ice, Reagan Curtis, Perry Phillips, John Wells, "Using Asynchronous Audio Feedback to Enhance Teaching Presence and Students' Sense of Community", *Journal of Asynchronous Learning Networks*, Vol. 11, No. 2, 2007, pp. 3–25.

③　Tainyi (Ted) Luor, Ling-ling Wu, Hsi-Peng Lu, Yu-Hui Tao, "The Effect of Emoticons in Simple and Complex Task-oriented Communication: An Empirical Study of Instant Messaging", *Computers in Human Behavior*, Vol. 26, 2010, pp. 889–895.

杂任务沟通中，表情符号能够缓解沟通压力，增加沟通的友好性和包容性，促进参与者之间的理解和协作。有趣的是，研究还揭示了任务复杂度对表情符号效果的调节作用。在处理复杂任务时，表情符号的正面影响更为显著，可能是由于在这种情境下，非言语线索的缺乏可能导致误解和沟通障碍，而表情符号恰好可以弥补这一缺陷，帮助参与者更好地理解对方的意图和情感状态。简言之，Luor 等人的研究指出积极的表情符号在在线讨论与任务协作中发挥了显著作用，它们不仅丰富了情感表达，还提供了额外的支持，补充了纯文字交流的局限性，有效促进了虚拟学习环境中的社会临场感。可见，表情符号作为一种直观的非言语表达方式，能够增强在线学习环境中的社会临场感，促进学生之间的有效沟通和情感联结。教育者和课程设计者可以鼓励学生在适当的语境中使用表情符号，特别是在复杂的团队项目或协作学习活动中，以提高沟通效率和团队凝聚力。此外，研究还提示，在设计在线学习平台和工具时，应充分考虑表情符号的功能和作用，为用户提供丰富的表情符号库，以支持更加人性化和高效的在线交流体验。

综上所述，构建在线教育环境中的社会临场感是一个多维度、动态的过程，涉及运用多样化的互动媒介。从 Aragon 提出的十二项关键策略，到 Ice 等人关于音频反馈在提升社会临场感中的有效性，再到 Luor 等人对表情符号在复杂任务沟通中作用的实证研究，每一项发现都为我们提供了深化社会临场感、促进在线学习社群构建的宝贵洞见。通过综合运用音频、视频、文字和表情符号等媒介，教育者能够创造出更加丰富、互动和包容的学习环境。表情符号的运用不仅提高了沟通的效率和质量，还在复杂任务导向的沟通中发挥了不可忽视的调节作用，促进了参与者之间的理解和协作。因此，教育者和课程设计者应充分利用这些发现，不断创新在线学习平台和工具，鼓励学生在适当情境下使用表情符号，以此提升沟通效率，加强团队凝聚力，最终实现更加高效、人性化和富有成效的在线学习体验。在线教育设计者应将社会临场感的构建视为核心目标，通过持续的探索和实践，不断优化在线学习环境，使之成为促进深度学习、增强社群感和提升学习成效的理想场所。

二 创新沟通工具：社会临场感构建的催化剂

创新沟通工具的选择与应用，在在线教育环境中对于构建社会临场感扮演着至关重要的角色。具体来说，Twitter 作为一种即时通信工具，允许学生在任何时间、任何地点快速分享想法和资源。这种即时性和非正式性使得学生之间的沟通更加自然流畅，有助于建立紧密的社会联系。通过使用 Twitter，学生可以在课堂之外继续讨论课程内容，分享个人见解和学习资源，从而增强社会临场感。Dunlap 等人强调 Twitter 作为即时通信平台的潜力，它打破了传统学习管理系统在时间与结构上的限制，促进了学生之间即时且非正式的沟通，从而在在线课程中营造出更强的社会临场感[1]。他指出通过这种不受时空约束的互动模式，学生能够更加自然地交流想法，建立起紧密的联系。Lowenthal 等人确认了学习管理系统中诸如语音邮件、博客和讲故事等功能对于社会临场感的正面影响[2]。在学习管理系统中集成语音邮件功能，可以让学生通过语音记录信息，而不是仅仅依靠文字交流。这种声音的加入能够传递更多的非语言信息，如语气和情感，从而增强社会临场感。博客为学生提供了一个分享个人思考和学习心得的空间，同时也为其他学生提供了参与评论的机会。这种形式的交流有助于构建一个共享的知识社区，增强社会临场感。这些工具不仅提供了多样化的交流渠道，也促进了学生与教师、学生与学生之间的互动，增强了在线学习的社交维度。此外，Wut 和 Xu 也强调利用小组讨论室（例如 Moodle 平台的聊天室）以及整合互动技术，以改善在线学习体验，提升社会临场感[3]。

---

[1] Joanna C. Dunlap, Patrick R. Lowenthal, "Tweeting the Night Away: Using Twitter to Enhance Social Presence", *Journal of Information Systems Education*, Vol. 20, No. 2, 2009, pp. 129-135.

[2] Patrick R. Lowenthal, Joanna C. Dunlap, "From Pixel on A Screen to Real Person in Your Students' Lives: Establishing Social Presence Using Digital Storytelling", *Internet and Higher Education*, Vol. 13, No. 4, 2010, pp. 70-72.

[3] Tai-ming Wut, Jing Xu, "Person-to-person Interactions in Online Classroom Settings Under the Impact of COVID-19: a Social Presence Theory Perspective", *Asia Pacific Education Review*, Vol. 22, 2021, pp. 371-383.

此外，值得一提的是，在线协作学习环境中，学生之间的参与度往往不均衡，一些学生主导对话，而其他人则较少发言，这可能导致学习机会的不平等分配，影响整体的学习效果和团队动力。Strauß 和 Rummel 旨在解决这一问题，探索如何通过技术干预来促进更平等的参与，以及这种参与度是否确实对学习成果有实质性影响①。该研究中采用了群组意识工具，它能够实时监控和可视化团队成员的参与情况，使所有成员都能够看到每个人的贡献和活动水平。这种透明度有助于团队成员意识到参与的不平衡，从而鼓励其更广泛地参与。除了群组意识工具，研究还引入了自适应提示系统。该系统能够根据每个学生的参与度自动发送个性化提示，鼓励较少参与的学生更加积极地加入讨论，同时也提醒主导对话的学生给予他人更多发言机会。通过设计对照实验，研究者比较了使用这些工具和技术的团队与没有使用的团队在参与度和学习成果上的差异。研究结果显示，结合使用群组意识工具和自适应提示显著提高了在线协作学习中平等参与的水平。这些技术干预帮助团队成员更好地调节各自的参与度，促进了更均衡的知识分享和讨论。本质上，该研究发现结合小组意识工具与适应性提示能够有效调节网络合作中的参与度分布，从而增强学生对社会临场感的感知。这一发现强调了技术辅助手段在促进在线学习社交方面的积极作用。该研究为在线教育和远程协作学习的实践者提供了宝贵洞见和实用策略。教育者和课程设计师可以通过整合群组意识工具和自适应提示系统，来优化在线协作学习环境，确保每位学生都有平等的学习机会，从而增强社会临场感。

综上所述，创新沟通工具的集成与应用是在线教育中构建社会临场感的关键驱动力。从 Dunlap 等人对 Twitter 在促进即时非正式沟通中的作用的探索，到 Lowenthal 等人对数字故事讲述等多功能学习管理系统的肯定，再到 Wut 和 Xu 对小组讨论室和互动技术在疫情期间提升在线学习体验的强调，这些研究共同揭示了多元化沟通工具对于在线学习社群构

---

① Sebastian Strauß，Nikol Rummel，"Promoting Regulation of Equal Participation in Online Collaboration by Combining a Group Awareness Tool and Adaptive Prompts. But Does it Even Matter?"，*International Journal of Computer-Supported Collaborative Learning*，Vol. 16，2021，pp. 67-104.

建的重要性。通过这些工具，学生不仅能够跨越时空限制进行有效沟通，还能加深彼此的了解，增强团队凝聚力。此外，Strauß 和 Rummel 的研究进一步强调了技术在调节在线协作学习中参与度不均衡问题上的潜力。通过群组意识工具和自适应提示系统的应用，不仅能够促进更平等的参与，还能提高学习成果，增强社会临场感。这些发现为在线教育实践者提供了实用策略，帮助他们优化在线学习环境，确保每位学生都能获得公平的学习机会，促进深度学习和社交互动。

因此，教育者和课程设计者应积极探索并整合创新沟通工具，如社交媒体平台、数字故事讲述功能、小组讨论室以及互动技术，以提升在线学习的社会临场感。同时，利用技术手段平衡学生参与度，确保每位学生都能充分参与到学习过程中，这对于构建充满活力、包容性和高效能的在线学习社群至关重要。在线教育的设计与实施应持续关注社会临场感的构建，通过不断优化沟通工具和策略，促进在线学习体验的提升，实现教育的真正价值——连接、启发和赋能每一个学习者。

三 教学策略：社会临场感的触发引擎

教学策略在在线教育环境中扮演着至关重要的角色，它们不仅能够激发学生的学习兴趣和参与度，还能显著增强社会临场感，构建一个更加互动、包容和有温度的学习空间。例如，An 等人探讨了教师在异步在线讨论环境中扮演的不同角色及其对学生交互效果的影响。研究对比了在教师不同程度介入（如是否直接回答学生提问、是否引导学生回应他人问题）的情况下，学生们的交流行为变化；研究结果显示，当教师采取最低限度的干预策略时，学生的表达自由度得以最大化，这不仅激发了他们更积极地展现出社会临场感的各类表征，还显著提高了整个讨论过程的互动效率[①]。这一发现说明适度的指导干预对于优化在线学习环境中的社会临场感与交互质量的重要性。Lowenthal 和 Dunlap 进一步阐述

---

① Heejung An, Sunghee Shin, Keol Lim, "The Effects of Different Instructor Facilitation Approaches on Students' Interactions during Asynchronous Online Discussions", *Comput. Educ*, Vol. 53, 2009, pp. 749-760.

了数字故事叙述作为一种个性化交流手段的价值。教师通过分享个人经历或故事，能够在文本主导的在线环境中展现真实的自我，增强学生对教师的信任和亲近感，从而强化社会临场感。这种人性化的方法有助于打破在线学习的隔阂，让教学过程更具温度和深度①。Garrison 等人强调了社会临场感在教学临场感与认知临场感之间的桥梁作用，倡导教师和课程设计者应精心安排课程内容，鼓励学生积极参与对话，营造归属感，以促进有意义的学习②。这要求教学设计不仅要关注知识传授，还要注重社交互动和情感联结的构建。

Swan 旨在探索如何通过增强互动来构建在线学习社群，帮助学生之间建立更深层次的人际连接，将孤立的交流转化为集体知识构建的过程，从而加深了学生的参与感，促进学习社区的形成③。社群构建指的是在线学习环境中学生、教师和其他参与者之间形成的相互联系和支持网络，而互动则是社群构建的基础，包括学生与学生、学生与教师以及学生与内容之间的多向交流。该研究揭示了构建学习社群的重要性，建议教师：（1）促进定期且有意义的互动。定期和有意义的互动能够激发学生的参与热情，使他们更加投入学习过程，从而提高学习效率和满意度。（2）构建支持性学习社群。通过促进学生之间的交流和合作，互动有助于建立一个支持性学习社群，让学生感到自己是社群的一部分，从而增强归属感和学习动力。（3）深化认知与知识应用。互动不仅限于信息传递，还包括批判性思考、问题解决和知识应用等高级认知活动。通过与同伴和教师的深度互动，学生能够在学习过程中构建和深化自己的理解。（4）提供即时反馈与个性化指导。互动提供了即时反馈的渠道，帮助学

---

① Patrick R. Lowenthal, Joanna C. Dunlap, "From Pixel on a Screen to Real Person in Your Students' Lives: Establishing Social Presence Using Digital Storytelling", *Internet and Higher Education*, Vol. 13, No. 1, 2010, pp. 70-72.

② D. Randy Garrison, Martha Cleveland-Innes, Tak Shing Fung, "Exploring Causal Relationships among Teaching, Cognitive, and Social Presence: Student Perceptions of the Community of Inquiry Framework", *The Internet and Higher Education*, 2010, Vol. 13, pp. 31-36.

③ Karen Swan, "Building Learning Communities in Online Courses: The Importance of Interaction", *Education, Communication and Information*, Vol. 2, No. 1, 2002, pp. 23-49.

生及时纠正错误、澄清疑惑，同时也为教师提供了了解学生学习进度和需求的机会，从而提供针对性的支持和指导。此外，基于 Swan 的研究发现，笔者建议为了构建有效的在线学习社群，教育者和课程设计者需要：设计促进互动的课程活动，如小组讨论、协作项目和在线研讨会，以增强学生之间的交流与合作；利用在线工具和平台的功能，如论坛、即时消息和视频会议，为学生提供多样化的互动渠道。教师需要积极参与在线讨论，提供及时反馈和指导，以增强学生的学习体验。最后，研究者认为，通过强化共享的社会身份，可以增强成员之间的联系感和归属感，进而提升社会临场感。社会身份是指个体如何在群体中定义自己，以及他们与群体的联系感。

Rogers 和 Lea 发现，当成员能够识别和共享一个共同的社会身份时，他们更倾向于参与到群体活动中，表现出更高的社会临场感[①]。这表明，明确的群体归属感和共同目标对于促进远程环境下的社会临场感是必要的。研究建议，首先，教师可以鼓励成员分享个人信息和经历，以及定期组织虚拟团队建设活动，都可以加强成员之间的联系，提升社会临场感。其次，教师可以通过共同的目标设定、价值观的明确以及团队文化的培养，增强成员之间的认同感和归属感（强化共享的社会身份）。再次，教师还可以建立多渠道的沟通平台，鼓励成员之间的频繁互动，包括定期的视频会议、在线讨论和即时消息交流，以模拟面对面交流的体验。同时，尊重团队成员的多样性，提供机会让每个人都能表达自己的观点和个性，从而增强团队内的社会临场感。最后，定期组织虚拟团队建设活动和社交聚会，即使是在远程环境下，也能促进成员之间的非正式交流，加深彼此的了解和信任。

总之，教学策略在在线教育中的核心作用不容小觑，它们不仅能够激发学生的学习热情，还能深刻影响社会临场感的构建，从而创造一个充满活力、互动和情感联结的学习环境。An 等人的研究展示了教师在异

---

① P. Rogers, M. Lea, "Social Presence in Distributed Group Environments: The Role of Social Identity", *Behaviour & Information Technology*, Vol. 24, 2005, pp. 151-158.

步在线讨论中的角色如何影响学生之间的互动质量，强调了适度指导的重要性。适度的教师介入既能保证讨论的流畅性，又能激发学生的主动性，促进更深层次的思考与交流，从而增强社会临场感。Lowenthal 和 Dunlap 的数字故事叙述策略，则为在线教育注入了人性化的温暖。通过教师的个人故事分享，学生能够感受到教师的真实存在，这种亲密感和信任感的建立，对于提升社会临场感有着不可估量的价值。Garrison 等人则从教学临场感、认知临场感和社会临场感的相互关系出发，提倡课程设计应兼顾知识传授与人际互动，以构建全面的学习体验。Swan 的研究进一步强调了互动在社群构建中的核心地位。他们指出，构建社群能够激发学生的学习热情，有效增强学生之间的交流与合作，加深学生对社群的归属感和参与感，从而构建一个充满活力和深度的在线学习社群，最终促进知识的深度理解和应用。Rogers 和 Lea 发现共享社会身份对于提升社会临场感的价值，倡导通过共同目标设定、团队文化和沟通平台的构建，增强成员间的联系与认同感。综上所述，教学策略的创新与优化是在线教育中社会临场感构建的基石。教师和课程设计者应综合运用上述研究中的发现，通过精心设计的互动活动、人性化的教学方法和适时的指导干预，促进学生之间的深度交流与合作，营造一个既有知识深度又有人情温度的学习空间。在线教育的未来，正是在于如何巧妙地结合技术与人性，让每个学生都能在虚拟的教室里找到属于自己的声音，感受到来自四面八方的温暖与支持，共同编织一段有温度的学习旅程。

最后值得一提的是，在在线教育的浩瀚宇宙中，ADDIE 模型如同一颗导航星，引领着教育者和课程设计者穿越课程设计的复杂迷宫，特别是在构建和维护社会临场感这一关键领域。前端分析，作为 ADDIE 模型的起航阶段，犹如一座灯塔，照亮了前行的方向。它不仅帮助教育者深入了解学习者背景、需求与技术资源，更为后续设计决策铺设了坚实的基石。Vrasidas 和 McIsaac 指出，前端分析在在线课程设计中不可或缺，设计者与教师需精准定位社会临场感的预期水平，全面考量技术可得性、教师在线教学准备度以及学生特性，为课程设计的每一个细节注入生命①。Swan 的研究进一步揭示，课程设计的结构、评估和互动性与学生感知紧密相连，它们是促进在线学习社区形成与知识构建的催化剂②。

鉴于此，网络课程设计者在构想课程蓝图时，应遵循一套系统化的流程，以促进社会临场感的蓬勃生长。首先，技术资源分析，评估现有技术工具，确保其能无缝支持高效互动。其次，教师准备度分析，深入了解教师在线教学能力，必要时提供专业培训。再次，学生特性分析，考查学生学习风格、计算机技能与社交需求，以定制个性化课程设计。此外，互动设计，根据课程目标与学生需求，精心策划互动环节，如小组讨论、实时问答、合作项目等，激发学生间的深度交流与协作。最后，反馈与调整，持续收集学生反馈，监控社会临场感构建效果，灵活调整设计，以达到最佳学习体验。

---

① Charalambos Vrasidas, Marina S. McIsaac, "Principles of Pedagogy and Evaluation for Web-based Learning", *Educational Media International*, Vol. 37, No. 2, 2000, pp. 105–111.

② Karen Swan, "Building Communities in Online Courses: The Importance of Interaction", *Education, Communication and Information*, Vol. 2, No. 1, 2002, pp. 23–49.

教学临场感：在线学习引导与促进的枢纽

教学临场感指教师在远程或在线学习环境中展现的专业权威性和引导作用，对于确保高质量的在线学习体验至关重要。在缺乏面对面互动的情况下，教学临场感尤为关键。随着在线教育的发展，深入理解和有效运用教学临场感已成为提升教学质量的核心要素。本书旨在梳理其发展历程和最新研究成果，并提出相应的实施建议。

第一节　教学临场感与其他因素的关系

一　教学临场感对学习满意度的促进作用

在当今数字化转型的时代背景下，在线学习的兴起打破了地理界限，为学生提供了前所未有的灵活性与便捷性，但它们同时也带来了新的挑战，尤其是如何在非面对面的环境下营造出类似于传统教室的沉浸式学习体验。这一挑战的核心在于如何构建教学临场感，即学生在虚拟空间中感受到教师的存在、互动与关怀，以及同伴之间的连接感。教学临场感不仅关乎学生的心理状态和情感投入，还直接影响到他们的学习满意度和整体学习成效。学习满意度被视为衡量教育质量和学习效果的关键指标，它综合反映了学生对学习过程、资源、支持系统和最终成果的感受与评价。高满意度的学习体验往往与更好的学习成果、持续的学习动力和积极的情感态度相关联。然而，在线学习环境下低水平的教学临场感可能导致学生感到孤立、缺乏动力，甚至产生辍学的倾向，这无疑会降低学习满意度，进而影响教学的整体有效性。鉴于此，通过深入探究二者之间的关系，不仅能够揭示教学临场感如何塑造学生的情感反应和认知评价，还能为教师提供策略性指导，帮助他们在设计和实施在线课程时，更加有效地增强教学临场感，进而提升学习满意度。这不仅是教育技术领域的迫切需求，也是实现高质量在线教育目标的关键步骤。在此背景下，大量的学者针对教学临场感与学习满意度的关系开展了研究。

在教学临场感与学习满意度的研究中，研究者们一致认为教学临场感与学习满意度之间存在显著的正相关关系。具体来说 Nasir 和 Don 采用 CoI 量表来测量教学临场感水平，使用问卷调查法来测量学生对在线课程的满意度①。研究结果显示，教学临场感与课程满意度之间存在显著正相关关系，即教学临场感水平较高的学生对课程的满意度也越高。该研究还特别指出教学临场感的教学设计与组织和促进对话两个子维度与课程满意度也显著相关。近些年，有关教学临场感与学习满意度之间关系的研究大幅增长。Jin 研究了在线学习环境中学生对教学临场感的感知水平，以及教学临场感与学习满意度之间的关系②。研究结果表明，在线环境中，学生们感受到了水平较高的教学临场感，且这种教学临场感的感知程度与学习满意度成正比。Yoo 和 Jung 运用混合研究方法发现教学临场感是影响学习满意度的重要因素③。在深入的焦点小组访谈中，学生反馈当他们能够接收到来自教授的反馈并看到教授的面孔时，教学临场感得到了显著提升，进而有效增进学习满意度。此外，Kim 和 Lee、

① M. Khalid M. Nasir, Quick Don, "Teaching Presence Influencing Online Students' Course Satisfaction at an Institution of Higher Education", *International Education Studies*, Vol. 9, No. 3, 2016, p. 62.

② Kim Su Jin, "Teaching Presence Strengthening Strategy Based on Correlation Analysis Between Perception of Teaching Presence and Learning Satisfaction in Online Spanish Education", *Korean Journal of Latin American and Caribbean Studies*, Vol. 38, No. 3, 2019, pp. 69-98.

③ Leeho Yoo, Dukyoo Jung, "Teaching Presence, Self-Regulated Learning, and Learning Satisfaction on Distance Learning for Students in a Nursing Education Program", *International Journal of Environmental Research and Public Health*, Vol. 19, No. 7, 2022.

Siahc 以及 Um 等人的研究结论也与上述研究结论一致①。Caskurlu 等人通过元分析探究了教学临场感与学习满意度之间的关系②。结果显示教学临场感与学生满意度之间存在显著正相关关系，并且教师的积极参与和引导有助于提高学生的满意度，同时也能促进更深层次的学习，其中具体的效应大小可能会因研究环境、学生群体和教学方法的不同而有所差异。这表明，在线教育环境下，加强师生及学生间的互动，以及精心设计和组织课程，能够有效提升学生对在线课程的满意度。

鉴于众多研究一致证实了教学临场感与学习满意度之间存在显著正相关关系，因此教师在设计和执行在线课程时，应当深刻理解并高效利用这一理论框架，以提升学生的教学临场感和对课程的满意度。具体实践路径如下，首先应强化教学设计与组织，如细化课程结构，精心规划课程内容，确保清晰的模块划分和逻辑顺序，使学生能够轻松跟上学习进度，理解学习目标和期望；为学生提供详尽的学习指南，创建翔实的课程指南和资源列表，涵盖学习材料、评估标准和时间安排，帮助学生自主管理和规划学习过程；设定明确预期，在课程开始之初，向学生明确传达学习目标、评价方式和参与要求，增强学习的方向性和动力。其次应加强互动与对话，如鼓励主动参与，设计小组讨论、在线论坛和实时问答环节，激发学生之间的交流，促进知识共享和批判性思维的发展；进行个性化反馈，定期给予学生个性化的反馈，不仅关注作业成绩，更注重提供建设性的指导，帮助学生识别并克服学习障碍；注重培养学生

①　Dongsim Kim, Myung-Geun Lee, "The Structural Relationship among Smartphone Dependency, Teaching Presence, Deep Approach to Learning and Satisfaction in Online Deeper Learning", *Proceedings of the 2019 8th International Conference on Educational and Information Technology*, 2019, pp. 27-32; Chiew-Jiat Siah, Fui-Ping Lim, Siew-Tiang Lau, Wilson Tam, "The Use of the Community of Inquiry Survey in Blended Learning Pedagogy for a Clinical Skill-Based Module", *Journal of Clinical Nursing*, Vol. 30, Nos. 3-4, 2021, pp. 454-465; Namhyun Um, "Factors Affecting Students' Satisfaction with Online Learning and Intention to Use Online Learning", *Journal of the Korea Convergence Society*, Vol. 13, No. 4, 2022, pp. 203-211.

②　Secil Caskurlu, Yukiko Maeda, Jennifer C. Richardson, Jing Lv, "A Meta-Analysis Addressing the Relationship between Teaching Presence and Students' Satisfaction and Learning", *Computers & Education*, Vol. 157, 2020.

的社区意识，通过团队项目和协作任务，增强班级内的凝聚力，让学生感受到归属感和相互支持。最后应加强直接指导与支持，如灵活应对需求，根据学生的学习节奏和偏好，适时调整教学策略，提供额外的辅导或资源，满足多样化的学习需求；还可以使用技术辅助教学，利用多媒体和互动工具丰富教学内容，增加学习的趣味性和互动性，同时确保技术支持到位，解决技术难题；加强沟通渠道的建立，设立易于访问的在线沟通平台，确保学生在遇到疑问或困难时能够迅速获得教师的帮助和响应。

除了教学临场感与学习满意度二者之间的直接关系，是否有其他因素作为中介来影响二者之间的关系也受到了研究者的关注。Kwon探究了教学临场感、学习方式（包括深度学习和表面学习）与学习满意度之间的相互关系[1]。研究结果显示，教学临场感与深度学习方式之间存在显著的正相关，与表面学习方式则呈显著的负相关。进一步发现，深度学习方式对学习者的满意度有着积极的直接影响，而表面学习方式仅对效果感知产生消极影响。这说明深度学习方式在教学临场感与学习满意度之间起到显著的中介作用，但对于表面学习方式并未观察到类似的中介效应。因此，教师可以设计更多互动环节，如在线讨论、实时问答等，以增强教学临场感。及时且具体的反馈能够帮助学生深入理解课程内容，促进深度学习，从而提高学习满意度。Zhang等人在研究教学临场感与满意度的关系时更加关注到了自我调节在教学临场感与满意度之间的关系中起到的中介作用。发现教学临场感与学习满意度呈显著正相关，其中自我调节学习在教学临场感和在线学习满意度之间的关系中起部分中介作用[2]。这一结果对师生以及各级领导和政策制定者具有以下重要启示：首先，教师需要帮助学生提高自主学习能力，建立在线学习信心，

---

[1] Soungyoun Kwon, "Examining the Relationships Among Teaching Presence, Learning Approaches, Learners' Perception of Satisfaction and Effectiveness in Online Learning Environments", *Journal of Educational Technology*, Vol. 27, No. 3, 2011, pp. 535-560.

[2] Yanfang Zhang, Jinyan Huang, Shahbaz Hussain, Yaxin Dong, "Investigating the Impact of the Community of Inquiry Presence on Online Learning Satisfaction: A Chinese College Student Perspective", *Psychology Research and Behavior Management*, Vol. 16, 2023, pp. 1-29.

有效管理时间，及时完成在线学习任务，并鼓励他们在在线学习中调整情绪状态。积极的情绪状态会帮助他们自我调节在线学习，并最终感到满足。其次，教师应该创造一个共享的在线学习环境，提高学生在在线课程教学中的临场感。此外，建议教师培养学生的自我调节技能，调整自己的情绪状态，以适应在线学习。最后，各级领导和决策者应该了解学生在线学习的挑战，了解教师在线教学的困难。建议实施具体的政策和程序，通过鼓励学生保持积极的情绪状态和管理他们的在线学习来创建支持性的在线学习社区，提高学生的学习满意度。

综合上述研究可以发现，教学临场感与学习满意度之间存在着显著的正相关关系。这种关系在不同学习情境下，如在线、混合式学习，均得到了证实，显示出了教学临场感对学习满意度的普遍影响。然而，教学临场感并非孤立地影响学习满意度，研究表明，自主学习能力和深度学习方式在其中扮演着中介或调节的角色。这些发现共同揭示了教学临场感与学习满意度之间复杂而微妙的交互作用，以及它们如何共同塑造学生的学习体验。未来研究方向应着重于以下几个关键领域，以进一步深化对教学临场感与学习满意度关系的理解。首先，纵向研究的设计将有助于揭示教学临场感变化对学生学习满意度和成效的长期影响，为教育政策制定和实践提供数据支持。此外，干预研究也是不可或缺的一环。通过设计并实施教学临场感提升策略，研究者可以验证这些策略的实际效果，为教育实践提供实证依据。最后，新技术的应用，如人工智能、虚拟现实和增强现实，为提高教学临场感水平提供了新的可能。未来研究应探索这些技术如何改变教学方式，以及它们对学习满意度的影响。总之，教学临场感与学习满意度之间的关系研究不仅反映了教育实践的需求，也为教育理论和实践的创新提供了方向。

二　教学临场感对自我调节能力的促进作用

教学临场感与自我调节能力之间的关系也是教学临场感相关研究中尤为重要的一个方向。自我调节能力是指学生在没有教师或家长、同伴等人直接监督的情况下，能够自主设定目标、监控进度并调整学习策略的能力，是实现成功在线学习的关键组成部分。当学生面对虚拟课堂时，教学临场感水平的强弱直接影响到他们是否能保持高度的自我调节水平，从而影响学习的深度、广度和持久性。在线学习环境往往缺乏传统的面对面互动，这可能削弱学生的学习动机和参与度，进而影响自我调节能力的发挥。因此，深入探索教学临场感如何促进学生自我调节，不仅能够为教师提供改善在线教学策略的实证依据，还能够为设计更加高效、个性化的学习平台提供科学指导。通过增强教学临场感，如通过及时反馈、个性化指导和创造性的互动机制，可以促进学生自我调节能力的培养。鉴于在线学习的普遍性和未来教育趋势，对教学临场感与自我调节能力之间关系的研究，不仅具有理论价值，更是对实际教育实践有着深远的意义。它不仅关乎个体学生的成长与发展，也关系到整个教育系统的效率与质量。在此背景下，大量的学者针对教学临场感与自我调节能力之间的关系开展了研究。

在探讨教学临场感与自我调节能力关系的研究中，大部分学者们主要聚焦于这两者间的相互作用。Liao 等人的研究结果表明，自我调节学习和共同调节学习能够正向调节教学临场感，即在自我调节和共同调节水平较低的情况下，教师的支持与学生的情感投入关系更为紧密[1]。这一研究加深了我们对教学临场感与自我调节能力之间复杂关系的理解。Morrison 和 Jacobsen 研究了教学临场感和学生自我调节的关系。研究结果表明，学生能够在收到的及时和个性化的反馈中直接体验到教学临场感[2]。教师定期的反馈有助于激发学生的学习动机和提升自我调节能力，即当学生感受到水平较高的教学临场感时，他们的自我调节能力也变高了。

近年来，研究者们开始深入探索哪些因素在教学临场感与自我调节能力的关系中扮演中介角色，揭示了这一关系的多层次影响机制。Zhong

---

[1] Hongjian Liao, Qianwei Zhang, Lin Yang, Yuenong Fei, "Investigating Relationships among Regulated Learning, Teaching Presence, and Student Engagement in Blended Learning: An Experience Sampling Analysis", *Journal of Educational Technology Development and Exchange*, Vol. 28, 2023.

[2] Laura Morrison, Michele Jacobsen, "The Role of Feedback in Building Teaching Presence and Student Self-regulation in Online Learning", *Social Sciences & Humanities Open*, Vol. 7, No. 1, 2023.

等人的研究指出，学习投入在自我调节、教学临场感之间起到了重要的中介作用①。他们发现，即使学生具备良好的自我调节能力，或者教师提供了高水平的教学临场感，如果学生没有相应的学习投入，那么这些优势也可能无法转化为实际的学习效果，因此，学习投入是连接自我调节能力和教学临场并将其转化为具体学习成果的重要桥梁。Zhang 等人的研究从自我调节学习的社会认知视角出发，探索了网络警惕性在自我调节学习与教学临场感之间的中介作用②。结果发现，当学生具备较强的自我调节能力，能够自主管理学习进程、监控学习状态并适时调整策略时，他们的网络警惕性便得以发挥，帮助他们更加敏锐地捕捉到教学环境中的细节，包括教师的言语、表情及非言语沟通，从而提高对教学临场感的感知水平。因此，教师在实践中应着重考虑如何提高学生的学习投入度，比如结合学生的特点和需求，采用多样化的教学方法和手段，如多媒体教学、案例教学、项目式学习等，以激发学生的学习兴趣和投入度；或是通过班级文化建设、学习竞赛等方式，营造积极向上的学习氛围，激发学生的学习热情和投入度；还可以为学生提供丰富的学习资源和工具，如图书馆、网络资源、学习辅导等，支持他们的学习投入和自我调节。此外，虽然在线警惕性并非直接决定学习效果的关键因素，但在高抑制控制水平下，它能够显著强化学生对教学临场感的感知。因此，教师在进行在线教学时，可以鼓励学生在网络学习过程中保持高度的警惕性，关注教学环境中的细微变化和重要信息。这可以通过提醒学生定期检查学习平台上的更新、积极参与讨论区的互动、注意教师的实时反馈等方式来实现。

综合上述研究可以发现，它们共同揭示了教学临场感与自我调节能力之间复杂而密切的联系，以及在这一关系中起作用的多种中介和调节

①　Qiuju Zhong, Ying Wang, Wu Lv, Jie Xu, Yichun Zhang, "Self-Regulation, Teaching Presence, and Social Presence: Predictors of Students' Learning Engagement and Persistence in Blended Synchronous Learning", *Sustainability*, Vol. 14, No. 9, 2022.

②　Yamei Zhang, Yuan Tian, Liangshuang Yao, Changying Duan, Xiaojun Sun, Gengfeng Niu, "Individual Differences Matter in the Effect of Teaching Presence on Perceived Learning: From the Social Cognitive Perspective of Self-regulated Learning", *Computers & Education*, Vol. 179, 2022.

因素。这不仅丰富了我们对在线和混合式学习环境中学生学习过程的理解，还为教师提供了提升学习成效的策略指导。通过优化教学设计，增强教学临场感，以及培养学生的自我调节能力，可以有效提升学生的学习投入度，促进学生学习。未来研究可以从以下几个方向展开：首先，可以通过开展纵向研究设计追踪教学临场感、自我调节能力与学习成效随时间的变化，揭示其动态关系和长期影响。其次，干预研究可以测试特定教学策略或自我调节训练项目对教学临场感与学习成效的直接影响，为教育实践提供实证依据。最后，结合新兴技术，如人工智能和大数据分析，探索其在增强教学临场感、监测和促进学生自我调节能力方面的作用，将为未来教育实践开辟新的路径。对教学临场感与自我调节能力之间关系的深入研究为教育实践提供了明确的方向，通过细致剖析两者间的互动机制，可以优化学习环境，显著改善学生的学习体验。

三　不同授课形式下的教学临场感

研究"不同授课形式下的教学临场感"具有重要的理论与实践价值。首先，从理论上讲，深入理解不同授课形式下教学临场感的构建机制，有助于完善在线教育理论体系，为教学设计提供科学依据。其次，从实践角度看，研究结果能够指导教师根据不同的授课形式灵活调整教学策略，提升教学效果。特别是在当前在线学习广泛开展的大环境下，如何在在线和混合学习模式中维持高水平的教学临场感，已经成为教师面临的一项紧迫任务。因此，研究者们开始针对这一主题开展研究。

Akyol 等人对同一门研究生课程中分别参与完全在线和混合课程的学生进行了调查，并分析了在线讨论记录以及对学生和教师的采访[①]。结果发现混合学习组的学生感知到的教学临场感水平略高于完全在线学习组的学生。Akyol 等人将这种差异归因于参与混合课程的学生每周有机会与老师面对面交流一次，即参与混合课程的学生能够有更多的渠道与教

---

① Zehra Akyol, D. Randy Garrison, Muhammet Yasar Ozden, "Online and Blended Communities of Inquiry: Exploring the Developmental and Perceptional Differences", *The International Review of Research in Open and Distributed Learning*, Vol. 10, No. 6, 2009.

师沟通，而参与完全在线课程的学生没有与老师面对面沟通的机会。Shea 和 Bidjerano 对来自同一所州立大学的 2000 多名学生进行了研究，在学习过程中他们都使用相同的学习管理系统，但是这些学生分成两组分别参与了混合式课程和完全在线课程①。调查结果显示，参与混合式课程的学生对教学临场感的感知水平高于完全在线课程。Shea 和 Bidjerano 同样发现并验证了参与混合式课程的学生对教学临场感的感知水平高于参与完全在线课程的学生这一观点。Stillman-Webb 等人的研究同样探索了授课形式是否会影响学生在在线课程中感知教学临场感的水平②。为了衡量学生对教学临场感三个子维度的感知程度，Stillman-Webb 对学生在其完全在线与混合写作课程中感知教学临场感的水平进行了调查。结果显示，参与完全在线课程的学生和参与混合式课程的学生都表现出同水平的教学临场感，但他们对教学临场感三个子维度的感知存在差异，具体来说，促进对话是完全在线课程学生和混合式课程学生感知水平差异最大的一个维度；并且参与混合式课程的学生对三个子维度的具体感知水平均高于参与完全在线课程的学生。

　　上述研究均发现参与混合式课程的学生感知到的教学临场感水平高于参与完全在线课程的学生，并且研究者均认为相比于完全在线课程，在混合式课程中学生与教师有机会进行面对面的交流，这一因素能够显著地提升教学临场感水平。因此，教师在选择授课形式时应更多地考虑混合式课程模式，并在课程中设计有效的面对面互动环节，比如在学期开始前，安排一次或多次面对面的见面会，让学生和教师有机会建立个人联系，增强班级的凝聚力。利用面对面课堂时间进行小组讨论、项目协作或实验活动，因为这些活动更依赖于即时反馈和直观的社交活动，难以通过在线平台完全复制。若是必须进行完全在线教学，教师也可以充分利用在线学习平台或其他社交平台创建在线交流的机会，比如教师

① Peter Shea, Temi Bidjerano, "Learning Presence as a Moderator in the Community of Inquiry Model", *Computers & Education*, Vol. 59, No. 2, 2012, pp. 316-326.

② Natalie Stillman-Webb, Lyra Hilliard, Mary K. Stewart, Jennifer M. Cunningham, "Facilitating Student Discourse: Online and Hybrid Writing Students' Perceptions of Teaching Presence", *Computers and Composition*, Vol. 67, 2023.

可以建立稳定的在线办公时间，使用视频会议软件，让学生可以预约进行一对一的辅导或咨询，模拟面对面交流的环境；使用即时通信工具或学习管理系统中的消息功能，保持与学生的日常沟通，及时解答疑问，从而提升教学临场感。

未来的研究可以从以下几个方面开展，首先，深入分析不同学科领域和学生群体对教学临场感感知的差异，探究是否所有学生群体都能从混合学习模式中获益；其次，研究如何在完全在线学习环境中复制混合学习模式的某些优势，如通过技术创新或教学策略改进，以增强教学临场感；最后，探索教师如何通过特定的在线教学技巧和策略，如在交流时使用学生名字、视频会议等，提升学生感知教学临场感的水平，进而提高学生满意度和学习成效。这些研究共同说明了教学临场感对于构建有效的在线和混合学习环境至关重要，而混合学习模式因其提供多元互动渠道，可能在增强教学临场感方面具有独特优势。教师和研究者应继续探索如何优化教学设计，以在各种学习模式中最大化教学临场感，满足学生的需求，促进学生的学习体验和成效。

四 教学临场感与认知负荷

教学临场感与认知负荷的关系研究是教育技术与学习科学领域的一个焦点议题。认知负荷是指在信息处理过程中，学生大脑的工作记忆所承受的压力。研究教学临场感与认知负荷两者之间的关系，特别是教学临场感如何影响学生的认知负荷，对于优化教学设计、提升学习效率和学习满意度具有极其重要的意义。在线学习中，教师需要通过精心设计的教学活动和互动策略来增强学生的感知，以达到降低认知负荷、提高学习效率的目的。同时，过度的多媒体刺激、复杂的学习界面或是缺乏及时反馈，都可能增加学生的认知负荷，进而影响学生学习。因此，对教学临场感与认知负荷之间的关系开展研究可以深入探究在不同教学情境下，如何通过提升教学临场感来有效管理学生的认知负荷，从而促进学习的深度加工和长期记忆的形成。这一研究不仅有助于教师设计更加合理、高效的教学方案，同时也为学生提供了一种更为舒适、愉悦的学习体验。在此背景下，有少数学者针对教学临场感与认知负荷的关系开展了研究。

虽然已有研究较少关注这一领域，但是 Kozan 的两篇研究为我们提供了深入见解。Kozan 首先提出了教学临场感与社会临场感在调节认知负荷中的作用①。他指出，当学习内容极具挑战性时，教师的引导与支持（教学临场感）以及学生之间的互动合作能够有效缓解认知负荷，确保学生能有效处理信息。相反，如若学习任务过于简单导致认知负荷不足，同样可以通过增加由教师或同伴提供的适度挑战来提升学习的复杂度。此外，Kozan 强调，通过精心设计学习活动，减少无关信息的干扰，可以进一步优化认知负荷，确保学生集中精力于核心学习内容。紧接着，Kozan 通过分层多元回归分析进一步探讨了在已控制学习满意度的条件下，认知负荷如何受教学、认知和社会临场感的影响。该研究以一个全在线研究生课程为对象，结果显示，教学临场感可以显著预测认知负荷②。

因此，如何通过教学临场感来调节学生的认知负荷，教师可以参考以下建议：当学习内容极具挑战性时，教师可以通过精心设计的教学策略来优化学生的学习体验。首先，采用分步教学与支架式教学法，将复杂的概念分解成一系列小步骤，逐步构建知识体系，同时提供适时的指导和支持，随着学生能力的提升逐渐减少辅助，帮助学生克服学习障碍。其次，组织小组讨论或合作项目，鼓励学生间的相互解释和问题解决，这种同伴学习与合作不仅能够减轻个体的认知负担，还能促进深层次的理解和批判性思维的发展。再次，定期提供针对性的反馈，帮助学生识别学习难点，同时鼓励学生进行自我反思，总结学习经验，深化对知识的掌握。而对于过于简单的学习任务，可以通过引入扩展任务，设计一些需要应用基础概念解决实际问题的任务，提高学习的复杂度，如案例

---

①　Kadir Kozan, "How Does Cognitive Load Relate to Teaching, Social and Cognitive Presences?", *The AERA Online Paper Repository*, 2015, pp. 1-19.

②　Kadir Kozan, "The Incremental Predictive Validity of Teaching, Cognitive and Social Presence on Cognitive Load", *The Internet and Higher Education*, Vol. 31, 2016, pp. 11-19.

分析、项目设计等，激发学生的兴趣和挑战精神。同时，鼓励创新思考，提出开放性问题，激发学生创造性思维，鼓励他们探索新思路，挑战现有知识，拓展学习的边界。跨学科整合也是一个有效策略，将简单概念与其他学科领域结合，创建综合性的学习情境，增加学习的深度和广度，培养学生综合运用知识的能力。为了进一步优化认知负荷，教师应当精简信息呈现，避免在单一教学单元中包含过多无关细节，专注于核心概念，使用清晰、简洁的语言和视觉辅助，确保信息的传递效率。合理运用多媒体原则，通过文字、图像、音频和视频等多种媒介，以多种方式呈现信息，减少单一感官通道的负荷，使学生能够从不同角度理解和吸收知识。此外，预习与复习也是优化认知负荷的重要手段，提前发布预习资料，让学生先接触即将学习的内容，课后布置复习任务，巩固所学，避免遗忘，促进知识的长期存储和应用。最后，个性化学习路径的构建是优化认知负荷的关键。利用自适应学习系统，根据学生的表现动态调整学习路径，满足不同学生的学习需求。实施差异化教学，根据学生的兴趣、能力和先验知识，提供不同的学习资源和活动，确保每位学生都能在适合自己的水平上挑战自我，实现深度学习。

教学临场感与认知负荷的关系研究的重要性不言而喻，而已有研究对这一领域的关注少之又少。因此，未来的研究可以从以下几个方面开展。首先，量化教学临场感对认知负荷的影响，如开发或改进量表，精确测量不同教学环境下（如面对面、在线、混合式学习）教学临场感的水平，同时采用认知负荷理论的指标，如心率变异性、脑电图、眼动追踪等生理指标，以及自我报告、测试成绩等心理指标，量化教学临场感对认知负荷的实际影响，探索两者之间的动态关系；其次，开展情境特定性研究，如在不同的学科领域（如数学、语文、艺术、科学）和教育阶段（小学、中学、大学）中，探究教学临场感与认知负荷之间的关系是否存在差异，分析特定情境下最有效的教学策略，如在理科实验课程中，面对面指导是否比在线指导更能减轻认知负荷；再次，可以研究技术辅助下的教学临场感，如研究如何利用人工智能等新兴技术创造更具临场感的在线学习环境，分析这些技术如何影响认知负荷；最后，可以

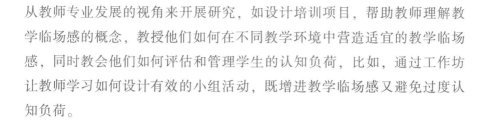

从教师专业发展的视角来开展研究，如设计培训项目，帮助教师理解教学临场感的概念，教授他们如何在不同教学环境中营造适宜的教学临场感，同时教会他们如何评估和管理学生的认知负荷，比如，通过工作坊让教师学习如何设计有效的小组活动，既增进教学临场感又避免过度认知负荷。

第二节 教学临场感与在线学习成效的多维度影响

一 教学临场感对在线学习参与的影响

探讨"教学临场感对在线学习参与行为的影响"能够深入探究教学临场感的作用机制，有助于完善在线教育的理论框架，为教育技术学与教育心理学提供新的研究视角。从实践角度来看，明确教学临场感与学生参与行为之间的关系，可为教师提供实用的指导，帮助他们设计和实施更有效的在线教学策略，以适应多元化、个性化学习的需求。因此，对教学临场感与在线学习参与行为之间关系的系统研究，不仅能够丰富教育领域的理论研究，更能为教师提供基于实证的策略指导，助力教师在虚拟空间中构建高效、互动、富有温度的学习环境。本书将从教学临场感与学习参与度和学习投入两个方面来进行阐述。

首先，在教学临场感与学习参与度的关系研究中，Zhang 等人的研究发现，教学临场感对学生的建设性和互动性学习参与行为有正面影响，而对于被动和主动参与行为的影响并不明显①。这说明，在线教学中教师的教学临场感在促进学生积极参与和构建知识方面发挥了重要作用，强调了在线教师在课程设计与组织、促进对话和直接教学上的价值与必要性。Jung 和 Lee 的研究探讨了如何通过教学临场感促进学生的学

---

① Huaihao Zhang, Lijia Lin, Yi Zhan, Youqun Ren, "The Impact of Teaching Presence on Online Engagement Behaviors", *Journal of Educational Computing Research*, Vol. 54, No. 7, 2016, pp. 887-900.

习参与①。具体而言，他们采用结构方程模型检验了 MOOCs 中学生教学临场感和学习参与之间的影响。结果表明，学生的教学临场感对学习参与有显著的直接影响。Yun 等人聚焦于远程高等教育环境，采用结构方程模型，详细分析了教学临场感、社会临场感、学习参与与感知学习成就之间的结构关系。研究结果表明，教学临场感与社会临场感均对学习参与产生正面影响，进而正向预测感知学习成就②。这意味着学生感受到较高水平的教学临场感时，往往会更加投入学习中，从而增强其感知到的学习成就。Chi 的研究发现 MOOC 的教学临场感与学习参与度存在显著正相关③。Lasekan 等人的研究发现通过促进互动式课堂和教师向学生提供快速反馈来证明教学临场感是提高学生参与度的一个因素④。即从教师的教学临场感方面来说，教师的高质量课程材料、互动式课程以及没有干扰的物理环境对学生是否愿意参与在线课程有重要影响。

整体来看，教学临场感对学习参与有积极正面的影响。因此教师可以通过以下方式来提升学生的参与度。首先，安排定期的直播课程，如答疑解惑、专题讨论，让学生感受到教师的实时存在，增强师生间的互动；进行个性化反馈，如通过邮件、论坛或个别会议提供及时且具体的反馈，让学生感受到个人关注和指导，增强学习的个性化和参与感。通过这样的方式可以提升学生的互动性学习参与行为。其次，还可以模块化课程内容，将课程内容划分为短小的、易于消化的模块，每个模块聚焦于特定主题，便于学生按需学习和复习；采用多样化的教学资源，结

---

① Yeonji Jung, Jeongmin Lee, "Learning Engagement and Persistence in Massive Open Online Courses (MOOCs)", *Computers & Education*, Vol. 122, 2018, pp. 9-22.

② Heoncheol Yun, Suna Oh, Hyunsuk Yoon, Seon Kim, "Effects of University Students' Social and Teaching Presence on Learning Engagement and Perceived Learning Achievement in Online Courses", *Educational Technology International*, Vol. 22, No. 2, 2021, pp. 111-137.

③ Xiaobo Chi, "The Influence of Presence Types on Learning Engagement in a MOOC: The Role of Autonomous Motivation and Grit", *Psychology Research and Behavior Management*, Vol. 16, 2023, pp. 5169-5181.

④ Olusiji Adebola Lasekan, Vengalarao Pachava, Margot Teresa Godoy Pena, Siva Krishna Golla, Mariya Samreen Raje, "Investigating Factors Influencing Students' Engagement in Sustainable Online Education", *Sustainability*, Vol. 16, No. 2, 2024, p. 689.

合视频讲座、文本阅读、互动问答、案例分析等多种资源，满足不同学习风格和偏好，提高学习的吸引力和有效性。通过这样的方式可以为学生提供高质量的课程材料，从而增强学生的学习参与。最后，还需要创建无干扰的学习环境，如明确学习空间，指导学生设置专门的学习区域，减少家庭或工作场所的干扰，营造专注的学习氛围。这样可以通过减少物理环境的干扰来提高学生的学习参与程度。

其次，也有研究者关注教学临场感与学习情感投入之间的关系。Liao 等人则关注混合式学习环境中教学临场感与学习投入等之间的关系①。研究结果表明，教师教学临场感中的教学设计与组织水平对学生的认知和情感投入有着显著的正面影响，是决定学习投入个体差异的关键因素之一。Zhang 等人研究了教学临场感与学习情感投入的关系，以及认知负荷的中介作用和认知需要的调节作用，发现教学临场感不仅能直接促进学生的情感投入，还能通过减轻认知负荷的负面影响，进一步增强学生的情感参与度②。具体而言，当教师展现出强烈的临场感时，学生会感受到更低的认知负荷，即学习过程中所需处理的信息量和复杂度降低，从而减少了心理压力和疲劳感。这种减压效果促使学生能够更加轻松地投入学习活动，享受学习过程，而非仅仅承受学习负担。

根据研究结论，教学临场感与学习情感投入呈现出正相关关系，其中认知负荷和认知需要起到中介作用。这意味着，当教师展现出较强水平的教学临场感时，它能通过优化认知负荷来增强学生的情感投入，而学生自身的认知需求则会放大这一积极效果，同时削弱因认知负荷过高而带来的消极影响。因此，教师应采取具体而细致的策略来增强教学临场感，包括但不限于：利用多媒体技术和互动工具创造生动的在线学习

① Hongjian Liao, Qianwei Zhang, Lin Yang, Yuenong Fei, "Investigating Relationships among Regulated Learning, Teaching Presence, and Student Engagement in Blended Learning: An Experience Sampling Analysis", *Journal of Educational Technology Development and Exchange*, Vol. 28, 2023, pp. 12997-13025.

② Yamei Zhang, Yuan Tian, Liangshuang Yao, Changying Duan, Xiaojun Sun, Gengfeng Niu, "Teaching Presence Promotes Learner Affective Engagement: The Roles of Cognitive Load and Need for Cognition", *Teaching and Teacher Education*, Vol. 129, 2023.

环境，使学生感受到教师的即时关注与支持；设计适宜难度的学习任务，确保它们既能挑战学生，又不会超出他们的认知处理能力，以此来管理认知负荷；激发学生的好奇心和探索欲，通过与学生兴趣相关的实践活动，满足他们的认知需求。通过这些措施，不仅能够提升学生的学习投入，还能增强他们的情感投入，最终达到改善学习效果的目的。教师应当持续关注学生在学习过程中的情感反应和认知状态，适时调整教学策略，以营造一个既充满挑战又能提供足够支持的学习环境。

上述关于教学临场感对在线学习参与行为影响的研究提供了丰富的视角和实证依据，为在线教育的理论与实践贡献了宝贵的知识。未来研究可以从以下几个方向进一步深化和拓展：比如研究教学临场感与非传统学习群体的关系，将研究对象聚焦于成人学生、特殊需求学生或非母语学生，研究教学临场感如何特别影响这些群体的学习参与度，开发针对这些群体的教学临场感增强策略，以促进其在线学习的成功；还可以开展长期追踪研究，跟踪学生在较长时间跨度内的学习轨迹，考察教学临场感如何影响学生的持续参与，以及这对学业成绩和职业发展的潜在影响；此外，还可以研究心理健康作为中介因素如何影响教学临场感与学习参与之间的关系，由于在线学习环境中的孤独感、焦虑和压力是常见问题，因此可以探索教学临场感如何影响学生的心理健康，以及如何通过增强教学临场感来减轻这些负面心理状态，从而促进更健康的学习体验；由于学生具有不同的学习风格和偏好，未来研究可以探讨如何根据个体差异设计教学策略，以增强教学临场感，提高所有类型学生的参与度。

二 教学临场感对学习持久性的影响

学习持久性，作为衡量学生在学习过程中持续投入时间和精力的能力，是在线教育成功的关键指标之一。因此，深入探讨教学临场感如何影响学习持久性，不仅能够丰富我们对在线学习动态的理解，还能为优化在线教学策略、提升学生学习成效提供有力的理论依据。在此背景下，多名研究者针对教学临场感对学习持久性的影响展开了研究。

Kim 等人研究的应用结构方程模型检验了学生参与模式、教学临场感和学习持久性之间的关系①。结果发现教学临场感在学生持续参与MOOC 中起到关键作用，即感知到较高教学临场感的学生更有可能保持学习的持久性。这一研究强调了教学临场感对于 MOOC 学生的重要性，特别是在促进学生参与和学习持久性方面。此外，研究还发现教学临场感的感知水平受到学生参与模式的影响，这表明 MOOC 设计和教学策略应当考虑学生多样化的参与方式，以增强教学临场感，进而提高学习效果和课程完成率。在探索在线学习环境下学生学习持久性时，一个不容忽视的现象是"网络闲逛行为"的普遍存在，这往往源于网络空间中诸多干扰因素的影响。Zhang 等人在其研究中深刻揭示了教学临场感与"网络闲逛行为"之间的关联，发现教学临场感的强弱直接影响学生在网络学习过程中的专注度和持久性②。具体而言，研究结果表明，高水平的教学临场感能够显著减少学生的"网络闲逛行为"，鉴于教学临场感能够有效抑制网络闲逛，从而间接促进学习专注度，因此可以认为它同样在培养和维持学生的学习持久性方面扮演着核心角色。由于在线学习极度依赖在线学习平台，在线学习平台所提供的学习环境和学习体验也是影响学生学习持久性的一个重要因素。Chen 等人以中学生用户为研究对象，构建了中学生在线学习平台用户持续使用意愿的影响因素模型③。实证结果表明，教师教学临场感对感知有用性的影响最为显著，感知有用性进而间接影响用户继续使用平台的意愿，进而影响学习持久性。

　　①　Hannah Kim, Jeongmin Lee, Yeonji Jung, "The Clustered Patterns of Engagement in MOOCs and Their Effects on Teaching Presence and Learning Persistence", *International Journal of Contents*, Vol. 16, No. 4, 2020, pp. 39–49.

　　②　Yamei Zhang, Yuan Tian, Liangshuang Yao, Changying Duan, Xiaojun Sun, Gengfeng Niu, "Teaching Presence Predicts Cyberloafing During Online Learning：From the Perspective of the Community of Inquiry Framework and Social Learning Theory", *Journal of Computer Assisted Learning*, Vol. 38, No. 6, 2022, pp. 1651–1666.

　　③　Guomin Chen, Cao Shuo, Pengrun Chen, Yongchuang Zhang, "An Empirical Study on the Factors Influencing Users' Continuance Intention of Using Online Learning Platforms for Secondary School Students by Big Data Analytics", *Mobile Information Systems*, Vol. 2, 2022, pp. 1–13.

　　根据以上研究结果，可以发现教学临场感对于提升 MOOC 学生的学习持久性和减少"网络闲逛行为"具有至关重要的作用，而 Chen 等人的研究则进一步强调了教学临场感在中学生使用在线学习平台进行持续学习的重要地位。因此，教师可以参考以下实践建议通过教学临场感来提升学生的学习持久性：首先，教师应致力于构建多层次的教学临场感，这包括设计互动性强的在线课程，如设置在线讨论区和小组项目，以增强学生的参与感和归属感；其次，教师应通过个性化的反馈和指导，以及利用技术工具如虚拟教室、即时通信软件，让学生感受到即使在虚拟空间中也能得到及时的支持和关怀；再次，课程设计上需考虑减少干扰因素，比如优化在线学习平台的界面布局，使其更加直观、简洁，同时设置专注模式，屏蔽非学习相关的通知，以降低网络闲逛的可能性；复次，教师应当注重培养学生的自我效能感，这可以通过设置具有挑战性但又可达成的学习目标，以及提供成功案例的分享，帮助学生树立信心，从而间接提升他们对在线学习平台的持续使用意愿；最后，教师和平台开发者应密切合作，不断优化学习平台的功能，如增加课程进度追踪、智能推荐系统和学习成效分析等工具，以提高学生对平台的感知，进而增强其学习的持久性。通过上述策略的实施，不仅能够显著提升在线学习环境中的教学临场感，还能够有效促进学生的学习专注度和持久性，最终达到提高在线学习质量和效果的目标。

　　综上所述，教学临场感在提升学习持久性方面的关键作用体现在增强学生的学习动力、优化学习体验、减少学习干扰，以及提升学习平台的吸引力等方面。因此，未来在线教育策略应更加重视教学临场感的构建与优化，确保教师能在虚拟环境中发挥积极作用，为学生营造一个促进深度学习和持久参与的环境。

三　教学临场感对学习动机的影响

　　学习动机是推动个体学习行为的内在驱动力，直接影响学习效果和学习持久性。在在线学习环境中，缺乏面对面交流和即时反馈可能削弱学生的内在动力，导致参与度下降和学习成效不佳。教学临场感的构建，包括教师的及时反馈、个性化指导和情感支持，能够增强学生的归属感、认同感和参与意愿，从而激发和维持其学习动机。因此，深入探讨教学临场感如何影响学习动机，对于设计和实施有效的在线教学策略，优化学习体验，提升教育成效具有重要价值。

Cole 等人研究了学生对教师反馈的态度以及他们对教师在线教学临场感的感知水平如何影响其在线课程学习动机[1]。研究结果表明，学生对教学临场感的感知水平与在线课程学习动力有显著正相关关系。这表明，学生感觉到教师在课程中呈现的教学临场感越强，他们的学习动力越强。学生对教师反馈的倾向性与他们对在线课程的动力呈正相关。也就是说，那些更倾向于接收和重视教师反馈的学生，对在线课程的动力更强。教学临场感和教师反馈的倾向性共同作用，对学生的在线课程动力产生了显著影响。这意味着教师应注重提供及时、具体且建设性的反馈，并通过各种方式展示他们的教学临场感，以增强学生的在线学习动机。Zuo 等人将 CoI 与技术接受模型相结合，构建了一个综合分析框架，旨在全面理解影响学生在线学习动机的各种因素[2]。通过大规模的问卷调查，研究收集并分析了学生在线学习体验的数据，揭示了教学临场感以及对技术的感知有用性和易用性如何共同作用于学生的在线学习动机。研究发现强化教学临场感、促进社会交互、优化认知建构以及提升在线平台的用户友好性和功能实用性，能够显著提升学生的在线学习动力。这一发现对于教师具有重大意义，它提示在设计在线课程和教学活动时，应当注重营造富有教学临场感的学习环境，同时确保所使用的教育技术既实用又易于掌握，以激发和维持学生的学习热情，最终促进在线学习的有效性和学生的学习成效。

① Andrew Cole, Christopher Anderson, Thomas Bunton, Maura Cherney, Valerie Cronin Fisher, Draeger, Michelle Featherston, Laura Motel, Kristine Nicolini, Brittnie Peck, Mike Allen, "Student Predisposition to Instructor Feedback and Perceptions of Teaching Presence Predict Motivation Toward Online Courses", *Online Learning Journal*, Vol. 21, No. 4, 2017, pp. 245-262.

② Mingzhang Zuo, Yue Hu, Heng Luo, Hongjie Ouyang, Yao Zhang, "K-12 Students' Online Learning Motivation in China: An Integrated Model Based on Community of Inquiry and Technology Acceptance Theory", *Education and Information Technologies*, Vol. 27, No. 4, 2022, pp. 4599-4620.

通过上述研究可以发现教学临场感对学习动机有积极正向的影响，因此教师在进行教学实践时可以通过以下方式来增强学生的学习动机。首先，增强互动性，教师应鼓励课堂上的双向交流，通过提问、小组讨论、角色扮演等方式增加学生的参与度。这种即时的反馈和互动能够增强教学临场感，使学生感到自己是学习过程中的重要一环。其次，综合利用多媒体技术，为学生提供身临其境的学习体验，增强教学内容的真实感和吸引力，从而提高学生的学习兴趣和动机。再次，开展情境化教学，将抽象的概念与现实生活中的具体情境相结合，让学生在解决实际问题的过程中学习新知识。这种情境化的教学方法能激发学生的探索欲和解决问题的能力，增强学习的内在动机。此外，建立情感连接，建立良好的师生关系，教师应该展现出对学生的关心和支持，营造一个安全、包容的学习环境。情感上的连接能够让学生感受到归属感，对学习产生更强烈的动机。最后，合理设定目标与及时反馈，帮助学生设定可达成的短期和长期学习目标，并定期给予建设性的反馈。明确的目标和及时的反馈可以提升学生的自我效能感，从而增强学习动力。

未来有关教学临场感对学习动机的影响研究可以从以下方面开展：首先，分析游戏化元素（如积分、排行榜、故事线）如何增强教学临场感，进而提升学生的学习动机，设计并测试游戏化学习环境，评估其在不同年龄和学科领域中对增强学习动机的有效性。其次，探索 AI 在个性化反馈、情感支持和实时互动方面的潜力，以提高学生的学习动机。再次，探索如何通过艺术、音乐和运动增强教学临场感，特别是在 STEM（科学、技术、工程和数学）学科中，研究跨学科项目如何通过增加学习的相关性和趣味性来提升学生的学习动机。最后，调查成人学习者如何体验教学临场感，以及这如何影响他们的学习动机和参与度，设计适合不同年龄段终身学习者的教学策略，以增强其学习动机。

第三节　教学临场感建立与维持策略

教学临场感的建立与维持是实现高质量教学体验的保障，尤其在虚拟学习环境中，缺乏面对面交流所带来的挑战使得教学临场感的构建变得尤为复杂且必要。教学临场感的建立与维持策略不仅是为了应对当前教育模式转变带来的挑战，更是为了探索如何在数字化时代保持教学的人文关怀与互动性，从而提升教育质量。教学临场感的缺失可能导致学生感到孤立无援，学习动力减弱，甚至影响到学习成效。因此，研究如何通过有效的策略来建立和维持教学临场感，对于优化在线教育实践、增强师生之间的连接感、提升学生的学习体验和满意度至关重要。因此本书旨在整理和分析现有文献，提炼出教学临场感建立与维持的关键策略，包括但不限于教师的沟通技巧、反馈机制、课程设计以及技术工具的运用等。通过探讨这些策略的实际应用及其对教学临场感的影响，指导教师在多样化的教学环境中，尤其是在线和远程教学中，如何更有效地构建教学临场感，从而促进学生的学习成效和整体教育质量的提升。这不仅对教育实践具有直接的指导意义，也将为教育理论的丰富和发展作出贡献。

经过对文献的梳理后发现专门研究教学临场感的建立与维持策略的研究数量较少，已有研究提出的策略基本围绕教学临场感的三个子维度展开。Ice 等人认为，加入听觉元素可能会增强教师与学生进行更个性化交流的能力①。因此，研究者收集了这些学生在一个学期的在线课程中的期末成绩数据和对教师进行访谈的数据，其中参加这项研究的学生收到了异步音频和基于文本的反馈。Ice 等人得出了以下结论：利用音频反馈能够显著提升学生对教学临场的感知水平，并且提升网上数字化学习中的教学临场感对于改善学习体验、增进学习效果具有重要意义。因此可以通过创设互动情境、推行混合学习模式、采用多元交流工具等策略，提升学生对在线课程的教学临场感水平，进而对教学临场感的建立与维持产生积极作用。Kilis 等人在经过研究讨论和总结后得出以下结论：教

---

① Phil Ice, Reagan Curtis, Perry Phillips, John Wells, "Using Asynchronous Audio Feedback to Enhance Teaching Presence and Students' Sense of Community", *Journal of Asynchronous Learning Networks*, Vol. 11, No. 2, 2007, pp. 3-25.

学临场感在定期的讨论活动中和教师对学生讨论的及时反馈中得到了发展①。及时反馈有助于增强教学临场感并且也是影响教学临场感的重要因素。对于教学临场感而言，课程教师的友善行为、使用简单易懂的语言进行反馈，以及教师进行反馈的能力是影响这种临场感的重要因素。因此，教师应在教学中重点考虑这些因素，帮助学生建立良好的教学临场感。Junus 等人的研究调查了在在线论坛中如何通过在线角色扮演来贯彻 CoI 框架②。研究结果显示，角色扮演能够帮助学生建立和维持教学临场感。由此，作者提出了以下建议来帮助学生提高在线讨论中的教学临场感水平：首先要为学生提供学习激励，例如根据讨论的过程和结果对学生的贡献和讨论的增值表示赞赏；其次要为学生提供进行同伴评估的机会；最后鼓励每个小组选择一名领导者、计时员和其他可能需要的角色等。

在提升教学临场感以增强学生学习体验的过程中，采取具体行动至关重要。运用音频反馈、定期举行讨论活动并提供即时反馈、为学生设定特定角色，这些策略能够有效增强教学临场感。音频反馈作为一种沟通手段，比传统书面形式更能体现个性化，教师的声音传达的不仅是信息，还有情感和语气，使学生感受到更真实的互动。定期组织讨论，教师积极参与并对讨论内容给予及时回应，能够让学生感受到持续的关注和支持。通过赋予学生不同角色，如讨论的领导者、记录者或是总结者，可以促进学生主动参与，增强责任感，同时教师的观察与指导能够提供更具针对性的反馈。这些实践措施，从多维度强化了教学临场感，有助于创建一个互动性强、学生参与度高且学习效果更佳的教育环境。

研究教学临场感的建立与维持策略是出于提升在线学习质量和体验的迫切需求。Ice、Kilis 和 Junus 等人的研究正是为了探索如何在虚拟空

---

① Selcan Kilis, Zahide Yıldırım, "Posting Patterns of Students' Social Presence, Cognitive Presence, and Teaching Presence in Online Learning", *Online Learning*, Vol. 23, No. 2, 2019, pp. 179-195.

② Kasiyah Junus, Harry Budi Santoso, Mubarik Ahmad, "Experiencing the Community of Inquiry Framework Using Asynchronous Online Role-Playing in Computer-Aided Instruction Class", *Education and Information Technologies*, Vol. 27, No. 2, 2022, pp. 2283-2309.

间中构建真实、互动且富有成效的学习氛围。从这些研究中，我们可以看到教学临场感的建立需要教师的积极引导和适时反馈，同时也需要学生主动参与和相互评估。这不仅能够增强学生的学习满意度和互动性，还能克服线上学习的孤独感，促进认知发展。未来的研究可以进一步探索更多元化、个性化的教学策略，比如开发更智能的反馈系统，设计更具吸引力的在线角色扮演游戏，或是利用 AI 技术模拟教师的实时反馈，以提升教学临场感。同时，也可以深入探讨不同文化背景下的教学临场感建立策略，以及长期在线学习环境下如何保持教学临场感的有效性。

第四节 教学临场感的测量

教学临场感的测量是实现教学临场感向更高水平发展的基础。首先，从教育实践的角度看，准确测量教学临场感能够帮助教师识别和改进在线教学中的不足，设计更加有效的教学策略，提升学生的学习动力和参与感。其次，从理论研究的层面，这一领域的深入探索有助于完善在线教育理论框架，为后续研究提供坚实的基础。最后，从技术发展的角度考虑，教学临场感的测量研究能够推动教育技术的创新，促进智能化教学工具和平台的发展，以更好地适应未来教育的需求。教学临场感的测量研究不仅是对当前教育技术应用现状的回应，更是对未来教育趋势的前瞻。它要求我们不仅要关注教学内容的传递，更要注重教学过程中的情感交流与互动，确保在线学习不仅在知识传授上与传统教学相媲美，更能在促进学生全面发展方面发挥积极作用。因此，教学临场感的测量十分重要。

在有关教学临场感的测量框架研究中，Anderson 等人是最早提出教学临场感测量框架的学者。基于 Garrison 等人提出的 CoI 框架开发了一种测量教学临场感的工具[①]。首先，研究者按照探究社区理论将教学临场

---

① Terry Anderson, Liam Rourke, D. Randy Garrison, Walter Archer, "Assessing Teaching Presence in a Computer Conferencing Context", *Online Journal of Distance Learning Administration*, Vol. 5, No. 2, 2001.

感分为了三类，分别是：教学设计与组织、促进对话和直接教学。并将教学临场感定义为：设计、促进和指导认知和社会过程，以实现个人有意义和有教育价值的学习成果。随后，研究者给出了教学临场感三个维度中每一个维度的具体指标框架，如表3-1所示。

表3-1 **教学临场感编码框架表**

教学设计与组织编码框架

指标	举例
设置课程	"本周我们将讨论……"
设计方法	"我将把你们分成小组，你们将讨论……"
建立时间节点	"请在周五之前……"
有效利用媒介	"当你发言时，尽量解决别人提出的问题"
建立礼节	"确保你的发言言简意赅"

促进对话编码框架

指标	举例
确定一致或不一致的领域	"乔，玛丽为你的假设提供了一个令人信服的反例，你赞同他的观点吗？"
寻求达成共识或理解	"我认为乔和玛丽说的基本上是同一件事"
鼓励、承认或强化学生的贡献	"谢谢你的深刻见解"
为学习营造氛围	"不要因为在讨论时因为观点不合而感到难为情，毕竟这是一个尝试新想法的地方。"
吸引参与者，促进讨论	"对这个问题有什么看法吗？" "有人愿意补充一下吗？"
评估流程的有效性	"我觉得我们有点跑题了。"

直接教学编码框架

指标	举例
目前的问题	"贝茨说，你认为呢？"

续表

教学设计与组织编码框架	
把讨论集中在具体问题上	"我认为这是一条死胡同，我想你可以考虑一下……"
总结讨论内容	"最初的问题是…… 乔说……玛丽说…… 我们的结论是……我们还没有解决……"
直接教学编码框架	
通过评估和解释性反馈确认理解	"你很接近，但你没有考虑…… 这很重要，因为……"
诊断误解	"记住，贝茨是从……角度出发的，所以当你回答时，需要注意……"
注入来自不同来源的知识，例如课本、文章、互联网、个人经历	"有一次我和贝茨开会，他说可以在 http：//www……上找到会议记录。"
回应技术问题	"如果你想在回答中插入超链接，你必须这样做……"

随后，Anderson 和 Garrison 以两个班的研究生为研究对象，使用以上编码框架对他们在计算机会议中的讨论话语进行编码，最终得出以下结果：在讨论中直接教学的话语占比最高，促进对话次之，教学设计与组织占比最低。最后作者在讨论部分提出教学临场感不仅仅存在于教师这个角色中，在学生中也同样存在，因此称作"教学临场感"而非"教师临场感"。与 Anderson 和 Garrison 的测量结果相反，Kamin 等人对异步的项目式学习小组的教学临场感进行了测量[①]。结果显示教学设计与组织这一指标下的话语数量最多。促进对话与直接教学相差不大。在同一组的后续项目式教学案例中，教师临场感的话语和指标随着时间的推移或有上升或有下降。

后来，Shea 等人认为将教学临场感的分析局限于讨论领域可能会使

---

① Carol S. Kamin, Patricia S. O'Sullivan, Robin R. Deterding, Monica Younger, Ted Wade, "Teaching Presence in Virtual Problem-Based Learning Groups", *Medical Teacher*, Vol. 28, No. 5, 2006, pp. 425-428.

对教师个人努力的看法过于狭隘，一些教师可能通过参与早期讨论来提供直接的反馈来产生教学临场感行为①。同时也发现在评价反馈阶段教师会提供更多的指导和支架来帮助学生完成学习，由此，也证实了教学临场感的第四个维度——评估，将其与已有的教学临场感的三个维度结合到一起，这些指标构成了一个更全面的教学临场感指标框架。随着技术在教学中的运用越来越广泛，在 Wang 等人的研究中，基于 CoI 框架构建了一个全新的教学临场感测量框架②。他们采用项目分析、探索性因子分析和验证性因子分析对结果进行分析，结果表明设计与组织、话语引导、直接指导、评估和技术这五个因子与数据吻合较好，验证性因子分析也显示相关的五因子教学临场感框架具有良好的模型拟合。因此，由设计与组织、话语引导、直接指导、评估和技术支持组成的教学临场感测量框架可以作为支持教学临场感测量的有效工具，为教师的在线教学提供指导。

在有关测量教学临场感的工具开发的研究中，Badea 和 Popescu 提出了一个专门为 CoI 构建的内容分析工具，称为 CollAnnotator③。该系统包含以下功能：全面的注释功能，支持每个分析单元的多个类别，支持多个编码器和协商过程，具有图形可视化的详细统计和报告。它能够直接从 eMUSE 数据库中检索学生的内容，并生成基于特定教学场景的报告和统计数据。此外，该工具还支持内容突出显示和注释，将多个类别附加到一个分析单元，以及在编码人员之间进行有效的比较和协商。

这些研究共同强调了对教学临场感的测量研究的重要性，它不仅影

---

① Peter Shea, Jason Vickers, Suzanne Hayes, "Online Instructional Effort Measured Through the Lens of Teaching Presence in the Community of Inquiry Framework: A Re-Examination of Measures and Approach", *The International Review of Research in Open and Distance Learning*, Vol. 11, No. 3, 2010.

② Yang Wang, Li Zhao, Shusheng Shen, Wenli Chen, "Constructing a Teaching Presence Measurement Framework Based on the Community of Inquiry Theory", *Frontiers in Psychology*, Vol. 12, 2021.

③ Gabriel Badea, Elvira Popescu, "CollAnnotator — A Support Tool for Content Analysis According to Community of Inquiry Framework", *In Proceedings of the 2017 IEEE 17th International Conference on Advanced Learning Technologies (ICALT)*, 2017, pp. 212-214.

响学生的学习体验和成效，而且是教师专业发展和教学设计的关键组成部分。未来的研究可以从以下几个方向展开，首先，深入探讨不同教学场景下教学临场感的动态变化；其次，开发更智能化的工具以辅助教学临场感的实时监测和反馈；再次，探索教学临场感如何适应个性化学习需求；最后，研究教学临场感与学生学习动机、参与度之间的关联，以及如何通过教学临场感促进学生自主学习能力和批判性思维的发展。这些研究方向将有助于进一步优化在线教育环境，提升在线学习的质量和效果。

认知临场感：衡量在线学习质量的
重要基石

在数字化教育浪潮席卷全球的今天，认知临场感作为 CoI 框架中的核心维度，其角色愈发关键。这一维度聚焦于学习者如何在非面对面的教育环境中实现深度认知参与，促进知识建构与批判性思维的发展。随着远程学习模式的广泛采纳，认知临场感成为决定在线课程吸引力与教育效果的重要因素。认知临场感的深化能够激发学习者主动探索知识，促进高质量的同伴交流，进而催化有意义的学习过程。它鼓励学习者超越表面信息，深入探讨主题的本质，与他人共同构建理解，这种深度互动是高质量在线教育的标志。因此，培养和维护认知临场感对于保持学习动力、提高课程完成率以及优化学习成果至关重要。

第一节　认知临场感概念与构成要素

认知临场感，作为学习者在批判性探究社群中通过反思与对话构建意义的指标①，是 CoI 框架三大核心要素之一。CoI 框架倡导社会建构主义的学习路径，旨在指导在线教育环境的设计与实践，以促进有意义的学习体验②。认知临场感是在杜威的实践探究模型（见图 4-1）基础上

---

① D. Randy Garrison, Terry Anderson, Walter Archer, "Critical Thinking, Cognitive Presence, and Computer Conferencing in Distance Education", *American Journal of Distance Education*, Vol. 15, No. 1, 2001, pp. 7–23.

② D. Randy Garrison, *E-Learning in the 21st Century: A Community of Inquiry Framework for Research and Practice*, Routledge, 2016.

开发的，在某种程度上，认知临场感使杜威的实践探究模型得以量化与实现①。该模型植根于杜威的反思思维理论，结合协作探究过程，提供了一套系统化的方法论，用于衡量与促进在线学习社群中的批判性对话与反思。

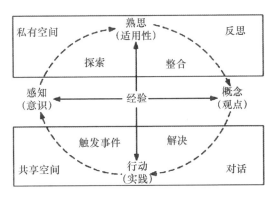

图 4-1 实践探究模型

资料来源：D. Randy Garrison, Terry Anderson, Walter Archer, "Critical Thinking, Cognitive Presence, and Computer Conferencing in Distance Education", *American Journal of Distance Education*, Vol. 15, No. 1, 2001, pp. 7-23。

杜威的实践探究模型是其教育哲学中的核心组成部分，主要围绕如何通过经验学习和解决问题来构建知识。杜威的实践探究模型的两大核心维度——思想行动维度与感知概念维度，分别体现了理论与实践的无缝对接，以及从直观经验到抽象概念的过渡。这两个维度共同构成将理论思考与实际观察相联结的认知桥梁。首先，思想行动维度强调思考与行动的一体化，鼓励学习者在实践中反思理论，促进理论与实践的双向互动。其次，感知概念维度聚焦于将具体感知转化为抽象概念，促使学习者从直接经验中提炼普遍规律。最后，认知临场感是深度学习与批判性思维的纽带。认知临场感与深度学习、批判性思维紧密相连，通过实

① D. Randy Garrison, Terry Anderson, Walter Archer, "Critical Thinking, Cognitive Presence, and Computer Conferencing in Distance Education", *American Journal of Distance Education*, Vol. 15, No. 1, 2001, pp. 7-23.

践探究过程得以强化。这一过程强调基于经验的学习，融合反思与对话，以指导实践中的决策与行为，表明学习经验的丰富性与认知临场感的培养息息相关。

杜威的实践探究模型可以被看作是一个循环的、动态的过程，它包含了以下五个关键阶段：第一阶段是疑惑或困惑，这是探究过程的起点，当个体遇到与现有知识或期望不一致的情况时，会感到疑惑或困惑，这是推动其进一步探究的动力。第二阶段是定义问题，在这个阶段，个体尝试明确问题的具体性质和边界，将最初的混乱转化为清晰的问题陈述。定义问题有助于集中注意力，缩小探究的范围。第三阶段是假设形成，即基于个人的先前知识和经验，提出可能解释问题或解决问题的假设。这个阶段鼓励创造性思维和开放性的思考。第四阶段是推理和测试，即对提出的假设进行逻辑推理，制订计划以测试假设的可行性。通过实验、观察或数据收集等方法来检验假设是否成立。第五阶段是结论和应用，即根据测试的结果，评估假设的有效性，并从中得出结论。如果假设被证实，将结论应用于解决问题；如果未被证实，则需要重新审视问题或修改假设。

CoI 中的认知临场感是在杜威的实践探究模型基础上发展而来的，包括触发事件、探究、整合、解决四个阶段（见表 4-1）。

表 4-1 认知临场感的四个阶段

范畴	指标		特征	流程
认知临场感	触发事件	唤起性	认识问题 困惑感	呈现背景信息，最终提出一个问题 直接问问题 将讨论引向新方向的信息
	探究	好奇性	在线社区中的分歧 单一信息中的分歧 交换信息 建议考虑 头脑风暴 逐步得出结论	与以前的观点有未证实的矛盾 在一个信息中呈现许多不同的主题/想法 个人叙述/描述/事实（不用作支持结论的证据） 作者明确将信息描述为探究 增加已建立的观点，但不系统地辩护/证明/开发 提供不受支持的意见

续表

范畴		指标	特征	流程
认知临场感	整合	试探性	群成员间的融合 一条信息间的融合 连接思想、整合 创建解决方案	引用之前的信息，然后提出有根据的同意，例如"我同意，因为……" 在此基础上，增加别人的想法 合理的、发展的、可辩护的、但试探性的假设 从不同的渠道整合信息——课本、文章 参与者明确地描述信息作为解决方案
	解决	承诺性	对现实世界的替代应用 测试解决方案 保护解决方案	编码（Coded）

首先，认知临场感的第一阶段是触发事件。触发事件象征着批判性探究之旅的开端，它源于学习者在接触新知识或学习材料时遇到的疑惑与挑战。这一阶段，学习者可能感到迷茫和困惑，面对未知领域的好奇与求知欲被点燃。在传统的教育环境中，教师通常扮演着问题提出者的角色。然而，在平等、民主的在线学习社区中，每个成员——无论是学生还是教师——都有机会自发地引入触发事件，激发集体的探索热情。教师在此阶段的关键职责在于巧妙地设计和引导触发事件，确保其与教学目标相契合，剔除可能分散注意力的因素，集中学生注意力于核心学习目标，以此达成教育目的。

认知临场感的第二阶段是探究。随后进入探究阶段，参与者穿梭于个人反思与群体社会探究之间。在这一阶段的初始，学生被鼓励去感知问题的核心，逐步深入，对相关知识进行全面搜寻与理解。探索在一个协作的探究社区中展开，学习者在个人沉思与集体讨论间来回切换，交替进行批判性反思与对话交流。探索阶段尾声，学生开始对问题或与其相关的知识内容进行筛选与聚焦。这是一个思维发散的时期，以头脑风暴、提问与信息共享为特色，学习者在此基础上广泛搜集与整理资料，为进入更高层次的分析与综合阶段打下坚实基础。

认知临场感的第三阶段是整合。整合阶段标志着学习者开始从探索阶段涌现的众多想法中提炼意义，构建与问题或情境的内在联系。这一过程要求学习者在反思与对话中不断切换，审视想法的适用性和深度，逐步构建起知识的框架。由于思想的整合与意义的建构往往隐匿于探究社区内部的交流之中，这一阶段显得尤为微妙且难以直接观测。为了促进学生的认知发展，教师需展现出敏锐的教学临场感，适时提出启发性问题，引导深入对话，补充关键信息，确保批判性思维的进程不中断，为学生提供持续的智力挑战与成长空间。

认知临场感的第四阶段是解决。解决阶段聚焦于将理论知识转化为实际行动，解决先前识别的问题或困境。在非教育的现实环境中，这意味着将提出的解决方案付诸实践，或验证假设的有效性。而在教育场景下，问题的解决往往更具挑战性，它可能需要通过思维实验、模拟或社区共识来替代直接实践，以评估知识的掌握情况。这一阶段不仅要求学生具备将新知识应用于实际情境的能力，还应鼓励他们提出新的问题，预示着新一轮探究的开始。解决阶段的成果可能引发更多疑问，催生新的触发事件，或是激发直觉上的顿悟，缩短逻辑推理的周期，从而推动学习者进入下一个认知发展的循环。

认知临场感四阶段不仅映射了批判性思维培养的路径，更是构建深度学习的蓝图，它详细勾勒了教育环境中认知临场感的四大演化阶段。然而，值得注意的是，这四个阶段并非僵化不变的线性序列，而是交织着回溯与跳跃的动态循环[①]。学习者在批判性探究的过程中，可能会在各阶段间灵活转换，根据个人理解的深度与广度，以及学习社区的互动需求，调整前进的步伐。这一模型强调了批判性思维的非线性特质，鼓励学习者在知识探索的旅途中，勇于质疑、不断反思，最终实现认知的提升。

第二节　认知临场感与批判性思维的内在联系

本质上，认知临场感指的是学习者在远程或在线学习中，通过深度

---

① 兰国帅：《探究社区理论模型：在线学习和混合学习研究范式》，《开放教育研究》2018年第 1 期。

参与和积极互动，能够体验到的一种深度认知参与和知识建构的状态。批判性思维，则是指个体在面对问题、信息或观点时，能够运用理性分析、逻辑推理和创造性思考，以形成独立判断和决策的能力。首先，认知临场感的形成依赖于学习者对学习材料的深度参与和积极互动。在这样的参与过程中，学习者不仅仅被动接收信息，而是通过提问、讨论、分析和应用等方式，主动探索知识的意义和价值。然而，这种深度参与和知识建构的过程，正是批判性思维得以发挥和锻炼的舞台。学习者在认知临场感的推动下，能够更加敏锐地辨识信息的真实性、完整性和适用性，从而培养批判性思维能力。其次，认知临场感促进学习者在面对复杂问题时，能够采取批判性思维的态度和方法。在解决问题的过程中，学习者需要分析问题的本质，评估不同的解决方案，预测可能的后果，并做出合理的决策。这种问题解决的过程，既是对批判性思维能力的考验，也是其发展的机遇。通过在认知临场感的环境中不断实践批判性思维，学习者能够逐步提升自己的分析能力和判断力。最后，认知临场感的培养与自我调节学习能力密切相关，而自我调节学习的一个重要方面就是元认知意识，即学习者对自己的思维过程和学习策略的监控与调节。批判性思维要求个体对自己的思考方式进行反思，识别偏见和盲点，调整思维方式，以达到更客观、全面的分析。因此，认知临场感通过促进自我调节学习，间接地支持了批判性思维的发展，使学习者能够更加自觉地运用批判性思维解决问题。综上所述，理论上，认知临场感与批判性思维之间存在着密切的内在联系。认知临场感通过促进深度参与、自我调节、社交互动等过程，为批判性思维的培养提供了肥沃的土壤。同时，批判性思维能力的提升，又能够反哺认知临场感的深化，形成一种相互促进、螺旋上升的良性循环。

鉴于认知临场感与批判性思维在理论上的千丝万缕的联系，一些研究者通过实证研究进一步检验和挖掘两者之间的关系。在探索认知临场感与批判性思维关系的研究中，相关研究提供了有力的实证证据，揭示了两者之间复杂的互动效应。例如 Lee 等人以 43 名大学生为研究对象，探究学习者批判性思维对认知和社会临场的影响[1]。回归分析结果表明：批判性思维显著影响认知临场感。Junus 等人将 89 名参与混合学习的学生随机分为 A 班和 B 班，两班采用相同的混合学习模块，但 A 班额外接受了基于认知学徒制的 CoI 培训，侧重于认知临场感的培养[2]。研究结果表明，经过 CoI 培训的学生在批判性思维能力方面展现了显著提升，具体反映在沟通技巧、学习策略以及辩论性问题解答能力的增强。相比之下，未接受培训的 B 班学生在批判性思维方面并未观察到明显变化，这说明了 CoI 培训在促进批判性思维发展中的重要性。Yang 等人发现批判性思维是认知临场感与其他两个临场感之间的中介，教学和社会临场感以及批判性思维水平越高的学生，他们的认知临场感水平也越高[3]。总体而言，这些发现表明认知临场感与批判性思维能力之间存在着密切而复杂的相互作用。

尽管大量研究支持认知临场感与批判性思维之间存在正向关联，但也有一部分学者对此持有不同的观点，提出了对两者关系的质疑与深入探讨。Breivik 在其研究中，从哲学视角审视了 CoI 框架的根源，系统回顾并分析了该框架下的一系列实证研究，对认知临场感的结构效度进行了批判性考察[4]。他指出，尽管认知临场感在一定程度上促进了对论点合理性评估的讨论，但其结构在全面衡量批判性思维的复杂性方面存在局限性，尤其是当涉及深度批判性分析和综合评判时，认知临场感的现有架构显得力有未逮。进一步地，Kaczkó 等人从理论模型和认知临场感

① Jeongmin Lee, "Effects of Collaboration Preference and Critical Thinking Disposition on Learning Presence and Learning Outcomes in Wiki-based Collaborative Learning Environment", 2016.

② Kasiyah Junus, Heru Suhartanto, Sri Hartati R-Suradijono, Harry Budi Santoso, Lia Sadita, "The Community of Inquiry Model Training Using the Cognitive Apprenticeship Approach to Improve Students' Learning Strategy in the Asynchronous Discussion Forum", *Journal of Educators Online*, Vol. 16, No. 1, 2019.

③ Lan Yang, Rashid Bin Saad Mohd, "The Relationship Between Critical Thinking and the Community of Inquiry Model: A Quantitative Study Among EFL University Students in China", *International Journal of Adolescence and Youth*, Vol. 25, No. 1, pp. 965-973, 2020.

④ Jens Breivik, "Critical Thinking in Online Educational Discussions Measured as Progress Through Inquiry Phases: A Discussion of the Cognitive Presence Construct in the Community of Inquiry Framework", 2016.

编码方案的角度，对批判性思维在 CoI 框架内的诠释进行了细致剖析①。他们发现，虽然实践探究模型作为一种"实用主义"工具，已被广泛应用于教育实践中，但在该模型中，批判性思维更多地被简化为知识结构的验证和问题解决的思维模式。这种简化处理忽视了批判性思维的核心特质——促进良好判断和独立思考的能力，导致了批判性思维培养的初衷在某种程度上受到了削弱。批判性思维的多维度特性，包括质疑假设、分析论证、评估证据和形成独立判断等方面，在实践探究模型框架下未能得到充分的关注和体现，从而限制了其在促进深层批判性思维发展方面的潜力。此外，Lee 运用定量内容分析的方法，对两组大学生在线讨论数据进行分析。研究发现，尽管 B 组在认知临场感的数量密度上超过 A 组，但深入分析其讨论内容后发现，B 组的大多数讨论仍停留在触发事件和探究的初期阶段，仅有 8.3% 的信息进入了整合与解决的深度讨论阶段。与此相反，A 组的讨论中，高达 32.3% 的信息集中在整合与解决阶段，这表明 A 组成员能够更有效地推进讨论，共同构建高质量的协同话语，深化对知识的理解与意义的构建，从而频繁触及认知临场感的高层次阶段②。Lee 的研究结果深刻揭示，认知密度的高低并不必然对应于较高学习质量和高水平认知临场感，真正的关键在于深度的讨论和意义的创造，这是衡量在线学习质量的核心要素。

上述研究的深入探讨和发现，为未来的研究方向和教育实践提供了宝贵的启示，主要体现在以下几个方面：首先，鉴于 Breivik 和 Kaczkó 等人的研究指出，现有的认知临场感结构和实践探究模型在衡量和培养批判性思维方面存在局限，未来的研究应当更加全面地考量批判性思维的多维度特性。这包括但不限于质疑假设、分析论证、评估证据和形成独立判断等关键能力，以确保批判性思维的全面培养和发展。其次，Lee

①　Éva Kaczkó, Annette Ostendorf, "Critical Thinking in the Community of Inquiry Framework: An Analysis of the Theoretical Model and Cognitive Presence Coding Schemes", *Computers & Education*, Vol. 193, 2023, p. 104662.

②　Sangmin-Michelle Lee, "The Relationships Between Higher Order Thinking Skills, Cognitive Density, and Social Presence in Online Learning", *The Internet and Higher Education*, Vol. 21, 2014, pp. 41–52.

的研究结果强调，深度讨论和意义构建是衡量在线学习质量的关键要素，而非单纯的认知密度。这提示教育者在设计在线学习活动时，应更加重视促进深度学习和意义构建，鼓励学习者参与到更高层次的讨论和知识整合中，而不仅仅是增加讨论的数量。最后，鉴于现有评估工具在衡量批判性思维和认知临场感方面的局限性，未来研究需开发更为综合的评估框架，将批判性思维的多维度特质与认知临场感的深度参与相结合，以更全面、准确地评估学习者的批判性思维能力和在线学习效果。

第三节　认知临场感发展与评估

一　认知临场感的发展

认知临场感被界定为一个实践的周期，即教师通过触发事件激发学生开始进入协作探究学习，接着学生们通过探索、整合与应用来解决一个问题或完成一个任务。触发事件和探究被认为是认知临场感的两个低阶阶段，整合和解决被认为是认知临场感的两个高阶阶段。不难得出，这四个阶段是否能够顺利进行直接决定着深度有意义学习的发生，这也正是早期很多研究关注认知活动能否顺利进行的原因。

首先，研究揭示了一个普遍现象：学生认知临场感主要停留在探究阶段，难以进一步发展到整合和解决阶段。为了深入探讨这一现象，本节引用了 Garrison 等人的开创性研究，该研究揭示了认知临场感的动态轨迹①。研究数据显示，学习者对探究阶段的反应最为热烈，占比高达42%。然而，当过渡至整合与解决阶段时，学习者响应的频率出现了显著下滑，相较于触发事件与探究阶段，这一现象凸显了从初步探索迈向深入理解与问题解决的难度。尤其值得一提的是，整合阶段被多数学习者视为更具挑战性的环节，它不仅要求时间上的深度反思，还需要对信息进行综合处理，这无疑对学习者的批判性思维能力提出了更高要求。

---

① D. Randy Garrison, Terry Anderson, Walter Archer, "Critical Thinking, Cognitive Presence, and Computer Conferencing in Distance Education", *The American Journal of Distance Education*, Vol. 15, No. 1, 2001, pp. 7–23.

Vaughan 与 Garrison 以教师的在线讨论论坛文字记录、面对面会议录音以及每位参与者详尽的访谈内容作为数据来源，依据认知临场感的四个标志性阶段进行细致编码①。编码结果揭示出，无论是在线讨论还是面对面交流，超过 60% 的讨论被归类为探究，这表明了参与者在探索新知方面的高度活跃。然而，整合阶段在两种讨论形式中所占比例均较小，分别为 16% 和 2%，这说明认知临场感从探索到整合的过渡存在显著挑战。更引人注目的是，解决阶段在两种讨论模式中几乎全然缺失（仅占 1% 和 0%），这一发现提示，无论是在虚拟空间还是实体教室，认知临场感在推进至解决问题的最后阶段时，普遍面临着难以逾越的困难。这一现象不仅凸显了 CoI 框架中认知临场感构建的复杂性，也对教育实践提出了深刻反思，呼唤着更为有效的策略以促进学生从探究到整合，直至最终解决问题的完整认知过程。

随后，研究者探讨了认知临场感在从探究阶段向整合阶段，以及从整合阶段向解决阶段过渡时遇到的困难，发现教学临场感对认知临场感的顺利发展起着关键作用。Garrison 等人强调，整合阶段的顺利进行，离不开教学临场感的精准诊断与适时介入。教师需具备敏锐的洞察力，辨识并探讨不同观点，引导学生跨越认知障碍，向更高层次的思维飞跃迈进。这一阶段的推进，实质上是对教师专业素养与教学策略的考验，它要求教师不仅要激发学习动机，更要引导学生掌握批判性思考与问题解决的技巧。Meyer 在其后续研究中同样指出，整合与解决阶段的进展往往需要"反思时间"的加持，这意味着，这些阶段更可能在连贯且持续时间较长的讨论中取得实质性突破②。此外，解决阶段编码的相对稀缺，可能源自多重复杂因素，包括但不限于问题本身的复杂性或难度，学生在技能或信息储备上的不足，导致难以提出或验证可行的解决方案，抑或教师未能及时把握时机，有效引导学生攻克讨论中浮现的难题。

① Norman Vaughan, D. Randy Garrison, "Creating Cognitive Presence in a Blended Faculty Development Community", *The Internet and Higher Education*, Vol. 8, No. 2, 2005, pp. 1-12.

② Katrina A. Meyer, "Face-to-Face Versus Threaded Discussions: The Role of Time and Higher-Order Thinking", *Journal of Asynchronous Learning Networks*, Vol. 7, No. 3, 2003, pp. 55-65.

由此可见，在线学习中，认知临场感从整合阶段跃迁至解决阶段的阻碍，实则与教师在教学设计与引导中的角色密不可分。Meyer 在其研究中，以在线讨论帖子为数据集，通过四个独特分析框架对讨论质量进行了综合评估。其中，他特别采用了 Garrison 提出的四阶段认知临场感模型，深入剖析了在线讨论的动态演进。研究发现，触发事件阶段，即在线讨论初始问题的设置，对后续学习者响应的质量与层次具有决定性影响。这一阶段提出的问题或任务，作为认知活动的起点，其设计的精准性与导向性，直接决定了讨论能否顺利过渡至分析与解决阶段。简而言之，精心设计的任务是学生迈入解决阶段的金钥匙，它不仅激发了学习者的探究欲望，更为其提供了明确的思维路径与实践指南。Meyer 的研究进一步强调，教师在布置讨论任务时，应当注重指导性与目的性，明确要求参与者围绕特定问题展开讨论，鼓励小组成员整合观点，共同探索解决方案。唯有如此，才能有效促进学生在认知临场感的循环中稳步前行，实现从知识探索到问题解决的质变。

其次，Archibald 在其研究中，聚焦于混合学习模式下认知临场感的培养，通过在线调查的方式收集数据，旨在评估在线学习资源的利用与在线讨论参与度对批判性思考能力的影响[1]。研究结果表明，充分利用在线学习资源与积极参与在线讨论，对促进学生的批判性思考能力大有裨益。尤其值得注意的是，在借助在线学习资源的讨论中，认知临场感更易于触及解决阶段，这无疑为在线教育环境下的学习活动设计提供了宝贵启示。精心设计的学习活动，能够有效地催化学生的认知发展，推动其认知活动向更高层次的探究阶段迈进。简言之，早期研究发现教师在在线教育环境中的角色至关重要，他们不仅是学习活动的策划者，更是学生认知发展路径的引导者。通过精心设计的触发事件与学习任务，教师能够激发学生的探究热情，引导其在认知临场感的循环中不断攀升，最终实现从整合到解决的跨越。这一过程不仅考验教师的教学智慧与创

---

[1] Douglas Archibald, "Fostering the Development of Cognitive Presence: Initial Findings Using the Community of Inquiry Survey Instrument", *The Internet and Higher Education*, Vol. 13, No. 6, 2010, pp. 73-74.

新能力，更彰显了在线教育在促进深度学习与批判性思维发展方面的巨大潜力。

近年来，Ferreira 等人的研究为认知临场感的发展提供了新的洞见①。他们将研究对象划分为控制组与实验组，通过对比分析，深入探究了在无教学支架的控制组与设有教学支架的实验组中，学生认知临场感发展的异同。研究揭示，教学干预不仅能够显著提升整体认知临场感的水平，而且对特定课程主题的认知发展亦有明显促进作用。具体而言，在未受干预的初始阶段，探究阶段成为学生对话的中心焦点；而在外部促进的干预下，学生的讨论逐步转向整合阶段，表明了教师精心设计的教学活动，能够有效推动学生认知临场感的深化，进而促进其达到认知发展的高级阶段。与此同时，Bissessar 等人通过一项定性研究，发现认知临场感的培养是一个长期且复杂的过程，相较于其他两种临场感，它的形成尤为艰难②。尤其是在线上讨论与解决阶段，学生认知临场感的发展往往会遭遇瓶颈，部分原因在于学生在回应问题时，往往仅简单表达赞同，而未能阐述支撑其观点的批判性理由，这反映出在线讨论中深度认知活动的缺失。

可见，上述研究共同揭示，若触发事件阶段的问题与任务未能有效引导学生的认知活动持续至问题解决阶段，加之缺乏必要的教学临场感与结构化的协作学习活动，认知活动的顺利进展将受阻。由此观之，要实现认知临场感的全面提升，学习活动的设计至关重要。这些研究为我们提供了宝贵的启示：在在线学习环境中，通过精心设计的问题与任务，结合有效的教学干预与结构化协作学习，能够显著促进学生认知临场感的发展，尤其是推动其从整合阶段迈向解决阶段，实现深度学习与批判

---

① Rafael Ferreira, Vitomir Kovanovi, Dragan Ga, Vitor Belarmino Rolim, "Towards Combined Network and Text Analytics of Student Discourse in Online Discussions", *Proceedings of the 19th International Conference on Artificial Intelligence in Education（AIED'18）*, London, UK, 2018, pp. 111 - 126.

② Charmaine Bissessar, Debra Black, Mehraz Boolaky, "International Online Graduate Students' Perceptions of CoI", *European Journal of Open，Distance and E-Learning*, Vol. 23, No. 1, 2020, pp. 61-83.

性思考能力的显著提升。这一过程不仅考验教育者的教学智慧与创新意识，更凸显了在线教育在促进学生全面发展方面所蕴藏的巨大潜能。

二 认知临场感发展水平评估

促进认知临场感的发展是目的，但这要求对学生认知临场感发展水平进行评估。不同阶段，研究者对于认知临场感的评估方式不同。本节将深入探讨不同阶段认知临场感的评估方式，并分析其优缺点。从简单的观察记录到复杂的量化分析，研究者们不断探索着更为有效的评估方法。本节将呈现出一个清晰、系统的评估框架，为在线教育实践者提供实用指导。

（一）传统评价方式

早期，受研究方法的限制，研究者主要通过质性编码与问卷调查两种方式对认知临场感进行评估：基于编码的内容分析与 CoI 量表。其中，主要以编码的方式对认知临场感进行评估。起初，实践探究模型作为核心分析框架，被广泛应用于在线讨论中话语的剖析。通过将在线讨论记录转换为可编码的文本，每个分析单元——如每一条消息——都被细致地标注为认知临场感的四个关键阶段：触发事件、探究、整合与解决。随后，借助定量内容分析，研究者们能够系统梳理编码数据，从而精准判断认知临场感的发展程度。

众多基于实践探究模型的研究聚焦于在线讨论环境中认知临场感的演变轨迹，同样普遍发现学生的认知活动主要集中在探究阶段。以 Garrison 等人的研究为例，他们借助实践探究模型框架，对基于文本的学习场景下批判性话语与批判性思维进行了深入探讨[①]。通过对 23 名研究生参与的计算机会议课程中产生的 95 份成绩单进行编码分析，研究揭示，触发事件、探究、整合与解决阶段分别占成绩单总编码量的 8%、42%、13% 与 4%。值得注意的是，探究阶段占据了主导地位，这是因为该阶段

---

① D. Randy Garrison, Terry Anderson, Walter Archer, "Critical Thinking, Cognitive Presence, and Computer Conferencing in Distance Education", *American Journal of Distance Education*, Vol. 15, No. 1, 2001, pp. 7–23.

鼓励学生开展头脑风暴，自由分享见解与信息，对话呈现出分享与比较的特征，为思想碰撞与知识构建提供了肥沃土壤。

另一项由 Gibbs 开展的研究，则以学生在两门在线课程中的三次讨论为素材，同样运用实践探究模型追踪认知临场感的动态变化①。研究显示，在这三次讨论中，触发事件与探究阶段占据了绝对比重，分别占据总编码数的 70% 与 20%、17% 与 31%、16% 与 35%，以及在第三次讨论的两个部分中，占比分别为 20% 与 45%。这意味着学生间的互动主要停留在提出问题与详细阐述的初级认知层面。鉴于此，研究呼吁在更高层次的认知活动中激发对话活力，同时强调教师在讨论中的引导与领导作用对于推动学生向认知临场感高阶阶段过渡至关重要。综上所述，实践探究模型为研究者提供了一套行之有效的评价工具，用以解析在线学习环境下认知临场感的演进规律。然而，研究也暴露出在线讨论中普遍存在的认知局限，特别是在促进学生向解决与整合阶段迈进方面。

之后，Redmond 等人采用 CoI 框架中的认知临场感指标，结合额外引入的"反思"维度（作为解决子指标的补充），对参与混合式课程的中学职前教师的在线讨论帖文进行了详尽编码分析②。研究发现，在认知临场感的各个阶段中，探究阶段占比高达 49%；而整合与解决阶段则分别占 15% 和 33%。探究阶段之所以占据主导，归因于它为职前教师提供了一个信息交流的平台，让他们能够分享与讨论相关的文献、资源及个人经验。解决阶段虽不及探究阶段活跃，但其重要性不容忽视，尤其是在研究者将"反思"指标融入后，促使职前教师对学习体验进行深度反思，从而促进更深层次的认知加工。Tirado-Morueta 等人从更广泛的视角出发，汇集了 9 所公立大学学生在连续 3 个学年期间，通过 Moodle 学习管理系统参与在线课程时，在 96 个在线论坛上发布的总计 9878 条帖文③。数据分析结果表明，不论是在分析与评估类任务，还是创造类任务中，学生最频繁展现

---

① William J. Gibbs, "Visualizing Interaction Patterns in Online Discussions and Indices of Cognitive Presence", *Journal of Computing in Higher Education*, Vol. 18, 2006, pp. 30-54.

② Petrea Redmond, "Reflection as an Indicator of Cognitive Presence", *E-Learning and Digital Media*, Vol. 11, No. 1, 2014, pp. 46-58.

③ Ramón Tirado-Morueta, Pablo Maraver López, Ángel Hernando Gómez, Victor W. Harris, "Exploring Social and Cognitive Presences in Communities of Inquiry to Perform Higher Cognitive Tasks", *The Internet and Higher Education*, Vol. 31, No. 3, 2016, pp. 122-131.

的行为均集中在探究阶段，这一阶段的活动占到了各认知水平编码总量的 20%。紧接着是整合阶段，而解决阶段占比非常小，这些发现揭示了学生在面对复杂认知挑战时，其认知活动往往倾向于探索与信息整合，而非解决问题或创新思考。Jo 等人选取了 43 名本科生为期 12 周的在线讨论论坛数据，对人与系统、人与人及人与内容三种交互模式进行深入探究①。在针对人与人交互的内容分析中，研究团队依据认知临场感的四个发展阶段对学生的在线帖文进行编码。结果显示，探究阶段的帖文数量最多，占所有讨论帖文的 60% 左右；紧随其后的是整合阶段，占比约为 30%；遗憾的是，没有帖文进展至解决阶段。这一发现提示，教师适时介入，引导学生总结讨论成果、深化认知整合，对于促进学生达到解决阶段至关重要。

最后，值得一提的是，研究者关注不同学习类型下认知临场感的发展与评估。例如，Guo 等人基于 CoI 框架，收集了学生参与基于项目的在线学习数据，采用编码方案分析了在线话语记录，以研究在线项目学习中学生认知临场感水平②。描述性结果显示，95% 的学生在探究阶段做出了贡献，其次是整合阶段（2.5%）和触发事件阶段（2.5%），而讨论中并未涉及解决阶段。研究者认为这可能反映了在基于项目的学习中，学生需要在短时间内完成作品，因此大量讨论集中在信息交流和任务协调上。此外，学生讨论中缺乏解决阶段，这可能与教师在课程中扮演的学习促进者角色有关，教师并未直接介入每位学生的学习过程，而是通过引导和提供资源来促进学习。此外，Chang 等人通过调查研究，探究了学生在基于案例的同步翻转课堂中对 CoI 三个维度的感知③。研究发

---

① I. Jo, Y. Park, H. Lee, "Three Interaction Patterns on Asynchronous Online Discussion Behaviours: A Methodological Comparison", *Journal of Computer Assisted Learning*, Vol. 33, No. 2, 2017, pp. 106-122.

② Pengyue Guo, Nadira Saab, Lin Wu, Wilfried Admiraal, "The Community of Inquiry Perspective on Students' Social Presence, Cognitive Presence, and Academic Performance in Online Project-Based Learning", *Journal of Computer Assisted Learning*, Vol. 37, No. 5, 2021, pp. 1479-1493.

③ Julia J Chang, Adam Hain, Chrysoula Dosiou, Neil Gesundheit, "Use of the Community of Inquiry Framework to Measure Student and Facilitator Perceptions of Online Flipped Classroom Compared with Online Lecture Learning in Undergraduate Medical Education", *Advances in Medical Education and Practice*, 2023, pp. 963-972.

现：与认知临场感相关的问题的平均值是最高的，其中，在"参与想法交流""激发好奇心""想法或概念的应用"等方面得分较高。这说明在基于案例的同步翻转课堂中，参与者对认知临场感的感知主要聚焦在探究阶段。Sağlam 等人通过 CoI 量表，评估教师在线课堂研究培训中的 CoI 三要素①。关于认知临场感的问卷调查结果显示：与探究阶段相关的题项的均值大部分高于其他阶段的均值，这说明教师的认知临场感也主要处于探究阶段。

综上所述，研究者主要通过传统的质性编码或者问卷调查的方式，探究认知临场感的发展水平，并且整体上得出的结论均是学生认知临场感主要集中在探究阶段，难以过渡到整合和解决阶段，研究者认为这与教师发挥的作用息息相关。

（二）认知网络分析

随着研究的不断推进，以及研究方法本身的不断发展，研究者开始探索更加高效的认知临场感评估方式。首先，Ferreira 等人针对传统评估认知临场感在细粒度层面耗时且劳动密集的问题，创造性地引入了认知网络分析技术，旨在探索学生认知临场感与特定课程主题间的关联②。研究者将 81 名攻读 14 门不同课程的研究生随机分成控制组与实验组，并对两组学生共计 1747 条在线讨论信息进行细致编码分析。认知网络分析差异图揭示，相较于控制组，实验组学生在整合与解决阶段同课程主题的关联更为紧密，而控制组学生则在触发事件与探究阶段展现出更强的连接。这一发现为认知临场感在不同课程主题背景下的动态变化提供了实证证据，同时也凸显了认知网络分析在评估认知临场感方面的潜力，丰富了对学生认知临场感发展的理解，超越了简单的描述性统计。

与此同时，Farrow 等人的研究则开辟了认知临场感与认知投入相结合的新视角，引入了认知网络分析方法，从多维度评估在线讨论的

① Aslı Lidice Göktürk Sağlam, Kenan Dikilitaş, "Evaluating an Online Professional Learning Community as a Context for Professional Development in Classroom-Based Research", 2020.

② Rafael Ferreira, Vitomir Kovanović, Dragan Gašević, Vitor Rolim, "Towards Combined Network and Text Analytics of Student Discourse in Online Discussions", *Proceedings of the 19th International al Conference on Artificial Intelligence in Education（AIED'18）*, London, UK, 2018, pp. 111-126.

质量和深度①。研究通过认知网络分析技术，揭示了整合与交互之间的联系最为紧密，其次是交互与探究阶段。这一发现强调了整合和交互阶段的信息更倾向于在先前讨论的基础上发展，促进了讨论的深度和知识的构建，进一步证实了深度讨论与高水平认知投入之间的内在联系，为在线教育的设计和评估提供了新的理论依据和实践指导。这一系列研究不仅深化了我们对认知临场感与批判性思维、学习质量之间关系的理解，也为教育者提供了宝贵的启示，即在设计在线学习活动时，应当注重促进深度讨论和意义构建，以培养学习者的高水平认知投入，从而提升在线学习的整体质量。Rolim等人通过认知网络分析，对异步讨论数据进行分析，发现社会临场感的指标与认知临场感的探究和整合阶段更为相关。此外，社会临场感的情感类别指标与认知临场感的两个高阶（即整合和解决）阶段之间的联系更为紧密，而社会临场感的交互消息指标则与认知临场感两个低阶（触发事件和探究）阶段更为相关②。该研究为学生社会和批判性思维的发展提供新的定性和定量研究指导，可以在不同的课程设计和场景中重现，使教师能够通过提供关于两种临场感的及时反馈来更好地促进学生的参与。

Fathali基于CoI框架，采用认知网络分析调查计算机辅助语言课程中所有学生、高分学生和低分学生以及课程开始和结束时认知和社会临场感之间的关系。认知网络分析结果显示：在社会临场感指标中，情感类别与认知阶段的关系最弱，而互动类别与认知阶段的关系最强，特别是与探究和整合阶段的关系。高分学生的社会指标与触发和探究阶段存在联系，而低分学生的社交指标与探究和整合阶段存在联系。在课程结束时互动增加，但学生在解决阶段没有取得显著进展。该研究为理论和实践提供了有价值的见解。理论方面，该研究有助于CoI框架的理论理

---

① Elaine Farrow, Johanna Moore, Dragan Gasevic, "A Network Analytic Approach to Integrating Multiple Quality Measures for Asynchronous Online Discussions", *In Proceedings of LAK 21: 11th International Learning Analytics and Knowledge Conference*, 2021.

② Vitor Rolim, Rafael Ferreira, Rafael Dueire Lins, Dragan Găsević, "A Network-Based Analytic Approach to Uncovering the Relationship Between Social and Cognitive Presences in Communities of Inquiry", *The Internet and Higher Education*, 2019.

解，特别是在计算机辅助语言课程的背景下。它阐明了社会临场感指标和认知阶段之间的相互作用，增强了对学生如何参与在线学习环境的理解。与情感指标相比，互动指标与认知阶段有更强的关系，这表明在网络环境中，对话和话语等互动方面对认知发展更为重要。这一发现可以为在线课程的设计和促进提供信息，强调了促进互动的重要性。从实践意义上看，该研究的见解指导在线课程的设计，更加强调互动元素，并考虑如何支持认知发展，特别是在探究和整合阶段。另外，可以考虑采用类似的方法来分析和可视化其他情境中的互动。

综上所述，这些研究不仅丰富了我们对认知临场感发展机制的理解，还凸显了技术辅助评估在提升效率与准确性方面的巨大潜力。然而，目前编码工作仍依赖人工操作，耗费大量人力资源与时间成本，未来研究可进一步探索自动化编码技术的应用，以期实现认知临场感评估的全面优化与升级。

（三）机器学习支持的自动化评估

近年来，随着科技的迅猛发展，研究者们正积极探索基于机器学习算法的自动编码技术，以期克服传统手工编码在评估认知临场感阶段时面临的耗时与人力成本高昂的问题。Kovanović等人的先驱性研究，便是在这一背景下应运而生[①]。他们选取了来自加拿大某大学81名研究生在线课程中产生的1747条信息作为研究样本，借助文本挖掘分类方法，实现了对讨论文本内容的自动分类，旨在识别出认知临场感的不同发展阶段。研究采用了词袋与词性特征的创新组合，再辅以支持向量机这一强大的分类器，初步取得了54.72%的分类准确率，虽略逊色于那些特征更为丰富、模型更加复杂的案例，但已显示出机器学习在认知临场感识别领域的巨大潜力。通过持续优化，研究团队成功将分类准确性提升至58.38%，Cohen's kappa系数达到0.41，显著提高了自动编码的可靠性。然而，该分类方法主要依赖于词汇特征，当面对规模较小的数据集时，

---

① Vitomir Kovanović, Srecko Joksimovic, Dragan Gasevic, Marek Hatala, "Automated Cognitive Presence Detection in Online Discussion Transcripts", *CEUR Workshop Proceedings*, Vol. 1137, 2014.

若使用过多特征，容易导致模型过度拟合，从而影响泛化能力。此外，研究还揭示了类别不平衡问题的存在，即低层次的探究信息相较于其他类型的讨论信息更为常见，这为后续研究在构建更平衡的训练数据集方面指明了方向。

紧接着，Waters 等人进一步深化了对自动编码技术在认知临场感识别领域应用的探索。他们同样选择了包含 81 名学生 1747 条讨论信息的同一数据集作为研究基础，但采用了线性链条件随机场模型，这是一种能有效捕捉序列数据内在关联性的统计建模方法①。与 Kovanović 等人的研究相比，线性链条件随机场模型的准确率达到了 64.2%，展现出了显著的性能优势。这一模型之所以能取得更好的分类效果，关键在于其能够按照顺序考虑每一条讨论信息，将在线讨论视为一个序列预测问题，从而能够充分利用上下文信息，更准确地识别出认知临场感的不同阶段。这种将在线讨论重新概念化为序列预测问题的方法，不仅增强了模型对讨论背景特征的敏感度，还为后续研究提供了新的视角和思路，有望推动自动编码技术在认知临场感识别领域的进一步发展。综上所述，Kovanović 等人与 Waters 等人共同揭示了机器学习算法在自动识别认知临场感阶段方面的巨大潜力。尽管当前的技术方案仍存在一些局限性，如模型过拟合风险和类别不平衡问题，但通过不断的技术创新与优化，自动编码技术有望在未来成为评估在线学习中认知临场感的重要工具，为教育实践与研究带来革命性的影响。

在先前研究的基础上，Kovanović 等人持续深入探索了自动内容分类在学生在线讨论文本中的应用潜力②。这一次，他们再次聚焦于那 81 名学生在完全在线课程中生成的 1747 条讨论信息，目标是更精准地识别出不同认知临场感阶段的特征。研究团队创造性地结合了 Coh-Metrix 和 LI-

① Zak Waters, Vitomir Kovanović, Kirsty Kitto, Dragan Gašević, "Structure Matters：Adoption of Structured Classification Approach in the Context of Cognitive Presence Classification", 2015.

② Vitomir Kovanović, Srećko Joksimović, Zak Waters, Dragan Gašević, Kirsty Kitto, Marek Hatala, George Siemens, "Towards Automated Content Analysis of Discussion Transcripts：A Cognitive Presence Case", *Proceedings of the Sixth International Conference on Learning Analytics & Knowledge*, 2016.

WC 这两种语言分析工具所提供的特征，以及一套精心设计的自定义特征，这些特征旨在捕捉讨论背景的细微差别。通过运用随机森林这一先进的集成学习方法，研究人员成功开发出了一种分类器，不仅能高效识别认知临场感的不同阶段，而且还能揭示各分类特征对最终结果的具体贡献，其分类准确率达到了 70.3%。值得一提的是，该分类器对过拟合现象的抵抗力较强，得益于其仅使用了 205 个精挑细选的分类特征，避免了因特征冗余而导致的模型泛化能力下降。研究结果进一步揭示了在线讨论文本结构与认知临场感水平之间的关联：通常情况下，长度更长、结构更为复杂的消息往往与较高层次的认知临场感紧密相关，这表明深度思考与高质量交流往往需要更丰富的语言表达。相反，问号的频繁出现以及第一人称单数代词的使用，则可能指示着较低的认知临场感水平，暗示着参与者可能更多地关注个人疑惑或自我陈述，而非促进集体知识建构的深层次互动。

尽管上述研究成果标志着自动分类技术在认知临场感识别领域的重大进步，但研究者们也坦承，当前的分类精度尚不足以彻底取代传统的手工编码方法，后者在复杂性和细节处理上仍具独特优势。为了使自动分类技术真正成为教育研究与实践中的有力工具，一些研究致力于模型的进一步改进与优化，尤其是在增强分类精度与准确性方面下功夫，以期实现对认知临场感阶段更全面、更精准的自动识别。例如，Hosmer 和 Lee 进一步深化了对认知临场感预测方法的探索，通过对比 word2vec 和 transformer 两种深度学习模型的性能，旨在寻找更为高效的内容分析解决方案。研究发现 word2vec 模型虽未能展现出理想的结果，但在区分有无认知临场感的情境中依然有效。相比之下，transformer 模型展现了卓越的性能。然而，模型的泛化能力在跨数据集验证时受到挑战，提示未来研究需更加注重模型的适应性和可移植性[①]。Liu 等人则从海量数据的角度出发，搜集了来自 13 门 MOOC 课程的 40 多万条帖子，利用 6 种不

---

① Jhan Hosmer, Jeonghyun Lee, "How Online Learners Build Cognitive Presence: Implications From a Machine Learning Approach", *Proceedings of the Eighth ACM Conference* on Learning@ Scale, 2021, pp. 351-354.

同的机器学习算法（逻辑回归、决策树、朴素贝叶斯、KNN、SVM 和随机森林）构建分类模型，旨在自动识别认知临场感的不同阶段。研究结果显示，随机森林算法在预测准确性方面较好，证实了该模型在识别MOOC 论坛中学生认知过程方面的强大预测能力[1]。这一发现为教育数据分析领域带来了新的启示，即通过合理选择和优化算法，可以显著提升在线学习资源的价值挖掘与应用效能。

此外，Ba 等人的研究聚焦于解决在线课程讨论文本中认知临场感编码的效率问题，提出了一个基于 Bert 的文本分类器[2]。通过对两门在线课程的讨论记录进行细致的手动编码，研究团队构建了一个高质量的训练数据集，进而训练出一个高精度的 Bert 分类模型。随后，该模型被应用于第三门课程的讨论记录编码中进行验证，结果显示，Bert 分类器的编码结果与人工编码高度一致，Cohen's kappa 系数高达 0.76，证明了其在自动识别认知临场感阶段的有效性和可靠性。与传统的基线分类器相比，Bert 模型在效率和准确性方面展现出了显著优势，为大规模在线学习内容分析提供了强有力的技术支撑。Liu 等人则在此基础上更进一步，提出了一种专门针对 MOOC 讨论区文本的 Bert 模型——MOOC-BERT[3]。该模型通过在来自多个不同学科 MOOC 的大量未标记讨论数据上进行预训练，学习到了深度的语言表达能力，尤其擅长处理在线学习环境中特有的语言风格和专业术语。与以往的 Bert 模型相比，MOOC-BERT 的一个重要创新点在于它直接采用中文字符作为输入，避免了烦琐的特征工程步骤，简化了模型的训练和应用流程。实验结果表明，MOOC-BERT在识别认知临场感阶段的任务中，无论是准确度还是跨课程泛化性能，

① Bowen Liu, Wanli Xing, Yifang Zeng, Yonghe Wu, "Linking Cognitive Processes and Learning Outcomes: The Influence of Cognitive Presence on Learning Performance in MOOC", *British Journal of Educational Technology*, 2022.

② Shen Ba, Xiao Hu, David Stein, Qingtang Liu, "Assessing Cognitive Presence in Online Inquiry-Based Discussion Through Text Classification and Epistemic Network Analysis", *British Journal of Educational Technology*, 2022.

③ Zhi Liu, Xi Kong, Hao Chen, Sannyuya Liu, Zongkai Yang, "MOOC-BERT: Automatically Identifying Learner Cognitive Presence from MOOC Discussion Data", *IEEE Transactions on Learning Technologies*, Vol. 16, No. 4, 2023, pp. 528-542.

均超越了现有的代表性机器学习算法和深度学习模型。研究者随后将MOOC-BERT应用于两门课程的未标记帖子识别，通过实证分析，揭示了MOOC学习者认知临场感水平的演变轨迹和课程间的差异性，为理解在线学习社区的动态特性提供了宝贵的洞见。

Ba等人的研究与Liu等人的工作共同展示了自然语言处理技术，尤其是基于Transformer架构的深度学习模型，在自动识别在线学习环境中认知临场感阶段的巨大潜力。Bert及其衍生模型，如MOOC-BERT，不仅极大地提升了自动编码的效率和准确性，还为跨课程内容分析和个性化学习推荐系统的构建奠定了坚实的基础。未来，随着更多元化的在线学习数据集的积累，以及模型优化算法的不断创新，我们期待基于深度学习的自动识别技术将在教育评估和学习支持领域发挥更加关键的作用，推动在线教育向着更加智能、高效的方向发展。

面对在线学习环境下多语言交流的挑战，一些研究者关注非英语情境下的认知临场感自动分类评估。Neto等人开创性地将研究视角转向葡萄牙语，填补了非英语语境下认知临场感自动识别技术的空白。研究团队对215名本科生参与的为期四周、完全在线的生物学课程中产生的1500条讨论信息进行了深入分析。通过构建一个包含87个特征的随机森林分类模型，Neto等人成功实现了对认知临场感阶段的自动识别。同时还证明了其在跨语言情境下进行可靠量化内容分析的能力，为非英语国家的在线教育研究开辟了新的路径①。Barbosa等人则进一步拓展了自动分类技术的跨语言应用边界，旨在评估不同语言背景下认知临场感水平的一致性。研究采用了跨语言迁移学习的策略，首先利用一个在1747条英语讨论信息语料库上训练得到的分类器，然后将其应用于150条葡萄牙语讨论信息的分类任务中。为了确保分类模型的准确性和泛化能力，研究团队精心挑选了108个指标，涵盖了心理过程、语言连贯性和在线讨论结构等多个维度，用以指导随机森林分类器的开发。尽管在跨语言

① V. Neto, R. Ferreira, V. Kovanović, D. Gašević, R. Dueire Lins, R. Lins, "Automated Analysis of Cognitive Presence in Online Discussions Written in Portuguese", *European Conference on Technology Enhanced Learning*, 2018, pp. 245–261.

分类的复杂环境下，该分类器的准确性仅为 67%，Cohen's k 系数为 0.32，显示出中等水平的评分者间一致性，但这依然标志着跨语言自动分类技术向前迈进了一大步，为未来研究提供了宝贵的经验和启示①。Neto 等人和 Barbosa 等人的研究共同凸显了跨语言自动分类技术在在线教育领域的广阔应用前景。随着全球在线学习社群的日益多元化，能够跨越语言障碍、准确识别认知临场感阶段的自动化工具，将成为促进教育公平、提升学习成效的关键因素。

综合近期的研究成果，一个清晰的趋势逐渐显现：自然语言处理技术和机器学习算法的持续演进，正显著提升自动识别在线学习环境中认知临场感的能力。从早期基于特征工程的探索，到深度学习框架的引入，再到利用大规模数据集进行模型训练，每一步技术迭代都为教育研究者们提供了日益精细、准确的分析工具，助力他们深入理解在线学习过程中的认知动态。然而，尽管进展显著，挑战依旧不容忽视。首要难题是如何增强模型的泛化能力与跨域适应性，确保它们在不同教学场景下均能保持稳定的表现。其次，提升预测精度，使之能更好地匹配实际教学需求，也是亟待攻克的难关。

综上所述，首先，在认知临场感水平评估的研究领域，两大主流方法——基于认知临场感框架的人工编码与 CoI 测量工具的调查，已经展现出相对成熟的应用。针对涉及多门课程或整个网络大学的宏观研究，CoI 量表因其便捷性和标准化特性而备受青睐，成为评估认知临场感的首选工具。相比之下，针对单一课程的微观分析，则更倾向于采用精细的人工编码方式，以获取更为深入和具体的学习行为洞察。未来研究趋势将着眼于评估方法的多元化与融合，通过引入学习者自我报告、同伴评价、教师观察等多种视角，构建一个全方位、多维度的认知临场感评估体系。这种综合评估体系不仅能够更准确地反映学生在认知临场感各

---

① Gian Barbosa, Raissa Camelo, Anderson Pinheiro Cavalcanti, Péricles Miranda, Rafael Ferreira Mello, Vitomir Kovanović, Dragan Gašević, "Towards Automatic Cross-language Classification of Cognitive Presence in Online Discussions", *In Proceedings of the Tenth International Conference on Learning Analytics & Knowledge*, 2020, pp. 605-614.

阶段的真实表现，还能为教育者提供多层次的反馈信息，从而指导教学策略的优化与调整。

其次，尽管基于机器学习的自动分类编码技术在提高评估效率与客观性方面展现出巨大潜力，但其在认知临场感领域中的应用仍处于起步阶段，存在一定的技术瓶颈与局限性。未来研究应聚焦于开发更加精准、高效的自动分类编码工具，通过深度学习等先进技术的引入，利用大规模学习数据集训练模型，以自动识别在线学习环境中认知临场感的表现特征。这不仅有助于减轻教育工作者的工作负担，还将极大提升评估结果的准确性和一致性，为个性化学习路径的设计与实施提供科学依据。

最后，对认知临场感水平评估结果显示：认知临场感停留在探究低阶阶段，在整合、解决这两个高阶阶段发生的频率不高，因此，促进学生认知临场感在整合和解决阶段的发生是当前教育实践需要解决的问题。未来研究可以专注于设计有效的干预策略，以促进学生达到更高层次的认知临场感。这些策略可以包括提供更具挑战性和引导性的学习任务，引导学生进行深入思考和讨论，提供及时的反馈和指导，以及创造更加互动和协作的学习环境。

第四节　认知临场感与学习环境的关系

本节将深入探讨认知临场感与不同学习环境之间的互动关系。研究者们广泛关注在不同学习环境中，即在线学习环境、混合学习环境、面对面学习环境和虚拟学习环境，认知临场感如何受到影响以及它如何反作用于学习环境。这种互动效应对于理解认知临场感的发展机制以及优化学习环境设计具有重要意义。

一　认知临场感在不同学习环境中的发展差异

国际研究致力于探索认知临场感在两种截然不同的学习环境——面对面学习环境与在线学习环境中的发展差异。例如 Hosler 和 Arend 发现参与在线学习的学生与参与传统线下面对面学习的学生在认知临场感得分上的差异微乎其微，且无统计学意义，表明在促进认知临场感方面，两种学习环境表现出相当的效果①。Vaughan 和 Garrison 通过深入分析 15 位教师在在线讨论论坛文本记录、面对面会议录音以及访谈资料，揭示了这两种环境中认知临场感发展的独特模式与共通之处。研究发现，虽然面对面讨论中触发事件的发生率略高于在线讨论，但探究阶段在两种环境下均占据主导位置。值得注意的是，整合阶段在线上讨论中更为显著，而解决阶段在两种环境中均呈现较低频率。访谈反馈显示，参与者倾向于认为面对面交流因熟悉性而更具吸引力，但同时承认在线讨论在保持对话连贯性与拓宽对话边界方面的优越性。在线讨论的异步属性和持久性特质被认为营造了更利于整合的优质环境②。该研究阐明了认知临场感与学习环境之间的动态互动。尽管面对面交流因其实时性和直观性在触发事件的催化中占有优势，但在线学习环境，特别是异步讨论，凭借其促进反思与整合的独特机制，在构建认知临场感方面展现出显著潜力。

Akyol 和 Garrison 进一步对比了在线课程与混合课程中认知临场感的表现。他们运用混合研究方法，采集了在线课程与混合课程中学生的异步在线讨论文本和访谈数据。研究结果显示，在线课程与混合课程的学生平均发帖数量接近，且整合阶段的信息类别占据了主导地位。访谈分析表明，学生普遍反映无论在在线课程还是混合课程中，都能强烈感受到认知临场感的存在，并坚信自己有能力达成整合与解决阶段的学习目标③。这说明，无论是纯在线学习环境还是混合学习环境，学生均具备达到高水平认知临场感的能力，并能够收获卓越的学习成果。同样，Law 等人发现尽管非混合学习组的学生在认知临场感平均得分上略高于

---

① Kim A. Hosler, Bridget D. Arend, "The Importance of Course Design, Feedback, and Facilitation: Student Perceptions of the Relationship between Teaching Presence and Cognitive Presence", *Educational Media International*, Vol. 49, No. 3, 2012, pp. 217–229.

② Norman Vaughan, D. Randy Garrison, "Creating Cognitive Presence in a Blended Faculty Development Community", *The Internet and Higher Education*, Vol. 8, No. 2, 2005, pp. 1–12.

③ Zehra Akyol, D. Randy Garrison, "Understanding Cognitive Presence in an Online and Blended Community of Inquiry: Assessing Outcomes and Processes for Deep Approaches to Learning", *British Journal of Educational Technology*, Vol. 42, No. 2, 2011, pp. 233–250.

混合组，但独立 T 检验未显示两者间存在显著性差异，这表明混合与非混合学习环境在认知临场感方面的影响大致相同[1]。Harrell 通过多变量协方差分析，发现参与混合课程的高中生与纯在线课程的学生在认知临场感得分上无显著差异，表明对于高中生群体而言，混合学习与纯在线学习在促进认知临场感方面表现相当[2]。上述研究揭示了不同学习环境（在线、面对面、混合）对学生认知临场感影响的复杂性与细微差异。但整体而言，在促进认知临场感方面，不同学习环境之间的效果差异并不显著。这强调了一个核心观点：学习环境本身并非决定认知临场感发展的唯一因素，教学设计的质量和教学活动的有效性同样至关重要。

教育者在设计课程时，应充分考虑课程目标、学生需求以及教学资源，灵活运用在线、面对面或混合学习模式，以创建有利于学生深度学习和批判性思考的环境。混合学习模式通过结合线上与线下教学的优点，为学生提供了多样化的学习体验，特别是在促进面对面互动、增进学生交流与合作方面，展现了独特的优势。因此，教育者应充分利用混合学习环境的这一特性，设计促进学生互动、合作和知识共享的教学活动，以增强认知临场感。此外，值得一提的是，定期评估学生在不同学习环境中的认知临场感发展状况是至关重要的。通过收集反馈和数据，教育者可以深入了解学生的学习需求和临场感体验，据此调整教学策略和课程设计，确保教学活动能够有效促进学生认知临场感的提升，进而优化学习成果。

总之，教育者应致力于构建一个支持认知临场感发展的学习环境，无论是在在线、面对面还是混合学习环境中，重点在于设计能够激发学生深度参与、促进知识构建和批判性思考的教学活动。未来的研究应着重探索如何在不同类型的在线和混合学习环境中，更有效地培养和优化认知临场感，以推动教育实践的创新与发展，提升学生的学习体验和成

---

① Kris M. Y. Law, Shuang Geng, Tongmao Li, "Student Enrollment, Motivation and Learning Performance in a Blended Learning Environment: The Mediating Effects of Social, Teaching, and Cognitive Presence", *Computers & Education*, Vol. 136, 2019, pp. 1-12.

② Kyleigh Blackwell Harrell, "The Impact of Blended Learning on Social Presence, Cognitive Presence, Teaching Presence, and Perceived Learning", *Liberty University*, 2017.

就。通过持续的探索和实践，教育者能够更好地适应数字化时代的教育需求，为学生提供更加个性化、高效和富有成效的学习经历。

二　虚拟学习环境中的认知临场感发展

研究者们对虚拟学习环境中的认知临场感特征及其影响因素给予了广泛关注，旨在揭示这一新兴学习模式下学生的认知发展路径与教学策略优化方向。一方面，一些研究者关注虚拟学习社区中的认知临场感阶段与指标。例如，Alavi 等人专注于虚拟学习环境中认知临场感的发展特征，分析了虚拟学习环境中认知临场感的四个阶段（触发事件、探究、整合和解决）和八个指标（迷惑感、信息交换、分歧、头脑风暴、连接想法、应用新想法、解决与合成、应用）的分布情况。研究结果表明，在虚拟学习环境中，探究和解决阶段出现的频率高于其他阶段，同时，指标中的分歧、信息交换和应用新想法的出现频率也相对较高。这暗示了虚拟学习环境可能特别适合促进深入探究和知识应用，以及在解决实际问题过程中的互动和创新[①]。Dunmoye 等人则探讨了如何在虚拟现实学习环境中促进有意义的协作参与学习，通过让参与者在 VR 平台上合作进行地质调查活动，研究了虚拟现实学习环境中认知临场感的发展与社会互动、社会临场感之间的关系。研究发现，虚拟现实学习环境中认知临场感的发展与高质量的社会互动和社会临场感密切相关，但同时强调了教师的角色在促使社会活动和参与中的重要性，以确保虚拟现实学习环境中发生有意义的认知参与和临场感[②]。这表明，虚拟现实技术不仅能够提供沉浸式的体验，促进知识的深度理解和应用，而且在教师的引导下，可以促进学生之间的协作学习和社交互动，从而增强认知临场感。

　　Alavi、Dunmoye 等人的研究共同揭示了虚拟学习环境，特别是虚拟

① Sayyed Mohammad Alavi, Mahboubeh Taghizadeh, "Cognitive Presence in a Virtual Learning Community: An EFL Case", *International Journal of E-Learning & Distance Education/Revue Internationale Du E-Learning et La Formation à Distance*, Vol. 27, No. 1, 2013.

② Isaac Dunmoye, Olanrewaju Olaogun, Nathaniel Hunsu, Dominik May, Robert Baffour, "Examining the Predictive Relationships Between Presences of a Community of Inquiry in a Desktop Virtual Reality (VR) Learning Environment", *IEEE Transactions on Education*, 2023.

现实技术，在促进认知临场感发展方面的潜力和特点。虚拟学习环境能够为学生提供一个沉浸式的学习空间，促进深入探究、知识应用和创新思维，尤其是在探究和解决阶段。同时，虚拟现实技术通过模拟真实世界的情境，为学生提供了实践操作的机会，促进了知识的实际应用，增强了学习的趣味性和有效性。结合上述研究，从实践的角度来看，关于如何在虚拟学习环境中优化教学策略，以促进学生的认知临场感发展。提出以下建议：首先，教育者应充分利用虚拟现实和增强现实技术，创建高度沉浸的学习环境，设计具有探究性和挑战性的任务，鼓励学生在虚拟环境中主动探索和解决问题。这种沉浸式学习体验不仅能加深学生对知识的理解，还能激发他们的创新思维和问题解决能力，尤其是在探究和解决阶段，这两个阶段在虚拟学习环境中表现得更为突出。其次，强化社会互动与协作，鉴于 Dunmoye 的研究强调了社会临场感对认知临场感发展的正向影响，教育者应当设计促进学生间互动和协作的学习活动。这可以通过组织小组讨论、团队项目、角色扮演和模拟活动等方式实现，以增强虚拟学习环境中的社会联结，营造一个支持性的学习社区。此外，教师的积极参与和引导对于促进高质量的社会互动至关重要，确保学生在虚拟环境中能够进行有意义的认知参与。再者，灵活运用教学策略与技术。教育者应根据虚拟学习环境的特点，灵活采用多样化的教学策略，包括但不限于游戏化学习、远程实地考察、案例分析等，以满足学生不同的学习需求和兴趣。同时，熟练掌握并应用虚拟现实、增强现实等技术工具，为学生创造丰富的互动式学习体验，增强学生的认知临场感。在课程设计中，融入促进认知临场感的元素，如基于问题的学习、批判性讨论等，以培养学生的高阶思维能力和自主学习能力。最后，教师在虚拟学习环境中扮演着不可或缺的角色，他们不仅是知识的传授者，更是学习过程的引导者和支持者。教育者应不断提升自身的数字素养，掌握虚拟教学所需的技能和策略，同时积极参与学生的学习过程，提供及时的反馈、指导和情感支持，以确保学习活动的深度与质量。教师的专业发展应着重于如何有效利用技术工具和教学策略，以适应虚拟教学的需求，促进学生的认知临场感发展。

从研究的视角而言，建议未来研究关注：（1）认知临场感的量化与质性分析：尽管已有研究使用问卷调查等量化方法来评估认知临场感，未来的研究可以结合质性研究方法，如深度访谈、观察和案例研究，以更全面地理解学生在虚拟学习环境中的认知发展过程和体验。（2）技术驱动的认知临场感研究：随着虚拟现实、增强现实、人工智能等技术的快速发展，未来的研究应探索这些新技术如何影响认知临场感的形成，以及如何利用这些技术优化虚拟学习环境，促进更深层次的学习体验。（3）长期影响与持续性学习研究：目前大多数研究关注的是短期内认知临场感的变化，未来的研究应着眼于长期视角，探讨虚拟学习环境中的认知临场感如何影响学生的学业成就、终身学习能力和职业发展。（4）随着学习分析和人工智能技术的发展，个性化学习路径成为可能。研究个性化学习环境如何影响认知临场感的发展，以及如何通过个性化推荐和适应性学习内容来优化认知临场感，是未来研究的一个重要课题。

第五节　认知临场感影响因素

一　认知临场感影响因素

首先，本节将深入探讨影响认知临场感发展的各种因素，包括教学临场感、学习者特征、任务类型等。通过对这些因素的系统分析，我们可以更全面地了解认知临场感的发展机制，为后续提出促进策略提供理论基础。

（一）教学临场感对认知临场感的影响

教学临场感在促进学生认知临场感发展方面扮演着至关重要的角色。Arbaugh 通过实证研究揭示，教学临场感的构建，包括结构化的内容设计与有效的组织管理，为认知临场感的成长提供了肥沃的土壤[1]。教师通过精心规划课程内容、促进学生互动，能够显著提升学生的认知参与度。

---

[1]　Ben Arbaugh, "An Empirical Verification of the Community of Inquiry Framework", *Journal of Asynchronous Learning Networks*, Vol. 11, No. 1, 2007, pp. 73−85.

Moreira 等人以 510 名参与混合学习模式的大学生为研究对象，研究发现教师对知识的组织方式与呈现形式直接影响学生认知临场感的发展水平，强调了教学策略在塑造认知参与中的关键作用①。Choyan 和 Quek 进一步证实了教学临场感与认知临场感之间的紧密联系，指出教师提供的结构化教学设计与积极的引导，能够极大地促进在线学习环境下的深度学习与有意义的知识建构②。Gunbatar 和 Guyer 对比了引导探究组与开放探究组学生在 CoI 框架下的表现差异，发现引导探究组在认知临场感方面得分显著高于开放探究组，这表明在教师适度引导下，学生能够更有效地构建知识结构，深化对学习内容的理解③。这些发现共同揭示，教学临场感的构建与优化，不仅能够显著提升学生的认知临场感，还能促进深度学习与批判性思维的培养，为教育实践提供了宝贵的启示。

解释教学临场感为何对学生的认知临场感发展起着关键作用。首先，教学临场感为认知临场感提供了结构化的学习环境。具体而言，教学临场感通过提供清晰的课程结构和学习路径，帮助学生建立起对学习内容的框架性理解。教师通过精心设计课程大纲、学习目标、评估标准和教学活动，为学生创造了一个有序且可预见的学习环境，这有助于学生在认知层面上对知识进行组织和整合，从而促进认知临场感的形成。其次，教学临场感有助于促进深度学习，从而促进认知临场感的发展。教学临场感强调教师的角色不仅仅是知识的传递者，更是学习过程的促进者和引导者。通过提问、讨论、案例分析和项目作业等教学策略，教师能够激发学生的好奇心，鼓励他们主动探索、批判性思考和解决问题，从而

① José António Moreira, António Gomes Ferreira, Ana Cristina Almeida, "Comparing Communities of Inquiry of Portuguese Higher Education Students: One for All or One for Each?", *Open Praxis*, Vol. 5, No. 2, 2013, pp. 165-178.

② Jeanette Lyn Fung Choyan, Choon Lang Quek, "Modelling Relationships between Students' Academic Achievement and Community of Inquiry in an Online Learning Environment for a Blended Course", *Australasian Journal of Educational Technology*, Vol. 32, No. 4, 2016.

③ Mustafa Serkan Gunbatar, Tolga Guyer, "Effects of Inquiry Types on States Related to Community of Inquiry in Online Learning Environments: An Explanatory Case Study", *Contemporary Educational Technology*, Vol. 8, No. 2, 2017, pp. 158-175.

促进深度学习。这种深度学习体验是认知临场感的核心，因为它要求学生不仅仅是记忆信息，而是要理解、分析和应用知识。再者，教学临场感有助于建立师生互动与反馈机制，从而促进认知临场感的发展。具体而言，教学临场感重视师生之间的互动和反馈，这为学生提供了及时的支持和指导，帮助他们克服学习障碍，增强学习自信心。教师的及时反馈能够让学生了解自己的学习进展，识别学习中的不足，调整学习策略，这对于认知临场感的持续发展至关重要。最后，教学临场感为认知临场感的发展创造了积极的学习氛围。具体而言，教学临场感还涉及教师如何构建一个支持性的学习社区，鼓励学生之间的合作与交流。在这样的环境中，学生不仅可以从教师那里学习，还可以从同伴身上学到不同的观点和解决问题的方法。这种社会互动不仅丰富了学习体验，也促进了认知临场感的深化，因为学生在交流中能够检验自己的想法，深化对知识的理解。值得一提的是，教学临场感通过提供挑战性的学习任务和促进自我反思的机会，帮助学生培养批判性思维和自我调节学习能力。当学生被赋予自主学习的责任时，他们需要学会如何设定学习目标，选择合适的学习策略，监控自己的学习进度，以及评估学习成果。这种能力的培养是认知临场感的基石，因为它使学生能够在没有外部指导的情况下，独立地探索和应用知识。

综上所述，教学临场感之所以对学生的认知临场感发展起到关键作用，是因为它通过提供结构化学习环境、促进深度学习、建立师生互动与反馈机制、创造社会学习氛围，以及培养批判性思维和自我调节学习能力，为学生创造了一个能够深度参与、主动探索和批判性思考的学习环境。在这样的环境中，学生能够体验到认知临场感的精髓，即深度认知参与和知识建构，从而实现个人学习能力的全面发展。

（二）任务类型与讨论策略对认知临场感的影响

首先，真实任务对认知临场感的显著影响不容忽视。高水平的认知临场感深深植根于现实世界的案例、场景以及反思性的课程活动中。Kilis 和 Yildirim 发现那些促使学生将新习得的技能运用于实际情境、直面并解决真实问题的任务，与认知临场感整合与解决两个高级阶段存在显著关联①。这类任务，以其独特的现实主义色彩，引领学生深入探索问题的本质，构建创新解决方案，并将理论知识无缝对接至实践领域，从而催化了认知临场感的深化与成熟。真实任务的引入，不仅激活了学生的求知欲，更激发了他们对知识的深度加工与批判性反思，推动学习从表面理解跃升至深层领悟。通过面对挑战、分析问题、创新解答的过程，学生不仅掌握了知识，更重要的是培养了创造力与批判性思维，提升了认知复杂度，实现了真正的深度学习。换句话说，将学习置于现实情境之中，通过解决实际问题的实践，学生能够更加深入地理解知识，将其内化为个人能力的一部分，进而促进认知临场感的提升。

Akbulut 等人则通过采用混合研究法，揭示了一个重要发现：当教师采用与现实生活紧密相连的真实评估，如实践项目或课程内容，学生的认知临场感得到了显著增强。特别是当教师围绕这些真实内容发起提问，引导全班开展深入讨论时，学生能够更深切地体会到认知临场感的存在②。这一发现强调了真实内容的引入、基于真实情境的评估方式，以及公开讨论与分享想法，对于在线学习环境中认知临场感的形成起着至关重要的作用。它表明，通过设定要求学生进行深度思考、批判性反思和实践应用的真实任务，能够极大地促进学生在在线学习环境中的认知临场感，深化其对知识的理解与应用能力。因此，对于教育实践者而言，充分利用真实任务，设计旨在促进认知临场感的教学活动，成为提升在线学习质量和效果的关键策略。这意味着教育者应致力于创设与学生生活经验相契合的学习情境，鼓励学生在解决实际问题的过程中，锻炼批判性思维，发展认知临场感，从而达到深度学习的目的。

---

① Selcan Kilis, Zahide Yildirim, "Posting Patterns of Students' Social Presence, Cognitive Presence, and Teaching Presence in Online Learning", 2019.

② Mutlu Sen Akbulut, Duygu Umutlu, Diler Oner, Serkan Arikan, " Exploring University Students' Learning Experiences in the COVID‐19 Semester through the Community of Inquiry Framework", *Turkish Online Journal of Distance Education*, Vol. 23, No. 1, 2022, pp. 1-18.

其次，论坛策略对认知临场感的促进作用引起了研究者的广泛关注。论坛策略在促进认知临场感方面展现出的巨大潜力，已成为教育研究领域的一大焦点。Junus 及其团队通过引入认知学徒法，设计了一套基于 CoI 框架的训练方案，目标在于提升学生在异步讨论论坛中的学习策略效能。研究结果表明，当讨论论坛作为课程的必要组成部分，且具备清晰的目标与规范时，它们能够显著推动协作学习的进程，激发学生的批判性思维，促进小组反思，为学生搭建了一个深度参与及知识建构的理想平台[1]。Padayachee 与 Campbell 揭示了一个重要现象：在数学课程中，不同学习阶段的学生在参与讨论论坛时可能会遭遇不同的挑战，且并非所有学生都能从强制性讨论中获益[2]。基于这一发现，研究提出了分级设计的讨论论坛策略与指导性参与方案，旨在更精准地匹配学生需求，为每位学生创造适宜的认知临场感形成条件。综上所述，论坛策略在促进认知临场感方面的作用不可小觑，但其设计与实施需充分考虑学生的多样性与学习阶段的差异。教育实践者应根据学生特点，灵活调整论坛结构与参与要求，采用差异化教学策略，确保每位学生都能在讨论中找到归属感，激发其深度学习的热情，从而在认知层面实现认知临场感的发展。

其中，异步讨论论坛在促进认知临场感方面所展现的独特魅力，已经获得了教育研究界的广泛认可。Chen 及其同事特别强调了异步讨论的灵活性，这一特性允许学习者按照自己的节奏参与讨论，为原本较为被动的学习者提供了主动融入集体的机会，从而为知识的构建与深化创造了有利条件[3]。Ononiwu 通过内容分析，进一步剖析了在线讨论论坛在促

① Kasiyah Junus, Heru Suhartanto, Sri Hartati R-Suradijono, Harry Budi Santoso, Lia Sadita, "The Community of Inquiry Model Training Using the Cognitive Apprenticeship Approach to Improve Students' Learning Strategy in the Asynchronous Discussion Forum", *Journal of Educators Online*, Vol. 16, No. 1, 2019.

② Pragashni Padayachee, Anita L. Campbell, "Supporting a Mathematics Community of Inquiry Through Online Discussion Forums: Towards Design Principles", *International Journal of Mathematical Education in Science and Technology*, Vol. 53, No. 1, 2022, pp. 35-63.

③ Yue Chen, Qin Gao, Quan Yuan, Yuanli Tang, "Discovering MOOC Learner Motivation and Its Moderating Role", *Behaviour & Information Technology*, Vol. 39, No. 12, 2020, pp. 1257-1275.

进学习过程中的重要作用①。研究揭示，异步讨论论坛不仅为性格内向的学习者开辟了平等参与的渠道，还赋予所有学习者充裕的时间进行深度思考与详尽研究，促使他们在参与讨论前能够做好充分准备，从而以更加自信和条理清晰的姿态投入讨论，展现出自己最优秀的一面。综合以上研究成果，异步讨论论坛作为论坛策略的一种，为学生认知临场感的培养提供了行之有效的路径。通过巧妙设计与灵活应用讨论论坛，教育者能够激发学生深度参与讨论的热情，培育批判性思维，促进认知临场感的发展。面向未来，教育研究与实践领域应持续探索如何进一步优化论坛策略，以满足不同学习者多元化的需求，推动其认知临场感的发展。

随着在线教育的普及，同步在线讨论成为在线课程中常见的学习活动，因此有研究者开始关注异步和同步讨论对学习者认知临场感的影响差异。Molnar 和 Kearney 的研究旨在通过对比异步和同步在线讨论，了解哪种形式更有利于促进学生深度学习和批判性思考，从而提升其认知临场感。研究通过实验研究，将学生随机分为两组，一组参与异步在线讨论，另一组参与同步在线讨论。研究者收集了学生在讨论中的发言、参与度、学习成果以及学生自我报告的数据，以评估两种讨论形式对认知临场感的影响。研究发现，异步和同步在线讨论对认知临场感的影响存在差异②。异步讨论允许学生在自己的时间和节奏下参与讨论，这可能促进了更深入的思考和批判性分析，从而在一定程度上提高了认知临场感。学生有更多时间准备和反思，能够提供更成熟的观点和论证。同步讨论虽然实时互动可能促进了即时反馈和社会临场感，但在认知临场感方面，其效果与异步讨论相比可能有所不同。同步讨论可能更适合于即时澄清疑问和快速交流想法，但在深度思考和批判性分析方面，异步

---

① Charles Ononiwu, "Role of Online Discussion Forums in Enhancing Users' Cognitive Skills", *Journal of Teaching English for Specific and Academic Purposes*, 2021, pp. 307-320.

② Amy L. Molnar, Rachel C. Kearney, "A Comparison of Cognitive Presence in Asynchronous and Synchronous Discussions in an Online Dental Hygiene Course", *American Dental Hygienists' Association*, Vol. 91, No. 3, 2017, pp. 14-21.

讨论可能更具优势。Molnar 和 Kearney 的研究对在线教育实践者和课程设计师具有重要启示。它揭示了异步和同步在线讨论在促进认知临场感方面的不同效果，提示在设计在线课程时，应根据学习目标和学生需求，灵活选择和结合使用这两种讨论形式。研究结果提示异步讨论可能是一种有效策略，能够提供学生更多时间进行深度思考和反思，从而提升认知临场感。然而，同步讨论在促进即时互动和社会临场感方面的作用也不容忽视，教育者可以通过结合使用异步和同步讨论，创造一个平衡的学习环境，既促进深度学习，又增强学习社区的互动性和凝聚力。通过综合考虑异步和同步讨论的特点和优势，教育者可以设计出更符合学生学习需求和专业课程特点的在线学习活动，以提升在线教育的整体效果和学生的学习体验。

综上所述，已有研究表明，真实任务类型与评价、论坛讨论，尤其是异步论坛讨论、同步论坛讨论等策略对认知临场感的促进作用。未来的研究需要将这些策略有效整合，形成一个全面、系统的促进方案。这涉及设计包含多种教学策略的课程模块，通过对比实验和效果评估，探索不同策略之间的协同效应，以及它们在不同学科领域和不同层次学生中的适用性。通过这样的研究，教育者可以更精准地设计教学活动，以满足不同学习者的需求，提升整体认知临场感水平。

（三）学习者特征对认知临场感的影响

学习者特征是否会对认知临场感的发展有影响，是研究者关注的重要议题之一。在性别差异方面，多项研究聚焦于探究男女学生在在线学习环境中对认知临场感感知的异同。首先，鉴于以往在线教学研究发现不同性别学习者在在线学习中有不同的学习表现。鉴于此，有研究一直关注不同性别的学生在在线学习环境中是否对认知临场感感知存在差异。例如 Barrett 和 Lally 通过在线对话内容分析，发现在在线讨论中，无论性别，学生在认知和元认知方面的贡献相当，这表明性别差异并非认知临场感感知的主要决定因素①。Garrison 等人则通过 CoI 调查收集数据，采

① Elizabeth Barrett, Vic Lally, "Gender Differences in an Online Learning Environment", *Journal of Computer Assisted Learning*, Vol. 15, No. 1, 2010, pp. 48–60.

用结构方程模型对教学、认知和社会临场感与性别之间的因果关系进行了探究和检验。数据分析揭示，不同性别的学习者对三种临场感的感知并无显著差异，进一步证实了性别并不是影响认知临场感感知的关键变量[①]。笔者前期以参加 xMOOC 混合课程的大学生为对象，通过 CoI 量表调查问卷的形式，深入探究了不同性别的学生在认知临场感感知上的差异[②]。研究结果一致表明，性别差异并未对认知临场感的感知造成显著影响，这体现了 CoI 框架下个体感知的平等性。

其次，研究者们同样关注不同学科背景的学生对认知临场感感知的差异。Garrison 等人通过收集 205 名远程学习者的 CoI 调查问卷，数据分析揭示，认知临场感与人文和社会科学学科之间存在显著的相关性，表明学科性质可能影响认知临场感的形成[③]。Gorsky 等人则发现自然科学课程的在线论坛中，认知临场感的水平普遍高于人文社科课程[④]。这一发现暗示，学科特性和讨论内容可能对认知临场感的深度产生影响。Arbaugh 等人以 7 个学科的 1500 多名学生为对象，深入探究了不同学科对社会、教学和认知临场感参与度的影响[⑤]。研究结果表明，在纯理论课程和实践课程中，认知临场感的比例存在显著差异，这提示 CoI 框架在实践课程中可能更为适用，而在纯理论课程中可能遇到挑战。笔者前期研究聚焦于 xMOOC 混合课程中，通过基于 CoI 量表的调查问卷，对不同

---

① D. Randy Garrison, Martha Cleveland-Innes, Tak Shing Fung, "Exploring Causal Relationships among Teaching, Cognitive and Social Presence: Student Perceptions of the Community of Inquiry Framework", *Internet & Higher Education*, Vol. 13, No. 1-2, 2010, pp. 31-36.

② Xuemei Bai, Xiaoqing Gu, "Group Differences of Teaching Presence, Social Presence, and Cognitive Presence in a xMOOC-Based Blended Course", *International Journal of Distance Education Technologies*, Vol. 19, 2021, pp. 1-14.

③ D. Randy Garrison, Martha Cleveland-Innes, Tak Shing Fung, "Exploring Causal Relationships Among Teaching, Cognitive and Social Presence: Student Perceptions of the Community of Inquiry Framework", *Internet & Higher Education*, Vol. 13, No. 1-2, 2010, pp. 31-36.

④ Paul Gorsky, Anver Caspi, Avishai Antonovsky, Ina Blau, Asmahn Mansur, "The Relationship between Academic Discipline and Dialogic Behavior in Open University Course Forums", *International Review of Research in Open and Distance Learning*, Vol. 11, No. 2, 2010, pp. 49-72.

⑤ J. B. Arbaugh, Arthur Bangert, Martha Cleveland-Innes, "Subject Matter Effects and the Community of Inquiry (CoI) Framework: An Exploratory Study", *Internet & Higher Education*, Vol. 13, No. 1-2, 2010, pp. 37-44.

学术背景的学生进行了比较分析①。研究结果显示，在同一门课程中，不同学术背景的学生在认知临场感感知上存在显著的群体差异。具体而言，在认知临场感的四个子类别中，艺术学生在触发事件和解决阶段对认知临场感的感知与人文科学学生和理科学生存在显著差异，而在探索和整合阶段，这种差异并不明显。这表明，学术背景可能影响学生在特定认知临场感阶段的感知，尤其是在触发事件和解决阶段。

综上所述，不同学科背景的学生在认知临场感感知上确实存在差异，这些差异可能由学科特性、讨论内容以及课程性质等因素引起。教育者在设计课程和教学策略时，应考虑学习者的学科背景，以促进认知临场感的全面发展。未来的研究和教育实践应继续探索如何针对不同学科背景的学生，优化课程设计和教学方法，以满足其独特的认知临场感需求，促进其深度学习和批判性思维能力的提升。

（四）技术使用对认知临场感的影响

首先，研究者们关注技术使用对认知临场感的影响，特别是在线讨论和 Web2.0 技术，能够增强学习者之间的互动和参与度。Kovanović 等人就学习技术使用对在线讨论中认知临场感的影响进行了研究②。研究结果揭示，技术使用与学生认知临场感之间存在显著联系，尤其对整合阶段的影响最为明显，其次为探究阶段，而对触发事件阶段的影响较小。值得注意的是，研究还指出低水平的技术使用并不必然导致对认知发展的不利影响。Dona 等人则探讨了教师如何通过整合 Web2.0 技术，并使用 CoI 框架设计在线课程，以确保课堂具备教学、认知和社会临场感等关键要素③。课程结束后对学生进行的调查显示，所有学生对认知临场

---

① Xuemei Bai, Xiaoqing Gu, "Group Differences of Teaching Presence, Social Presence, and Cognitive Presence in a xMOOC-Based Blended Course", *International Journal of Distance Education Technologies*, Vol. 19, 2021, pp. 1-14.

② Vitomir Kovanović, Dragan Gašević, Srećko Joksimović, Marek Hatala, Olusola Adesope, "Analytics of Communities of Inquiry: Effects of Learning Technology Use on Cognitive Presence in Asynchronous Online Discussions", *The Internet and Higher Education*, Vol. 27, 2015, pp. 74-89.

③ Elfe Dona, Sheri Stover, N. Broughton, "Modern Languages and Distance Education: Thirteen Days in the Cloud", *Turkish Online Journal of Distance Education*, Vol. 15, No. 3, 2014, pp. 155-170.

感的反馈均为积极。学生反馈中最常见的类别是探究，他们表示喜欢能够探索对未来有用的新型技术。触发事件也是学生反馈的高频类别，他们认为任务形式有趣，能让他们自由地探索或退出。这给我们的启示包括：其一，教育者和课程设计师应当考虑如何更有效地整合技术，特别是在促进认知临场感的关键阶段。例如，设计促进学生探究和整合的在线讨论，以及提供可探索的 Web2.0 技术，以增强学习体验。其二，虽然技术使用对认知临场感有正向影响，但 Kovanović 等人的研究也提醒我们，低水平的技术使用并不一定导致认知发展的不利影响。这意味着在技术集成时，应考虑学生的实际需求和技术的可用性，避免过度依赖技术。其三，鉴于 Dona 等人的研究，教育者应设计课程，允许学生根据自己的兴趣和目标探索技术，这可以增加学习的吸引力，促进认知临场感触发事件和探究阶段的发展。其四，为了最大化技术使用对认知临场感的积极影响，教育者应持续监测技术使用的有效性，并评估其对学习成果的实际影响。这可以通过定期收集学生反馈和进行学习分析来实现。最后，教师需要接受适当的培训，以掌握如何有效地使用技术来促进认知临场感。同时，应为学生提供必要的技术支持和指导，确保他们能够充分利用技术进行学习。

二　认知临场感促进策略

本节提出一系列旨在促进认知临场感发展的策略。这些策略将涵盖教学策略、同伴促进、教师促进等多个方面，旨在为在线教育的实践者提供全面的指导。通过实施这些策略，我们期望进一步提升学习者的认知临场感水平，从而促进学习效果的提升。

（一）教学策略促进认知临场感发展水平

教学策略是影响认知临场感发展水平的重要因素之一，已有研究就多种教学策略对于认知临场感的促进作用进行了探究。

第一，项目式教学策略、案例研究、辩论和开放式辩论等策略被证明能有效促进学生认知临场感的发展。例如 Koh 等人对比了基于项目的学习活动与非项目学习活动对在线讨论中学生认知活动的影响①。通过对在线帖子的分析，研究发现，在基于项目的学习过程中，学生的在线讨论展现出更高级的知识建构水平，他们能够合理化想法并将之整合到合理的问题解决方案中。相比之下，非项目学习活动中的在线帖子很少超越较低水平的信息共享和探究。这表明，基于项目的学习活动能更有效地促进学生在在线学习环境中的认知临场感。Morueta 等人通过对在线讨论帖子进行深入剖析，对比了案例研究、评估网站以及 Web Quest 三种任务形式对学生认知临场感的塑造。研究揭示，案例研究任务，即基于真实案例的讨论，相较于理论研究或辩论，更能在学生心中点燃批判性思维的火花。而 Web Quest 任务，一种基于项目的学习活动，则被证实为激发群体认知活动的首选，紧随其后的是案例研究任务②。这提示我们，通过设计与现实世界紧密相连的案例研究与项目导向型学习活动，可以有效提升在线学习环境中的认知临场感，尤其在培养学生批判性思维与问题解决能力方面效果显著。Richardson 等人通过定性分析方法，对在线讨论数据进行分析，探究基于案例的讨论、辩论和开放式辩论三种教学策略对学生批判性思维的影响③。研究发现，81% 的学生在基于案例的讨论中处于整合和解决水平，而在辩论和开放式辩论中，这一比例分别为 78% 和 61%。这表明，基于案例的讨论、辩论和开放式辩论等教学策略对学生的批判性思维发展有显著影响，特别是在促进学生达到认知临场感的高阶阶段方面。Darabi 等人采用混合研究方法，探讨了结构化、支架、辩论和角色扮演四种在线讨论策略对认知临场感的影响。研究发现，结构化策略与触发事件高度相关，但并未产生与解决阶段相关

---

① Joyce Hwee Ling Koh, Susan C. Herring, Khe Foon Hew, "Project-Based Learning and Student Knowledge Construction During Asynchronous Online Discussion", *The Internet and Higher Education*, Vol. 13, No. 4, 2010, pp. 284-291.

② Ramón Tirado Morueta, Pablo Maraver López, Ángel Hernando Gómez, Victor W. Harris, "Exploring Social and Cognitive Presences in Communities of Inquiry to Perform Higher Cognitive Tasks", *The Internet and Higher Education*, Vol. 31, No. 3, 2016, pp. 122-131.

③ Jennifer C. Richardson, Phil Ice, "Investigating Students' Level of Critical Thinking Across Instructional Strategies in Online Discussions", *The Internet and Higher Education*, Vol. 13, No. 1-2, 2010, pp. 52-59.

的讨论；支架策略与解决阶段显示出强关联，而辩论和角色扮演策略与探究和整合阶段高度相关①。这表明，不同的在线讨论策略有助于认知临场感在不同阶段的发展，进而促进批判性思维和更高层次的学习。Sadaf和Olesova对2000年至2020年间关于在线课程中认知临场感促进策略的14篇期刊文章进行了系统性回顾。研究发现，在促进认知临场感的教学策略中，基于案例和辩论的策略被认为是最适合的认知临场感促进策略，其次是结构化与支架策略②。

上述研究为在线教育实践提供了重要启示，凸显了项目式学习、案例研究、辩论及开放式辩论等策略在促进学生认知临场感中的显著作用。教育者应积极采纳这些策略，设计与现实世界紧密相连的项目和案例，如模拟商业决策、科学探究或社会议题分析，以激发学生的批判性思维与问题解决能力。通过构建基于真实情境的学习任务，学生不仅能够深化理论理解，还能学会将知识应用于解决实际问题，从而提升在线学习的参与度与成效。特别地，基于案例的讨论被证实能有效推动学生达到认知临场感的高阶阶段，教育者应精心挑选具有挑战性和启发性的案例，引导学生进行深度分析与反思，促进知识的整合与创新应用。同时，辩论和开放式辩论策略能激发学生的批判性思考，教育者可通过组织线上辩论会或小组讨论，鼓励学生表达观点、质询假设，培养其逻辑推理与说服力。值得一提的是，Darabi等人发现不同策略有助于认知临场感在不同阶段的发展，这给我们的启示为：首先，教育者应认识到不同在线讨论策略对认知临场感各阶段发展的独特贡献，因此，在设计课程时应综合运用多种策略，如结构化讨论、支架式学习、辩论和角色扮演等，以满足学生在不同学习阶段的需求，促进其认知能力的全面、均衡发展。其次，鉴于不同策略对认知临场感发展阶段的影响各异，教育者在设计

---

① Aubteen Darabi, Meagan C. Arrastia, David W. Nelson, T. Cornille, Xinya Liang, "Cognitive Presence in Asynchronous Online Learning: A Comparison of Four Discussion Strategies", *J. Comput. Assist. Learn.*, Vol. 27, No. 3, 2011, pp. 216-227.

② Sadaf, Ayesha, Larisa Olesova, "A Systematic Review of Strategies to Develop Students' Cognitive Presence in Online Courses", *8th International Conference on Higher Education Advances* (*HEAd' 22*), 2022, pp. 65-73.

在线课程时，应根据课程目标和学生认知水平，有针对性地选择和组合教学策略。例如，在课程初期，可侧重于结构化讨论，帮助学生建立基本概念框架；随着课程深入，逐渐引入辩论和角色扮演，以促进批判性思维和问题解决能力的提升。

第二，研究者关注问题设计对于学生认知临场感的促进作用。首先，理论上，在触发事件阶段，每一个在线讨论中最开始的问题直接影响学习者随后的探究水平，这一阶段的问题及任务在认知活动中扮演着重要的角色。Olesova 等人发现异步在线讨论中，问题类型与认知临场感水平相关，即更高层次的问题可以引导学生达到更高水平的认知临场感[①]。Sadaf 和 Olesova 旨在进一步探究使用实践探究设计的问题与常规问题相比，对学生在线讨论中认知临场感水平的影响。通过对在线讨论帖子进行分类编码和分析，研究发现，学生对实践探究问题发表的回答比常规问题更多，且当学生在回答实践探究问题时，他们在讨论中的认知临场感（探究、整合和解决）水平更高[②]。这表明，使用实践探究作为指导框架，设计在线讨论中影响认知临场感的问题，可以有效促进学生的思想整合和问题解决能力，从而提升整体认知临场感水平。上述两项研究共同揭示了在在线学习环境中，通过精心设计的任务和问题，可以显著促进学生认知临场感的发展。

同样，上述研究对在线教育中认知临场感的促进有重要启示。首先，研究发现实践探究设计的问题相较于常规问题，能够激发学生更深层次的思考和更广泛的参与。教育者在设计在线讨论时，应借鉴实践探究模型，提出能够引导学生进行思想整合和问题解决的高质量问题，从而促进认知临场感的提升。这种策略不仅增加了学生的互动频率，还提高了讨论的深度和质量，有利于学生批判性思维能力的培养。其次，教育者

---

① Larisa Olesova, Margaret Slavin, Jieun Lim, "Exploring the Effect of Scripted Roles on Cognitive Presence in Asynchronous Online Discussions", *Online Learning*, Vol. 20, No. 4, 2016, pp. 34–53.

② Ayesha Sadaf, Larisa Olesova, "Enhancing Cognitive Presence in Online Case Discussions with Questions Based on the Practical Inquiry Model", *American Journal of Distance Education*, Vol. 31, No. 1, 2017, pp. 56–69.

在规划在线课程时，应将重点放在任务的创新与深度上，而非仅依赖于对话促进策略。精心设计的任务能够激发学生主动探索、深入思考，促进知识的内化与外化，从而实现认知临场感的全面提升。

第三，一些研究者开始关注支架式教学何以促进认知临场感的发展。例如 Mamun 和 Lawrie 旨在考察支架式教学如何通过提供适时的支持和引导，帮助学习者克服在线学习中的障碍，促进他们与学习内容的有效交互，进而增强其认知临场感。研究采用了定量和质性相结合的方法，通过问卷调查、学习日志分析和深度访谈等手段，收集了学习者在在线自我调节学习环境中的学习行为、认知过程和感受。探究支架式教学策略，如提供学习路径指南、设置学习目标、给予及时反馈和鼓励自主探索等，对学习者认知临场感的影响[①]。该研究揭示了支架式教学在促进学习者认知临场感中的关键作用：通过适时的支架支持，学习者能够更深入地与学习内容互动，进行批判性思考和问题解决，从而提升认知临场感。此外，研究还指出基于 POEE（预测、观察、解释和评估）教学支架框架，可以在学习者—内容互动过程中有效地培养学生的认知临场感。

Mamun 与 Lawrie 的研究为在线教育实践带来了重要启示，特别是关于如何通过支架式教学促进学生认知临场感的发展。教育者应认识到，适时的支架支持能够帮助学生克服在线学习中的障碍，深化与学习内容的互动，从而提升认知临场感。在实践中，这要求教育者采取如下策略：为学生设计清晰的学习路径，帮助他们理解课程结构和学习目标，从而有方向地进行知识探索；与学生共同设定短期和长期的学习目标，激励他们主动参与学习过程，促进目标导向的学习行为；在学生完成任务或作业后，提供及时且建设性的反馈，帮助他们理解自己的学习进度和改进方向；设计开放性问题或项目，鼓励学生独立思考和探索，培养其自主学习能力和问题解决技巧；采用预测、观察、解释和评估的循环过程，

① Md Abdullah Al Mamun, Gwendolyn Lawrie, "Cognitive Presence in Learner-content Interaction Process: The role of Scaffolding in Online Self-regulated Learning Environments", *Journal of Computers in Education*, 2023, pp. 1–31.

为学生提供结构化的支架，引导他们在学习者—内容互动中进行深度思考和批判性分析，特别是在有先验知识的学生中，这种方法能显著提升认知临场感。通过实施这些策略，教育者能够为学生创造一个既具挑战性又富有支持的学习环境，促进其认知临场感的全面发展。

（二）同伴促进对认知临场感发展的促进

Garrison 指出，尽管教学临场感通常与教师在探究社区中的作用相关联，但其影响范围并不仅限于教师。实际上，教学临场感可以涵盖探究社区中的任何参与者。在团体知识建构过程中，学习的方向受到所有成员的共同影响。因此，教学临场感不被称为"教师临场感"，以反映其更广泛的参与性和互动性。换言之，教学临场感不仅来自教师，还来自学生。因此，同伴对于认知临场感发展的影响是研究者关注的另一重要议题，并且众多研究发现同伴促进对在线学习中认知临场感的发展具有重要促进作用。例如 Baran 和 Correia 聚焦于学生主导的促进策略对在线讨论中认知临场感的影响。通过对学生在线讨论数据进行定性分析，研究探讨了三种学生主导的促进策略：高度结构化的促进策略、鼓舞人心的促进策略、以实践为导向的促进策略。研究发现，尽管每个同伴促进者选择了不同的策略，但他们都成功地促进了有意义的对话，围绕每周话题产生了高水平的参与和高质量的讨论[①]。这表明，同伴促进策略不仅有助于产生创新想法，还能激励学生积极参与讨论，从而促进认知临场感的发展。Chen 等人采用了定性和定量内容分析法，旨在探究同伴促进策略对学生认知临场感的影响。研究考察了提问、澄清、促进联系、总结回顾、提供信息、使用积极社交暗示等同伴促进策略。研究结果发现，同伴促进者的参与与学生更高层次的认知临场感显著相关。具体而言，同伴促进者提出的特定类型的问题可以积极影响认知临场感水平，其中事实性问题（如什么、谁、什么时候）更可能诱导复述和描述性的表达，而解释性问题（如为什么、如何）则更可能触发更高层次的综合

---

① Evrim Baran, Ana‐Paula Correia, "Student‐Led Facilitation Strategies in Online Discussions", *Distance Education*, Vol. 30, No. 3, 2009.

思维。此外，同伴促进者在回应同伴时，倾向于在帖子中结合使用多种促进策略，这些策略与学生认知临场感触发事件和探究阶段紧密相连①。Oh 等人聚焦于基于案例场景下的辩论活动中收集数据，使用认知临场感框架进行讨论内容分析和社会网络分析，旨在探究同伴促进和教师促进对批判性思维学习结果的影响。研究结果表明，相较于教师促进，同伴促进被证明是促进成人学习者批判性思维和协作对话更有效的方法②。

上述研究共同揭示了同伴促进策略在在线学习环境中促进认知临场感的关键作用。教育实践启示包括：首先，鼓励学生承担促进讨论的责任，通过高度结构化、鼓舞人心或以实践为导向的策略，促进有意义的对话和高水平的参与，从而提升认知临场感。其次，同伴促进者应采用不同类型的问题，如解释性问题，以触发更高层次的综合思维。同时，在回应同伴时，结合使用多种促进策略，如澄清、促进联系、总结回顾和提供信息，以增强讨论的深度和广度。最后，教师应为学生提供结构支持，指导他们如何有效实施同伴促进策略，包括如何提问、如何回应同伴以及如何促进高质量的对话。鼓励学生采用多样化的促进策略，包括提问、澄清、促进联系、总结回顾、提供信息和使用积极社交暗示，以适应不同讨论主题和学习需求。

（三）教师促进策略对认知临场感发展的促进

研究发现教师促进策略在在线学习中对认知临场感的发展有重要影响。首先，有研究对比了在线讨论中教师参与程度对认知临场感的影响。Cho 和 Tobias 比较了三种实验条件下的在线讨论对探究社区的影响：没有讨论、没有教师参与的讨论、教师积极参与的讨论。结果显示，教师参与讨论并未显著促进学生的认知临场感和教学临场感，但对社会临场

① Ye Chen, Jing Lei, Jiaming Cheng, "What If Online Students Take on the Responsibility: Students' Cognitive Presence and Peer Facilitation Techniques", *Online Learning*, Vol. 23, No. 1, 2019, pp. 37-61.

② Eunjung Grace Oh, Wen-Hao David Huang, Amir Hedayati Mehdiabadi, Boreum Ju, "Facilitating Critical Thinking in Asynchronous Online Discussion: Comparison Between Peer- and Instructor-Redirection", *Journal of Computing in Higher Education*, Vol. 30, No. 3, 2018, pp. 489-509.

感产生了显著影响①。这意味着，教师参与讨论虽未直接影响学生的学习成效，但对促进学生间的情感交流和小组凝聚力具有重要作用。Costley 探索了不同教师控制水平对学生认知临场感的影响。研究显示，高控制学习环境下的认知临场感水平最高（平均分为 4.54），而低控制环境下得分最低（平均分为 2.06），表明教师的积极参与和适度控制对于提升学生的认知临场感至关重要②。

其次，有研究表明，与开放式探究相比，有框架指导的学习任务更能有效促进认知临场感的形成。开放式探究虽然鼓励自主探索，但缺乏明确的结构和导向，可能导致学生在学习过程中迷失方向，而有框架的学习任务则为学生提供了清晰的目标和路径，有助于认知临场感的构建。例如 Gašević 等人采用准实验设计，深入探讨了外部促进调节支架对异步在线讨论中认知临场感的促进作用。研究在全在线课程的背景下，对在线讨论文本进行了详尽的量化内容分析。层次线性建模的结果显示，缺乏教师明确指导的控制组未能有效引导学生形成规范的学习行为，异步在线讨论因此未能激发学生达到更高层次的认知临场感。而实验组通过引入外部调节支架，显著降低了认知临场感低阶阶段（触发事件和探究）的比重，同时显著提升了认知临场感水平③。这一发现强调了外部促进调节支架在提升认知临场感方面的重要作用，揭示了其对促进学生深度参与和批判性思维发展的显著正向影响。

Feng 等人基于 CoI 框架，设计并实施了一套在线辅导模型，旨在通过提供定制化的学习支架，支持学习者的学习进程。研究收集的问卷和

---

① Moon-Heum Cho, Scott Tobias, "Should Instructors Require Discussion in Online Courses? Effects of Online Discussion on Community of Inquiry, Learner Time, Satisfaction, and Achievement", *The International Review of Research in Open and Distributed Learning*, Vol. 17, No. 2, 2016, pp. 123-140.

② Jamie Costley, "The Effects of Instructor Control on Critical Thinking and Social Presence: Variations Within Three Online Asynchronous Learning Environments", *The Journal of Educators Online*, Vol. 13, 2016, pp. 109-171.

③ Dragan Gašević, Olusola Adesope, Srećko Joksimović, Vitomir Kovanović, "Externally-Facilitated Regulation Scaffolding and Role Assignment to Develop Cognitive Presence in Asynchronous Online Discussions", *The Internet and Higher Education*, Vol. 24, 2015, pp. 53-65.

访谈数据显示，在课程后期，学生对认知临场感支架的需求显著增加。在探究、整合和解决三种认知临场感阶段中，探究支架被证明最具效能，其次是整合支架，而解决支架的平均效能相对较低①。这项研究凸显了支架在在线辅导中的核心作用，表明通过精心设计和适时提供的支架，能够显著提升学生的认知临场感，促进深度学习和批判性思维的培养，进而全面提升在线学习的质量和效果。DuBois等人通过调查和编码参与者在MOOC中讨论板和Facebook的帖子，研究教师使用不同社交媒体互动对认知和社会临场感的促进作用。研究发现，讨论板上的认知临场感水平高于Facebook，而Facebook上的社会临场感水平更高。尽管如此，超过一半的认知帖子仍集中于较低层次的探究，仅有不到五分之一的帖子反映了更高水平的整合②。上述研究揭示了教师促进策略在在线学习中对认知临场感的不同影响。这些研究对于教育实践有以下重要启示。

首先，教师应设计和实施外部促进调节支架，如详细的学习指南、任务框架和反馈机制，以帮助学生规范学习，促进认知临场感向高水平发展。其次，需要注重教师参与的平衡，这是因为教师参与讨论虽对社会临场感有益，但在不影响学生自主学习的前提下，应适度参与，避免过度指导，以促进学生自主探究和批判性思维能力（认知临场感）的培养。最后，教师需要做到差异化利用社交媒体互动。建议教师应根据学习目标和学生需求，差异化利用社交媒体平台，如使用讨论版促进深度思考和认知临场感，利用Facebook增强社会临场感和情感交流。教师需要关注深度认知思维的培养，也就是说教师应设计需要学习者整合并应用所学内容的讨论问题，通过挑战学习者的假设，引导他们进行反思，将学习成果应用于实际情境，从而促进更深层次的认知思维和临场感

①　Xiaoying Feng, Jingjing Xie, Yue Liu, "Using the Community of Inquiry Framework to Scaffold Online Tutoring", *The International Review of Research in Open and Distance Learning*, Vol. 18, No. 2, 2017, pp. 162−188.

②　Bryce DuBois, Marianne E. Krasny, Alex Russ, "Online Professional Development for Environmental Educators: Strategies to Foster Critical Thinking and Social Interactions", *Environmental Education Research*, Vol. 25, No. 10, 2019, pp. 1479−1494.

发展。

综上所述，外部支架对认知临场感的形成具有深远影响。教育者通过精心设计并适时提供外部支架，不仅能够有效促进学生的认知参与，深化其对知识的理解与应用，还能够提升认知临场感发展水平。未来教育实践应继续探索如何优化外部支架，以更好地适应学生的学习需求，促进其认知临场感的全面发展。

（四）角色分配对认知临场感发展的促进

通过角色扮演活动，让学生从不同角度思考问题，促进探究和整合阶段的认知活动，达到促进学生认知临场感发展的目的。角色分配是否以及如何促进在线学习中认知临场感的发展是研究者关注的重要话题之一。例如，Gašević等人研究了角色分配对在线讨论中认知临场感水平的影响。层次线性建模分析的结果表明，与实践研究者角色相比，专家研究者角色的分配对认知临场感的触发事件、整合和解决阶段产生了统计上的显著影响，具体表现为触发事件的减少以及整合和解决阶段的增加[1]。这表明，角色分配对认知临场感的多个阶段具有显著的积极影响。此外，Olesova等人以139名参与异步在线讨论的本科生为对象，探讨了角色对学生认知临场感水平的影响。研究发现，角色扮演作为一种有效的教学策略，在学生扮演特定角色的几周中，大多数学生的帖子处于认知临场感的较高阶段——整合阶段[2]。这表明，角色可以显著改善学生在异步在线讨论中的认知临场感水平和学习成果。Ferreira等人的研究结果显示，教学干预（角色分配）不仅对整体的认知临场感水平有影响，而且对特定的课程主题也有显著影响，尤其是与探究和整合信息的频率相关。在引入基于角色的调节支架后，讨论明显转向整合阶段，这表明

---

① Dragan Gašević, Olusola Adesope, Srećko Joksimović, Vitomir Kovanović, "Externally‐Facilitated Regulation Scaffolding and Role Assignment to Develop Cognitive Presence in Asynchronous Online Discussions", *The Internet and Higher Education*, Vol. 24, 2015, pp. 53-65.

② Larisa Olesova, Margaret Slavin, Jieun Lim, "Exploring the Effect of Scripted Roles on Cognitive Presence in Asynchronous Online Discussions", *Online Learning*, Vol. 20, No. 4, 2016, pp. 34-53.

角色分配有助于促进学生在特定课程主题上的认知临场感发展①。

上述研究共同揭示了角色分配在在线学习中对认知临场感的促进作用。教育实践启示包括：首先，教师应考虑在在线讨论中引入角色分配策略，如专家研究者、实践研究者等，以促进学生认知临场感的触发事件、整合和解决阶段的发展。其次，教师需要做到角色与问题类型结合，即结合特定的角色与更高层次的问题类型，可以有效引导学生进入认知临场感高阶阶段，促进深度学习和批判性思维。再者，针对不同课程主题和学习目标，教师应差异化地应用基于角色的教学支架干预，以促进学生在特定主题上的认知临场感发展。最后，建议教师将角色分配与课程主题进行匹配，及时整合和应用。

---

① Rafael Ferreira, Vitomir Kovanović, Dragan Gasevic, Vitor Belarmino Rolim, "Towards Combined Network and Text Analytics of Student Discourse in Online Discussions", *Proceedings of the 19th International Conference on Artificial Intelligence in Education (AIED' 18)*, London, UK, 2018, pp. 111-126.

MOOC 中的 CoI 实证研究

第一节　MOOC 中探究社区模型验证和结构效度研究

一　研究背景

大规模在线开放课程（Massive Open Online Course，MOOC）因其诸多优势，受到了越来越多研究的关注，但其发展也面临着重大挑战，包括高辍学率、低完成率、无法提供等同于线下校内教育的质量认证，以及教学和学习过程薄弱等问题。此外，Bentler 等人和 Wang 等人的研究指出 MOOC 在维持学生的好奇心和学习参与度方面存在不足[1]。MOOC 面临的这些挑战主要是由其教学设计和教学方法的不足所导致[2]，这使得在线教育和远程教育的实践与研究之间出现了脱节。

---

[1]　Li-tze Hu，Peter M. Bentler，"Cutoff Criteria for Fit Indexes in Covariance Structure Analysis：Conventional Criteria Versus New Alternatives"，*Structural Equation Modeling*，Vol. 6，No. 1，1999，pp. 1-55；Kai Wang，Chang Zhu，Shihua Li，Guoyuan Sang，"Using Revised Community of Inquiry Framework to Scaffold MOOC-based Flipped Learning"，*Interactive learning environments*，Vol. 31，No. 10，2023，pp. 7420-7432.

[2]　Vitomir Kovanović，Srećko Joksimović，Thieme Hennis，Iva Čukić，Pieter de Vries，Shane Dawson，George Siemens，Dragan Gašević，"Exploring Communities of Inquiry in Massive Open Online Courses"，*Computers & Education*，Vol. 119，2018，pp. 44-58.

在线教学是一项极其复杂且具有挑战性的工作①。CoI 框架为理解在线环境中教与学的本质提供了一个新的理论视角，CoI 框架作为理论框架能够帮助设计者构建出高质量的在线学习过程②。CoI 框架尤其为 MOOC 的设计、组织和实施提供了重要理论指导。其核心在于构建由教学临场感、社会临场感和认知临场感组成的在线学习社区，促进高质量的学习体验。近年来，众多实证研究已在不同的教育教学环境中应用和扩展了 CoI 框架和工具，验证了其广泛的适用性和有效性③。例如，Shea 等修改了原 CoI 中的教学临场感编码框架，以适应更广泛的在线课程类型④。Szeto 将 CoI 框架应用于混合同步教学情境中⑤。此外，一些研究聚焦于 CoI 对学生学习相关变量的影响，比如 CoI 三要素与在线课程中学生留存率之间的关系、CoI 三要素在学生入学和学习动机对其学习表现影响上的中介效应以及根据学生学科背景，他们感知到的 CoI 差异，及其对学生情感学习结果的预测效应等⑥。这些

---

① Terry Anderson, Liam Rourke, D. Randy Garrison, Walter Archer, "Assessing Teaching Presence in a Computer Conferencing Context", *Journal of Asynchronous Learning Networks*, Vol. 5, No. 2, 2001, pp. 1–17.

② D. Randy Garrison, Terry Anderson, Walter Archer, "Critical Inquiry in a Text-based Environment: Computer Conferencing in Higher Education", *Internet and Higher Education*, Vol. 2, No. 2–3, 2000, pp. 87–105; Liam Rourke, Terry Anderson, D. Randy Garrison, Walter Archer, "Assessing Social Presencein Asynchronous Text-based Computer Conferencing", *International Journal of E-Learning & Distance Education*, Vol. 14, No. 2, 2001, pp. 50–71; Stefan, Stenbom, "A Systematic Review of the Community of Inquiry Survey", *The Internet and Higher Education*, Vol. 39, 2018, pp. 22–32.

③ Zhonggen Yu, Ming Li, "A Bibliometric Analysis of Community of Inquiry in Online Learning Contexts Over Twenty-five Years", *Education and Information Technologies*, 2022, pp. 1–20.

④ Peter Shea, Suzanne Hayes, Jason Vickers, "Online Instructional Effort Measured Through the Lens of Teaching Presence in the Community of Inquiry Framework: A re-Examination of Measures and Approach", *International Review of Research in Open and Distance Learning*, Vol. 3, No. 11, 2010, pp. 127–154.

⑤ Elson Szeto, "Community of Inquiry as an Instructional Approach: what Effects of Teaching, Social and Cognitive Presences are There in Blended Synchronous Learning and Teaching", *Computers & Education*, Vol. 81, 2015, pp. 191–201.

⑥ W. Boston, S. R. Díaz, A. M. Gibson, Phil Ice, Jennifer C. Richardson, Karen Swan, "An Exploration of the Relationship Between Indicators of the Community of Inquiry Framework and Retention in Online Programs", *Journal of Asynchronous Learning Networks*, Vol. 14, No. 1, 2019; Kris LAW, Geng Shuang, Tongmao Li, "Student Enrollment, Motivation and Learning Performance in a Blended Learning Environment: The Mediating Effects of Social, Teaching, and Cognitive Presence", *Computers & Education*, Vol. 136, 2019, pp. 1–12.

发现不仅丰富了我们对在线学习的理解，也为教学设计和实施提供了实证支持。当前，国际学术界对 CoI 框架的深入探索和工具的持续优化预示着该领域未来研究的广阔前景①。

另一方面，一些研究专注于在线课程中 CoI 测量工具的结构效度和信度②。Arbaugh 等人开发的 CoI 量表，采用五点李克特量表形式，包含 34 个条目，旨在量化 CoI 框架的三大核心维度——教学临场感、社会临场感和认知临场感③。每个维度分别由 13 个、9 个和 12 个条目构成，形成了一个全面的 CoI 测量体系。其中，每个维度的 Cronbach's α 系数分别为 0.94、0.91 和 0.95，这证实了各维度内部的一致性和可靠性。Heilporn 和 Lakhal 进一步深化了对 CoI 框架内部结构的理解，通过分析十个细分类别，不仅验证了框架的可靠性和有效性，还提出了修订 CoI 工具

---

① Peter Shea, Jennifer Richardson, Karen Swan, "Building Bridges to Advance the Community of Inquiry Framework for Online Learning", *Educational Psychologist*, Vol. 57, No. 3, 2022, pp. 148–161; D. Randy Garrison, "Shared Metacognition in a Community of Inquiry", *Online learning*, Vol. 26, No. 1, 2022, pp. 6–18; Cibele Duarte Parulla, Anne Marie Weissheimer, Marlise Bock Santos, Ana Luísa Petersen Cogo, "Translating and Validating the Community of Inquiry Survey Instrument in Brazil", *International Review of Research in Open and Distributed Learning*, Vol. 23, No. 4, 2022, pp. 170–182.

② Geraldine Heilporn, Sawsen Lakhal, "Investigating the Reliability and Validity of the Community of Inquiry Framework: an Analysis of Categories Within each Presence", *Computers & Education*, Vol. 145, 2020; PR Dempsey, Jie Zhang, "Re-examining the Construct Validity and Causal Relationships of Teaching, Cognitive, and Social Presence in Community of Inquiry Framework", *Online Learning Journal*, Vol. 23, No. 1, 2019, pp. 62–79; Ines Gil–Jaur, Daniel Domínguez Figaredo, Belen Ballesteros Velázquez, Javier Morentin Encina, "Validation of the Spanish Version of the 'Community of Inquiry' Survey", *Revista de Educación a Distancia*, Vol. 59, No. 4, 2019, pp. 1–26; Vitomir Kovanović, Srećko Joksimović, Thieme Hennis, Iva Čukić, Pieter de Vries, Shane Dawson, George Siemens, Dragan Gašević, "Exploring Communities of Inquiry in Massive Open Online Courses", *Computers & Education*, Vol. 119, No. 1, 2018, pp. 44–58; Secil Caskurlu, "Confirming the Subdimensions of Teaching, Social, and Cognitive Presences: A Construct Validity Study", *Internet and Higher Education*, Vol. 39, No. 1, 2018, pp. 1–12; Yusuf Ziya, Ebru Kılıç, Çakmak, "Examining the Reliability and Validity of a Turkish Version of the Community of Inquiry Survey", *Online Learning*, Vol. 22, No. 1, 2018, pp. 147–161.

③ J. B. Arbaugh, Martha Cleveland–Innes, Sebastian R. Diaz, D. Randy Garrison, Philip Ice, Jennifer C. Richardson, Karen P. Swan, "Developing a Community of Inquiry Instrument: Testing a Measure of the Community of Inquiry Framework Using a Multi–institutional Sample", *The Internet and Higher Education*, Vol. 11, No. 3–4, 2008, pp. 133–136.

的必要性①。他们主张在线教育的持续演变要求我们定期重新审视并调整原始的 CoI 调查工具。此外，研究者们对 CoI 框架的维度结构也展开了探讨，指出可能存在的第四个潜在因子②。其中，Arbaugh 等人和 Díaz 等人发现教学临场感的构造实际上包括两个因素。而 Kozan 和 Richardson 发现可能存在一个作为认知临场感子维度的第四因子③。Lowenthal 和 Dunlap 以及 Wertz 通过验证性因子分析评估了 CoI 工具的替代结构，证实了四因子模型的合理性，并为 CoI 结构的多维性质提供了有力证据④。此外，Wang 等人采取质性研究方法，聚焦于学生对修订后 CoI 框架中四种临场感体验的深入理解⑤。这些研究共同构成了 CoI 框架不断发展的理

① Geraldine Heilporn, Sawsen Lakhal, "Investigating the Reliability and Validity of the Community of Inquiry Framework: an Analysis of Categories Within each Presence", *Computers & Education*, Vol. 145, 2020.

② J. B. Arbaugh, Martha Cleveland-Innes, Sebastian R. Diaz, D. Randy Garrison, Philip Ice, Jennifer C. Richardson, Karen P. Swan, "Developing a Community of Inquiry Instrument: Testing a Measure of the Community of Inquiry Framework Using a Multi-institutional Sample", *The Internet and Higher Education*, Vol. 11, No. 3-4, 2008, pp. 133-136; Sebastián R. Díaz, Karen Swan, Philip Ice, Lori Kupczynski, "Student Ratings of the Importance of Survey Items, Multiplicative Factor Analysis, and the Validity of the Community of Inquiry Survey", *Internet and Higher Education*, Vol. 13, No. 1-2, 2010, pp. 22-30; Doctoral Candidate Kadir Kozan, Jennifer C. Richardson, "New Exploratory and Confirmatory Factor Analysis Insights into the Community of Inquiry Survey", *The Internet and Higher Education*, Vol. 23, 2014, pp. 39-47.

③ J. B. Arbaugh, Martha Cleveland-Innes, Sebastian R. Díaz, D. Randy Garrison, Philip Ice, Jennifer C. Richardson, Karen P. Swan, "Developing a Community of Inquiry Instrument: Testing a Measure of the Community of Inquiry Framework Using a Multi-institutional Sample", *The Internet and Higher Education*, Vol. 11, No. 3-4, 2008, pp. 133-136; Sebastián R. Díaz, Karen Swan, Philip Ice, Lori Kupczynski, "Student Ratings of the Importance of Survey Items, Multiplicative Factor Analysis, and the Validity of the Community of Inquiry Survey", *Internet and Higher Education*, Vol. 13, No. 1-2, 2010, pp. 22-30; Kadir Kozan, Jennifer C. Richardson, "New Exploratory and Confirmatory Factor Analysis Insights into the Community of Inquiry Survey", *The Internet and Higher Education*, Vol. 23, 2014, pp. 39-47.

④ Patrick R. Lowenthal, Joanna Dunlap, "Problems Measuring Social Presence in a Community of Inquiry", *E-Learning and Digital Media*, Vol. 11, No. 1, 2014, pp. 19-30; Ruth E. H. Wertz, "Learning Presence Within the Community of Inquiry framework: An Alternative Measurement Survey for a Four-factor Model", *The Internet and Higher Education*, Vol. 5, 2022, p. 100832.

⑤ Kai Wang, Chang Zhu, Shihua Li, Guoyuan Sang, "Using Revised Community of Inquiry Framework to Scaffold MOOC-based Flipped Learning", *Interactive Learning Environments*, Vol. 31, No. 10, 2023, pp. 7420-7432.

论基础，为在线教育的实践提供了更加精细化的指导。

　　然而，仅有少数研究验证了 CoI 工具在 MOOC 环境下的适用性。Damm 使用 CoI 工具衡量了 MOOC 学习环境中学生在线学习体验，并通过深度访谈验证了调查结果，但他并未验证其因素结构[1]。最近，Parulla 等人仅通过主成分分析法，在巴西的 MOOC 学习环境中验证了 CoI 工具[2]。Kovanović等人利用 CoI 工具收集了 MOOC 学习者的在线学习体验[3]。此外，他们运用统计学的方法对数据进行了分析，提出了一种包含教学临场感、社会临场感和认知临场感这三个原始 CoI 框架，以及设计与组织（Org）、情感表达（Aff）和解决（Res）在内的六因子 CoI 框架。设计与组织、情感表达和解决这三个新因子都是教学临场感、社会临场感和认知临场感的子类别，它们从原始的 CoI 中分离出来形成了一个新的模型。然而，遗憾的是，研究者未能使用验证性因子分析验证这一新的六因子结构的模型及其结构效度，尤其是新旧因素之间的区分效度。根据 Hair 等人的观点，证性因素分析得出的因素需要进一步进行区分效度测试，且因子间必须建立良好的区分效度以实现有效区分[4]。然而，Kovanović等人没有将六因子模型与原始的三因子模型进行比较，因此我们无从得知六因子 CoI 框架是否显著优于三因子 CoI 框架[5]。

　　因此，本书旨在通过模型比较确定 CoI 工具的最佳模型，并验证其

　　[1]　Carol A. V. Damm，"Applying a Community of Inquiry Instrument to Measure Student Engagement in Large Online Courses"，*Current Issues in Emerging e Learning*，Vol. 3，No. 1，2016，pp. 138-172.

　　[2]　Cibele Duarte Parulla，Anne Marie Weissheimer，Marlise Bock Santos，Ana Luísa Petersen Cogo，"Translating and Validating the Community of Inquiry Survey Instrument in Brazil"，*International Review of Research in Open and Distributed Learning*，Vol. 23，No. 4，2023，pp. 170-182.

　　[3]　Vitomir Kovanović，Srećko Joksimović，Thieme Hennis，Iva Čukić，Pieter de Vries，Shane Dawson，George Siemens，Dragan Gašević，"Exploring Communities of Inquiry in Massive Open Online Courses"，*Computers & Education*，Vol. 119，No. 1，2018，pp. 44-58.

　　[4]　Joseph Franklin Hair，William C. Black，Barry J. Babin，Rolph E. Anderson，"Multivariate Data Analysis: a Global Perspective (7th ed.)"，*Upper Sadder River*，NJ：Prentice Hall，2010.

　　[5]　Vitomir Kovanović，Srećko Joksimović，Thieme Hennis，Iva Čukić，Pieter de Vries，Shane Dawson，George Siemens，Dragan Gašević，"Exploring Communities of Inquiry in Massive Open Online Courses"，*Computers & Education*，Vol. 119，No. 1，2018，pp. 44-58.

结构效度。首先，本书在 MOOC 课程中探索 CoI 工具可能的、潜在的其他因子结构模型，并且对这些模型进行探索性因子分析和验证性因子分析。此外，研究还将通过验证性因子分析验证现有的原始三因子模型和新六因子模型①。随后，利用卡方检验对比这三个具有不同因子结构的模型，选取最佳模型并检验该最优模型的结构效度。鉴于此，本书提出以下三个研究问题：

RQ1：在 MOOC 学习环境中 CoI 是否存在其他潜在因子结构？

RQ2：在原始三因子模型、新的六因子模型以及另一潜在的 n 因子模型中，哪一个是最优模型？

RQ3：最优模型是否具有良好的结构效度？

总体而言，本书旨在探索 CoI 工具在 MOOC 环境下的适用性，旨在为未来的 MOOC 研究提供新的视角、方法和工具，成为从 CoI 框架角度研究学生在 MOOC 中的学习体验及分析 MOOC 课程有效性的相关研究的基石。该研究将拓展 MOOC 领域的研究，增强在线和远程教育领域中 MOOC 实践与研究的文化适应性。此外，这有助于全面理解学生在 MOOC 环境中的学习体验，帮助我们更好地设计和实施高质量的 MOOC，以提升学生的在线学习投入和学习体验，最终促进学生在线学习成效。

二　研究设计

（一）研究情境

以《现代教育技术》课程作为研究背景，该课程强调通过互动合作而非个人独立学习来促进学习效果。课程由一位知名的国家级教学名师领衔，教学团队包括 6 名教授、3 名副教授、6 名博士生和 10 名硕士生。

---

①　J. B. Arbaugh, Martha Cleveland-Innes, Sebastian R. Diaz, D. Randy Garrison, Philip Ice, Jennifer C. Richardson, Karen P. Swan, "Developing a Community of Inquiry Instrument: Testing a Measure of the Community of Inquiry Framework Using a Multi-institutional Sample", *The Internet and Higher Education*, Vol. 11, No. 3-4, 2008, pp. 133-136; Vitomir Kovanović, Srećko Joksimović, Thieme Hennis, Iva Čukić, Pieter de Vries, Shane Dawson, George Siemens, Dragan Gašević, "Exploring Communities of Inquiry in Massive Open Online Courses", *Computers & Education*, Vol. 119, No. 1, 2018, pp. 44-58.

该课程荣获"国家精品课程"称号，并自 2016 年起在中国大学 MOOC 平台上线，面向所有学习者开放，每年吸引大量注册用户参与。

在该 MOOC 中，学生的学习活动涵盖观看视频、参与论坛讨论、完成单元在线测验、提交两项设计作业以及参加期末在线考试。此外，学生还需参与两次在线同伴互评。最终课程评估综合记录了学生的所有学习活动及其成果。其中，同伴互评占总成绩的 30%，在线讨论占 10%，单元测验占 24%，期末考试占 36%。完成全部在线学习活动并达到一定分数的学生将获得普通或优秀证书。这种评价体系旨在全面衡量学生的学习参与度和知识掌握情况，鼓励学生积极参与各种学习互动，以促进深度学习和知识建构。

为了促进学生在 MOOC 中进行高效、有意义的在线讨论，该课程特别设置了三个论坛板块：内容讨论区、问答区和一般讨论区。每个板块都有明确的功能定位，以确保讨论的有序性和针对性。一是内容讨论区。教师每周发布两个与课程内容密切相关的问题，引导学生深入探讨。在此板块，学生只能评论或回复他人的帖子，不能自行发布新主题，以此集中讨论焦点，提高讨论质量。教师的积极参与和有效引导是确保讨论高效的关键，通过提出有深度的问题，激发学生的思考和交流。二是问答区。学生可以在课程期间随时发布问题，获得教师或同伴学习者的及时帮助。由于教师频繁参与并迅速回应学生提问，增强了教学临场感，使学生感受到教师的支持和关注，促进了问题的快速解决和知识的理解。三是一般讨论区。这个开放性论坛允许学生自由分享与课程、学习、实习、生活以及个人兴趣相关的话题。教师较少介入，鼓励学生自发交流，发展社交关系，建立个人学习社群。这种开放沟通有助于增强社会临场感，根据 CoI 框架中的社会临场感理论，它提倡学习者在社群中展现个人特质，增进信任和开放性，从而促进更深层次的学习和互动。通过这三个不同功能的论坛板块，该 MOOC 不仅为学生提供了丰富的学习资源和支持，还创造了积极互动的学习环境，促进了认知和社会层面的全面成长。

在完成讨论后，学生将进行两次设计作业的同伴评审。评审依据教学团队设定的评估标准，以匿名方式进行，所有学生由在线课程系统随机分组，每组包含 10 名学生；对于人数不足 10 人的小组，教师将作为团队成员参与同行评审，每次同伴评审周期为一周。每位学生需评审 6—10 份作业，未参与同行评审的学生，其作业只能得到满分的 30%；完成 6 份评审的学生可获得作业满分的 50%，而完成 10 份评审的同学则能得到作业的全部分数。这种方式不仅促进了学生间的互动与反馈，还通过以下方式增强了三种临场感：首先，在教学临场感方面，教师的积极参与和指导确保了评审过程的公平性和有效性，体现了教师对学习过程的支持和引导；其次，在社会临场感方面，学生在评审过程中需要考虑和尊重他人的作品，促进了学生之间的社交互动和信任建立，形成了积极的学习社群；最后，在认知临场感方面，评审要求学生运用和深化他们的知识来评估同伴的工作，从而加深了对课程内容的理解和应用能力。通过这种结构化的同伴评审机制，课程不仅鼓励了学生的积极参与，还有效提升了学习的质量和深度。

（二）数据收集

团队采用 CoI 量表进行了在线问卷调查。尽管该课程对所有人开放，但该研究的数据仅限于来自一所大学的学生。所有参与的学生在调查前都充分了解了其目的、程序和内容。数据收集工作于 2016 年 1 月的前两周进行，研究对象包括来自 3 个不同院系、共 11 个专业的 1186 名中国大学本科生。其中，男性 491 名（占 41.4%），女性 695 名（占 58.6%）。参与者中，有在线学习经历的有 691 名（占 58.3%），而之前没有在线学习经历的有 495 名（占 41.7%）。参与者的年龄集中在 19—20 岁之间。

（三）数据分析

所有收集的数据都经过预处理，确保样本中不存在缺失值或异常值。使用 SPSS 21 将数据随机分为两组：第一组样本（n=582）用于执行探索性因子分析（EFA），第二组样本（n=604）用于验证性因子分析（CFA）。探索性因子分析是一种统计方法，通过剔除不合适项目来提高量表的可靠性，并通过考察项目与因素之间的关系来识别构念的维度①。这一过程有助于研究者发现数据中的聚类模式，提炼出潜在的因子结构。验证性因子分析则用于验证量表结构，具体而言，是检查理论支持的潜变量与显变量之间的关系，以检验预先设定的模型是否与实际数据相符，确保模型的稳健性和解释力。通过结合这两种分析方法，旨在探索并验证 MOOC 情境下 CoI 量表的具体结构特征，从而获得一个更为准确、有效的测量工具，用于评价和优化在线学习体验。EFA 帮助识别和精炼量表的潜在维度，而 CFA 则验证这些维度是否符合理论预期，最终为构建可靠的测量模型提供实证支持。这种双管齐下的方法不仅增强了研究的科学性和严谨性，也为后续的研究和实践提供了坚实的基础。

卡方差异检验（Chi-square difference test）用于比较具有不同因子结构的 CoI 量表的验证性因子分析（CFA）模型，以确定哪种因子结构更好地拟合数据。结构效度则通过收敛效度和辨别效度分析来检验。收敛效度意味着同一因子的测量变量应处于同一构念层次，表现为较高的因子载荷值和测量变量间的高相关性。具体来说，验证性因子分析所得因子的收敛效度可以通过因子载荷值进行测试，并通过组合信度（Composite Reliability，CR）进行验证②。高的因子载荷值（通常大于 0.7）表明测量变量与潜在因子之间有强关联，而因子载荷值大于 0.5 也被认为是可接受的③。组合信度值应大于 0.6，理想情况下应大于 0.7，表示测量变量间具有高度相关性，反映了良好的同质性，即它们确实测量了同一构念④。

---

① Rick Netemeyer, William Bearden, Sharma Surname, *Scaling Procedures: Issues and Applications*, Sage Publications, 2003.

② Joseph Franklin Hair, William C. Black, Barry J. Babin, Rolph E. Anderson, "Multivariate Data Analysis: a Global Perspective (7th ed.)", *Upper Sadder River*, NJ: Prentice Hall, 2010.

③ Ching Shing Chai, Eugenia MW Ng, Wenhao Li, Huang-Yao Hong, Joyce H L Koh, "Validating and Modelling Technological Pedagogical Content Knowledge Framework Among Asian Preservice Teachers", *Australasian Journal of Educational Technology*, Vol. 29, No. 1, 2013, pp. 41-53.

④ Joseph Franklin Hair, William C. Black, Barry J. Babin, Rolph E. Anderson, "Multivariate Data Analysis: a Global Perspective (7th ed.)", *Upper Sadder River*, NJ: Prentice Hall, 2010.

辨别效度则确保不同因子之间的测量变量具有较低的相关性，从而证明各构念之间的明确区别。为此，研究者使用卡方差异检验来验证 CoI 量表六因子模型中各因子是否具有良好的区分效度。如果无约束模型（允许因子间协方差自由估计）与约束模型（两个因子间的协方差固定为 1）之间的卡方值差大于 χ^2 分布临界值（p<0.05，通常为 3.841），则表明这两个因子之间的关系仅为部分相关，即明确指示了这两个因子具有良好的区分效度[①]。这意味着每个因子能够独立测量不同的构念，不会因高度相关而混淆，从而确保了模型中各因子的独特性和准确性。通过这些方法，研究者可以全面评估 CoI 量表的结构效度，确保其测量工具的准确性和有效性。这种严谨的统计分析不仅有助于确认量表的理论结构，还为后续的研究和应用提供了可靠的实证支持。

三　研究发现

（一）描述性分析

　　首先，对 34 个测量变量进行了描述性统计分析，结果显示所有测量变量的峰度均小于阈值 5。这表明数据呈正态分布（或接近正态分布），满足了后续因子分析和其他统计分析的要求[②]。换言之，数据的分布形态适宜进行进一步的统计检验，减少了因非正态分布可能引入的偏误，增强了分析结果的稳健性和解释力。此外，还计算了 CoI 量表中三个维度——教学临场感（TP）、社会临场感（SP）和认知临场感（CP）的 Cronbach's α 系数，分别为 0.945、0.924 和 0.925，而整个量表的 Cronbach's α 系数为 0.970。这些值都非常高，根据 Hair 等人的标准，当

①　Vitomir Kovanović, Srećko Joksimović, Thieme Hennis, Iva Čukić, Pieter de Vries, Shane Dawson, George Siemens, Dragan Gašević, "Exploring Communities of Inquiry in Massive Open Online Courses", *Computers & Education*, Vol. 119, No. 1, 2018, pp. 44-58.

②　Peter M. Bentler, "EQS: Structural Equations Program Manual. Encino, CA: Multivariate Software Inc. Bentler, PM, & Bonett, DG (1980). Significance Tests and The Goodness of Fit in the Analysis of Covariance Structures", *Psychological Bulletin*, Vol. 88, 2006, pp. 588-606.

α 系数大于 0.9 时，量表被认为具有极高的内部一致性。这意味着各题项之间高度相关，能够可靠地测量同一潜在构念①。因此，CoI 量表及其各子类别展现出了高度的内部一致性，支持了其在数据收集和后续统计分析中的有效应用。综上所述，通过对测量变量的描述性统计分析和内部一致性的评估，确保了数据的质量和量表的可靠性，为进一步的因子分析和其他统计分析奠定了坚实的基础。

（二）EFA 分析结果

本书通过 SPSS 21 对第一个样本（n = 582）进行了基于主成分分析的探索性因子分析（EFA），并采用了最大方差旋转法来提取因子。KMO 度量值为 0.973，远高于可接受的阈值 0.5②，表明数据适合进行因子分析。巴特利特球形度检验结果显著［X^2（561）= 14263.419，p<.001］，验证了样本的充分性和项目间相关性的足够强度，进一步确认了 EFA 的适用性。表 5-1 及图 5-1 展示了特征值和碎石图的分析结果，从中可以看出主成分分析揭示了四个因子：教学临场感（TP）、社会临场感（SP）、认知临场感（CP），以及一个额外的第四因子，其特征值大于 1。根据表 5-1，这四个因子的特征值分别为 17.179、17.173、2.144 和 1.053。具体来说，第四因子被识别为认知临场感的一个子类别——解决（Org）。EFA 结果显示，四因子模型解释了总变异的63.376%，其中 TP、SP、CP 和 Org 分别解释了 50.525%、3.450%、6.305%和3.096%的变异。此外，相关分析结果显示这四个因子之间存在显著的相关性（见表 5-3），这一发现支持了 CoI 框架在 MOOC 环境中的扩展应用，并强调了解决作为认知临场感下补充因子的重要性。这些结果不仅验证了 CoI 框架的有效性，还为进一步探讨在线学习环境中认知临场感的具体维度提供了新的视角。

---

① Joseph Franklin Hair, William C. Black, Barry J. Babin, Rolph E. Anderson, "Multivariate Data Analysis: a Global Perspective (7th ed.)", *Upper Sadder River*, NJ: Prentice Hall, 2010.

② Henry F. Kaiser, "An Index of Factorial Simplicity", *Psychometrika*, Vol. 39, 1947, pp. 31-36.

表 5-1　　　　　　　　　　　主成分分析的特征值

构成部分	最初特征值		
	总计	差异百分比（%）	累计百分比（%）
1	17.179	50.525	50.525
2	1.173	3.450	56.830
3	2.144	6.305	60.280
4	1.053	3.096	63.376

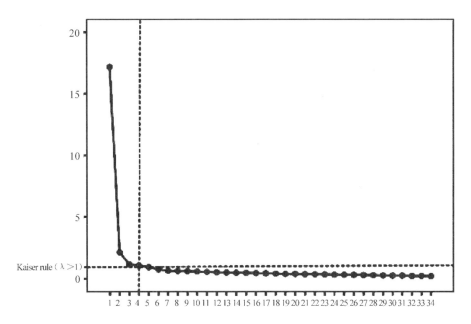

图 5-1　碎石图

表 5-2　　　　　　　　　　　因子模式矩阵中的因子载荷

条目（测量指标）	组成			
	1	2	3	4
TP1. 教学团队清晰传达了课程主题的重要性	.782			
TP2. 教学团队明确表达了课程目标	.735			

续表

条目（测量指标）	组成			
	1	2	3	4
TP3. 教学团队提供了参与学习活动的明确指示	.743			
TP4. 教学团队明确了学习活动的重要截止日期/时间框架	.670			
TP5. 教学团队在课程讨论中帮助识别共识与分歧	.737			
TP6. 教学团队有效引导班级理解课程主题	.708			
TP7. 教学团队保持学员积极参与并促进有效对话	.635			
TP8. 教学团队使学员保持任务专注，利于我的学习	.683			
TP9. 教学团队鼓励学员探索新概念	.622			
TP10. 教学团队强化了学员间的社区意识	.577			
TP11. 教学团队聚焦相关议题讨论，促进我的学习	.648			
TP12. 教学团队提供的反馈帮助我了解自身优缺点	.525			
TP13. 教学团队及时提供反馈	.511			
SP1. 了解其他课程参与者让我感受到归属感			.589	
SP2. 我能对某些课程参与者形成独特印象			.555	
SP3. 在线或基于网络的交流是社交互动的良好媒介			.529	
SP4. 我通过在线方式交流感到自在			.654	
SP5. 我参与课程讨论时感到自在			.656	
SP6. 我与其他课程参与者互动时感到自在			.673	
SP7. 即使有异议，我仍能与他人保持信任感地交流			.740	
SP8. 我觉得我的观点得到了其他参与者的认可			.609	
SP9. 在线讨论帮助我培养协作感			.569	
CP1. 提出的问题增加了我对课程议题的兴趣		.572		
CP2. 课程活动激发了我的好奇心		.556		

续表

条目（测量指标）	组成			
	1	2	3	4
CP3. 我感到有动力探索相关内容问题		.560		
CP4. 我利用多种信息来源探索课程中的问题		.569		
CP5. 头脑风暴和寻找相关信息帮助我解决内容相关问题		.689		
CP6. 在线讨论有助于我理解不同观点		.716		
CP7. 整合新信息帮助我解答课程活动中的问题		.684		
CP8. 学习活动帮助我构建解释/解决方案		.668		
CP9. 反思课程内容和讨论帮助我理解基本概念		.606		
CP10. 我能描述测试和应用本课程创造知识的方法				.632
CP11. 我已经为课程问题开发了可用于实践的解决方案				.771
CP12. 我能将本课程的知识应用于工作或其他非课程相关活动中				.499

表 5-3 四因子模型中各因素之间的相关性

	TP	SP	CP	Res
TP	1			
SP	747**	1		
CP	734**	818**	1	
Res	650**	704**	742**	1

注：** 表示在 0.01 显著性水平上显著。

通过探索性因子分析（EFA），得到了一个包含教学临场感（TP）、社会临场感（SP）、认知临场感（CP）及解决（Org）的四因子结构的

CoI 框架。这一结果与已有相关研究的发现相呼应，这些研究表明 CoI 可能存在一个潜在的第四因素①。例如，Arbaugh 等人和 Díaz 等人曾指出，这个潜在的第四因素可能是教学临场感的一个子类别②。然而，本书的研究并未证实这一可能性。EFA 的结果显示，第四因素实际上是评估认知临场感中的"解决"维度。这一发现与 Kozan 和 Richardson 的研究一致，他们在初始的 EFA 中注意到作为认知临场感的一个潜在子类别的第四因素。此外，Kovanović等人的研究也指出，认知临场感的第四阶段从认知临场感中分离出来，成为其自身的子类别③。因此，本书的研究结果进一步支持了将"解决"作为认知临场感下的一个独立子类别，而不是教学临场感的子类别。这不仅丰富了 CoI 框架的理论基础，也为在线学习环境中的认知发展提供了新的视角。综上所述，通过 EFA 分析揭示了 CoI 框架中"解决"作为认知临场感的一个重要子类别，这一发现为理解和优化在线学习体验提供了有价值的参考，并为进一步研究 CoI 框架在不同教育环境中的应用奠定了基础。

---

① J. B. Arbaugh, Martha Cleveland-Innes, Sebastian R. Diaz, D. Randy Garrison, Philip Ice, Jennifer C. Richardson, Karen P. Swan, "Developing a Community of Inquiry Instrument: Testing a Measure of the Community of Inquiry Framework Using a Multi-institutional Sample", *The Internet and Higher Education*, Vol. 11, No. 3-4, 2008, pp. 133-136; Sebastián R. Díaz, Karen Swan, Philip Ice, Lori Kupczynski, "Student Ratings of the Importance of Survey Items, Multiplicative Factor Analysis, and the Validity of the Community of Inquiry Survey", *Internet and Higher Education*, Vol. 13, No. 1-2, 2010, pp. 22-30; Kadir Kozan, Jennifer C. Richardson, "New Exploratory and Confirmatory Factor Analysis Insights into the Community of Inquiry Survey", *The Internet and Higher Education*, Vol. 23, 2014, pp. 39-47.

② J. B. Arbaugh, Martha Cleveland-Innes, Sebastian R. Diaz, D. Randy Garrison, Philip Ice, Jennifer C. Richardson, Karen P. Swan, "Developing a Community of Inquiry Instrument: Testing a Measure of the Community of Inquiry Framework Using a Multi-institutional Sample", *The Internet and Higher Education*, Vol. 11, No. 3-4, 2008, pp. 133-136; Sebastián R. Díaz, Karen Swan, Philip Ice, Lori Kupczynski, "Student Ratings of the Importance of Survey Items, Multiplicative Factor Analysis, and the Validity of the Community of Inquiry Survey", *Internet and Higher Education*, Vol. 13, No. 1-2, 2010, pp. 22-30.

③ Vitomir Kovanović, Srećko Joksimović, Thieme Hennis, Iva Čukić, Pieter de Vries, Shane Dawson, George Siemens, Dragan Gašević, "Exploring Communities of Inquiry in Massive Open Online Courses", *Computers & Education*, Vol. 119, No. 1, 2018, pp. 44-58.

（三）CFA 分析结果

利用 LISREL 8.7 软件，针对第二组样本数据（n=604），首先进行了探索性因子分析（EFA），确认了四因子结构，随后进行了验证性因子分析（CFA）以验证该结构的适配度。在评估模型适配度时，采用了多个适配指标，包括卡方值（X^2）、卡方值与自由度之比（X^2/df）、增量拟合指数（IFI）、比较拟合指数（CFI）、良好拟合指数（GFI）、标准化拟合指数（NFI）以及近似均方根误差（RMSEA）。尽管不显著的卡方值通常表明模型适配良好，但卡方值对样本大小非常敏感[①]。因此，已有研究建议使用卡方值与自由度比（X^2/df）小于 3 作为模型良好适配的可靠指标。此外，常用的适配指标还包括：CFI、IFI 和 NFI 指数超过 0.95 表示模型适配良好。GFI 超过 0.90 表示模型适配良好[②]。RMSEA 低于 0.05 被认为是极好的适配度，而低于 0.10 则被认为是可接受的适配度[③]。通过这些指标的综合考量，可以全面判断四因子模型在验证性因子分析中的适配情况，进而验证该模型的结构效度。这种多维度的评估方法不仅增强了模型评估的科学性和严谨性，也为后续的研究和应用提供了坚实的理论支持。具体而言，如果模型的卡方值与自由度比小于 3，且 CFI、IFI 和 NFI 均超过 0.95，GFI 超过 0.90，RMSEA 低于 0.05，则表明该四因子模型具有极佳的适配度，能够有效反映 CoI 框架在 MOOC 环境中的结构特征。

验证性因子分析（CFA）结果显示，四因子结构模型与数据的适配度非常好，具体指标如下：卡方值（X^2）为 1499.18，p<.001，自由度（df）为 521，卡方值与自由度比（X^2/df）为 2.878。各项适配指标均在可接受范围内：NFI=0.98，CFI=0.99，GFI=0.87，IFI=0.99，RMSEA=0.058

①　Rex B. Kline, "Principles and Practice of Structural Equation Modeling", *2nded*, *New York*: *Guilford Press*, 2005.

②　Li-tze Hu, Peter M. Bentler, "Cutoff Criteria for Fit Indexes in Covariance Structure Analysis: Conventional Criteria Versus New Alternatives", *Structural Equation Modeling*, Vol. 6, No. 1, 1999, pp. 1-55.

③　Michael W. Browne, R. Cudeck, "Alternative Ways of Assessing Model Fit", *Sociological Methods & Research*, Vol. 21, No. 2, 1992, pp. 230-258.

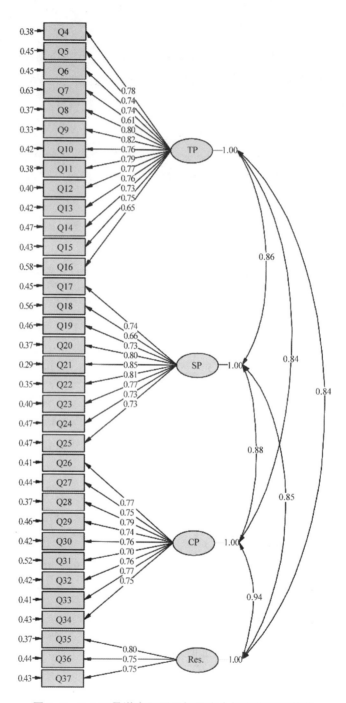

图 5-2 CoI 工具潜在四因子解及完全标准化因子载荷

（见表5-4）。这些结果表明模型具有极佳的适配度。此外，完全标准化因子载荷范围从0.61到0.85（见图5-2），这表明各测量项与其所属因子之间有较强的相关性，进一步支持了模型的内部一致性。综上所述，CFA 的结果确认了四因子模型与数据之间具有极佳的模型适配度，验证了该模型的合理性与效度。具体而言，较低的 χ^2/df 比值（2.878）和较高的 CFI、IFI 及 NFI 值（均超过0.95）表明模型对数据的拟合非常理想。虽然 GFI 略低于0.90的标准，但考虑到其他适配指标的表现，整体模型适配度依然非常出色。RMSEA 值为0.058，接近0.05的理想标准，进一步证实了模型的良好适配度。

表 5-4　　　　　　　　不同因子结构模型的拟合指数

模型	χ^2	df	χ^2/df	NFI	CFI	GFI	IFI	RMSEA
三因子	1527.26	524	2.915	0.98	0.99	0.86	0.99	0.059
四因子	1499.18	521	2.876	0.98	0.99	0.87	0.99	0.058
六因子	1216.47	512	2.376	0.99	0.99	0.89	0.99	0.049

此外，我们还对原始的三因子模型以及通过探索性因子分析（EFA）新近获得的六因子模型进行了验证性因子分析（CFA）。CFA 结果显示，原始的三因子和六因子模型的所有适配指数均表现显著（见表5-4）。首先，关于原始三因子结构模型，其与数据的适配度非常理想（$\chi^2 = 1527.26$，$p<.001$，$df=524$，$\chi^2/df=2.915$），各项适配指标均在可接受范围内（见表5-4），完全标准化因子载荷介于0.61至0.85之间（见图5-3），确认了三因子模型与数据之间的极佳适配度。其次，六因子结构模型同样与数据适配良好（$\chi^2 = 1216.47$，$df=512$，$\chi^2/df=2.376$），其适配指标也均在可接受范围内（见表5-4），完全标准化因子载荷范围为0.63至0.86（见图5-4），进一步验证了六因子模型与数据之间的极佳适配度。根据传统的模型适配度评价标准，三因子、四因子和六因子结构模型的适配度均为理想水平，因此这三个模型均可接受。然而，为了确定最优模型，本书需要进一步比较这三个模型。通过 χ^2 差异检验，可

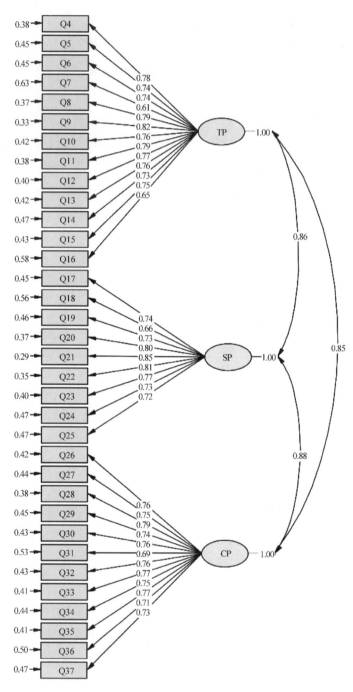

图 5-3　CoI 工具潜在三因子结构及完全标准化因素载荷

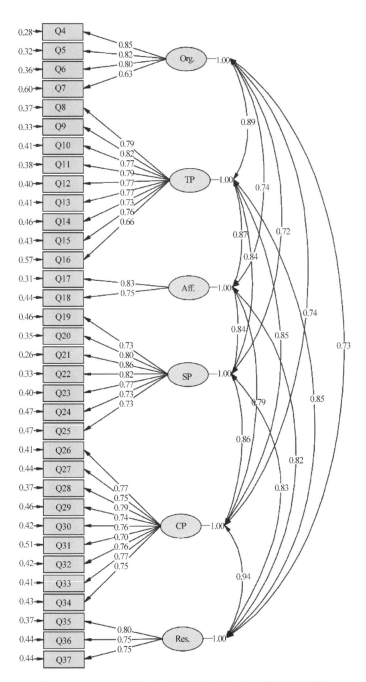

图 5-4 CoI 工具潜在六因子结构及完全标准化因子载荷

以量化这些模型之间的差异，并据此选择最合适的模型。

（四）模型对比与结构效度分析结果

首先，研究通过卡方差异检验对比了 CoI 量表的三种不同因子结构模型（见表5-5）。结果显示，三因子模型（TP、SP 和 CP）与四因子模型（TP、SP、CP 和 Res）之间的卡方差异显著（Δx^2 [3] =28.08>11.35，p<.01），表明四因子模型优于三因子模型。同样，三因子模型与六因子模型（TP、SP、CP、Org、Aff 和 Res）之间的卡方差异也显著（Δx^2 [12] =310.79>26.22，p<.01），说明六因子模型优于三因子模型。最后，四因子模型与六因子模型之间的卡方差异亦显著（Δx^2 [9] =282.71>21.67，p<.01），证明六因子模型优于四因子模型。综上所述，六因子模型被确认为最优模型。这一模型不仅包括教学临场感（TP）、社会临场感（SP）和认知临场感（CP），还引入了设计与组织（Org）、情感表达（Aff）和解决（Res）作为独立的因子。这表明在 MOOC 环境中，除了传统的三大临场感外，设计与组织、情感表达和解决作为独立的因子能够更全面、细致地描述和解释学习者在社区中的互动和学习过程。这一结论为未来基于 CoI 框架的 MOOC 研究提供了更为精细的分析工具，有助于深入理解并优化在线学习体验。

表5-5　　　　三种不同因子结构模型的卡方差异检验结果

模型	x^2	df	Δdf	Δx^2（df）
MA（三因子）	1527.26	524	3	28.08 **（三因子和四因子）
MB（四因子）	1499.18	521	12	310.79 **（三因子和六因子）
MC（六因子）	1216.47	512	9	282.71 **（四因子和六因子）

注：** 表示在 0.01 显著性水平上显著。

其次，研究针对六因子模型进行了收敛效度检验。结果显示，六因子模型中所有测量变量的标准化因子载荷值位于 0.63 至 0.86 之间（见图5-4）。大多数载荷值大于 0.7，表明大部分测量变量具有理想的品质，能够很好地反映其对应的潜在因子①。根据六因子模型中各个因子的测量变量标准化因子载荷值，使用以下公式计算②：

$$\rho_c = \frac{(\sum Standardized factor load values)^2}{[(\sum Standardized factor load values)^2 + \sum (Error variance of measurement variables)]}$$

因子组合信度值计算结果显示：TP 为 0.93，SP 为 0.92，CP 为 0.92，Res 为 0.81，Aff 为 0.77，Org 为 0.86。六个因子的组合信度值均大于 0.7，表明每个因子的测量变量具有良好的内部一致性，显示出高度的同质性③。这些组合信度值进一步证实了 CoI 量表的所有测量变量具有良好的收敛效度，能够有效地反映相应的潜在构念，并且同一因子内的测量变量之间具有高内部一致性。这不仅增强了量表测量所设计构念的准确性，也提升了模型的整体可信度。

最后，为了验证 CoI 量表六因子模型的区分效度，使用卡方差异检验（$\Delta\chi^2$）比较了无约束模型与约束模型之间的卡方值。具体而言，将 Org、TP、Aff、SP、Res 和 CP 中的任意两两组合进行配对，共产生了十五个 CFA 假设模型（见表 5-6 中的模型 1 至模型 15）。对于每一个 CFA 假设模型，通过将每一对因子的协方差固定为 1 来构建约束模型，同时让每对因子的协方差作为自由估计参数来构建无约束模型（M0）。随后，采用极大似然法（ML 方法）对无约束模型 M0 及这十五个约束模型逐一进行了 CFA 分析。最终结果将在表 5-6 中展示，包括无约束模型及十五个约束模型的卡方值（χ^2）、自由度（df）以及卡方差异（$\Delta\chi^2$）。此步骤的目的是通过比较约束模型（假设两因子间协方差为 1，即假设因子间完全相关）与无约束模型（允许协方差自由估计，即因子间相关性由数据决定）的卡方差异，来验证各因子间的区分效度。如果两个因子之间存在显著的卡方差异，即 $\Delta\chi^2$ 显著大于临界值（通常为 3.84，$p < .05$），

---

① Joseph Franklin Hair, William C. Black, Barry J. Babin, Rolph E. Anderson, "Multivariate Data Analysis: a Global Perspective (7th ed.)", *Upper Sadder River*, NJ: Prentice Hall, 2010.

② Claes Fornell, David F. Larcker, "Evaluating Structural Equation Models with Unobservable Variables and Measurement Error", *Journal of Marketing Research*, Vol. 18, No. 1, 1981, pp. 39-50.

③ Ching Shing Chai, Mee Wah Eugenia Ng, Wenhao Li, Huang-Yao Hong, Joyce H L Koh, "Validating and Modelling Technological Pedagogical Content Knowledge Framework Among Asian preservice teachers", *Australasian Journal of Educational Technology*, Vol. 29, No. 1, 2013, pp. 41-53.

这表明这两因子在模型中能够有效区分，即它们测量的是不同的构念。

表 5-6　　　　　　　判别有效性的无约束和约束模型差异

模型	制约因素	χ^2 (df)	$\Delta \chi^2$ (df)
模型 0	—	1216.47 (512)	
模型 1	Org & TP	1828.75 (513) **	612.28 (1) **
模型 2	Org & Aff	1494.55 (513) **	278.08 (1) **
模型 3	Org & SP	1542.01 (513) **	325.54 (1) **
模型 4	Org & CP	1573.36 (513) **	356.89 (1) **
模型 5	Org & Res	1498.53 (513) **	282.06 (1) **
模型 6	TP & Aff	1692.01 (513) **	475.54 (1) **
模型 7	TP & SP	1782.22 (513) **	565.75 (1) **
模型 8	TP & CP	1802.89 (513) **	586.42 (1) **
模型 9	TP & Res	1687.44 (513) **	470.97 (1) **
模型 10	Aff & SP	1634.79 (513) **	418.32 (1) **
模型 11	Aff & CP	1578.73 (513) **	362.26 (1) **
模型 12	Aff & Res	1550.08 (513) **	333.61 (1) **
模型 13	SP & CP	1816.79 (513) **	600.31 (1) **
模型 14	SP & Res	1646.89 (513) **	430.42 (1) **
模型 15	CP & Res	1855.03 (513) **	638.56 (1) **

注：** p<.001。

　　卡方差异检验的结果显示，十五个约束模型与无约束模型之间的卡方差均显著高于因子区分效度的接受阈值 $\chi^2 \times 0.05 = 3.841$。因此，约束模型与无约束模型之间的差异在 0.05 水平上均达到显著性，表明六个因子中任意两个因子所表达的潜在特质间存在显著差异。以模型 1 为例：

通过计算约束模型 1 与无约束模型 0 之间的卡方差来检验区分效度，结果显示卡方差显著高于 3.841，表明 Org 与 TP 具有良好的区分效度，其他因子也同样表现出显著的卡方差异。总之，卡方差异检验的结果表明，六因子模型具有良好的区分效度[①]。这意味着模型中的各个因子能够有效地区分开来，各自代表不同的概念维度，互不重叠。这一结果是验证量表有效性的重要指标之一，进一步证实了 CoI 量表六因子模型的合理性和科学性。

结合验证性因子分析（CFA）的结果，研究发现原始三因子结构模型与数据的适配度非常好，所有适配指标均符合要求（见表 5-4；图 5-3）。四因子模型和六因子模型同样表现优异，所有适配指标也达到了要求（见表 5-4；图 5-2 和图 5-4）。通过卡方差异检验进行模型比较后，结果显示四因子结构模型优于原始的三因子结构模型，而六因子结构模型则进一步优于三因子和四因子结构模型。因此，包含教学临场感（TP）、社会临场感（SP）、认知临场感（CP）、解决（Res）、组织（Org）和情感表达（Aff）的六因子结构模型被确认为最优模型（见表 5-5）。此外，卡方差异检验的结果显示，六因子模型具有良好的区分效度（见表 5-6）。具体而言，卡方差异结果表明，设计与组织可以从教学临场感中显著区分（模型 M1），情感表达可以从社会临场感中显著区分（模型 M11），解决可以从认知临场感中显著区分（模型 M15）。这进一步证实了各因子的独特性和独立性。此外，六个因子的组合信度值均大于 0.8，表明这些因子不仅具有良好的收敛效度，而且在内部一致性方面表现出色。综上所述，六因子结构模型不仅在适配度和区分效度方面表现出色，还通过高组合信度值验证了其测量变量的有效性和可靠性。这一模型为理解和优化在线学习体验提供了更为精细和全面的工具，特别是在 MOOC 环境中，能够更准确地描述和解释学习者在社区中的互动和学习过程。

①　James C. Anderson, David Gerbing, "Structural Equation Modeling in Practice: a Review and Recommended Two-step Approach", *Psychological Bulletin*, Vol. 103, No. 3, 1988, pp. 411-423.

四　分析与讨论

研究发现认知临场感的"解决"意外地加载到了一个单独的因子上。这可能因为，认知临场感解决阶段要求学生将新概念或想法应用于原始任务或挑战中①。然而，学生在认知临场感的后期阶段，尤其是解决阶段过渡时面临挑战②。在传统在线课程中，教学临场感对认知临场感的发展起着至关重要的作用。Meyer 指出，触发事件阶段的问题或任务直接影响学生的后续认知活动③。当这一阶段的问题或任务明确要求学生参与学习时，学生的讨论可能会提升到解决阶段。Archibald 强调，相较于开放式讨论，在案例讨论学习中，学生的探究活动更有可能达到解决阶段④。然而，在 MOOC 中，教学临场感（特别是直接指导）有限。积极参与在线讨论论坛的学生比那些在 MOOC 环境中专注于个人学习的学生更可能达到更高层次的认知临场感⑤。在我们的研究中，发现内容讨论区有48938 条帖子，包括 32 个主题帖和48906 个回复帖。在问答论坛中共找到5930 条帖子，包括 1293 个首贴和4637 个回复。此外，一般讨论区记录了4813 条帖子，其中包括1612 个首帖和3201 个回复。这些数字表明，我们所选的 MOOC 中的讨论区有活跃的参与。此外，持续参与论坛活动的参与者数量很重要，但他们参与的质量更为关键。如果学生只是发表评论而不参与知识建构⑥，那么他们的学习很难达到认知临

①　Christopher W. Parrish, Sarah K. Guffey, David S. Williams, Julie M. Estis, Drew Lewis, "Fostering Cognitive Presence, Social Presence and Teaching Presence with Integrated Online—Team-based learning", *Tech Trends*, Vol. 65, 2021, pp. 473-484.

②　Norman Vaughan, D. Randy Garrison, "Creating Cognitive Presence in a Blended Faculty Development Community", *The Internet and Higher Education*, Vol. 8, No. 1, 2005, pp. 1-12.

③　Katrina A. Meyer, "Evaluating Online Discussions: Four Difference Frames of Analysis", *Journal of Asynchronous Learning Networks*, Vol. 8, No. 2, 2004, pp. 101-114.

④　Douglas Archibald, "Fostering the Development of Cognitive Presence: Initial Findings Using the Community of Inquiry Survey Instrument", *Internet and Higher Education*, Vol. 13, No. 1-2, 2010, pp. 73-74.

⑤　Vitomir Kovanović, Srećko Joksimović, Thieme Hennis, Iva Čukić, Pieter de Vries, Shane Dawson, George Siemens, Dragan Gašević, "Exploring Communities of Inquiry in Massive Open Online Courses", *Computers & Education*, Vol. 119, No. 1, 2018, pp. 44-58.

⑥　Heather Kanuka, D. Randy Garrison, "Cognitive Presence in Online Learning", *Journal of Computing in Higher Education*, Vol. 15, No. 2, 2004, pp. 21-39.

场感的更高层次。更高质量的认知参与需要强有力且高水平的教学临场感①，而这正是 MOOC 所缺乏的。缺乏高质量的教学临场感的情况下，学生在 MOOC 环境中的认知活动很难达到解决阶段。因此，解决作为一个独立因子的出现，可能反映了在 MOOC 特殊学习环境中的这一独特挑战与学生在认知过程中的特定需求。

其次，设计与组织的一个测量项目加载在了一个单独的因子上。这一发现与先前的相关研究发现一致，前人的研究发现教学临场感的子维度"促进对话"和"直接教学"的测量项目加载到了同一个因子上，而设计与组织的项目则加载在另一个因子上②。Shea 等人的研究也得到了类似的结果③。Caskurlu 指出在传统在线课程中，直接教学和促进对话可能彼此并不区分④。这与量表本身的区分度有关，也可能是因为学生可能认为促进对话是直接教学的一部分⑤。此外，教学临场感三个独立的

① D. Randy Garrison, Terry Anderson, Walter Archer, "Critical Thinking, Cognitive Presence, and Computer Conferencing in Distance Education", *American Journal of Distance Education*, Vol. 15, No. 1, 2001, pp. 7-23; Katrina A. Meyer, "Face-to-Face Versus Threaded Discussions: The Role of Time and Higher-Order Thinking", *Journal of Asynchronous Learning Networks*, Vol. 7, No. 3, 2003, pp. 55-65.

② Secil Caskurlu, "Confirming the Subdimensions of Teaching, Social, and Cognitive Presences: A Construct Validity Study", *Internet and Higher Education*, Vol. 39, No. 1, 2018, pp. 1 - 12; J. B. Arbaugh, Martha Cleveland-Innes, Sebastian R. Diaz, D. Randy Garrison, Philip Ice, Jennifer C. Richardson, Karen P. Swan, "Developing a Community of Inquiry Instrument: Testing a Measure of the Community of Inquiry Framework Using a Multi-institutional Sample", *The Internet and Higher Education*, Vol. 11, No. 3-4, 2008, pp. 133-136; Elizabeth Laves, "The Impact of Teaching Presence in Intensive Online Courses on Perceived Learning and Sense of Community: a Mixed Methods Study", *Dissertations & Theses - Gradworks*, 2010; Peter Shea, Chun Sau Li, Alexandra Pickett, "A Study of Teaching Presence and Student Sense of Learning Community in Fully Online and Web-enhanced College Courses", *Internet and Higher Education*, Vol. 9, No. 3, 2006, pp. 175-190.

③ Peter Shea, Chun Sau Li, Alexandra Pickett, "A Study of Teaching Presence and Student Sense of Learning Community in Fully Online and Web-enhanced College Courses", *Internet and Higher Education*, Vol. 9, No. 3, 2006, pp. 175-190.

④ Secil Caskurlu, "Confirming the Subdimensions of Teaching, Social, and Cognitive Presences: A Construct Validity Study", *Internet and Higher Education*, Vol. 39, No. 1, 2018, pp. 1-12.

⑤ Elizabeth Laves, "The Impact of Teaching Presence in Intensive Online Courses on Perceived Learning and Sense of Community: a Mixed Methods Study", *Dissertations & Theses - Gradworks*, 2010; D. Randy Garrison, J. B. Arbaugh, "Researching the Community of Inquiry Framework: Review, Issues, and Future Direction", *The Internet and Higher Education*, Vol. 10, No. 3, 2007, pp. 157-172.

因子反映了这些教学活动发生的不同时间点；设计与组织活动发生在课程开始前，而促进对话和直接教学则贯穿整个课程期间①。根据Kovanović等人的观点，在 MOOC 环境中，这种情况更加突出。对于这一研究发现，不同的研究者提出了不同的解释②。但是，正如 Kovanović 等人所建议的，教学临场感中的设计与组织与促进对话和直接教学在MOOC 中的分离比在传统在线课程中更为明显③。MOOC 往往在学生学习前就已经设计得很完善。此外，体现为两个独立构念的促进对话和直接教学，在学生整个学习过程中可能较少。另外，Wang 等人揭示，在基于MOOC 的翻转学习中学生对设计与组织的感知程度较低④。本书认为，这也可能是设计与组织这一因子与其他两个教学临场感因子分离的主要原因之一。为了确认这一解释，还需要进一步的研究。

最后，社会临场感的情感表达的前两个测量指标与其他社会临场感测量指标分离，形成了独立的一个新的因子结构。这一结果与先前的研究一致⑤。

---

① J. B. Arbaugh, Martha Cleveland-Innes, Sebastian R. Diaz, D. Randy Garrison, Philip Ice, Jennifer C. Richardson, Karen P. Swan, "Developing a Community of Inquiry Instrument: Testing a Measure of the Community of Inquiry Framework Using a Multi-institutional Sample", *The Internet and Higher Education*, Vol. 11, No. 3-4, 2008, pp. 133-136.

② Vitomir Kovanović, Srećko Joksimović, Thieme Hennis, Iva Čukić, Pieter de Vries, Shane Dawson, George Siemens, Dragan Gašević, "Exploring Communities of Inquiry in Massive Open Online Courses", *Computers & Education*, Vol. 119, No. 1, 2018, pp. 44-58.

③ Vitomir Kovanović, Srećko Joksimović, Thieme Hennis, Iva Čukić, Pieter de Vries, Shane Dawson, George Siemens, Dragan Gašević, "Exploring Communities of Inquiry in Massive Open Online Courses", *Computers & Education*, Vol. 119, No. 1, 2018, pp. 44-58.

④ Kai Wang, Chang Zhu, Shihua, Guoyuan Sang, "Using Revised Community of Inquiry Framework to Scaffold MOOC-based Flipped Learning", *Interactive Learning Environments*, Vol. 31, No. 10, 2023, pp. 7420-7432.

⑤ Oleksandra Poquet, Thieme Hennis, Iva Čukić, Pieter de Vries, Marek Hatala, Shane Dawson, George Siemens, Dragan Gašević, "Social Presence in Massive Open Online Courses", *International Review of Research in Open and Distributed Learning*, Vol. 19, No. 3, 2018, pp. 43-68; Vitomir Kovanović, Srećko Joksimović, Thieme Hennis, Iva Čukić, Pieter de Vries, Shane Dawson, George Siemens, Dragan Gašević, "Exploring Communities of Inquiry in Massive Open Online Courses", *Computers & Education*, Vol. 119, No. 1, 2018, pp. 44-58; Carol Damm, "Applying a Community of Inquiry Instrument to Measure Student Engagement in Large Online Courses", *Current Issues in Emerging e Learning*, Vol. 3, No. 1, 2016, pp. 138-172; Zehra Akyol, Norm Vaughan, D. Randy Garrison, "The Impact of Course Duration on the Development of a Community of Inquiry", *Interactive Learning Environments*, Vol. 19, No. 3, 2011, pp. 231-246.

在 MOOC 学习中，大量的学生群体和较短的课程持续时间使得建立情感表达变得非常困难①。最近的一项研究比较了 edX 平台（国际三大 MOOC 平台之一）上三个不同 MOOC 中学习者感受到的社会临场感，发现在拥有大量学生的 MOOC 中，只有继续参与论坛活动的学习者才能感受到高水平的社会临场感。相比之下，在学生数量较少的 MOOC 中，所有学习者都能感受到高水平的社会临场感。然而，在同一组学习者中，感受到高水平社会临场感的学习者在情感表达方面的得分较低，但在团队凝聚力和开放交流方面的得分却较高②。可见，学生群体的规模阻碍了社会临场感和情感表达的建立，这是 MOOC 面临的一大挑战。其次，Akyol 等人的研究发现：学生在长期（十三周）的传统小型在线课程比短期（六周）的小型在线课程有更频繁的情感交流③。因此，课程的短暂持续时间影响了情感表达的建立。然而，研究所选 MOOC 课程持续十七周，因此我们认为时长并非对这一结果产生影响的原因。然而，这一推测还需要未来相关研究进行进一步的验证。

值得注意的是，与情感表达相关的两个项目（#SP1 和#SP2）同其他项目分开，形成了一个新的独立因子。这一现象的原因可能在于 MOOC 特有的大规模学生群体及其项目的独特区分性。首先，尽管了解其他课程参与者能够给予学生一种归属感（#SP1：了解其他课程参与者让我感到在课程中的归属感），但在 MOOC 这种拥有庞大参与者的环境中，这是一项极具挑战性的任务。同样，由于学生群体庞大，他们每天

---

① Vitomir Kovanović, Srećko Joksimović, Thieme Hennis, Iva Čukić, Pieter de Vries, Shane Dawson, George Siemens, Dragan Gašević, "Exploring Communities of Inquiry in Massive Open Online Courses", *Computers & Education*, Vol. 119, No. 1, 2018, pp. 44-58; Oleksandra Poquet, Vitomir Kovanović, Pieter de Vries, Thieme Hennis, Srećko Joksimović, Dragan Gasevic, Shane Dawson, "Social Presence in Massive Open Online Courses", *International Review of Research in Open and Distributed Learning*, Vol. 19, No. 3, 2018, pp. 43-68.

② Oleksandra Poquet, Vitomir Kovanović, Pieter De Vries, Thieme Hennis, Srećko Joksimović, Dragan Gasevic, Shane Dawson, "Social Presence in Massive Open Online Courses", *International Review of Research in Open and Distributed Learning*, Vol. 19, No. 3, 2018, pp. 43-68.

③ Zehra Akyol, Norm Vaughan, D. Randy Garrison, "The Impact of Course Duration on the Development of a Community of Inquiry", *Interactive Learning Environments*, Vol. 19, No. 3, 2011, pp. 231-246.

可能与不同的课程参与者互动，这使得形成对特定同学的独特印象变得困难（#SP2：我能够对一些课程参与者形成独特的印象）。然而，大规模的学生群体与学生对社交媒体的感知并无直接关联（#SP3：在线或基于网络的交流是社交互动的极佳媒介），因此#SP3 并未与#SP1 和#SP2 归为同一因子。其次，根据前人的相关研究，情感表达主要侧重于学生与他人的互动①。然而，项目#SP3 并没有直接涉及学生话语的具体指标，如使用幽默和自我揭露，而#SP1 和#SP2 则更聚焦于学生的对话内容。这些差异可能会使学生对这些项目的评估产生显著影响②。具体而言，学生可能会认为#SP1 和#SP2 主要关注同学间的互动，而#SP3 则更多地关注媒介本身，而非通过媒介进行的互动（即对话）。因此，学生可能会对这些项目给出不同的评价，最终导致#SP1 和#SP2 与#SP3 分离，形成独立的因子。综上所述，MOOC 特有的大规模学生群体以及项目本身的独特性，可能是导致#SP1 和#SP2 与#SP3 分离的主要原因。这一发现不仅揭示了情感表达在 MOOC 环境中的复杂性，也为未来研究提供了重要的实证依据，有助于更深入地理解并优化在线学习中的社会临场感测量工具。

简言之，MOOC 中教学临场感的不足影响了学生的认知活动，导致其认知临场感未能达到解决阶段。此外，大量学生可能削弱了社会临场感，使情感表达成为一个独立的因素。这三个额外因素不仅仅是 CoI 框架原有子成分的简单延伸，而是与 MOOC 的重要特征密切相关。从理论角度看，六因子结构模型更符合 MOOC 的特点，能够更好地揭示其独特性，帮助我们深入理解 MOOC 的内在机制。从实践角度出发，该模型为 MOOC 设计和实施提供了重要启示：设计与组织与教学临场感的分离表明设计者需在学习开始前专注于课程设计，并在整个过程中灵活调整；

---

① S. Carlon, D. Bennett - Woods, B. Berg, L. Claywell, K. LeDuc, N. Marcisz, M. Mulhall, T. Noteboom, T. Snedden, K. Whalen, L. Zenoni, "The Community of Inquiry Instrument: Validation and Results in Online Health Care Disciplines", *Computers & Education*, Vol. 59, No. 2, 2012, pp. 215-221.

② Patrick R. Lowenthal, Joanna Dunlap, "Problems Measuring Social Presence in a Community of Inquiry", *E-Learning and Digital Media*, Vol. 11, No. 1, 2014, pp. 19-30.

情感表达与社会临场感的分离强调了促进参与者互动的重要性；解决与认知临场感的分离则意味着必须建立足够的教师存在感，以推动学生达到解决问题的能力，实现深度和有意义的学习。

值得一提的是，Lowenthal 和 Dunlap 曾主张原始的 CoI 调查工具应当"随着时间的推移被重新审视和调整"[①]；Kozan 和 Caskurlu 建议应当澄清甚至扩大 CoI 工具的三种临场感，而 Heilporn 和 Lakhal 则建议项目应当"进行精炼以避免内容重叠并更好地定义不同类别"[②]。尽管原始经典三因子结构模型具有良好的拟合指标，本书认为无须对原始 CoI 工具做出重大改动。然而，鉴于新的六因子结构模型在 MOOC 环境下表现出优于三因子和四因子结构模型的优势，本书建议在 MOOC 环境中，CoI 工具应考虑将其三因子结构的原始模型进行适当调整，即扩展为六个因子。这样不仅能响应先前学者对于调整和优化 CoI 量表的呼吁，同时也更加贴合 MOOC 的具体特点和实践需求，从而为 MOOC 的教学设计、实施及效果评估提供更为精准的指导。

五　总结与展望

（一）研究总结

本书对中国语境下 CoI 框架及其评估工具的应用进行了有力的实证检验，为 CoI 理论体系及工具的文献增添了重要篇章。通过采用验证性因子分析法，我们系统地检验了 CoI 工具在 MOOC 环境下三因子、四因子及六因子结构的有效性。研究结果显示，所有假设模型均呈现出优良的拟合度，且与观测数据的匹配程度达到统计学意义上的显著水平。然而，在这一系列模型中，囊括教学临场感、社会临场感、认知临场感、

---

① Patrick R. Lowenthal, Joanna Dunlap, "Problems Measuring Social Presence in a Community of Inquiry", *E-Learning and Digital Media*, Vol. 11, No. 1, 2014, pp. 19-30; Kadir Kozan, Secil Caskurlu, "on the Nth Presence for the Community of Inquiry Framework", *Computers & Education*, Vol. 122, 2018, pp. 104-118.

② Kadir Kozan, Secil Caskurlu, "on the Nth Presence for the Community of Inquiry Framework", *Computers & Education*, Vol. 122, 2018, pp. 104-118; Geraldine Heilporn, Sawsen Lakhal, "Investigating the Reliability and Validity of the Community of Inquiry Framework: an Analysis of Categories Within each Presence", *Computers & Education*, Vol. 145, 2020.

解决、设计与组织及情感表达六大要素的六因子结构脱颖而出，被认定为最优模型。六因子结构模型的优越性主要体现在以下几个方面：首先，相较于四因子或三因子模型，六因子模型展现出更低的卡方值（X^2），表明其与数据的拟合度更高，模型解释力更强；其次，六因子模型的GFI（整体拟合指数）数值较高，而 RMSEA（近似误差均方根）数值较低，进一步佐证了其卓越的拟合性能；最后，六因子模型在聚合效度与区分效度方面表现优异，说明各个因子能够有效反映其预期测量的概念，且彼此间保持了适当的区分度。本书认为，六因子模型相较于传统的三因子模型更胜一筹，这一现象的出现与 MOOC 的独特属性密切相关。首先，MOOC 课程通常在开课前就已完成详尽的前期设计，而促进对话和直接教学则更多地体现在学生实际学习过程中。这使得教学临场感得以细分为"设计与组织"和"教学互动"两个独立的构造，体现了 MOOC在教学设计与实施上的双重面向。其次，MOOC 中有限的教学干预往往难以充分支持学生认知活动的"解决"阶段，因此，将"解决"作为一个独立因子，强调了其在学生学习进程中的重要性，有助于更好地推动学生达到深层次的认知目标。最后，面对庞大的学习者群体，情感表达的建立与维系成为一项艰巨挑战，将其作为独立因子有助于深化对MOOC 社交层面的理解与应对，提升学生的社会临场感。

六因子结构模型的提出，标志着我们对 MOOC 环境下学生学习过程的理解迈入了一个新阶段。这一模型不仅深化了理论层面的洞察，也为教育实践开辟了更为广阔的探索空间。通过引入六因子结构，我们揭示了 MOOC 学习成效背后的多重动因，促使教育研究者与实践者能够以更加细腻的视角剖析在线学习的微观机制，为优化教学设计与实施策略提供了坚实的理论支撑。从实践应用的角度来看，六因子结构模型指导下的 MOOC 设计与执行需紧密结合教学目标、课程内容、平台特性和学习者群体特征，确保每个环节都能精准对接学生需求，提升学习体验。具体而言，设计者与实践者应聚焦于教学临场感的构建与维系，通过精心策划的课程活动与互动环节，激发学生认知临场感的逐步深化，直至达成"解决"阶段的目标。与此同时，社会临场感中的情感表达维度不容忽视，它不仅关乎学习者之间的关系构建，也是促进深度学习与集体智慧生成的关键。

在这一框架下，教学法的创新与应用显得尤为重要。教师与课程设计师需灵活运用各类教学策略，如项目式学习、同伴互评、实时讨论等，以增强学习活动的吸引力与参与度，进而提升 MOOC 的整体教学质量和学习成效。此外，六因子结构的 CoI 调查工具亦可作为评估 MOOC 学习体验与成效的有力工具。通过量化与质性数据分析，教育者能够深入了解学生在线学习的全过程，识别出哪些因素正向推动或反向制约着学习成果，为课程迭代与教学改革提供实证依据。因此，针对 MOOC 的特性，本书呼吁相关研究者与实践者重新审视并调整 CoI 工具，将原有的三因子细化为六大要素，以更贴合线上学习环境的现实需求，同时增强工具的实用价值与评估精度。这一调整不仅顺应了现代教育技术的发展趋势，也为深化对在线学习过程与效果的科学认知提供了有力支撑。通过这种细化，我们可以更好地捕捉和理解 MOOC 中复杂的互动机制，为未来 MOOC 及类似在线教育模式的优化升级指明方向。

（二）未来研究展望

六因子结构模型的引入，不仅丰富了我们对 MOOC 学习生态的认知，也为教育实践者提供了更具操作性的指南，本书针对 MOOC 中的 CoI 六要素模型进行了关键性的初步探索，下面是我们在目前研究的基础上提出的一些可能的未来研究方向：（1）六因子结构的 CoI 工具适用性验证：考察不同 MOOC 情境下（如不同学科、不同文化背景、不同学习者群体），六因子结构是否稳定，以及各因子的权重和影响是否一致；比较新旧 CoI 框架在预测学习成效上的效能差异，验证六因子模型是否能提供更准确的预测。（2）学习者对 CoI 六要素的感知与 MOOC 质量的关系：在不同学科、文化背景和学习者群体中，验证六因子结构的稳定性，比较其与传统三因子模型在预测学习成效方面的差异，确认六因子模型是否提供更精确的预测。（3）建立与维持 CoI 六要素的策略：设计实验，测试和评估各种教学方法和技术手段对 CoI 六要素建立与增强的效果，实施干预措施，监测其对学习者参与度和学习成果的影响。（4）CoI 六要素对学生学习效果的影响：运用混合研究方法，包括问卷调查、访谈、学习分析数据等，综合考察 CoI 三要素与学习效果（如成绩、完成率、满意度）之间的关联；探索 CoI 六要素如何随时间演变，以及它们对长期学习成效的影响。（5）CoI 六要素与其他重要变量的关系：分析 CoI 六要素与动机、自我效能感、学习风格等个体差异因素之间的交互作用；考察 CoI 三要素如何受到外部因素（如技术支持、课程设计、政策环境）的影响。

（三）研究不足

本书也存在一些局限性。所采集的样本数据仅来源于一所大学，因此样本特征可能无法代表所有 MOOC 学习者的情况，影响了研究结果的普遍适用性。未来需要更多实证研究来检验 CoI 工具的结构效度，应收集来自不同文化背景、不同机构、不同学科以及具有多样 MOOC 学习经验的学生数据。例如，实施跨国界、跨文化的研究设计，招募来自全球不同地区、不同教育背景和 MOOC 使用经验的学习者参与研究，以提高样本的多样性和研究结果的普遍适用性。此外，扩大样本量并利用多组数据进行交叉验证，可以增强 CoI 工具结构效度的可靠性和稳定性。应用先进的统计分析技术，如多组比较分析、结构方程建模等，进一步检验 CoI 框架在不同群体和情境下的适用性。考虑到不同学科领域和 MOOC 平台的特性，收集更多元的数据，确保研究覆盖广泛的 MOOC 学习场景，能够更全面地反映 CoI 工具的应用效果。

本书的另一项限制在于，尽管采用了回译法将原始英文版的 CoI 工具翻译成中文版——先由教育技术专业人士将英文版翻译成中文，再由英语专业人士回译成英文以确保准确性——我们仍认为这一翻译过程可能对研究结果产生一定影响。语言和文化的微妙差异可能导致部分概念在转换过程中出现意涵的微小偏差，进而影响问卷的精确度和结果的解释。为了减少这些潜在的影响，未来研究可以采取以下措施：一是引入多语言专家团队。组建包括源语言和目标语言专家在内的多语言团队，采用多轮翻译和审校流程，确保概念的准确传达，最大限度地减少文化偏见和语言障碍对研究结果的影响。二是开展跨文化概念等同性研究。

评估 CoI 框架及其测量工具在不同文化背景下的等效性，确保工具的跨文化适用性。通过这种方法，可以验证关键概念在不同文化中的理解和解释是否一致，从而提高工具的普适性和可靠性。三是验证全球适用性和稳定性。通过跨文化比较研究，验证 CoI 框架及其六因子结构在全球范围内的适用性和稳定性。这不仅有助于确认模型的有效性，还能揭示不同文化背景下可能存在的独特模式和差异，进一步增强模型的普适价值。四是采用混合方法研究设计。结合定量数据的客观性和定性数据的深度，通过问卷调查、深度访谈、焦点小组讨论等多种方法，全面捕捉学习者在 MOOC 中的学习经历和感受。利用混合方法研究设计的优势，深入分析学习者行为背后的动机、情感和社会文化因素，为 CoI 理论提供更丰富的实证支持。

第二节　基于 MOOC 的混合学习中探究社区群体差异研究

一　研究背景

CoI 框架是一个动态的在线学习模型，专注于通过建立和增强教学临场感、社会临场感和认知临场感，以有效设计和组织在线课程，旨在培养学生的批判性思维并促进深度学习[1]。已有研究发现，CoI 的三大临场感与学生的在线学习满意度、持久性和感知学习密切相关[2]。学生对这三种临场感的感知已成为衡量在线课程和混合课程质量的关键标尺，因

① Vitomir Kovanović, Srećko Joksimović, Thieme Hennis, Iva Čukić, Pieter de Vries, Shane Dawson, George Siemens, Dragan Gašević, "Exploring Communities of Inquiry in Massive Open Online Courses", *Computers & Education*, Vol. 119, No. 1, 2018, pp. 44-58.

② Peter Shea, Alexandra Pickett, William E. Pelz, "A Follow-up Study of Teaching Presence in the Online Program", *Journal of Asynchronous Learning Networks*, Vol. 7, No. 2, 2003, pp. 61-80; Young Ju Joo, Kyu Yon Lim, Eun Kyung Kim, "Online University Students' Satisfaction and Persistence: Examining Perceived Level of Presence, Usefulness and Ease of use as Predictorsin a Structural Model", *Computers & Education*, Vol. 57, No. 2, 2011, pp. 1654-1664; Laves Elizabeth, "The Impact of Teaching Presence in Intensive Online Courses on Perceived Learning and Sense of Community: a Mixed Methods Study", *Dissertations & Theses - Gradworks*, 2010.

此，研究者致力于探究不同背景的学习者在感知这些临场感方面的异同。

现有证据表明，学生对这三种临场感的感知程度与学科特性密切相关。Garrison 等人深入探究了不同学科背景下三种临场感间的关联，结果发现，认知临场感仅在人文社科领域呈现出显著相关性[1]。Gorsky 等人则指出，在自然科学课程的在线论坛中，教学临场感、社会临场感和认知临场感的水平明显高于人文课程[2]。Arbaugh 等人进一步揭示，在纯理论课程与实践课程中，三种临场感的分布比例存在显著差异[3]。然而，目前的研究尚未触及同一课程中不同学科背景学生对这三种临场感感知的差异性。因此，学术背景是否会影响学生对教学临场感、社会临场感及认知临场感的感知，仍然是一个待解之谜。

现有研究表明，学生对教学临场感、社会临场感和认知临场感的感知程度与性别密切相关。Rovai 和 Baker 观察到，不同性别的学生在线学习体验存在差异，女性学生普遍认为在线学习更注重社交，更有益，并且在在线课程中能吸收更多的知识[4]。Barrett 和 Lally 的研究进一步指出，尽管男性和女性学生在认知和元认知贡献上相似，但在社会互动方面却有显著区别：女性展现出更强的社交性和互动性，表达更多互动信息[5]。然而，Kim 等人发现性别并不影响学生对社会临场感的感知。虽然男性和女性对社会临场感的感知在统计学上没有显著差异，但男性参与者在

---

① D. Randy Garrison, Martha Cleveland-Innes, Tak Shing Fung, "Exploring Causal Relationships Among Teaching, Cognitive and Social Presence: Student Perceptions of the Community of Inquiry Framework", *Internet & Higher Education*, Vol. 13, No. 1-2, 2010, pp. 31-36.

② Paul Gorsky, Avner Caspi, Avishai Antonovsky, Ina Blau and Asmahan Mansur, "The Relationship between Academic Discipline and Dialogic Behavior in Open University course forums", *International Review of Research in Open and Distance Learning*, Vol. 11, No. 2, 2010, pp. 49-72.

③ J. B. Arbaugh, Arthur Bangert, Martha Cleveland-Innes, "Subject Matter Effects and the Community of Inquiry (CoI) Framework: An Exploratory Study", *Internet & Higher Education*, Vol. 13, No. 1-2, 2010, pp. 37-44.

④ Alfred P. Rovai, Jason D. Baker, "Gender Differences in Online Learning: Sense of Community, Perceived Learning and Interpersonal Interactions", *Quarterly Review of Distance Education*, Vol. 6, No. 1, 2005, pp. 31-44.

⑤ E. Barrett, Victor Lally, "Gender Differences in an Online Learning Environment", *Journal of Computer Assisted Learning*, Vol. 15, No. 1, 2010, pp. 48-60.

讨论中表现更为活跃，感知到的社会临场感水平高于女性参与者①。Shea 等人则指出，性别对教学临场感有显著影响，但对社会临场感和认知临场感没有显著影响②。相反，Garrison 等人却发现不同性别的学习者对这三种临场感的感知没有显著差异③。这些结论不一致，甚至相互对立，表明目前关于性别对学生感知三种临场感的影响尚无定论。因此，需要进一步验证。

另外，在三种临场感与在线学习经验的相关性研究中，Hostetter 和 Busch 发现，无论学生是否有在线学习经验，他们感知到的社会临场感都没有显著差异④。Kim 等人也发现，在线学习经验对学生的社会临场感感知没有显著影响，但对于有在线学习经验的在线课程参与者来说，在线学习经验可能会增加学生的舒适度⑤。也许，有在线学习经验的学生觉得没有必要每学期都向新同学介绍自己或与其他同学互动。因此，他们感知到的社会临场感较低。只有少数研究探讨了在线学习经验是否对教学临场感和认知临场感有影响。

MOOC 的兴起为高等教育机构带来了前所未有的机遇，使之能开展高品质的混合学习模式。这种融合线上与线下学习的形式，不仅能有效补充传统面对面教学，还能为学生提供多样化的学习活动与体验。当前，

①　Jungjoo Kim, Yangyi Kwon, Daeyeon Cho, "Investigating Factors that Influence Social Presence and Learning Outcomes in Distance Higher Education", *Computers & Education*, Vol. 57, No. 2, pp. 1512-1520.

②　Peter Shea, Suzanne Hayes, Jason Vickers, "Online Instructional Effort Measured Through the Lens of Teaching Presence in the Community of Inquiry Framework: A Re-examination of Measures and Approach", *International Review of Research in Open and Distance Learning*, Vol. 11, No. 3, 2010, pp. 127-154.

③　D. Randy Garrison, Martha Cleveland-Innes, Tak Shing Fung, "Exploring Causal Relationships Among Teaching, Cognitive and Social Presence: Student Perceptions of the Community of Inquiry Framework", *Internet & Higher Education*, Vol. 13, No. 1-2, 2010, pp. 31-36.

④　Carol Hostetter, Monique Busch, "Measuring up Online: The Relationship between Social Presence and Student Learning Satisfaction", *The Journal of Scholarship of Teaching and Learning*, Vol. 6, No. 2, 2006, pp. 1-12.

⑤　Jungjoo Kim, Yangyi Kwon, Daeyeon Cho, "Investigating Factors that Influence Social Presence and Learning Outcomes in Distance Higher Education", *Computers & Education*, Vol. 57, No. 2, 2011, pp. 1512-1520.

基于 MOOC 的混合学习正逐渐成为教育实践与研究的热点。诸多高校已开始运用 MOOC 平台，为来自不同学术领域的学生教授公共必修课程。此举旨在借助 MOOC 的优势，应对因学生基数庞大、教学任务繁重导致的资源分配不均、教学灵活性受限及优质师资短缺等挑战。然而，相关研究揭示，课程时长与班级规模对社会临场感的培养具有显著影响①。在学生众多的短期 MOOC 课程中，建立情感联系尤为困难。加之，基于MOOC 的混合课程中，教学、社会与认知临场感的水平普遍偏低，此现象在大规模课程中更为突出②。为了优化大规模 MOOC 及基于 MOOC 的混合课程设计与执行，教育工作者应致力于提升学生对三类临场感的感知。

　　基于此，本书旨在探究同一门基于 xMOOC 的混合课程中，不同学术背景、性别及在线学习经历的学生对教学临场感、社会临场感与认知临场感的感知差异。具体而言，本书提出以下研究假设：第一，不同学术背景的学生在同一基于 xMOOC 的混合课程中，对教学临场感、社会临场感和认知临场感的感知存在显著差异；第二，不同性别的学生在同一基于 xMOOC 的混合课程中，对这三种临场感的感知也存在显著差异；第三，具有不同在线学习经验的学生在同一基于 xMOOC 的混合课程中，对教学临场感、社会临场感和认知临场感的感知同样存在显著差异。与此同时，本书将明确这些差异的具体表现，期望为 MOOC 与基于 MOOC 的混合课程的理论构建与实践操作提供有益洞见。

---

① Zehra Akyol, D. Randy Garrison, "The Development of a Community of Inquiry over Time in an Online Course: Understanding the Progression and Integration of Social, Cognitive and Teaching Presence", *Journal of Asynchronous Learning Networks*, Vol. 12, No. 3-4, 2008, pp. 3-22; Zehra Akyol, Norm Vaughan, D. Randy Garrison, "The Impact of Course Duration on the Development of a Community of inQuiry", *Interactive Learning Environments*, Vol. 19, No. 3, 2011, pp. 231-246; Oleksandra Poquet, Vitomir Kovanović, Pieter de Vries, Thieme Hennis, Srećko Joksimović, Dragan Gasevic, Shane Dawson, "Social Presence in Massive Open Online Courses", *International Review of Research in Open and Distance Learning*, Vol. 19, No. 3, 2018, pp. 43-68.

② Xuemei Bai, Hongliang Ma, Haimei Wu, "Relationships Among Teaching, Cognitive and Social Presence in a MOOC-based Blended Course", *Open Education Research*, Vol. 22, No. 4, 2016, pp. 71-78.

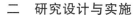

二　研究设计与实施

（一）研究方法

具体研究流程见图 5-5。首先，通过文献搜索和回顾，梳理现有研究现状，明确当前领域的进展和问题，并在此基础上提出具体的研究假设，旨在填补研究空白并验证关键假设。其次，进行研究设计，确定基于 xMOOC 的混合课程为研究情境，选择经过验证的 CoI 调查工具作为数据收集手段，并选取具有不同学术背景、性别及在线学习经历的学生作为研究对象。然后，通过线上平台发放问卷，收集学生对教学临场感、社会临场感和认知临场感的感知数据，确保问卷设计在语言准确性、问题清晰度和回答便捷性方面的可靠性。接下来，采用定量分析方法（如描述性统计、因子分析、多组比较分析等）处理数据，检验研究假设。最后，结合数据分析结果，深入讨论研究发现的意义和影响，并提出对未来研究和实践的建议。通过这一严谨的研究流程，本书不仅验证了研究假设，还为 MOOC 与基于 MOOC 的混合课程的理论构建与实践操作提供了宝贵的洞见。

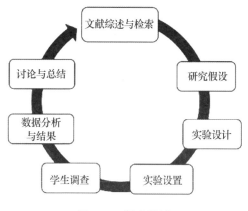

图 5-5　研究设计

（二）研究情境与研究对象

本书选取了中国一所师范大学的 xMOOC 混合课程作为研究案例。这门课程是该校所有预备教师的必修公共课程，每年吸引超过 2000 名来自四大院系、覆盖 11 个专业的学生报名参加，学生年龄大多介于 18—22 岁之间。

（三）研究工具与数据收集

以原始的 CoI 量表为研究工具，该量表采用五级李克特量表格式。为了确保量表翻译的准确性与信效度，本书采用了严谨的回译法。首先，一位教育技术领域的专家将原始英文版量表翻译成中文。随后，另一位同样精通双语但未接触过原始英文版的教育技术专家，将中文版量表重新翻译回英文，以检验翻译的忠实度与理解的准确性。这一过程包括两个主要步骤：初步回译阶段，第二位专家专注于内容的准确传达，而非结构或词汇的偏好；对照与修正阶段，专家仔细对比新译英文版与原始英文版，识别并修正细微差异，确保最终版本的准确无误。翻译与回译完成后，包含 34 项陈述的 CoI 量表初稿在 30 名大学生中进行了预测试，并通过访谈深入了解他们对各项陈述的理解程度，以确保量表的适用性与易懂性。根据预测试的反馈，量表进行了进一步优化，最终定型为正式测量工具。正式测量前，问卷经过细致编辑，并上传至"问卷星"平台。课程中的学生被邀请自愿参与，只需点击调查链接即可在线填写问卷。

本次调查共回收有效样本 800 份。首先，我们依据学生的学术背景、性别和在线学习经验对数据进行描述性统计。如表 5-7 所示，参与调查的学生中，艺术类学生 144 名，理工科类学生 238 名，人文社科类学生 418 名，反映了不同学科领域学生的分布情况。性别比例方面，其中女性为 595 名，男性为 205 名。491 名学生表示拥有在线学习经历，而 309 名学生则声称未曾正式涉足在线学习。整体来看，调查数据不仅展示了参与者的学术背景多样性，还凸显了性别与在线学习经验的差异，为后续深入分析提供了坚实的基础。

表 5-7　　　　　　　　学生小组的学术背景、性别和在线学习经验

		性别		在线学习经历		总计
		男性	女性	有	无	
专业背景	艺术类	81	63	74	70	144（18%）
	理工科类	74	164	170	68	238（30%）
	人文社科类	50	368	247	171	418（52%）
总计		205（25.6%）	595（74.3%）	491（61.3%）	309（38.6%）	800

（四）量表的可靠性和有效性分析

为确保中文版 CoI 量表的可靠性，本书采用 Cronbach's α 系数作为关键评估指标。通常，α 值大于 0.8 表示问卷具有优良的可靠性，而 0.7 至 0.8 之间的 α 值则被视为可接受水平。通过 SPSS 17.0 软件进行的可靠性分析显示，教学临场感、社会临场感、认知临场感以及 CoI 量表整体的 Cronbach's α 系数分别为 0.945、0.925、0.924 和 0.970。这些数值均远超 0.8 的评判标准，表明中文版 CoI 量表在内部一致性与可靠性方面表现出色，为后续研究的有效性和信度提供了坚实保障。

探索性因子分析（EFA）作为一种高效的数据分析技术，专注于揭示多变量观测数据的潜在结构，通过简化复杂关系和缩减维度，将众多变量归纳至少数几个核心因子中，从而为复杂数据集提供简洁有力的解释。为了深入验证中文版 CoI 量表的效度，本书运用 SPSS 17.0 软件对所收集的数据进行了细致的探索性因子分析。分析结果显示了一个与 CoI 理论框架高度吻合的清晰三因子模型（KMO = 0.977，Bartlettχ^2［800］= 20358，p<0.001）。其中，Kaiser-Meyer-Olkin（KMO）测度值高达 0.977，远超 0.8 的推荐阈值，表明数据具有很高的抽样适切性；而 Bartlett 球形检验的显著卡方值进一步证实了数据集非常适合进行因子分析。

通过探索性因子分析的深入挖掘，成功提炼出了一个清晰的三因子结构。然而，在这一过程中，有三项指标展现出了跨因子载荷的现象，即它们在多个因子上均显示出较高的相关性。为了构建一个结构更为精

炼、效度更高的中文版 CoI 量表，本书剔除了这三项指标，确保量表的纯净度与准确性。最终，我们得到了一个由 31 项指标构成的三因子结构，其中教学临场感、社会临场感和认知临场感分别有 13 项、9 项和 9 项指标测量。这一优化后的量表不仅在结构上更为紧凑，而且在内容上更加聚焦于各自的核心领域。进一步的探索性因子分析揭示，这 31 项指标共同解释了项目间关系模式变异的 62.882%，表明量表在揭示学习者感知差异方面具有较高的解释力。具体到每个因子，教学临场感解释了总变异的 52.863%，认知临场感解释了 6.307%，社会临场感解释了 3.711%，彰显了教学临场感在量表结构中的核心地位。同时，三个因子的特征值均超过了 1 这一关键阈值，分别为 16.388、1.955 和 1.151，这不仅印证了因子分析的有效性，也为量表的信度与效度提供了强有力的统计学支撑。

随后，为了进一步验证测量数据与 CoI 量表三因子结构模型之间的契合度，我们运用 AMOS 17.0 软件进行了验证性因子分析（CFA）。分析结果令人鼓舞，三因子结构模型展现出了与数据高度匹配的良好性能。具体而言，χ^2 统计量为 1245.995，自由度（df）为 496，χ^2/df 比率为 2.967，均在可接受范围内；比较拟合指数（CFI）、总体拟合指数（GFI）和非规范拟合指数（NFI）分别达到 0.955、0.905 和 0.955，接近或超过 0.9 的理想阈值；根均方误差近似（RMSEA）仅为 0.050，远低于 0.08 的公认良好标准。这些指标强有力地证明了模型与数据之间的高度拟合。值得一提的是，31 个项目的因子载荷范围稳定在 0.633 至 0.828 之间，这不仅表明每个项目与其所属因子之间存在着显著且稳健的相关性，同时也从侧面反映了量表在测量特定构念时的高精度与可靠性。结合探索性因子分析（EFA）与验证性因子分析（CFA）的双重验证，我们有充分的理由相信，CoI 量表不仅在结构上展现出优异的效度，而且在实际应用中能够准确、有效地评估学习者在教学临场感、社会临场感和认知临场感三个关键维度上的感知水平，为教育研究与实践提供了有力的工具支持。

三　研究发现

(一) 不同学术背景学生对三种临场感的感知差异

为了验证研究假设 1，首先对数据进行了单因素方差分析（ANO-VA），并进行了方差齐性检验。结果显示数据呈现出显著性，表明我们的数据集完全符合进行 ANOVA 分析的前提条件，确保了后续分析的合理性和有效性。为进一步细化分析，我们采用了最小显著差异法（LSD）进行深入探讨，旨在揭示不同学科背景学生在 CoI 量表各维度感知上的细微差异。

表 5-8 汇总了 ANOVA 与 LSD 分析的结果，揭示了来自不同学科的学生在社会临场感和认知临场感感知上存在显著性差异。具体而言，艺术专业的学生在认知临场感和社会临场感的感知评分上普遍低于理工科与人文社科专业的学生。然而，有趣的是，在教学临场感这一维度上，不同学科的学生感知并未显示出明显的差异。

表 5-8　　　　不同学术背景学生对三种临场感感知的组间差异

		SS	DF	MS	F	LSD
教学临场感	组间	107.673	2	53.837	.873	n. s
	组内	49151.482	797	61.671		
	总计	49259.155	799			
社会临场感	组间	305.768	2	152.884	4.338*	A>C
	组内	28086.621	797	35.240		B>C
	总计	28392.389	799			
认知临场感	组间	291.127	2	145.563	2.809*	A>C
	组内	41302.468	797	51.822		B>C
	总计	41593.595	799			

注：* 表示在 0.05 显著性水平上显著。

为了进一步澄清不同学术背景的学生在社会临场感各子维度上的感知是否存在显著差异，笔者团队对来自不同学术背景的学生在社会临场感的每个子维度（情感表达、开放交流和群体凝聚力）进行了单因素方差分析（ANOVA）和最小显著差异法（LSD）分析。结果显示，在所有三个子维度上，不同学术背景的学生之间均存在显著差异（见表5-9）。具体而言，不同学术背景的学生在情感表达、开放交流和群体凝聚力这三个子维度上的感知水平存在显著差异。这一发现表明，学生的学术背景对其在社会临场感各方面的体验有重要影响，提示我们在设计和实施 MOOC 混合课程时，应充分考虑学生背景的多样性，以提供更个性化的支持和指导。

表5-9　　　　　　　不同学科学生社会临场感子类别的组间差异

		SS	DF	MS	F	LSD
情感表达	组间	45.225	2	22.612	4.924[*]	A>C，B>C
	组内	36660.324	797	4.593		
	总计	3705.549	799			
开放交流	组间	30.297	2	15.148	2.768[*]	A>C，B>C
	组内	4361.578	797	5.472		
	总计	4391.875	799			
群体凝聚力	组间	30.443	2	15.221	3.796[*]	A>C，B>C
	组内	3196.03	797	4.010		
	总计	3226.480	799			

注：[*] 表示在 0.05 显著性水平上显著。

为了进一步澄清不同学术背景的学生在认知临场感各子维度上的感知是否存在显著差异，我们对来自不同学术背景的学生在认知临场感的每个子维度进行了单因素方差分析（ANOVA）和最小显著差异法（LSD）分析。结果显示（见表5-10），在认知临场感的四个子维度中，艺术专业的学生仅在触发事件和解决方案阶段的感知上与人文社科和理工科学生存在显著差异；而在探索和整合阶段，艺术专业学生的认知临场感感知与人文社科和理工科学生之间没有显著差异。

表 5-10　　　　　　　不同学科学生认知表现的组间差异

		SS	DF	MS	F	LSD
触发事件	组间	23.009	2	11.505	2.631 *	A>C，B>C
	组内	3484.960	797	4.373		
	总计	3507.969	799			
探究	组间	4.889	2	145.563	2.809	n.s
	组内	2947.991	797	51.822		
	总计	2952.880	799			
整合	组间	4.395	2	152.884	4.338	n.s
	组内	3026.704	797	35.240		
	总计	3031.099	799			
解决	组间	88.630	2	44.315	9.925 *	A>C，B>C
	组内	3558.490	797	4.465		
	总计	3647.120	799			

注：* 表示在 0.05 显著性水平上显著。

（二）不同性别学生对三种临场感的群体感知差异

为了检验假设 2，即不同性别群体在教学临场感、社会临场感以及认知临场感的感知水平上是否存在差异，笔者团队采用了独立样本 t 检验这一统计分析方法。分析结果显示，男性与女性学生在三个临场感维度上的感知水平并无显著差异（具体结果请参见表 5-11）。因此，数据否定了假设 2，即不同性别对临场感感知有显著影响的假设被拒绝。

表 5-11　　　　　　　不同性别学生之间的组间差异

		教学临场感		社会临场感		认知临场感	
		M	SD	M	SD	M	SD
性别	男性（n=395）	25.712	8.278	18.844	6.300	24.776	7.580
	女性（n=791）	26.056	7.705	19.613	5.832	24.940	7.091
显著性（双侧）	男性和女性（n=1186）	.590		.111		.779	

（三）不同在线学习经验学生对三种临场感的群体感知差异

为了验证假设 3，即考察拥有不同在线学习经验的学生在教学临场感、社会临场感以及认知临场感的感知上是否存在显著差异，我们采用了独立样本 t 检验这一统计手段进行深入分析。分析结果显示，不同在线学习经验的学生在三种临场感维度上的感知水平并无显著差异（具体分析结果请参见表 5-12）。因此，数据未能支持研究假设 3，即在线学习经验对临场感感知有显著影响的假设被拒绝。

表 5-12　　　　具有不同在线学习经验的学生之间的组间差异

		教学临场感		社会临场感		认知临场感	
		M	SD	M	SD	M	SD
在线学习经历	有（n=683）	25.723	7.932	19.120	5.999	24.597	7.079
	无（n=503）	26.356	7.720	19.887	5.879	25.375	7.443
显著性（双侧）	总（n=1, 186）	.267		.077		.137	

四　分析与讨论

首先，该发现不同学术背景的学生在教学临场感的感知上未表现出显著的群体差异。从理论上讲，教学临场感指的是通过设计和促进社交与认知过程来创造深刻且富有意义的学习体验[1]。在笔者团队开展的这一研究中所选的基于 xMOOC 的混合课程中，课程团队包括 4 位教授、13 名研究生助教和 2 名博士生助教。4 位教授通过微视频向所有学员传授课程内容，而 15 名助教则负责在线论坛中解答学生的问题。无论学生的学术背景如何，学习资源、活动安排、任务设定和学习支持均保持一致，课程团队并未为不同学术背景的学生提供差异化服务。因此，在这种传统高度结构化的基于 xMOOC 的混合课程中，教师主导了整个课程。课程内容由教授通过专业制作的视频讲座系列传递，形成了以教师为中心、

---

[1] Anderson, Terry Liam, Rourke Garrison, D. Randy Archer, Walter, "Assessing Teaching Presence in a Computer Conference Context", *Journal of Asynchronous Learning Networks*, No.5, 2001.

由教师决定学习方向和节奏的教学模式，这可能是学生在教学临场感感知上未表现出显著差异的原因。然而，进一步的研究需要探讨这一发现是否适用于以学生为主导的在线课程，在这些课程中，教学临场感不仅来自教师，还来自学生。例如，cMOOC 采用社会建构主义方法，认为学习体验是网络化的，学生的学习过程是连接专门信息源的过程①。它通过共同主题将全球的教师和学习者联系起来，学习者通过交流与合作构建学习网络并构建知识。因此，在这类课程中，大部分的教学临场感来自学生而非教师。

根据本研究的结果，教学临场感包括创建课程内容、设计学习活动、设定时间参数、监控和管理有目的的合作反思活动，以及通过诊断需求、评估和评价学生学习并及时反馈来确保预期的学习成果。这些方面可以被不同学术背景的学生平等感知。值得注意的是，探索性因子分析结果显示，教学临场感解释了总变异的 52.863%，认知临场感解释了 6.307%，社会临场感解释了 3.711%。可以看出，教学临场感与其他两个维度之间存在较大差异，这可能与学生对教学临场感的感知有关，需要进一步研究。这一结果与现有研究相似②。我们认为，这可能与 CoI 框架理论本身相关，其中教学临场感是社会临场感和认知临场感发生的基础，并直接影响这两个维度。通过设计、组织和促进讨论，教学临场感可以促进学生的讨论，直接影响社会临场感的建立和维持，以及有意义的对话。

---

① Siemens, G., "Connectivism: A Learning Theory for the Digital Age", 2005, http://www.elearnspace.org/Articles/connectivism.htm; Siemens, G., "MOOCs are Really a Platform", 2012, http://www.elearnspace.org/blog/2012/07/25/moocs-arereally-a-platform.

② J. B. Arbaugh, Martha Cleveland-Innes, Sebastian R. Diaz, D. Randy Garrison, Philip Ice, Jennifer C. Richardson, Karen P. Swan, "Developing a Community of Inquiry Instrument: Testing a Measure of the Community of Inquiry Framework Using a Multi-institutional Sample", *The Internet and Higher Education*, Vol. 11, No. 3-4, 2008, pp. 133-136; D. Randy Garrison, Martha Cleveland-Innes, Tak Shing Fung, "Exploring Causal Relationships Among Teaching, Cognitive and Social Presence: Student Perceptions of the Community of Inquiry Framework", *Internet & Higher Education*, Vol. 13, No. 1-2, 2010, pp. 31-36; Taeho Yu, Jennifer C. Richardson, "Examining Reliability and Validity of a Korean Version of the Community of Inquiry Instrument Using Exploratory and Confirmatory Factor Analysis", *The Internet and Higher Education*, Vol. 25, 2015, pp. 45-52.

其次，该研究发现不同学术背景的学术对于社会临场感的感知存在显著差异。社会临场感强调学生之间的互动①。学生的社会临场感感知与其与他人的互动高度相关。首先，社会临场感要求学生具备感知他人存在的能力②。因此，艺术专业的学生可能由于对其他学习者的感知较弱，导致其社会临场感感知水平低于人文社科和理工科学生。此外，艺术专业的学生可能更难以通过媒介将自己在社交和情感上表现为"真实"的人，不像人文社科和理工科学生那样能够做到这一点。根据 Poquet 等人的研究，学生的参与度是影响其社会临场感感知的重要变量③。因此，艺术专业学生在学习过程中互动和参与不足，可能是其社会临场感感知较低的原因之一。这种较低的感知也可能与课程特性有关。文献指出，在 MOOC 环境中，由于学生人数众多且课程时间较短，建立社会临场感较为困难④。Poquet 等人比较了 edX 平台上三门不同 MOOC 中学习者对社会临场感的感知。在学生人数较多的 MOOC 中，只有持续参与论坛活动的学习者才能感受到高水平的社会临场感；而在学生人数较少的 MOOC 中，所有学习者都能感受到较高的社会临场感⑤。因此，大规

① Liam Rourke, Terry Anderson, D. Randy Garrison, Walter Archer, "Assessing Social Presencein Asynchronous Text-based Computer Conferencing", *International Journal of E-Learning & Distance Education*, Vol. 14, No. 2, 2001, pp. 50–71; D. Randy Garrison, Zehra Akyol, "Toward the Development of A Metacognition Construct for Communities of Inquiry", *Internet and Higher Education*, Vol. 17, No. 4, 2013, pp. 84–89.

② Jennifer C. Richardson, Yukiko Maeda, Jing Lv, Secil Caskurlu, "Social Presence in Relation to Students' Satisfaction and Learning in the Online Environment: A Meta-analysis", *Computers in Human Behavior*, Vol. 71, 2017, pp. 402–417.

③ Oleksandra Poquet, Vitomir Kovanović, Pieter de Vries, Thieme Hennis, Srećko Joksimović, Dragan Gasevic, Shane Dawson, "Social Presence in Massive Open Online Courses", *International Review of Research in Open and Distance Learning*, Vol. 19, No. 3, 2018, pp. 43–68.

④ Vitomir Kovanović, Srećko Joksimović, Thieme Hennis, Iva Čukić, Pieter de Vries, Shane Dawson, George Siemens, Dragan Gašević, "Exploring Communities of Inquiry in Massive Open Online Courses", *Computers & Education*, Vol. 119, 2018, pp. 44–58; Oleksandra Poquet, Vitomir Kovanović, Pieter de Vries, Thieme Hennis, Srećko Joksimović, Dragan Gasevic, Shane Dawson, "Social Presence in Massive Open Online Courses", *International Review of Research in Open and Distance Learning*, Vol. 19, No. 3, 2018, pp. 43–68.

⑤ Oleksandra Poquet, Vitomir Kovanović, Pieter de Vries, Thieme Hennis, Srećko Joksimović, Dragan Gasevic, Shane Dawson, "Social Presence in Massive Open Online Courses", *International Review of Research in Open and Distance Learning*, Vol. 19, No. 3, 2018, pp. 43–68.

模的学生群体可能会阻碍社会临场感的建立，从而影响学生的社会临场感感知。在我们的研究中，基于 xMOOC 的混合课程有超过 2000 名学生，学生群体规模较大，相比传统在线课程更为庞大。这可能进一步加剧了社会临场感建立的难度。然而，进一步的研究仍需探讨在同一课程中，导致学生社会临场感感知差异的具体原因。

再者，该研究发现不同学科背景的学生对于认知临场感的感知存在显著差异。具体而言，在认知临场感的四个子维度中，艺术专业的学生在触发事件阶段的认知临场感感知显著低于人文社科和理工科学生。这一现象需要进一步探究。文献表明，教师在触发事件阶段设计的任务会影响学生的后续响应（探究）水平。艺术专业学生在此阶段的认知临场感感知显著较低，可能是因为触发阶段的问题或主题未能激发他们的探究兴趣。此外，艺术专业学生在解决方案阶段的认知临场感感知也显著低于人文社科和理工科学生。这一发现表明，在基于 MOOC 的混合课程中，学生在认知活动进展方面面临挑战。这一结果与现有研究相似，Meyer 发现，学生在从整合阶段过渡到解决方案阶段时，认知学习活动常常遇到困难[1]。然而，已有研究表明，教学临场感是影响学生在解决阶段认知活动的重要因素。在该研究中，课程团队为所有学生提供了相同的学习内容、学习活动和学习支持，因此教学临场感并非导致艺术专业学生在解决阶段认知临场感感知较低的原因。尽管需要进一步研究，但这一发现可能是因为触发事件阶段的学习活动未能成功激发部分学生的学习兴趣，导致他们的认知活动未能顺利进入最终的解决阶段。鉴于触发事件阶段的任务在认知活动中起着重要作用，当任务明确要求学习者参与探究性学习时，其学习可能会逐步上升到探索、整合和解决阶段[2]。

此外，该研究发现不同性别的学生对于教学临场感、社会临场感与

---

① Katrina A. Meyer, "Face-to-Face Versus Threaded Discussions: The Role of Time and Higher-Order Thinking", *Journal of Asynchronous Learning Networks*, Vol. 7, No. 3, 2003, pp. 55-65.

② Katrina A. Meyer, "Evaluating Online Discussions: Four Difference Frames of Analysis", *Journal of Asynchronous Learning Networks*, Vol. 8, No. 2, 2004, pp. 101-114.

认知临场感的感知不存在显著差异。一些研究表明，性别在学生在线学习和互动中存在显著差异。研究者指出，女性通常在沟通和互动方面表现更好，参与更多活动，展示更多的社交互动行为，并能在在线学习中获取更多知识；因此，对于女性而言，在线学习更为有效①。然而，本研究的结果显示，不同性别的学生在社会临场感和认知临场感的感知上并无显著群体差异。这一发现支持了 Shea 等人和 Garrison 等人的结论②。根据 CoI 框架，社会临场感要求学生持续参与有意义和有目的的批判性对话，以促进和确保认知临场感，而不仅仅是进行无目的或纯粹的社会性交流。尽管女性在沟通方面具有优势，但这并不意味着她们在学习过程中擅长进行有目的和有意义的批判性反思对话。因此，女性在社交互动中的优势并未转化为在社会临场感和认知临场感上的显著差异。至于教学临场感的感知是否存在性别差异，本研究的发现与 Wang 等人和 Zhang 等人的研究结果一致，均未发现性别在教学临场感感知上的显著差异③。

最后，在笔者团队开展的这一研究中，数据分析结果显示，有在线学习经验的学生与没有在线学习经验的学生在社会临场感、教学临场感和认知临场感的感知上不存在显著差异。这一发现与 Hostetter 和 Busch 以及 Kim 等人的研究结果部分一致，这些研究发现，在线学习经验对学

---

① Rovai, Alfred P., Baker, Jason D., "Gender Differences in Online Learning: Sense of Community, Perceived Learning and Interpersonal Interactions", *Quarterly Review of Distance Education*, Vol. 6, No. 1, 2005, pp. 31-44; Elizabeth Barrett, Vic Lally, "Gender Differences in an Online Learning Environment", *Journal of Computer Assisted Learning*, Vol. 15, No. 1, 2010, pp. 48-60.

② Peter Shea, Temi Bidjerano, "Community of Inquiry as A Theoretical Framework to Foster 'Epistemic Engagement' and 'Cognitive Presence' in Online Education", *Computers & Education*, Vol. 52, No. 7, 2009, pp. 543-553; D. Randy Garrison, Martha Cleveland-Innes, Tak Shing Fung, "Exploring Causal Relationships among Teaching, Cognitive and Social Presence: Student Perceptions of the Community of Inquiry Framework", *Internet & Higher Education*, Vol. 13, No. 1-2, 2010, pp. 31-36.

③ Guangxin Wang, Chengjie Bai, Hong Lu, "An Empirical Analysis of Teaching Presence of Online Distance Education Courses", *China Audio-Visual Educ*, Vol. 9, 2012, pp. 42-47; Huaihao Zhang, Lijia Lin, Jing Leng, Youqun Ren, "A Study on the Relationship between Teaching Teacher Online Learning Behaviors: A Case Study of Secondary School English Teacher Training in Shanghai", *Journal of Educational Technology*, 2015 (6): 51-58.

生感知的社会临场感没有显著影响①。这一结果可以通过两个可能的原因来解释。一是在线学习技能和策略的不足。即使学生之前参与过在线课程，他们可能并未积累足够的在线学习技能、策略或经验。因此，之前的在线学习经验在后续的在线学习中并未发挥重要作用，从而限制了他们在社会临场感、教学临场感和认知临场感上的感知水平。这表明，单纯的在线学习经历并不足以显著提升学生的在线学习能力。二是 xMOOC 混合课程的特点。本研究选择的基于 xMOOC 的混合课程是一个典型的 xMOOC，其主要的在线学习活动包括观看微视频、完成在线测试和在线论坛提问。这种以接受式教学为主的在线学习模式不需要复杂的在线学习策略和技能，因此，无论学生是否有在线学习经验，都难以通过这些活动充分发挥其潜在的学习能力，进而影响对三种临场感的感知。

五　研究总结与不足

本研究发现，尽管参与同一课程并完成相同的学习任务，学生对社会临场感和认知临场感的感知水平存在差异。根据研究结果，提出以下实践建议。从认知临场感的角度出发，针对不同学术背景的学生设计和实施 MOOC 或基于 MOOC 的混合课程时，提供以下两项具体建议：首先，课程中触发事件阶段的学习活动设计应与学生的学术背景紧密关联。实践者应特别关注"触发事件"阶段呈现的活动或问题，这对学生认知活动能否顺利达到最终的"解决"阶段至关重要。在课程设计上，可以为所有学生设计通用的内容和学习活动，同时为特定类型的学生设计专门的内容和活动。在学习活动设计中，不同专业的学生可以被赋予与其学术背景密切相关的不同探究主题。在组织学习活动时，可以根据不同背景学生的特征，安排定制化和差异化的探究学习活动，结合各学科的

---

① Carol Hostetter, Monique Busch, "Measuring up Online: The Relationship between Social Presence and Student Learning Satisfaction", *The Journal of Scholarship of Teaching and Learning*, Vol. 6, No. 2, 2006, pp. 1–12; Jungjoo Kim, Yangyi Kwon, Daeyeon Cho, "Investigating Factors that Influence Social Presence and Learning Outcomes in Distance Higher Education", *Computers & Education*, Vol. 57, No. 2, 2011, pp. 1512–1520.

特点，重点解决其学科中的实际问题。教师还可以在学生进行认知活动时，特别是认知临场感的解决阶段，提供有针对性的、个性化的和及时的支持和服务。我们必须特别注意在解决阶段给予学生的支持，因为学生在此阶段需要更多的教学临场感。教师应及时提供指导，帮助学生顺利推进认知活动。否则，即使学生的认知活动从触发事件阶段顺利进展到解决阶段，若缺乏教师在此阶段的支持，仍可能面临失败。其次，为了满足不同背景学生的需求，课程设计应提供多样化的学习支持。教师可以根据不同学生的特性，提供个性化的学习资源和反馈，确保每位学生都能获得适合自己的学习体验。特别是在认知临场感的解决阶段，教师应加强与学生的互动，提供及时的指导和支持，帮助学生克服困难，顺利完成学习任务。

从社会临场感的角度而言，不同学术背景的学生在社会临场感的三个子维度（情感表达、开放交流和群体凝聚力）上的感知水平存在显著差异，表明学术背景对社会临场感有重要影响。因此，设计和实施MOOC 课程的教师应关注不同学科背景对学生社会临场感感知的影响。为了提升艺术专业学生在社会临场感上的感知，教师可以从以下两个方面入手：首先，促进情感表达和互动。一是教师可以鼓励并引导学生通过情感表达、幽默感和自我披露来展示自己。实践者可以为学生提供具有更多互动功能的工具，支持他们的社交互动，实时互动工具可能特别有效。二是教师还可以组织学生进行在线实时互动，以增强其社会临场感。这种做法不仅有助于学生自身的感知，也有利于其他课程参与者对他们的认识。其次，教师可以通过学习设计增加不同学术背景学生之间的互动。例如，设计同伴互评任务和其他合作项目，鼓励学生进行高质量的合作，从而提升其社会临场感①。这些活动可以帮助学生更好地理解彼此的观点，促进更深层次的交流与合作。

即使这一研究取得了一些有趣的研究发现，但是存在以下不足。首先，本研究的样本量不大，这可能影响研究结果的普遍性和可靠性。未

① Stranach, Matthew, "Social Presence in Two Massive Open Online Courses (MOOCs): A Multiple Case Study", *Diss University of Calgary*, 2017.

来的研究可以扩大样本规模，以获得更具代表性的数据。其次，本研究的数据来源于同一 MOOC 环境。未来的研究可以将多个 MOOC 作为研究背景，收集大量数据，探讨不同专业背景的学生在同一 MOOC 中对三种临场感的感知情况。此外，研究人员还可以在不同文化背景下进行深入研究，以更全面地理解这一问题。最后，本研究未深入调查不同专业背景的学生在三种临场感上存在差异的根本原因。因此，建议在未来的研究中加入个别访谈，以深入了解这些差异背后的真正原因。

学习分析技术支持的在线学习中
认知临场感过程模式挖掘实证研究

第一节　在线学习中认知临场感过程模式
挖掘研究：基于滞后序列分析法

一　研究背景

CoI 框架是教育技术学领域的重要话题，其最初学术论文至 2023 年
4 月初引用高达 9000 余次（谷歌学术）[①]。认知临场感强调学习者在技术
支持的网络探究社区中通过不断反思，以及与他人的对话来构建意义的
程度，包括触发事件、探究、整合与解决四个阶段[②]。认知临场感是评
估学生认知活动质量与认知发展水平的重要指标，其四个阶段是否能顺
利进行直接决定深度有意义学习能否发生。因此，已有相关研究关注认

---

① Murat Türk, Benjamin Heddy, Robert W. Danielson, "Teaching and Social Presences Supporting Basic Needs Satisfaction in Online Learning Environments: How Can Presences and Basic Needs Happily Meet Online", *Computers & Education*, Vol. 180, 2022, p. 104432; Peter Shea, Jennifer C. Richardson, Karen Swan, "Building Bridges to Advance the Community of Inquiry Framework for Online Learning", *Educational Psychologist*, Vol. 57, No. 3, 2022, pp. 148-161.

② D. Randy Garrison, Terry Anderson, Walter Archer, "Critical Thinking, Cognitive Presence, and Computer Conferencing in Distance Education", *American Journal of Distance Education*, Vol. 1, 2001, pp. 7-23.

知临场感是否能顺利进行及其影响因素①。

首先，认知临场感的顺利进行取决于教学临场感与社会临场感，因此促进认知临场感顺利进行的教学策略是研究者关注的重要话题之一。其一，已有研究通过探究教学临场感与社会临场感对于认知临场感的影响机制，从而探究从教学临场感与社会临场感的视角促进学生认知临场感顺利发展的可能策略②。例如 Rolim 等人通过社会网络分析法对社会临场感对于认知临场感的影响进行了研究③。笔者前期通过多元回归分析对教学临场感子维度对于认知临场感各阶段的影响机制进行了研究，且在此基础上从教学设计与组织、促进对话与直接教学三个维度提出了认知临场感促进策略④。其二，研究通过对比不同教学策略下认知临场感的水平，探究能够有效促进学生认知临场感顺利发展的教学干预策略⑤。

---

① D. Randy Garrison, J. B. Arbaugh, "Researching the Community of Inquiry Framework: Review, Issues, and Future Directions", *The Internet and Higher Education*, Vol. 10, No. 3, 2007, pp. 157−172; D. Randy Garrison, "Shared Metacognition in a Community of Inquiry", *Online Learning*, Vol. 26, No. 1, 2022, pp. 6−18.

② 白雪梅、顾小清:《在线学习中教学临场感子维度对认知临场感各阶段的影响机制研究》,《现代远距离教育》2021 年第 6 期；白雪梅、马红亮、赵梅:《探究社区中社会存在对认知存在的影响机制》,《现代远程教育研究》2020 年第 6 期；Vitor Rolim, Rafael Ferreira, Rafael Dueire Lins, Dragan Gǎsević, "A Network−based Analytic Approach to Uncovering the Relationship between Social and Cognitive Presences in Communities of Inquiry", *The Internet and Higher Education*, Vol. 42, 2019, pp. 53−65; Ramón Tirado Morueta, Pablo Maraver López, Ángel Hernando Gómez, Victor W. Harris, "Exploring Social and Cognitive Presences in Communities of Inquiry to Perform Higher Cognitive Tasks", *The Internet and Higher Education*, Vol. 31, 2016, pp. 122−31; Sangmin-Michelle Lee, "The Relationships between Higher Order Thinking Skills, Cognitive Density, and Social Presence in Online Learning", *The Internet and Higher Education*, Vol. 21, 2014, pp. 41−52.

③ Vitor Rolim, Rafael Ferreira, Rafael Dueire Lins, Dragan Gǎsević, "A Network−based Analytic Approach to Uncovering the Relationship between Social and Cognitive Presences in Communities of Inquiry", *The Internet and Higher Education*, Vol. 42, 2019, pp. 53−65.

④ Xuemei Bai, Xiaoqing Gu, "Group Differences of Teaching Presence, Social Presence, and Cognitive Presence in a Xmooc−based Blended course", *International Journal of Distance Education Technologies*, Vol. 19, No. 2, 2021, pp. 1−14.

⑤ Christopher W. Parrish, Sarah K. Guffey, David S. Williams, Julie M. Estis & Drew Lewis, "Fostering Cognitive Presence, Social Presence and Teaching Presence with Integrated Online−Team−Based Learning", *Tech Trends*, Vol. 4, 2021, pp. 473−484; Ayesha Sadaf, Tong Wu, F Martin, "Cognitive Presence in Online Learning: a Systematic Review of Empirical Research from 2000 to 2019", *Computers and Education Open*, Vol. 2, 2021; Ayesha Sadaf, Tong Wu, F Martin, "Cognitive Presence in Online Learning: a Systematic Review of Empirical Research from 2000 to 2019", *Computers and Education Open*, Vol. 2, 2021; Ye Chen, Jing Lei, J Cheng, "What if Online Students Take on the Responsibility: Students' Cognitive Presence and Peer Facilitation Techniques", *Online Learning*, Vol. 1, 2019, pp. 37−61.

其次，已有研究关注认知临场感发展水平。研究者通过评估学生话语中认知临场感四个阶段（触发事件、探究、整合和解决）的频率和百分比来确定认知临场感发展水平，研究发现学生大部分认知临场感处于探究和整合阶段，而且探究阶段的响应频率最高，而解决阶段的响应频率最低[①]。Liu 等人发现认知临场感触发事件、探究、整合与解决四个阶段所占比例分别为 13%、40%、24% 及 6%[②]。Moore 和 Miller 同样也发现认知临场感难以过渡到最终解决阶段。可见，认知临场感主要停留在前两个低阶水平[③]。这说明学生倾向于花更多的时间通过批判性反思和话语来探索问题，以构建有意义的解释或问题解决方案[④]。

综上所述，学生在探究阶段向整合阶段，以及整合阶段向解决阶段过渡时面临困难，导致学生绝大多数认知活动停留在低阶水平[⑤]。有效诊断认知临场感具体发展过程，是促进其从低阶水平发展到高阶水平的关键。然而，基于问卷调查和人工内容分析的传统方法难以揭示认知临

---

① Ayesha Sadaf, Tong Wu, Florence Martin, "Cognitive Presence in Online Learning: A Systematic Review of Empiricial Research from 2000 to 2019", *Computers and Education Open*, Vol. 2, 2021.

② Bowen Liu, Wanli Xing, Yifang Zeng, Yonghe Wu, "Linking Cognitive Processes and Learning Outcomes: The Influence of Cognitive Presence on Learning Performance in MOOCs", *British Journal of Educational Technology*, Vol. 53, 2022, pp. 1459-1477.

③ Robert L. Moore, Courtney Miller, "Fostering Presence in Online Courses: A Systematic Review (2008-2020)", *Online Learning*, 2022, pp. 130-149.

④ Ayesha Sadaf, Tong Wu, Florence Martin, "Cognitive Presence in Online Learning: A Systematic Review of Empiricial Research from 2000 to 2019", *Computers and Education Open*, Vol. 2, 2021.

⑤ Katrina A. Meyer, "Face-to-Face Versus Threaded Discussions: The Role of Time and Higher-Order Thinking", *Journal of Asynchronous Learning Networks*, Vol. 3, 2003, pp. 55-65; Norman Vaughan, D. Randy Garrison, "Creating Cognitive Presence in A Blended Faculty Development Community", *The Internet and Higher Education*, Vol. 2, 2005, pp. 1-12; Norman Vaughan, D. Randy Garrison, "Creating Cognitive Presence in A Blended Faculty Development Community", *The Internet and Higher Education*, Vol. 2, 2005, pp. 1-12; Peter Shea, Suzanne Hayes, Jason Vickers, "Online Instructional Effort Measured Through the Lens of Teaching Presence in the Community of Inquiry Framework: a Re-examination of Measures and Approach", *International Review of Research in Open and Distance Learning*, Vol. 3, No. 11, 2010, pp. 127-154; Bowen Liu, Wanli Xing, Yifang Zeng, Yonghe Wu, "Linking Cognitive Processes and Learning Outcomes: The Influence of Cognitive Presence on Learning Performance in MOOCs", *British Journal of Educational Technology*, Vol. 53, 2022, pp. 1459-1477.

场感具体发展过程①。受研究方法的局限，鲜有研究关注认知临场感行为过程模式，这导致认知临场感"为何"停留在低阶水平，认知临场感从低阶过渡到高阶具体面临什么困难等问题尚未回答。

学习分析强调收集与分析学生学习数据，为理解和优化学生学习过程和环境寻求证据。学习分析技术的发展为认知临场感过程模式挖掘提供了新契机，使得刻画认知临场感过程模式成为可能。探究社区理论提出者 Garrison 呼吁未来研究需关注学习分析对探究社区理论与实践发展的赋能②。笔者团队对探究社区进行了系列研究，探讨了探究社区三要素关系、社会临场感以及教学临场感对认知临场感的作用机制、学生对探究社区三个核心要素感知水平的群体差异以及探究社区量表重构与效度检验等问题③。本书拟在前期研究基础上进一步利用滞后序列分析法揭示认知临场感过程模式，回答"认知临场感为何不能顺利发展到解决阶段"这一科学问题，同时为教师针对性进行干预以促进学生认知临场感顺利发展到高阶阶段提供细颗粒度信息。

二　研究设计

（一）研究情境与数据收集

首先，CoI 理论框架不仅对高等教育阶段的在线教学实践与研究产生了重大影响，也逐渐延伸至 K-12 教育领域。Sanders 通过案例研究验证

---

① D. Randy Garrison, "Cognitive presence update", 2023; Shen Ba, Xiao Hu, David Stein, Qingtang Liu, "Assessing Cognitive Presence in Online Inquiry-based Discussion Through Text Classification and Epistemic Network Analysis", *British Journal of Educational Technology*, Vol. 54, 2023, pp. 247-266.

② D. Randy Garrison, "Cognitive Presence Update", 2019.

③ 杨洁、白雪梅、马红亮:《探究社区研究述评与展望》,《电化教育研究》2016 年第 7 期; 白雪梅、马红亮、赵梅:《探究社区中社会存在对认知存在的影响机制》,《现代远程教育研究》2020 年第 6 期; 白雪梅、顾小清:《在线学习中教学临场感子维度对认知临场感各阶段的影响机制研究》,《现代远距离教育》2021 年第 6 期; Xuemei Bai, Xiaoqing Gu, "Group differences of Teaching Presence, Social Presence, and Cognitive Presence in a Xmooc-based Blended Course", *International Journal of Distance Education Technologies*, Vol. 19, No. 2, 2021, pp. 1-14; Xuemei Bai, Xiaoqing Gu, Rifa Guo, "More factors, Better Understanding: Model Verification and Construct Validity Study on the Community of Inquiry in MOOC", *Education and Information Technologies*, Vol. 28, 2023, pp. 10483-10506.

了 CoI 框架对 K12 阶段的适用，并将其命名为 K12 探究社区框架①。Harrell 和 Wendt 研究了 K12 学生在完全在线课程和混合在线课程中的 CoI 水平②。Zhang 和 Lin 也同样研究了 K12 背景下，CoI 元素、学习临场感与学习结果之间的关系③。这些研究共同推动了 CoI 框架在 K12 教育阶段的深入应用与持续发展。

鉴于此，研究以西部某市级小学（互联网+教育示范区学校）四年级的 42 名学生为研究对象。研究对象有两年使用平板进行常态化学习的经历，具备使用移动版 Moodle 平台进行团体知识构建的经历，能够熟练使用数字化设备进行学习。首先，教师发布讨论主题或任务，学生利用移动版 Moodle 平台以小组为单位进行团体知识构建。小组人员构成遵循"组内异质、组间同质"的分组原则，其中八个组每个组四位成员，另外两个组每组五位成员。值得强调的是，鉴于真实教学情境中，小组学习一般是在没有教师实时指导的情况下完成团体知识构建任务。为了确保研究的普适性，本书旨在探究无教师监控与指导情况下，学生小组团体构建知识过程中，认知临场感的具体过程模式。此外，这也符合认知临场感的核心思想，即学习者通过与学习社区成员之间的持续性反思对话，对知识进行意义建构。因此，在本次研究中，团体在线讨论学习活动均无教师参与。

以《为中华之崛起而读书》一课为例，教师要求学生对课文题目、写作背景、字词、主要内容、读书的目的、原因和结果七个主题进行讨论，从而对相关知识进行构建。学生在接收到教师任务之后，利用移动版 Moodle 平台聊天室展开团体知识构建。本书从学生 10 次小组在线讨

---

① Kyle Sanders, "K-12 Community of Inquiry: A Case Study of The Applicability of the Community of Inquiry Framework in the K-12 Online Learning Environment", *Journal of Online Learning Research*, Vol. 6, No. 1, 2020, pp. 35-56.

② Kyleigh B. Harrell, Jillian L. Wendt, "The Impact of Blended Learning on Community of Inquiry and Perceived Learning Among High School Learners Enrolled in a Public Charter School", *Journal of Research on Technology in Education*, Vol. 51, No. 3, 2019, pp. 259-272.

③ Yining Zhang, Chin-Hsi Lin, "Effects of Community of Inquiry, Learning Presence and Mentor Presence on K-12 Online Learning Outcomes", *Journal of Computer Assisted Learning*, Vol. 37, No. 2, 2021.

论中，随机抽取 3 次，并且收集了学生团体在这 3 次在线团体知识构建过程中产生的 949 条话语数据。接着，将这些文本内容从 Moodle 平台整理至 Word 文档为数据分析做好准备。

（二）数据分析方法与过程

滞后序列分析是行为分析的一种方法，它是按照行为出现的先后顺序，找到一个行为接着另外一个行为出现的频率，常用来分析个人行为、同伴对话、互动模式等。对于教师而言，滞后序列分析帮助教师探究学生在做什么，从而帮助教师探究何种学习行为会促使学生学习成效的提升，以及帮助教师了解学生为什么这样学习等关键问题。滞后序列分析具体是通过残差表的 Z-score 来解释行为之间是否存在显著性关联。滞后序列分析的原理是利用概率统计 Z-score 二项式检定的显著性来描述数据资料，当 Z-score>1.96 时说明有显著性（p<0.05），滞后序列分析的一般流程如图 6-1 所示。

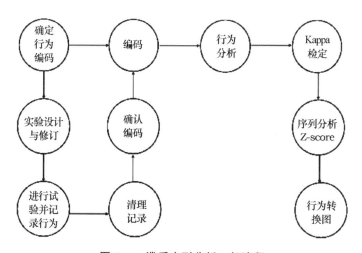

图 6-1 滞后序列分析一般流程

接着，本书以认知临场感框架为研究工具构建认知临场感行为编码表。首先，认知临场感触发事件、探究与整合三个阶段的二级维度（行为指标）完全与原始认知临场感编码框架内容保持一致。在此基础上，结合前人相关研究，基于研究情境中的具体教学实践，对认知临场感解

决阶段的内涵进行了情境化定义，原始认知临场感解决阶段强调学生使用建构的知识解决实践问题①。根据本书情境的具体情况，在本书中，将解决定义为"成功解决组长和组员提出的问题"，最终形成认知临场感行为编码表，如表6-1所示。

表6-1　　　　　　　　　　　认知临场感行为编码表

一级维度	编码	二级维度	解释
触发事件	Te-Q	提问	直接抛出问题，进行提问
	Te-T	插入新话题	发言内容把讨论引到了一个新方向
探究	Ex-N	陈述个人信息（观点）	个人叙述/描述/事实（不用作支持结论的证据），或者所发表观点与已有观点不存在实质性的矛盾，本质上是一个发散的信息交换过程
	Ex-S	建议考虑	明确地将信息描述为探索，如"这是正确的吗？"或"我是不是大错特错了？"
	Ex-C	突然下结论	提供不被支持的观点
	Ex-B	头脑风暴	添加到已建立的观点，但不系统地辩护/证明/发展
	Ex-D	产生分歧	与先前想法（观点）矛盾
整合	In-S	汇集	在先前的信息之后加上明确的同意，如"我同意，因为……"
	In-C	补充他人观点	对于别人的观点进行补充，如"此外，……""我要进行补充……"
	In-Cs	在观点之间建立联系	合理的、发展的、可辩护的且暂时的假设
解决	Res	明确问题已解决	明确解决了教师或成员提出的问题

接着，研究以确定好的认知临场感行为编码表为理论指导，对学生团体知识建构过程中认知临场感进行了编码。为保证编码的客观有效，

---

① Larisa Olesova, Margaret Slavin, Jieun Lim, "Exploring the Effect of Scripted Roles on Cognitive Presence in Asynchronous Online Discussions", *Online Learning*, Vol. 4, 2016, pp. 1–20; Ayesha Sadaf, Larisa Olesova, "Enhancing Cognitive Presence in Online Case Discussions with Questions Based on the Practical Inquiry Model", *American Journal of Distance Education*, Vol. 1, 2017, pp. 56–69.

编码工作由 2 名具有一定专业基础的研究人员完成。在开始编码之前，两位编码人员讨论了编码方案，重点对认知临场感四个子阶段的定义范畴进行了讨论，确保对于认知临场感行为编码表的理解一致。然后，这两名编码人员分别对文本进行了编码。编码之后，本书利用 Holsti（1969）的信度系数（CR）和 Cohen（1969）的 kappa（k）对两名编码员的编码决策的信度进行了评估。

三　研究发现与解释

首先，949 条话语经过编码最终得到 733 个认知临场感行为。接着，本书将 733 个认知临场感行为导入 GSEQ 软件进行滞后序列分析，得到了残差表，如表 6-2 所示。从表 6-2 中的行为调整后残差表能发现一些非常显著的行为链，如 Te-T→Te-Q（触发事件阶段的新话题→触发事件的提问），Ex-C→Te-T（探究阶段的突然下结论→触发事件阶段的新话题），Ex-D→In-C（探究阶段的产生分歧→整合阶段的补充他人观点）等。

表 6-2　　　　小组在线实时讨论滞后序列分析残差表

	A	B	C	E	F	G	H	I	J	K	L
残差值	Te-Q	Te-T	Ex-N	Ex-S	Ex-C	Ex-B	Ex-D	In-S	In-C	In-Cs	Re
Te-Q	-0.18	-0.14	4.24	-0.84	-1.54	2.23	-1.31	-2.45	-1.64	0.00	0.00
Te-T	16.68	-1.45	-1.65	-3.06	-1.69	-0.45	-1.55	-2.25	-2.39	0.00	0.00
Ex-N	-3.47	-1.39	4.52	-0.06	0.16	-1.05	0.81	0.23	-4.06	0.00	0.00
Ex-S	-4.13	-1.83	2.36	2.72	-0.91	-0.75	1.16	-0.09	-2.58	0.00	0.00
Ex-C	-1.49	14.17	-3.03	-2.27	-1.02	-0.27	-1.26	-1.62	-1.43	0.00	0.00
Ex-B	-0.41	-0.45	-1.05	-0.75	-0.28	-0.07	2.74	2.05	-0.39	0.00	0.00
Ex-D	-0.69	-1.55	-3.56	-1.56	-0.44	-0.34	1.19	0.21	10.70	0.00	0.00
In-S	-1.45	0.43	-4.65	2.11	5.94	2.05	-1.49	0.56	2.22	0.00	0.00
In-C	-2.15	-1.90	-4.06	0.90	-0.70	-0.39	0.68	4.75	5.22	0.00	0.00

续表

	A	B	C	E	F	G	H	I	J	K	L
In-Cs	0.00	0.00	0.00	0.00	0.00	0.00	0.00	0.00	0.00	0.00	0.00
Res	0.00	0.00	0.00	0.00	0.00	0.00	0.00	0.00	0.00	0.00	0.00

接着，根据残差表绘制了认知临场感行为序列转化过程，如图 6-2 所示。图中节点代表认知临场感四个阶段的具体行为指标，节点之间的连线表示指标之间存在的显著关系，连线上的数据则是调整后的残差值。

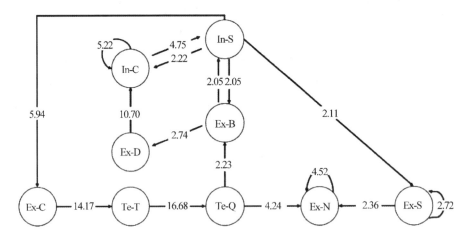

图 6-2　认知临场感行为序列转换过程

（一）触发事件→探究→整合→探究→触发事件

从认知临场感行为序列转换过程可以看出学生认知临场感呈现出的第一种典型过程模式为：触发事件→探究→整合→探究→触发事件，分别是 Te-T→Te-Q→Ex-B→In-S→Ex-C→Te-T（图 6-3 左）与 Te-T→Te-Q→Ex-B→Ex-D→In-C→In-S→Ex-C→Te-T（图 6-3 右），这两条路径都说明学生认知临场感能从触发事件过渡到探究阶段，并且能从探究阶段过渡到整合阶段，但是无法从整合阶段过渡到解决阶段，而是从整合阶段又回到了探究阶段，而且在探究阶段引发了（新一轮）触发事件而非再次回到整合阶段。以 Te-T→Te-Q→Ex-B→Ex-D→In-C→In-S

→Ex-C→Te-T 为例，认知临场感能够依照：新话题到新问题，然后围绕新问题开始进入探究阶段的头脑风暴，在头脑风暴的过程中产生分歧，这个时候成员通过对他人的观点进行补充从而进入整合阶段，接着对信息（观点）进行汇集。然而，在这个阶段，因为突然下结论导致认知临场感又回到了探究阶段，而且接着又触发了新的事件。

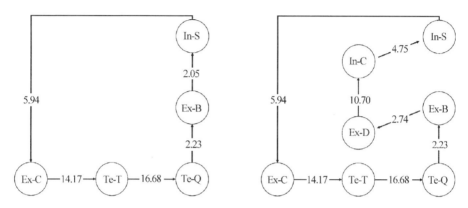

图6-3　认知临场感典型过程模式一

第一种典型过程模式：触发事件→探究→整合→探究→触发事件。这说明学生认知临场感首先能顺利过渡到整合阶段，接着又从整合阶段过渡到了探究阶段。但是，在探究阶段却触发了新事件。从具体路径（Te-T→Te-Q→Ex-B→In-S→Ex-C→Te-T 与 Te-T→Te-Q→Ex-B→Ex-D→In-C→In-S→Ex-C→Te-T）来看，认知临场感到达整合阶段的汇集后，接着返回到了探究阶段的突然下结论，即整合阶段的汇集显著引发了探究阶段的突然下结论。然后突然下结论显著引发了触发事件阶段的新话题，也就是说学生认知临场感到达整合阶段之后，因为突然下结论又回到了探究阶段。本书认为这可能因为两方面的原因：一方面，当认知临场感过渡到整合阶段的汇集时，有成员提出了错误（不完整、不系统）的结论（即突然下结论），而这个错误的结论会将学生的认知临场感带向新的方向，因此认知临场感开始了新一轮的触发事件；另一方面，因为有成员突然下结论后，其他成员会发现这个结论不正确进而开始批判，在批判性对话的过程触发了新的话题或问题。

鉴于此，本书建议在团体构建知识过程中，当成员对问题的理解出现偏差时（即突然下了一个错误的结论时），教师需要及时干预，以免引发新的触发事件。笔者前期研究发现直接教学对探究阶段的影响最大，说明教师需要在探究阶段充分发挥"指导"作用①。教师不仅要发起、塑造有价值的触发事件（问题与话题），在一些情况下，教师还需要及时直接指导学生抛弃可能分散注意力的触发事件，将重点放在实现预期的教育成果上。

（二）触发事件→探究自循环或触发事件→探究→整合→探究自循环

从认知临场感行为序列转换过程可以看出学生认知临场感呈现出来的第二种典型过程模式为：触发事件→探究自循环或触发事件→探究→整合→探究自循环。首先，Te-T→Te-Q→Ex-N（自循环）（图 6-4 左）说明认知临场感从触发事件过渡到探究阶段的陈述个人观点，并且陷入了陈述个人观点的自循环。其次，Te-T→Te-Q→Ex-B→In-S→Ex-S→Ex-N（自循环）（图 6-4 右）与 Te-T→Te-Q→Ex-B→In-S→Ex-S→Ex-N（自循环）（图 6-4 左）说明认知临场感从触发事件过渡到探究阶段，再从探究阶段过渡到了整合阶段，接着从整合阶段又回到了探究阶段，并且陷入了探究阶段的自循环。具体而言，Te-T→Te-Q→Ex-B→In-S→Ex-S（自循环）说明认知临场感从触发事件阶段过渡到探究阶段的头脑风暴，接着过渡到整合阶段的汇集，但是又从整合阶段的汇集回到了探究阶段的建议考虑的自循环。Te-T→Te-Q→Ex-B→In-S→Ex-S→Ex-N（自循环）说明认知临场感能从触发事件阶段过渡到了探究阶段的头脑风暴，并且能从探究阶段过渡到整合阶段的汇集，但是又从整合阶段的汇集过渡到了探究阶段的建议考虑，紧接着又从建议考虑过渡到了探究阶段的陈述个人观点，并且陷入了陈述个人观点的自循环。简言之，以上三条路径的共同点是认知临场感都停留在了探究阶段，并且陷入了探究阶段的自循环。这意味着学生通过陈述个人观点与建议成员考虑观点，导致认知临场感停留在信息交换的低阶水平。

① 白雪梅、顾小清：《在线学习中教学临场感子维度对认知临场感各阶段的影响机制研究》，《现代远距离教育》2021 年第 6 期。

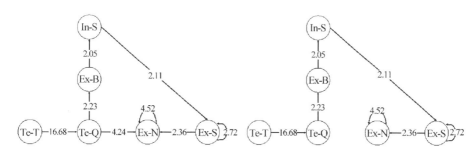

图6-4　认知临场感典型过程模式二

　　首先，学生之所以陷入探究的"死循环"是因为整合和解决阶段更需要智力，而学生倾向于待在舒适区，因此停留在探究阶段①。其次，学习者缺乏讨论技能，无法超越低阶思维阶段导致认知临场感陷入探究的"死循环"②。探究本来是一个发散过程，以头脑风暴、提问和信息交换为主要特征③。探索阶段要求学生对与问题相关的信息进行更全面探索，实现参与者在"私人的、反思的个人世界和对思想的社会探索之间转换"，这要求成员在私人和共享的世界之间反复移动，即在批判性反思和话语之间移动④。这一过程的关键是学生在反思的基础上进行对话，

　　① D. Randy Garrison, Terry Anderson, Walter Archer, "Critical Thinking, Cognitive Presence, and Computer Conferencing in Distance Education", *American Journal of Distance Education*, Vol. 1, 2001, pp. 7–23.

　　② D. Randy Garrison, Martha Cleveland-Innes, Tak Shing Fung, "Exploring Causal Relationshipsamong Teaching, Cognitive and Social Presence: Student Perceptions of the Community of Inquiry Framework", *Internet and Higher Education*, Vol. 1, No. 2, 2010, pp. 31–6; David S. Stein, Constance E. Wanstreet, Paula Slagle, Lynn A. Trinko, Michelle Lutz, "From 'Hello' to Higher-order Thinking: The Effect of Coaching and Feedback on Online Chats", *The Internet and Higher Education*, Vol. 16, 2013, pp. 78–84; Rehan Ahmed Khan, "Stuck in the Blend: Challenges Faced by Students Enrolled in Blended Programs of Masters in Health Professions Education", *Pakistan Journal of Medical Sciences*, Vol. 35, No. 4, 2019, p. 929.

　　③ 白雪梅、顾小清：《在线学习中教学临场感子维度对认知临场感各阶段的影响机制研究》，《现代远距离教育》2021年第6期。

　　④ D. Randy Garrison, Terry Anderson, Walter Archer, "Critical Thinking, Cognitive Presence, and Computer Conferencing in Distance Education", *American Journal of Distance Education*, Vol. 1, 2001, pp. 7–23; 白雪梅、马红亮、赵梅：《探究社区中社会存在对认知存在的影响机制》，《现代远程教育研究》2020年第6期。

也就是说成员需要关注他人观点，批判性对成员发表的观点进行思考，在批判思考的基础上发表自己的观点，与他人进行对话，而非只顾着输出（陈述个人观点或建议考虑）。然而，通过回溯学生具体话语数据，发现学生擅长发表个人观点，勇于表达，但总是急于表达自己的想法，忽视别人的观点，不擅长在他人已有观点上建立新的信息，很少对于他人的观点进行补充，尤其是不擅长在观点之间建立联系（从图 6-4 可以看出整合阶段的在观点之间建立联系没有出现）从而对信息进行整合，因此整个讨论过程就变成了一个信息发散的过程，最终导致认知临场感停留在探究阶段。以 Te-T→Te-Q→Ex-N（自循环）为例，参与者提问开始认知临场感，然后由其他人提供意见。然而，很少有批判性的审查和整合的想法。相反，会出现另一个问题并重复 Te-Q→Ex-N，这是缺乏讨论技能的典型标志[①]。Te-T→Te-Q→Ex-B→In-S→Ex-S→Ex-N（自循环）与 Te-T→Te-Q→Ex-B→In-S→Ex-S（自循环）说明学生在探究阶段头脑风暴时，有成员会通过汇集将认知临场感推进到整合阶段。然而，由于有成员建议考虑与陈述个人观点，而不是对于别人的观点进行补充或者在已有观点之间建立联系，最终导致认知临场感陷入了探究的自循环。如果学生在建议考虑和陈述观点的同时，能够对他人已发表的观点进行批判性思考，或者在已有观点之间建立联系，认知临场感就能从探究阶段过渡到整合阶段，而且停留在整合阶段。

鉴于此，首先本书建议：（1）教师一方面需要监督和指导学生在发表观点之前，浏览已有观点，对于完全（或本质上）一致的观点就没有必要再重复，而是在自己的观点与已有观点之间建立联系，目的是集体构建知识，而非一个人构建知识；同时，本书建议教师需要指导学生多关注团体已经建构的知识是否正确全面，而非执着于仅关注自己观点的正误（建议考虑）。简言之，需要更多地站在团体知识构建的视角，参

---

① David S. Stein, Constance E. Wanstreet, Paula Slagle, Lynn A. Trinko, Michelle Lutz, "From 'Hello' to Higher-order Thinking: The Effect of Coaching and Feedback on Online Chats", *The Internet and Higher Education*, Vol. 16, 2013, pp. 78-84.

与会话。（2）教师需要指导学生在探究阶段在批判性思考的基础上进行反思（在自己头脑中构建知识），在反思的基础上与成员进行对话，从而实现真正意义上的"在私人的、反思的个人世界和对思想的社会探索之间转换"。

（三）触发事件→探究→整合→探究→整合的循环

从认知临场感行为序列转化过程可以看出认知临场感呈现出来的第三种典型过程模式为：触发事件→探究→整合→探究→整合的循环，即从触发事件到达探究阶段后，陷入了探究阶段到整合阶段，整合阶段再到探究阶段，探究阶段再到整合阶段的循环。Ex-B→Ex-D→In-C（自循环）→In-S→Ex-B（探究阶段的头脑风暴→探究阶段的产生分歧→整合阶段的补充他人观点→整合阶段的汇集→探究阶段的头脑风暴）（图6-5左）与 Ex-B→In-S→In-C（自循环）→In-S→Ex-B（探究阶段的头脑风暴→整合阶段的汇集→整合阶段的补充他人观点→整合阶段的汇集→探究阶段的头脑风暴）（图6-5右）两条路径均可以看出来学生在探究与整合两个阶段循环。

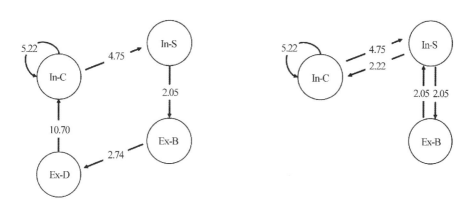

图6-5　认知临场感典型过程模式三

认知临场感在从探究阶段向整合阶段过渡的过程中，学生将开始根据社区思想如何描述和解释正在考虑的问题或事件，从而评估想法的适用性。因此，表现出来从探究到整合，再从整合到探究。理论上，认知临场感四个阶段会反复出现，并非线性发展，是一个动态发展的过程[①]。因此，认知临场感在探究和整合阶段出现短暂的徘徊是正常的。但是，不能陷入探究到整合，整合到探究的死循环，而是最终要从整合走向解决。该研究发现说明认知临场感不能发展到解决阶段的关键原因之一是认知临场感到达整合阶段后，频繁地返回到了探究阶段。

首先，本书认为这可能与教学临场感的缺失有关。在从探究阶段向整合阶段过渡的过程中，学生将开始评估想法的适用性。这个阶段需要教学临场感诊断误解，提供探索性的问题、评论和额外的信息，以确保持续的认知发展，并为批判性思维过程建模，否则认知临场感就会陷入持续探究模式。Garrison 等人指出，整合阶段需要教学临场感诊断和探讨不同观点，引导学生走向更高水平的思考[②]。Meyer 通过观察也发现，与探索阶段相比较，整合阶段需要更多教学临场感指导认知临场感顺利地从整合阶段过渡到解决阶段[③]。教学临场感代表了协调和促进参与的过程，教学临场感通过促进社会互动来支持认知临场感发展的既定理解[④]。Ba 等人发现通过认知网络分析法发现认知临场感整合与解决两个阶段同高水平的教学临场感相关，认知临场感这两个阶段与教学临场感的距离最近[⑤]。其次，本书认为认知临场感陷入探究到整合，整合再到探究的

① Bowen Liu, Wanli Xing, Yifang Zeng, Yonghe Wu, "Linking Cognitive Processes and Learning Outcomes: The Influence of Cognitive Presence on Learning Performance in MOOCs", *British Journal of Educational Technology*, Vol. 53, 2022, pp. 1459–1477.

② D. Randy Garrison, Terry Anderson, Walter Archer, "Critical Thinking, Cognitive Presence, and Computer Conferencing in Distance Education", *American Journal of Distance Education*, Vol. 1, 2001, pp. 7–23.

③ Katrina A. Meyer, "Face-to-Face Versus Threaded Discussions: The Role of Time and Higher-Order Thinking", *Journal of Asynchronous Learning Networks*, Vol. 3, 2003, pp. 55–65.

④ Murat Türk, Benjamin Heddy, Robert W. Danielson, "Teaching and Social Presences Supporting Basic Needs Satisfaction in Online Learning Environments: How Can Presences and Basic Needs Happily Meet Online", *Computers and Education*, Vol. 180, 2022, p. 104432; Huahui Zhao, Kirk P. H. Sullivan, "Teaching Presence in Computer Conferencing Learning Environments: Effects on Interaction, Cognition and Learning Uptake", *British Journal of Educational Technology*, Vol. 48, No. 2, 2017, pp. 538–551.

⑤ Shen Ba, Xiao Hu, David Stein, Qingtang Liu, "Assessing Cognitive Presence in Online Inquiry-based Discussion Through Text Classification and Epistemic Network Analysis", *British Journal of Educational Technology*, Vol. 54, 2023, pp. 247–266.

死循环，这可能与社会临场感的缺失有关。Ba 等人发现学生认知临场感整合和解决与社会临场感的关系密切相关。笔者团队前期发现社会临场感情感表达对认知临场感的解决和整合阶段影响最大，Rolim 等人发现社会临场感的情感表达与认知临场感的整合和解决具有更强联系①。

鉴于此，本书建议加强教学临场感以及社会临场感。值得一提的是，一方面教师教学临场感有限，另一方面已有研究发现同伴教学临场感能够促进学生认知临场感的发展水平。鉴于此，本书建议相关利益者可以通过有效同伴教学临场感，促进认知临场感从探究阶段顺利过渡到整合阶段。从社会临场感视角而言，结合笔者团队前期的研究发现，本书建议在探究阶段向整合阶段过渡过程中，教师通过允许和鼓励学生进行开放交流、情感表达以及形成较强的小组凝聚力等方式引导学生建立较强的社会临场感，以促进学生认知临场感最终能够实现从探究阶段顺利过渡到整合阶段，并且停留在整合阶段或者实现整合到解决的顺利过渡，而非频繁返回到探究阶段②。

（四）触发事件→探究→整合阶段补充他人观点自循环

从认知临场感行为序列转换过程可以看出认知临场感呈现出来的第四种典型过程模式为：触发事件→探究→整合阶段补充他人观点自循环，即从触发事件过渡到探究阶段，并且能从探究阶段过渡到整合阶段，但是在整合阶段陷入了整合阶段的补充他人观点的自循环。首先，Te-T→Te-Q→Ex-B→Ex-D→In-C（自循环）（图 6-6 左）说明学生认知临场感从触发事件阶段的新话题和新问题过渡到探究阶段的头脑风暴，再从探究阶段的头脑风暴过渡到了探究阶段的产生分歧（Ex-D），接着从探究阶段的产生分歧过渡到了整合阶段的补充他人观点，并且陷入了补充他人观点的自循环。Te-T→Te-Q→Ex-B→In-S→In-C（自循环）（图 6-6 右）说明学生认知临场感从触发事件阶段的新话题和新问题过渡到

---

① 白雪梅、马红亮、赵梅：《探究社区中社会存在对认知存在的影响机制》，《现代远程教育研究》2020 年第 6 期；Vitor Rolim, Rafael Ferreira, Rafael Dueire Lins, Dragan Gǎsević, "A network-based Analytic Approach to Uncovering the Relationship between Social and Cognitive Presences in Communities of Inquiry", *The Internet and Higher Education*, Vol. 42, 2019, pp. 53-65.

② 白雪梅、马红亮、赵梅：《探究社区中社会存在对认知存在的影响机制》，《现代远程教育研究》2020 年第 6 期。

探究阶段的头脑风暴，再从探究阶段的头脑风暴过渡到了整合阶段的汇集，接着又过渡到了整合阶段的补充他人观点，并且同样陷入了补充他人观点的自循环。

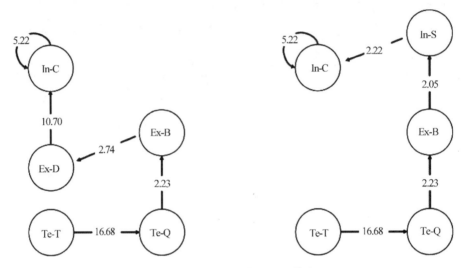

图 6-6　认知临场感典型过程模式四

前人的研究发现认知临场感难以从整合阶段过渡到解决阶段[①]。本书进一步发现学生认知临场感难以从整合阶段过渡到解决阶段的关键原因之一是陷入了补充他人观点自循环。理论上，整合阶段的典型特征是成员通过汇集、补充他人观点以及在观点之间建立联系从探索阶段产生的想法中构建意义[②]。然而，本书发现认知临场感到达整合阶段之后却

① Bowen Liu, Wanli Xing, Yifang Zeng, Yonghe Wu, "Linking Cognitive Processes and Learning Outcomes: The Influence of Cognitive Presence on Learning Performance in MOOCs", *British Journal of Educational Technology*, Vol. 53, 2022, pp. 1459-1477; Ayesha Sadaf, Tong Wu, Florence Martin, "Cognitive Presence in Online Learning: A Systematic Review of Empirical Research from 2000 to 2019", *Computers and Education Open*, Vol. 2, 2021; Robert L. Moore, Courtney Miller, "Fostering Presence in Online Courses: A Systematic Review (2008 – 2020)", *Online Learning*, 2022, pp. 130-149.

② D. Randy Garrison, Terry Anderson, Walter Archer, "Critical Thinking, Cognitive Presence, and Computer Conferencing in Distance Education", *American Journal of Distance Education*, Vol. 1, 2001, pp. 7-23.

陷入了补充他人观点自循环。本书认为这可能与整合阶段的在观点之间建立联系的缺失有关。如果整合阶段出现在观点之间建立联系，就能促使认知临场感走出补充他人观点的自循环。首先，从补充他人观点的"源头"来看，探究阶段的产生分歧与整合阶段的汇集分别会显著引发整合阶段的补充他人观点（Ex-D→In-C/In-S→In-C），接着陷入补充他人观点的自循环。如果产生分歧之后，成员可以在不同（甚至相互矛盾的）观点中建立联系，从而实现产生分歧显著引发在观点之间建立联系（Ex-D→In-Cs）；或者整合阶段汇集信息时，成员能够在观点之间建立联系，从而实现汇集信息显著引发在不同观点之间建立联系（In-S→In-Cs），就能减少整合阶段补充他人观点的自循环。换言之，本书认为探究阶段产生分歧与整合阶段的汇集没有显著引发在观点之间建立联系，而是仅显著引发了补充他人观点，从而导致学生认知临场感陷入了补充他人观点的自循环。理想的路径应该是产生分歧与汇集信息不仅能够显著触发补充他人观点，更加重要的是还要能显著引发在观点之间建立联系。其次，从补充他人观点的"出口"来看，如果整合阶段的补充他人观点能显著引发在观点之间建立联系，就能促使认知临场感走出补充他人观点的自循环。

因此，可以从陷入整合阶段补充他人观点自循环的源头与出口解决认知临场感陷入整合阶段补充他人观点的自循环问题。首先，鉴于探究阶段的产生分歧与整合阶段的汇集显著引发补充他人观点，因此本书建议在产生分歧或者汇集信息时，教师需要指导学生在不同或者相互矛盾的观点之间建立联系，或者进一步区分不同，而非"站队"进行补充，即A认为C的观点正确，开始对C的观点进行补充，B认为D的观点正确，对D的观点进行补充。也就是说不能仅仅停留在补充观点层面，而是需要进一步考虑观点之间的具体矛盾点，或者判断本质上是否一致。其次，本书建议整合阶段教师需要干预学生在观点之间建立联系，进而促进学生认知临场感走出补充他人观点的自循环，即努力实现补充他人观点显著引发在观点之间建立联系。

第二节　在线学习中认知临场感发展特征、差异及轨迹研究：基于认知网络分析法

一　研究背景

教育技术的飞速发展和互联网的广泛普及，促使参与在线或混合学习的学习者数量呈现爆发式增长①。因此，如何实现可持续的、有效的在线教学，让学生高质量参与在线学习，协同构建知识和意义变得至关重要②。CoI 框架构建了学生如何在在线课程和混合课程中有效协作建构知识的理论模型和实践框架③，受到了国内外研究者的广泛关注。认知临场感作为 CoI 框架三要素之一，与学习者批判性思维联系紧密，是高阶思维和高级学习的条件，也是衡量在线学习质量的重要指标④。

已有认知临场感研究中，其一，学者主要集中在认知临场感与其他临场感（社会、教学临场感）的关系研究上。例如 Morueta 等人发现在线学习环境中，学生社会临场感与认知临场感显著正相关⑤。Li 研究了混合学习中三种临场感之间的关系，发现教学临场感对认知临场感有直

---

①　Justin Reich, José A. Ruipérez‐Valiente, "The MOOC Pivot", *Science*, Vol. 363, No. 6423, 2019, pp. 130‐131.

②　Priya Sharma, Mahir Akgun, Qiyuan Li, "Understanding Student Interaction and Cognitive Engagement in Online Discussions Using Social Network and Discourse Analyses", *Educational Technology Research and Development*, 2023, pp. 1‐24.

③　D. Randy Garrison, Terry Anderson, Walter Archer, "Critical Inquiry in a Text‐Based Environment: Computer Conferencing in Higher Education", *The Internet and Higher Education*, Vol. 2, No. 2, 1999, pp. 87‐105.

④　Kasiyah Junus, Heru Suhartanto, Sri Hartati R‐Suradijono, Harry Budi Santoso, Lia Sadita, "The Community of Inquiry Model Training Using the Cognitive Apprenticeship Approach to Improve Students' Learning Strategy in the Asynchronous Discussion Forum", *Journal of Educators Online*, Vol. 16, No. 1, 2019.

⑤　Ramón Tirado Morueta, Pablo Maraver López, Ángel Hernando Gómez, Victor W. Harris, "Exploring Social and Cognitive Presences in Communities of Inquiry to Perform Higher Cognitive Tasks", *The Internet and Higher Education*, Vol. 31, 2016, pp. 122‐131.

接的正向影响，并通过社会临场感对认知临场感产生间接正向影响[1]。Doo 等人通过结构方程模型，确认了教学临场感对认知临场感的直接正向影响[2]。其二，学者从有效教学策略（实践反思、同伴促进等）、学习环境（混合学习、翻转课堂等）、学生学习结果（认知临场感水平、批判性思维等）等方面对认知临场感进行了研究，相关研究主要聚焦认知临场感促进策略，尤其是不同教学干预对认知临场感发展的影响[3]。Olesova 等人和 Chen 等人的研究分别揭示了脚本角色和同伴促进者在在线讨论中的有效性，强调了教学干预对认知临场感发展的关键作用[4]。Sadaf 和 Olesova 的研究同样指出教学策略与有效的教学设计元素相结合，可以帮助学习者进行有目的的协作探究，顺利完成认知临场感的四个阶段，以获得更高层次的学习成果[5]。

尽管已有研究关注"如何促进"认知临场感发展这一重要问题，但忽略了对于认知临场感发展过程的理解，对于认知临场感自身的发展特征、各阶段之间的连接与过渡，我们知之甚少。此外，研究方法上的局限性也限制了我们对认知临场感发展过程的深入理解。传统的自我报告工具和量化数据分析方法，停留在浅层次的数据统计方面，难以捕捉认知临场感发展的动态性、复杂性和过程性，这导致我们尚不清楚认知临场感的发展特征和轨迹，进而难以提出认知临场感促进策略。因此，我

① Ling Li, "Teaching Presence Predicts Cognitive Presence in Blended Learning During COVID-19: The Chain Mediating Role of Social Presence and Sense of Community", *Front Psychol*, Vol. 13, 2022, p. 950687.

② Min Young Doo, Curtis J. Bonk, Heeok Heo, "Examinations of the Relationships between Self-efficacy, Self-regulation, Teaching, Cognitive Presences, and Learning Engagement During COVID-19", *Educational Technology Research and Development*, Vol. 71, pp. 481 - 504.

③ Sadaf Ayesha, Wu Tong, Martin Florence, "Cognitive Presence in Online Learning: A Systematic Review of Empirical Research from 2000 to 2019", *Computers and Education Open*, Vol. 2, No. 2, 2021, p. 100050.

④ Larisa Olesova, Margaret Slavin, Jieun Lim, "Exploring the Effect of Scripted Roles on Cognitive Presence in Asynchronous Online Discussions", *Online Learning*, Vol. 20, No. 4, 2016, pp. 34-53; Ye Chen, Jing Lei, Jiaming Cheng, "What if Online Students Take on the Responsibility: Students' Cognitive Presence and Peer Facilitation Techniques", *Online Learning*, Vol. 23, No. 1, 2019, pp. 37-61.

⑤ Ayesha Sadaf, Larisa Olesova. "A Systematic Review of Strategies to Develop Students' Cognitive Presence in Online Courses", *8th International Conference on Higher Education Advances (HEAd' 22)*, 2022.

们需要更有效的方法来评估认知临场感发展水平。认知网络分析是一种在语篇中识别有意义语句的量化民族志分析方法①，为理解学生的认知临场感提供多维度、深层次的视角，超越了传统的、基于简单消息计数或统计相关性的分析框架，揭示出互动背后隐藏的学习动态及知识流动路径②。认知网络分析借助于认知框架理论，对学习者在交互过程中的文本数据进行量化编码，并采用动态网络模型对学习者认知元素间的网络关系进行表征与分析。它既可以量化和表征网络中元素间的连接结构及关联强度，也可以表征连接的结构与强度随时间发生的变化情况。在已有认知网络分析与认知临场感的相关研究中，Ferreira 等人研究了不同课程主题下学生认知临场感的发展以及在特定课程主题中教学支架介入对学生认知临场感发展的影响③。Ferreira 等人研究了不同学生在异步课程中承担的角色，在认知临场感和社会临场感之间的差异性和相似性④。Rolim 等人揭示了社会临场感和认知临场感之间的关系以及二者关系随时间的变化轨迹⑤。Ba 等人探究了三次同步讨论中学习者认知临场感四阶段与教学、社会临场感之间关系，以及个体学习者三次讨论的轨迹变化⑥。然而，

① David Williamson Shaffer, Wesley Collier, A. R. Ruis, "A Tutorial on Epistemic Network Analysis: Analyzing the Structure of Connections in Cognitive, Social, and Interaction Data", *Journal of Learning Analytics*, Vol. 3, No. 3, 2016, pp. 9–45.

② Vitor Rolim, Rafael Ferreira Mello, Rafael Dueire Lins, Dragan Gasevic, "A Network-based Analytic Approach to Uncovering the Relationship Between Social and Cognitive Presences in Communities of Inquiry", *The Internet and Higher Education*, Vol. 42, 2019, pp. 53–65.

③ Rafael Ferreira, Vitomir-Kovanovíc, Dragan Ga, Vitor Belarmino Rolim, "Towards Combined Network and Text Analytics of Student Discourse in Online Discussions", *Proceedings of the 19th International Conference on Artificial Intelligence in Education (AIED' 18)*, London, UK, 2018, pp. 111–126.

④ Máverick Ferreira, Rafael Ferreira Mello, Rafael Dueire Lins, Dragan Gašević, "Analytics of Emerging and Scripted Roles in Online Discussions: An Epistemic Network Analysis Approach", *International Conference on Artificial Intelligence in Education*, Cham: Springer International Publishing, 2021, pp. 156–161.

⑤ Vitor Rolim, Rafael Ferreira, Rafael Dueire Lins, Dragan Găsević, "A Retwork-based Analytic Approach to Uncovering the Relationship between Social and Cognitive Presences in Communities of Inquiry", *The Internet and Higher Education*, 2019.

⑥ Shen Ba, Xiao Hu, David Stein, Qingtang Liu, "Assessing Cognitive Presence in Online Inquiry-based Discussion Through Text Classification and Epistemic Network Analysis", *British Journal of Educational Technology*, Vol. 54, No. 1, 2022.

已有研究是在不同教学干预下对学生的认知临场感进行研究，即其关注的是认知临场感与其他概念之间的关联，没有关注认知临场感自身发展过程，忽略了认知临场感的发展特征、差异及轨迹。

鉴于此，笔者团队运用认知网络分析法，探究在线讨论中学生群体和学生小组认知发展特征、轨迹与群体（小组）差异，揭示学生认知发展的整体性和过程性，有助于全面理解认知临场感的发展机制，还能为提出更具针对性的促进策略提供实证依据。最终，为提升在线学习中学生认知临场感水平提供实证依据。

二　研究设计

研究情境与本章第一节一致，这里不再赘述。值得一提的是，团体在线讨论活动在无教师参与情况下进行。依据探究社区理论框架中认知临场感的四个阶段进行编码，对学生的讨论语句进行分析，判断其讨论语句属于哪个阶段，符合的标为"1"，不符合的标为"0"。认知临场感行为编码表见第六章第一节中表6-1，这里不再赘述。

首先，收集与整理论坛数据，并对数据进行预处理，剔除无关数据，保证所选数据的完整性和有效性。其次，由两位教育技术专业研究生分别对学生对话文本数据进行编码，每一条发帖或回复内容作为一个独立的编码单元，经过计算，两位研究生的编码一致性系数为0.753，信度良好。编码结束后使用认知网络分析网络工具进行分析与可视化。重点分析群体、不同小组、不同时期学生认知临场感认知网络特征、差异以及轨迹变化。

三　研究结果与分析

（一）学生群体认知临场感发展特征分析

为了探究学生群体认知临场感发展特征，笔者团队应用认知网络分析构建学生群体认知临场感的认知网络结构，包括触发事件、探究、整合和解决四个认知元素，分析结果如图 6-7 所示。图 6-7 中的线条和节点共同构成群体认知临场感的认知网络结构，其中线条代表两个连接节点之间的共现关系，线条越粗，表示两个节点之间的共现频率越高，反之亦然。节点对应群体认知临场感的元素，节点大小反映群体认知临场感元素的强弱。

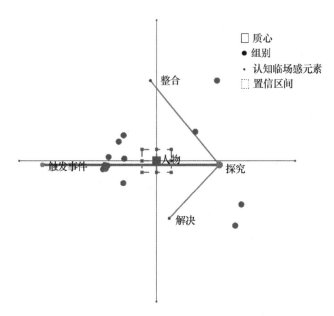

图 6-7　学生群体认知临场感的认知网络结构

从图 6-7 可见，学生群体认知在触发事件和探究阶段具有较强的节点，其中，探究阶段的节点强度强于触发事件阶段；而整合和解决阶段的节点强度比较弱。从元素间的连接来看，学生群体认知连接比较简单，主要是"触发事件—探究""探究—整合"和"探究—解决"三个方面的连接，"触发事件—探究"之间的连接强度较强，共线系数为 0.40；而"探究—整合"和"探究—解决"之间的连接强度较弱，共线系数分别为 0.17 和 0.16（见表 6-3）。

表 6-3　　　　　　　　学生群体认知发展的认知网络连线系数值

共线类型	系数权重
触发事件—探究	0.40
探究—解决	0.16
探究—整合	0.17

首先，学生群体在探究阶段具有较强的节点（即探究阶段编码数占认知临场感编码总数比例最高），这一发现与 Chen 和 Cheng 以及 Liu 等人的研究发现一致，他们同样发现探究阶段在认知临场感编码中占较高比例（分别为 53.5% 和 40%）[1]。笔者认为探究阶段占比高的主要原因有两个：一方面从探究本质而言，探究本身具有发散性，需要时间来探索不同的信息片段，这个阶段的对话具有分享和比较的性质；另一个原因是本次讨论是异步线程式在线讨论，存在重复式交流的缺点，会导致探究阶段的讨论数量比较多[2]。另外，触发事件的节点强度仅次于探究阶段，说明学生在线交互除了发生在详细阐述层面外，还主要发生在提问的层面，学生（组长）能安排一系列的问题、挑战或任务，以激发组内成员的好奇心和探究欲望。其次，学生群体在整合和解决阶段的节点比较弱，一方面是因为整合阶段对学生有更高的智力要求，而学生却更愿意待在舒适圈，不愿离开探究阶段[3]；另一方面是因为在线讨论存在缺

①　Ye Chen, Jing Lei, Jiaming Cheng, "What if Online Students Take on the Responsibility: Students' Cognitive Presence and Peer Facilitation Techniques", *Online Learning*, Vol. 23, No. 1, 2019, pp. 37-61; Bowen Liu, Wanli Xing, Yifang Zeng, Yonghe Wu, "Linking Cognitive Processes and Learning Outcomes: The Influence of Cognitive Presence on Learning Performance in MOOCs", *British Journal of Educational Technology*, Vol. 53, No. 5, 2022.

②　David S. Stein, Constance E. Wanstreet, Hilda R. Glazer, Cheryl L. Engle, Ruth A. Harris, Susan M. Johnston, Mona R. Simons, Lynn A. Trinko, "Creating Shared Understanding Through Chats in a Community of Inquiry", *The Internet and Higher Education*, Vol. 10, No. 2, 2007, pp. 103-115; 刘三女牙、胡天慧、柴唤友：《新型异步在线讨论环境的应用图景与发展路向》，《现代远程教育研究》2021 年第 5 期。

③　D. Randy Garrison, Terry Anderson, Walter Archer, "Critical Thinking, Cognitive Presence, and Computer Conferencing in Distance Education", *American Journal of Distance Education*, Vol. 15, No. 1, 2001, pp. 7-23.

少即时反馈、难以达成共识或协同知识建构等缺点，导致整合、解决阶段的讨论数量较少；此外，学生在讨论过程中的解决阶段，会用"我同意""没问题"这类的信息回应，但是这类信息不会被解决阶段编码，发布该信息的学生不会被视为已经达到解决阶段，从而导致对认知临场感解决阶段的数量较少①。

最后，学生群体认知连接比较简单，可能是因为小学生群体认知发展的阶段性和认知资源的有限性，他们无法同时处理多个复杂的认知连接。在认知过程中，他们倾向于建立简单而直接的联系，以便更有效地利用有限的认知资源。另外，学生群体在"触发事件—探究"之间的连接强度较强，是因为触发事件作为探究的起点，学生往往会在触发事件的引导下迅速进入探究状态，因而两者之间的连接强度较高。然而，"探究—整合"和"探究—解决"之间的连接强度较弱，这说明认知临场感在探究阶段向整合阶段，以及整合阶段向解决阶段过渡时面临困难②。这可能是由于缺乏明确的指导、有效的整合策略或解决问题的能力不足，导致学生无法将所学知识进行整合或者应用这些知识解决实际问题，认知临场感发展很难达到高级阶段（整合、解决）。总之，学生群体认知临场感主要处于"触发事件"与"探究"两个低级阶段，而"整合"与"解决"两个高级阶段的认知发展不足。

（二）小组学生认知临场感发展特征分析以及差异比较

为了探究小组学生认知临场感发展特征，笔者团队选择第三组、第四组和第八组学生的讨论，采用认知网络分析中的质心图进行分析，得出小组学生认知临场感的认知网络质心，如图 6-8 所示，发现小组学生认知网络质心分别处于不同位置，表明小组学生认知临场感的认知网络结构存在较大差异。这与小组学生认知临场感的认知网络结构的差异 T 检验结果相一致，如表 6-4 所示：第三组、第四组的认知网络在 X 维度（p = 0.08）与 Y 维度（p = 0.68）上无显著性差异；第三组与第八组在 X 维度（p =

①　刘三女牙、胡天慧、柴唤友：《新型异步在线讨论环境的应用图景与发展路向》，《现代远程教育研究》2021 年第 5 期；Tan M. Tran, *An Examination of Cognitive Presence and Learning Outcome in an Asynchronous Discussion Forum*, Georgia State University, 2011.

②　Norman Vaughan, D. Randy Garrison, "Creating Cognitive Presence in a Blended Faculty Development Community", *The Internet and Higher Education*, Vol. 8, No. 1, 2005, pp. 1–12.

0.05）上具有显著性差异，在 Y 维度（p=0.24）上无显著性差异；第四组与第八组在 X 维度（p=0.52）上无显著性差异，在 Y 维度（p=0.05）上具有显著性差异。质心和 T 检验结果说明，小组学生在线讨论中认知临场感发展水平不同，其认知临场感各阶段的发展存在显著差异。

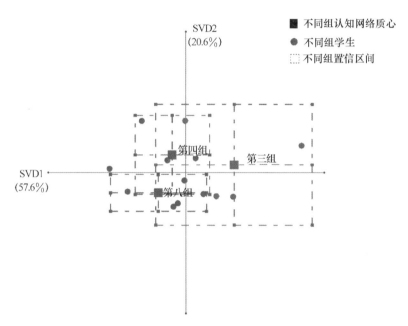

图6-8　小组学生认知临场感的认知网络质心

表6-4　　　　　小组学生认知临场感认知网络结构差异 T 检验

分组	X 维度					Y 维度				
	Mean	SD	N	t	p	Mean	SD	N	t	p
第三组	1.16	1.19	4	2.26	0.08	0.19	0.9	4	0.44	0.68
第四组	−0.33	0.7				0.42	0.59			
第三组	1.16	1.19	4	2.52	0.05	0.19	0.9	4	−1.4	0.24
第八组	−0.67	0.94	5			−0.48	0.35	5		
第四组	−0.33	0.57	4	0.67	0.52	0.42	0.59	4	−2.7	0.05
第八组	−0.67	0.94	5			−0.48	0.35	5		

为进一步比较不同小组学生认知临场感各阶段细节上的差异，笔者团队利用认知网络分析绘制了小组学生认知临场感的认知网络结构（如图 6-9 所示）和叠减图（如图 6-10 所示）。首先，从图 6-9（a）（b）（c）可以看出这三个小组认知临场感中认知元素的主要连接是"触发事件—探究"，三个小组的共线系数分别为 0.94、0.97 和 0.97，并且第三小组"探究—解决"阶段（0.27）的连线颜色比第四小组和第八小组"探究—解决"阶段的连线颜色较深，说明第三小组在"探究—解决"阶段的表现比第四组和第八组较好。其次，叠减图（见图 6-10）更能直观地呈现出不同小组认知临场感各阶段的差异：图 6-10（a）表明第三组和第四组在"探究—解决"阶段存在差异，第三组比第四组在"探究—解决"阶段有更强的连接；图 6-10（b）证明第三组和第八组在"触发事件—解决"阶段和"探究—解决"阶段存在差异，第三组比第八组在"触发事件—解决"阶段和"探究—解决"阶段有更强的联系；图 6-10（c）证明第四组和第八组在"触发事件—解决"阶段和"触发事件—整合"阶段存在差异，第四组比第八组在"触发事件—解决"阶段和"触发事件—整合"阶段有更强的联系。简言之，第三组在"探究—解决"阶段的认知联系比第四组和第八组强；第三组和第四组在"触发事件—解决"阶段的认知联系均比第八组强；第四组"触发事件—整合"阶段的认知联系比第八组强。

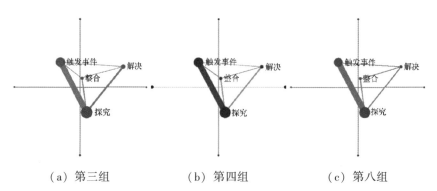

(a) 第三组　　　　　(b) 第四组　　　　　(c) 第八组

图 6-9　小组学生认知临场感的认知网络结构

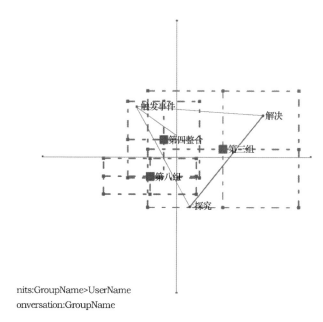

nits:GroupName>UserName

onversation:GroupName

（a）第三组和第四组的比较

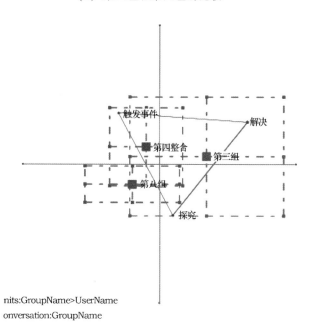

nits:GroupName>UserName

onversation:GroupName

（b）第三组和第八组的比较

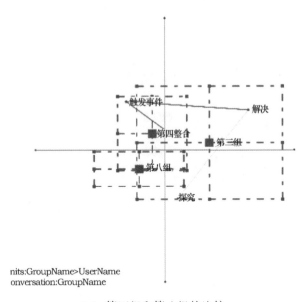

nits:GroupName>UserName
onversation:GroupName

（c）第四组和第八组的比较

图 6-10　小组学生认知临场感的认知网络结构叠减图

　　笔者团队揭示了不同组别在协作学习过程中认知临场感发展差异及其背后的机制。具体而言，首先，第三组在"探究—解决"阶段的认知联系比第四组和第八组强，这得益于其组内成员间高度活跃的互动模式。通过深入分析学生讨论话语，发现第三组组长和成员都非常注重对其他成员问题的积极反馈，如"你说得很正确，说明你把思维导图做得很好，值得我们学习"，这种正向激励不仅营造了积极的交流氛围，还激发了每位成员的参与热情与贡献欲望。这与 Hew 和 Cheung 的研究相呼应，强调促进者的积极社交暗示对学生协作学习的关键作用，会使学生感到"他们是值得的贡献者，他们的贡献是有价值的"，从而激发他们进一步贡献的意愿和动力[①]。相比之下，第四组和第八组在"探究—解决"阶段的联系较弱，主要在于反馈机制的局限性——仅限于组长单向输出，未能调动全体成员的互动潜能，导致组内成员间的互动和联系不

---

　　① Khe Foon Hew, Wing Sum Cheung, "Higher-level Knowledge Construction in Asynchronous Online Discussions: An Analysis of Group Size, Duration of Online Discussion, and Student Facilitation Techniques", *Instructional Science*, Vol. 39, No. 3, 2011, pp. 303-319.

够紧密。其次，第三组和第四组在"触发事件—解决"阶段的认知联系比第八组强，这部分归因于学生以往的学习表现（学习能力）。我们发现第三组和第四组学生学习表现（学习能力）优于第八组，因此，对于一些简单的事实性问题，第三组和第四组学生可以直接给出正确答案，并不需要经过探究和整合阶段。除了学习表现这一关键因素外，第三组和第四组可能拥有更为丰富的先前知识和经验，这使他们对学习社区有更强的归属感，此外他们对额外知识需求的自我导向增强了认知临场感阶段发展①。总之，这些知识和经验为他们在解决问题时提供了更多的参考和思路，有助于问题的解决。最后，第四组"触发事件—整合"阶段的认知联系比第八组强，通过深入分析学生讨论话语，发现第四组在整合阶段数量多的原因主要有两方面：一方面是第四组组长本身具有较强的信息整合意识，因为涉及整合阶段的大部分话语均是组长贡献的，组长的这种领导力不仅促进信息的高效汇聚，还引领了团队向更深层次的知识整合迈进。另一方面是第四组成员在讨论的过程中，善于整合来自不同渠道的资源，他们能够借助学习平板等现代技术工具积极查找网络资源，为学生小组讨论带来重要资源，引出新的思维方向，为进入高层次的知识建构奠定知识基础，为认知临场感整合阶段的发展作出贡献②。这一结论与 Lowenthal 和 Moore 的研究存在一定程度上的共鸣，他们指出，技术工具在认知临场感后期阶段能够激发学习者的认知参与和学习投入③。

---

① Peter Shea, Temi Bidjerano, "Cognitive Rpesence and Online Learner Engagement: A Cluster Analysis of the Community of Inquiry Framework", *Journal of Computing in Higher Education*, Vol. 21, No. 3, 2009, pp. 199 - 217; Hoda Baytiyeh, "Progreen Online Engineering Diploma in the Middle East: Assessment of the Educational Experience", *European Journal of Engineering Education*, Vol. 43, No. 2, 2018, pp. 264-277; Ong-art Chanprasitchai, Jintavee Khlaisang, "Inquiry-based Learning for a Virtual Learning Community to Enhance Problem-solving Ability of Applied Thai Traditional Medicine Students", *Turkish Online Journal of Educational Technology*, Vol. 15, No. 4, 2016, pp. 77-87.

② David Kennedy, "The Role of a Facilitator in a Community of Philosophical Inquiry", *Meta Philosophy*, Vol. 35, No. 5, 2004, pp. 744-765; Khe Foon Hew, Wing Sum Cheung, "Higher-level Knowledge Construction in Asynchronous Online Discussions: An Analysis of Group Size, Duration of Online Discussion, and Student Facilitation Techniques", *Instructional Science*, Vol. 39, No. 3, 2011, pp. 303-319.

③ Patrick R. Lowenthal, Robert L. Moore, "Exploring Student Perceptions of Flipgrid in Online Courses", *Online Learning*, Vol. 24, No. 4, 2020, pp. 28-41.

（三）小组学生认知发展轨迹分析

为探究小组学生在不同阶段（根据学生的讨论时间，分为前期、中期和后期）的认知发展，笔者团队应用认知网络分析绘制第三组、第四组和第八组三个小组在不同阶段的认知网络质心变化轨迹，如图 6-11 所示。图 6-11（a）表明第三组在前期、中期和后期三个阶段的质心较为集中，且彼此没有显著性差异，说明第三组学生在不同阶段讨论中所涉及认知临场感元素（触发事件、探究、整合、解决）较为相似；图 6-11（b）说明第四组在前期、中期和后期三个阶段的认知网络质心存在差异，具有明显的轨迹变化，这表明第四组学生在三个阶段讨论中所涉及的认知临场感元素各有偏重，其中，中期和后期两个阶段的认知网络质心比较靠近，说明第四组在中、后期讨论中涉及的认知临场感元素较为相似；图 6-11（c）说明第八组在前期、中期和后期三个阶段的认知网络质心存在差异，具有明显的轨迹变化，这表明第八组学生在三个阶段讨论中所涉及的认知临场感元素各有偏重。

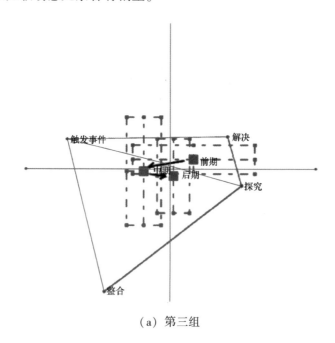

（a）第三组

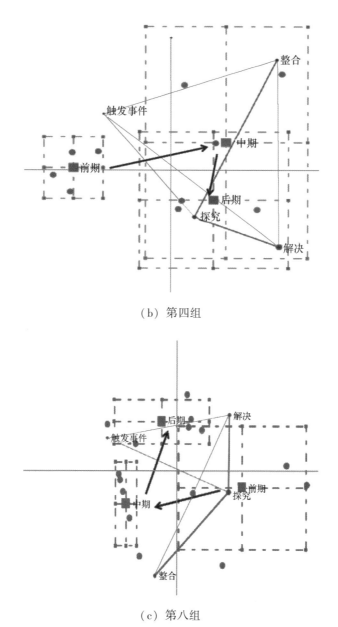

（b）第四组

（c）第八组

图6-11 不同小组学生在不同阶段的认知网络质心变化轨迹

为了探究不同小组学生在不同阶段认知临场感各元素的分布和连接，笔者团队利用认知网络分析进行了不同小组学生在不同阶段的认知网络分析，分析结果见表 6-5。表 6-5 详细地展示了不同小组学生在不同阶段讨论中所涉及的认知临场感元素以及认知临场感各元素之间的连接。

表 6-5　　　　　　　不同小组学生在不同阶段的认知网络

组名	前期	中期	后期
第三组			
第四组			
第八组			

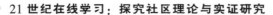

具体而言，第三组在前、中和后三个阶段的认知网络连接较为均匀、完整，每个阶段认知临场感各元素之间均有连接（可参考表 6-6）。该组在三个时期的讨论中，认知临场感元素连接均以"触发事件—探究"为主，前期"探究—整合"阶段之间的连接强度较弱，中、后期逐渐增强。这说明第三组认知临场感在不断发展。第四组在前、中和后三个阶段的认知网络连接逐渐趋于稳定、完整。该组在三个阶段认知临场感各

元素连接也均以"触发事件—探究"为主。此外，该组前期认知临场感元素之间的连接比较简单，只有"探究—解决"阶段；中、后期认知临场感元素连接有"探究—解决"和"探究—整合"，且"探究—解决"阶段的连接在中、后期逐渐增加。这说明第四组认知临场感也在不断发展，但整体上与第三组相比，第四组的认知临场感发展不够全面、完整。第八组在前期、中期和后期三个阶段的认知网络连接数量较少，且结构不太稳定。前期认知临场感元素连接是"触发事件—探究""探究—整合"和"整合—解决"三种类型，中、后期认知临场感元素连接分别是"触发事件—探究""探究—整合"和"触发事件—探究""探究—解决"；与前期相比，中、后期各有侧重点，中期偏重"探究—整合"之间的连接，后期偏重"探究—解决"之间的连接。

表 6-6　　　　　　　　　不同阶段各组认知临场感的连接

组名	前期	中期	后期
第三组	触发事件—探究 探究—整合 探究—解决 触发—解决	触发事件—探究 探究—整合↑ 探究—解决 触发—解决	触发事件—探究 探究—整合↑ 探究—解决 触发—解决
第四组	触发事件—探究 探究—解决	触发事件—探究 探究—解决↑ 探究—整合	触发事件—探究 探究—解决↑ 探究—整合
第八组	触发事件—探究 探究—解决 探究—整合	触发事件—探究 ● 探究—整合	触发事件—探究 探究—解决 ●

注：↑表示有增强趋势，●表示偏重

总之，三组学生的认知临场感发展轨迹不同。第三组认知临场感发展涉及的各认知元素最稳定、完整，且认知临场感元素连接有增强的趋势，说明该组认知临场感发展在三个组中最好；第四组认知临场感发展中各元素连接也有增强的趋势，但相较于第三组，该组涉及的认知临场感各元素连接没有第三组完整，认知临场感发展处于中等水平；第八组的认知临场感发展不稳定，且涉及的认知临场感元素较少，该组认知临场感发展水平最低。

首先，第三、第四和第八组这三个小组在不同阶段的认知临场感各元素连接均以"触发事件—探究"为主，这是因为他们的讨论停留在触发事件、探究两个低级阶段，小组讨论尚未触及更高层次的认知阶段，导致无法实现向高级阶段的过渡，这与学生群体的认知临场感发展特征相吻合。其次，第三组认知临场感各元素连接较为均匀、完整，其中，前、中、后三个阶段"探究—整合"阶段的连接强度逐渐增强。这揭示了学生在讨论前期的局限性，缺乏批判性的思考和整合他人想法的意识，导致问题讨论总是在探究阶段徘徊，不能走向更高层的整合阶段①。然而，随着讨论次数的增加以及讨论后期教师的介入指导（教师在讨论开始前告诉小组学生检查观点的正确性和全面性，鼓励小组学生多发表观点、多追问"为什么"），学生逐渐掌握了必要的讨论技能，可以实现讨论向整合阶段的过渡。这一转变不仅验证了教师在促进学生参与和深化讨论中发挥的关键作用，也强调了在没有教师有效指导或支持的情况下，学生可能难以自主达成高质量的学习互动②。第四组前、中、后三个阶段的认知网络连接逐渐趋于稳定、完整，中、后期认知临场感元素增加了"探究—整合"阶段的连接，且中、后期"探究—解决"之间连接的强度较前期逐渐增加，这同样反映出学生在讨论前期因缺乏必要的讨论技能和经验，常陷入低层次的思维循环，讨论多停留在表面，然而，

---

① D. Randy Garrison, J. B. Arbaugh, "Researching the Community of Inquiry Framework: Review, Issues, and Future Directions", *The Internet and Higher Education*, Vol. 10, No. 3, 2007, pp. 157-172; Rehan Ahmed Khan, "Stuck in the Blend: Challenges Faced by Students Enrolled in Blended Programs of Masters in Health Professions Education", *Pakistan Journal of Medical Sciences*, Vol. 35, No. 4, 2019, p. 929.

② Dip Nandi, Margaret Hamilton, James Harland, "Evaluating the Quality of Interaction in Asynchronous Discussion Forums in Fully Online Courses", *Distance Education*, Vol. 33, No. 1, 2012, pp. 5-30; Karel Kreijns, Paul A. Kirschner, Marjan Vermeulen, "Social Aspects of CSCL Environments: A Research Framework", *Educational Psychologist*, Vol. 48, No. 4, 2013, pp. 229-242.

随着时间的推移和讨论的深入，学生逐渐掌握了更多的讨论技能和策略，这不仅使他们能够更好地理解和整合各种观点，还能够更有效地将所学知识应用于解决实际问题中，最终使学习者在知识整合和问题解决方面的能力逐渐提高①。此外，教师在讨论后期的指导为学生提供了一种支架策略，其与解决阶段之间是强关联的关系，从而能促使"探究—解决"之间联系强度增强②。第八组在前、中、后三个阶段的认知网络连接不太稳定，前期认知临场感各元素连接比较完整，但中、后期认知临场感各元素连接各有偏重，中期偏重"探究—整合"的连接，后期偏重"探究—解决"的连接。第八组在中、后期各有偏重（而非呈现全面发展的趋势），这与预期的研究结论不一致，通过深入分析学生讨论语句，发现其中主要原因是第八组在中期没有通过直接或替代行动方案解决困惑或问题，即没有关于问题明确解决的话语；另外一种可能是第八组学生学习能力水平较第三组、第四组偏低，这种学习能力上的差异可能影响了他们在讨论中的表现，使得他们在整合知识和问题解决时面临更大的挑战，这与 Galikyan 等人和 Liu 等人的研究结论是一致的，他们发现认知临场感的子阶段，尤其是整合和解决阶段，与学生的学习表现是紧密相关的③。同时，学习能力差异导致课程主题等因素对第八组认知临场感发展的影响较大。这些因素限制了小组学生讨论的深度与广度，从而导致第八组三个阶段认知临场感各元素连接不稳定。

---

① David S. Stein, Constance E. Wanstreet, Paula Slagle, Lynn A. Trinko, Michelle Lutz, "From 'Hello' to Higher-order Thinking: The Effect of Coaching and Feedback on Online Chats", *The Internet and Higher Education*, Vol. 16, 2013, pp. 78-84.

② A. Darabi, M. C. Arrastia, D. W. Nelson, T. Cornille, X. Liang, "Cognitive Presence in Asynchronous Online Learning: a Comparison of Four Discussion Strategies", *J. Comput. Assist. Learn.*, Vol. 27, No. 3, 2011, pp. 216-227.

③ Irena Galikyan, Wilfried Admiraal, "Students' Engagement in Asynchronous Online Discussion: The Relationship between Cognitive Presence, Learner Prominence, and Academic Performance", *The Internet and Higher Education*, Vol. 43, 2019, p. 100692; Bowen Liu, Wanli Xing, Yifang Zeng, Yonghe Wu, "Linking Cognitive Processes and Learning Outcomes: The Influence of Cognitive Presence on Learning Performance in MOOCs", *British Journal of Educational Technology*, Vol. 53, 2022.

四 研究建议

（一）教师视角：通过教学设计与促进对话，促进学生认知临场感向高阶水平发展

笔者团队经研究发现学生认知临场感主要处于"触发事件"和"探究"两个低阶阶段。因此，需要促进学生认知临场感向整合和解决两个高阶水平发展。在增强学生认知临场感高级阶段的发展过程中，离不开教师对学生在线学习的支持，教学临场感更是发挥着关键作用。正如Anderson 等人所指出的，教学设计与组织和促进对话，能帮助学习者实现富有个人意义和教育价值的学习效果①。笔者团队前期研究也同样发现教学设计与组织对认知临场感整合阶段有显著影响以及促进对话对认知临场感解决阶段的影响最大②。这意味着教师要扮演好"设计者"和"促进者"的双重角色，通过教学设计和促进对话来增强学生群体认知临场感整合和解决阶段的发展③。

鉴于此，笔者提出以下建议：一方面，教师要扮演好"设计者"的角色，需要有意设计和构建课程，以确保学习者与内容之间的互动。建议教师设计能触发学生探究的任务、话题或问题，例如，开放性任务、话题或问题，或者能够引发学生好奇心的任务、话题或问题，从而有效触发学生的认知活动④。同时，建议教师为学生群体知识建构提供支架，帮助学生达到认知临场感的整合阶段，教师需要学生对他人的观点表达明确的态度，以及赞同或者不赞同他人观点的原因，如"不赞同，因为……""赞同，因为……"；或者在他人的观点上进行补充，达到整合

---

① Terry Anderson, Rourke Liam, D. Randy Garrison, Walter Archer, "Assessing Teaching Presence in a Computer Conferencing Context", *Journal of Asynchronous Learning Networks*, Vol. 5, No. 2, 2001, pp. 1–17.

② 白雪梅、顾小清：《在线学习中教学临场感子维度对认知临场感各阶段的影响机制研究》，《现代远距离教育》2021 年第 6 期。

③ Sandhya Maranna, John Willison, Srecko Joksimovic, Nayana Parange, Maurizio Costabile, "Factors that Influence Cognitive Presence: A Scoping Review", *Australasian Journal of Educational Technology*, Vol. 38, No. 4, 2022, pp. 95–111.

④ Beth Oyarzun, Florence Martin, Robert L. Moore, "Time Management Matters: Online Faculty Perceptions of Helpfulness of Time Management Strategies", *Distance Education*, Vol. 41, No. 1, 2020, pp. 106–127；白雪梅、顾小清：《在线学习中教学临场感子维度对认知临场感各阶段的影响机制研究》，《现代远距离教育》2021 年第 6 期。

的目的，如"赞同某某，但是我还想补充一点……""不赞同某某，我的观点是……"，通过为学生互动提供支架的方式，帮助学生在整合阶段建立有意义的对话，并且让学生学会在意见不统一时，依然可以进行有意义的对话，建立对知识的共同理解；教师也可以通过构建循序渐进的学习路径，设计由浅入深的教学内容，使学生能顺利地解决问题，形成对复杂问题的认知。另一方面，教师应充分发挥"促进者"的角色，通过多种方式促进学生进行有目的的对话，鼓励他们主动构建知识，从而实现深度且有意义的学习。一是教师要为学生提供多样且具有一定复杂程度的真实问题，并且对学生解决问题提出明确要求。二是引导学生反思与总结有效问题解决策略，为后续在相关活动中迁移相应策略做好准备①。三是要能敏锐地捕捉可以开启新一轮探究的关键点，有意识地促使学生开启新一轮的探究学习活动。

（二）同伴视角：使用同伴促进策略，实现小组学生认知临场感各阶段均衡发展

笔者团队通过对比第三、第四、第八小组的认知网络，发现小组学生在认知临场感的各阶段之间均存在差异。鉴于此，为推动小组整体认知临场感水平的提升，亟须采取有效措施尽可能缩减小组学生认知发展差距，实现小组学生认知临场感各阶段的均衡发展。然而，在促进小组认知临场感各阶段均衡发展时，一方面，教师个人的时间与精力有限，无法同时兼顾所有小组；另外，当教师在场时，部分学生在表达自己的想法时感到紧张，他们倾向于把教师的陈述作为权威答案。因此，激发学生对自身认知临场感进行有效自我调节显得尤为必要②。这种自我调节并非孤立的个体行为，而是学生小组成员之间的协调努力，是增强认

---

① Holly S. Fiock, "Designing a Community of Inquiry in Online Courses", *International Review of Research in Open and Distributed Learning*, Vol. 21, No. 1, 2020, pp. 136-153.

② Khe Foon Hew, Wing Sum Cheung, Connie Siew Ling Ng, "Student Contribution in Asynchronous Online Discussion: A Review of the Research and Empirical Exploration", *Instructional Science*, Vol. 38, No. 6, 2010, pp. 571-606; Janice Fauske, Suzanne E. Wade, "Research to Practice Online: Conditions that Foster Democracy, Community, and Critical Thinking in Computer-Mediated Discussions", *Journal of Research on Technology in Education*, Vol. 36, No. 2, 2003, pp. 137-153.

知临场感的策略之一，即同伴促进策略①。同伴促进被认为是促进认知临场感发展的关键，能实现学生对自身认知临场感的自我调节，可以帮助增强学习者自己的元认知意识，积极影响学生的认知临场感水平，具体包括提问、澄清、促进联系、总结和回顾、提供信息、使用积极的社交暗示等策略②。

首先，需要根据学生的知识水平、技能特长和性格特点进行分组，确保小组内存在差异性和互补性，激发成员之间的互动交流，提升所有学生的学习参与度。其次，发挥同伴促进策略的作用，例如，同伴促进者的初始问题会影响学生的认知临场感水平，同伴促进者提出的问题是影响小组讨论质量的重要指标，例如事实性问题（如什么、谁）更容易引发复述和描述性表达，而解释性问题（如为什么、如何）更有可能引发更高水平的综合思维，在涉及思想整合、知识建构和解决问题的深度学习中效果较好③。澄清可以丰富学生对关键概念或问题的理解，帮助学生小组明确观点，促进更深入的交流，比如，"你能再解释一下你的观点吗"。促进联系鼓励学生与先前的讨论建立联系，在促进连接时，促进者建立连接或帮助同伴发展与其他讨论、资源或论点的连接。总结与回顾策略可以帮助学生提取讨论中最重要的方面，有助于保持讨论的重点，同时也为反思提供了机会，让学生重新澄清不清楚的想法，进一步追求主题④。提供信息可以引出新的思维方向，为学生小组讨论带来重要的资源，可

① Chang Hwa Wang, Siqi Shan, "The Effects of Self-Efficacy on Learners' Perceptions of Cognitive Presence in Online Collaborative Learning Activities", *PEOPLE*: *International Journal of Social Sciences*, Vol. 3, No. 3, 2018, pp. 1144-1172.

② D. Randy Garrison, "Shared Metacognition in a Community of Inquiry", *Online learning*, Vol. 26, No. 1, 2022, pp. 1-18; Ye Chen, Jing Lei, J. Cheng, "What if Online Students Take on the Responsibility: Students' Cognitive Presence and Peer Facilitation Techniques", *Online Learning*, Vol. 23, No. 1, 2019, pp. 37-61.

③ Alison King, *Scripting Collaborative Learning Processes*: *A Cognitive Perspective*, Scripting Computer-supported Collaborative Learning: Cognitive, Computational and Educational Perspectives, Boston, MA: Springer US, 2007, pp. 13-37.

④ Cher Ping Lim, Poh Teen Cheah, "The Role of the Tutor in Asynchronous Discussion Boards: A Case Study of a Pre-service Teacher Course", *Educational Media International*, Vol. 10, No. 1-2, 2003, pp. 33- 48.

以为进入高层次的知识建构奠定知识基础，此外，在需要时提供额外的资源和信息可以帮助学生发展他们的想法和构建新知识①。最后，积极的社交暗示可以帮助学生创建一个被同龄人期待和重视的环境，小组成员在讨论时可以积极进行头脑风暴，发表自己的观点，进行更深入的探索。已有研究也表明：当学生获得同伴促进技巧指导时，他们倾向于以策略性的方式帮助同伴实现持续和更深层次的对话②。因此，笔者建议从同伴促进者的角度，使用各种同伴促进策略，针对性增强学生认知临场感各阶段的发展，减少学生认知临场感发展水平之间的差距。

（三）个人视角：培养学生讨论技能，实现小组认知临场感轨迹稳定、完整发展

笔者团队发现不同小组学生在不同阶段认知发展轨迹不同，第三组学生的认知临场感发展轨迹最稳定、完整，第四组次之，处于中等水平，第八组学生的发展轨迹不稳定，该组处于低等水平。鉴于此，为推动各小组学生认知临场感轨迹的稳定、完整发展，小组内每个成员的积极投入和协同努力不可或缺，而这种投入与努力很大程度上体现在成员间富有成效的讨论话语中。换言之，只有当小组内每个成员具备一定的讨论技能，才能够为认知临场感各个阶段的顺利推进提供有力保障，进而实现认知临场感各阶段之间的全面连接。

在小组讨论中，教师要培养学生支持与扩充、提供与寻求反馈、引导与阻止、总结等讨论技能。在支持与扩充技能方面，首先，教师要营造一个宽松、自由的讨论环境，让学生感到舒适和放松，让学生积极参与讨论，确保每个人都有机会发表自己的观点；其次，教师要鼓励小组

---

① David Kennedy, "The Role of a Facilitator in a Community of Philosophical Inquiry", *Meta Philosophy*, Vol. 35, No. 5, 2004, pp. 744-765; Khe Foon Hew, Wing Sum Cheung, "Higher-level Knowledge Construction in Asynchronous Online Discussions: An Analysis of Group Size, Duration of Online Discussion, and Student Facilitation Techniques", *Instructional Science*, Vol. 39, No. 3, 2011, pp. 303-319; Lars Kobbe, Armin Weinberger, Pierre Dillenbourg, Andreas Harrer, Raija Hämäläinen, Päivi Häkkinen, Frank Fischer, "Specifying Computer-supported Collaboration Scripts", *International Journal of Computer-Supported Collaborative Learning*, Vol. 2, No. 2, 2007, pp. 211-224.

② Ye Chen, "Cognitive Presence in Peer Facilitated Asynchronous Online Discussion: The Patterns and How To Facilitate", *Syracuse University*, 2018.

成员给予彼此积极支持和肯定，认可他人的观点和贡献，且鼓励小组成员提供补充观点和信息，帮助学生建立融合或补充其他成员思想的意识。在提供与寻求反馈技能方面，首先，教师要培养学生学会倾听他人的观点和意见，理解并尊重不同的声音，同时能够及时给予同伴建设性和具体化的反馈，教师在促进学生反馈方面发挥着重要的促进作用。其次，教师可以引导学生对自己的讨论表现进行自我评价，让学生学会思考自己在讨论中的进步和不足，还可以鼓励学生互相评价，通过同伴评价更全面地认识自己的表现。在引导与阻止技能方面，教师要鼓励小组成员提出问题和引导讨论的方向，使讨论更加聚焦和深入，同时需要适时地阻止一些偏离主题或无效讨论，以确保讨论的高效进行。在总结技能方面，要引导小组成员总结讨论的要点和结论，确保讨论的结果得以概括和整合，并且要对讨论的结果进行反思和评价，以促进学习和发展，学生整合知识和提出解决问题方案的能力，在整合和解决阶段促进了他们的学习。

学习分析技术支持的在线学习中认知临场感提升策略实证研究

第一节 在线学习中认知临场感提升策略研究：同伴促进的成效

一 研究背景

认知临场感是评估学生认知发展水平的重要指标，其四个阶段（触发事件、探究、整合、解决）的有效推进，直接关系到学生能否实现深层次、富有成效的学习体验[①]。认知临场感是一个动态且非线性的过程，其四个阶段（触发事件、探究、整合和解决）可能会反复出现，而不是按照固定的顺序线性发展[②]。然而，研究发现认知临场感难以过渡到最终解决阶段，学生总是在探索阶段向整合阶段，以及整合阶段向解决阶

---

① D. Randy Garrison, J. B. Arbaugh, "Researching the Community of Inquiry Framework: Review, Issues, and Future Directions", *The Internet and Higher Education*, Vol. 10, No. 3, 2007, pp. 157-172; D. Randy Garrison, "Shared Metacognition in a Community of Inquiry", *Online Learning*, Vol. 26, No. 1, 2022, pp. 6-18.

② Bowen liu, Wanli Xing, Yifang Zeng, Yonghe Wu, "Linking Cognitive Processes and Learning Outcomes: The Influence of Cognitive Presence on Learning Performance in MOOCs", *British Journal of Educational Technology*, Vol. 53, 2022, pp. 1459-1477.

段过渡时面临困难①。Chen 和 Lei 与 Cheng 等人发现认知临场感探究阶段所占比例是四个阶段中最高的，分别为 53.5% 和 40%，认知临场感主要停留在前两个（触发事件与探究）低阶水平②。因此，促进学生认知临场感发展是当务之急③。然而，认知临场感不会独自自动发生，教师或其他参与者的促进在创造、维持和发展认知临场感方面起着重要作用④。

教学临场感强调为实现富有个人意义和教育价值的学习成果对认知过程与社会过程进行的设计、促进和指导，包括教学设计与组织、促进对话与直接指导三个子类目，对于认知临场感的顺利进行有重要影响⑤。理论上，教学临场感直接决定认知临场感的建立与维持，认知临场感不能顺利进行是因为教学临场感的不足⑥。当教学临场感缺失时，学生认

---

① Robert L. Moore, Courtney Miller, "Fostering Presence in Online Courses: A Systematic Review (2008-2020)", *Online Learning*, Vol. 26, No. 1, 2022, pp. 130-149; Norman Vaughan, D. Randy Garrison, "Creating Cognitive Presence in A Blended Faculty Development Community", *The Internet and Higher Education*, Vol. 8, No. 1, 2005, pp. 1-12; Peter Shea, Suzanne Hayes, Jason Vickers, "Online Instructional Effort Measured through the Lens of Teaching Presence in the Community of Inquiry Framework: A Re-Examination of Measures and Approach", *International Review of Research in Open & Distance Learning*, Vol. 11, No. 21, 2010, pp. 12-17.

② Ye Chen, Jing Lei, Jiaming Cheng, "What if Online Students Take on the Responsibility: Students' Cognitive Presence and Peer Facilitation Techniques", *Online Learning*, Vol. 23, No. 1, 2019, pp. 37-61; Bowen liu, Wanli Xing, Yifang Zeng, Yonghe Wu, "Linking Cognitive Processes and Learning Outcomes: The Influence of Cognitive Presence on Learning Performance in MOOCs", *British Journal of Educational Technology*, Vol. 53, 2022, pp. 1459-1477.

③ Ye Chen, Jing Lei, Jiaming Cheng, "What if Online Students Take on the Responsibility: Students' Cognitive Presence and Peer Facilitation Techniques", *Online Learning*, Vol. 23, No. 1, 2019, pp. 37-61.

④ D. Randy Garrison, "Cognitive Presence for Effective Asynchronous Online Learning: The Role of Reflective Inquiry, Self-direction and Metacognition", *Elements of Quality Online Education: Practice and Direction*, Vol. 4, 2003, pp. 47-58.

⑤ Terry Anderson, Rourke Liam, D. Randy Garrison, Walter Archer, "Assessing Teaching Presence in a Computer Conferencing Context", *Journal of Asynchronous Learning Networks*, Vol. 5, No. 2, 2001, pp. 1-17; D. Randy Garrison, "Cognitive Presence Update", 2023.

⑥ D. Randy Garrison, Terry Anderson, Walter Archer, "Critical Thinking, Cognitive Presence, and Computer Conferencing in Distance Education", *American Journal of Distance Education*, Vol. 15, No. 1, 2001, pp. 7-23; Katrina A. Meyer, "Face-to-Face Versus Threaded Discussions: The Role of Time and Higher-Order Thinking", *Journal of Asynchronous Learning Networks*, Vol. 7, No. 3, 2003, pp. 55-65; Katrina A. Meyer, "Evaluating Online Discussions: Four Difference Frames of Analysis", *Journal of Asynchronous Learning Networks*, Vol. 8, No. 2, 2004, pp. 101-114.

知临场感不会随着时间的推移自动向前推进①。已有研究发现教学临场感对于认知临场感有直接和间接影响，教学临场感三个子维度对认知临场感四个阶段均有不同程度的影响，认知临场感能否发展到整合和解决两个阶段高度依赖于教学临场感②。

　　然而，另一方面，研究发现教师的"权威存在"可能会抑制学生的思想和声音，过多的教师教学临场感会引起学生发帖数目的减少，学生互动甚至会停止，从而抑制高水平认知临场感的发生③。学生会对教师教学临场感有所担忧，从而对于表达自己的观点与想法变得不自信④。尤其是教师在场时，学生在表达自己的想法和观点时会感到紧张，因此可能会选择不参与讨论⑤。当没有大量教师话语时，学生可能会感到更加舒适，从而愿意表达自己的观点⑥。已有研究认为，首先，学生可能会将教师教学临场感视为一种评估，从而更加犹豫是否表达自身观点⑦。

①　杨洁、白雪梅、马红亮：《探究社区研究述评与展望》，《电化教育研究》2016 年第 7 期。

②　白雪梅、马红亮、吴海梅：《教学存在、社会存在及认知存在关系研究——以基于 MOOC 的混合课程为例》，《开放教育研究》2016 年第 4 期；Xuemei Bai, Xiaoqing Gu, Rifa Guo, "More Factors, Better Understanding: Model Verification and Construct Validity Study on the Community of Inquiry in MOOC", *Education and Information Technologies*, Vol. 28, 2023, pp. 10483-10506；白雪梅、顾小清：《在线学习中教学临场感子维度对认知临场感各阶段的影响机制研究》，《现代远距离教育》2021 年第 6 期；Shen Ba, Xiao Hu, David Stein, Qingtang Liu, "Assessing Cognitive Presence in Online Inquiry-based Discussion Through Text Classification and Epistemic Network Analysis", *British Journal of Educational Technology*, Vol. 54, 2023, pp. 247-266.

③　Terry Anderson, Liam Rourke, "Using Peer Teams to Lead Online Discussions", 2002; Heejung An, Sunghee Shin, Keol Lim, "The Effects of Different Instructor Facilitation Approaches on Students' Interactions During Asynchronous Online Discussions", *Computers & Education*, Vol. 53, pp. 749-760.

④　杨洁、白雪梅、马红亮：《探究社区研究述评与展望》，《电化教育研究》2016 年第 7 期。

⑤　Khe Foon Hew, Wing Sum Cheung, Connie Siew Ling Ng, "Student Contribution in Asynchronous Online Discussion: A Review of the Research and Empirical Exploration", *Instructional Science*, Vol. 38, No. 6, 2010, pp. 571-606.

⑥　Ye Chen, Jing Lei, Jiaming Cheng, "What if Online Students Take on the Responsibility: Students' Cognitive Presence and Peer Facilitation Techniques", *Online Learning*, Vol. 23, No. 1, 2019, pp. 37-61.

⑦　Ye Chen, Jing Lei, Jiaming Cheng, "What if Online Students Take on the Responsibility: Students' Cognitive Presence and Peer Facilitation Techniques", *Online Learning*, Vol. 23, No. 1, 2019, pp. 37-61; Margaret Mazzolini, Sarah Maddison, "Sage, Guide or Ghost? The Effect of Instructor Intervention on Student Participation in Online Discussion Forums", *Computers & Education*, Vol. 40, No. 3, 2003, pp. 237-253.

其次，学生倾向于把教师的话语（观点）作为权威答案，这不利于学生批判性思维的发展，也不利于学生认知临场感走向高阶水平[①]。Garrison指出教师必须谨慎行事，教学临场感必须是适时且有利于促进学生认知临场感的发展[②]。最后，促进学生积极参与讨论，保证认知临场感发展到较高水平，需要大量时间与精力，教师一个人的时间与精力有限，实际教学中一位教师面对 N 位学生，难以有效进行针对性干预，从而限制了教学临场感对于认知临场感的促进作用，并且当班级规模较大时，这一问题更为突出[③]。尽管教学临场感通常与教师在探究社区中的作用相关联，但其影响范围并不仅限于教师。教学临场感可以涵盖探究社区中的任何参与者。在团体知识建构过程中，学习的方向受到所有成员的共同影响。这也是为什么教学临场感不被称为"教师临场感"的原因[④]。换言之，教学临场感不仅来自教师，还来自学生。因此，建立和维持教学临场感的责任应该由教师与学生共同承担[⑤]。

另一方面，同伴促进被认为是促进认知临场感发展的一种潜在有效策略[⑥]。尽管早期关于认知临场感发展的研究强调教师教学临场感的重

---

① Janice Fauske, Suzanne E. Wade, "Research to Practice Online: Conditions that Foster Democracy, Community, and Critical Thinking in Computer-Mediated Discussions", *Journal of Research on Technology in Education*, Vol. 36, No. 2, 2003, pp. 137-153.

② D. Randy Garrison, "Shared Metacognition in a Community of Inquiry", *Online Learning*, Vol. 26, No. 1, 2022, pp. 6-18.

③ Khe Foon Hew, "Student Perceptions of Peer Versus Instructor Facilitation of Asynchronous Online Discussions: Further Findings from Three Cases", *Instructional Science*, Vol. 43, No. 1, 2015, pp. 19-38.

④ Walter Archer, D. Randy Garrison, *E-Learning in the 21st Century: A Framework for Rresearch and Practice*, Handbook of Adult and Continuing Education, Thousand Oaks, CA: Sage, 2010.

⑤ D. Randy Garrison, "Shared Metacognition in a Community of Inquiry", *Online Learning*, Vol. 26, No. 1, 2022, pp. 6-18.

⑥ D. Randy Garrison, "Cognitive Presence for Effective Asynchronous Online Learning: The Role of Reflective Inquiry, Self-Direction and Metacognition", *Elements of Quality Online Education: Practice and Direction*, Vol. 4, 2003, pp. 47-58; D. Randy Garrison, Zehra Akyol, "Toward the Development of A Metacognition Construct for Communities of Inquiry", *Internet and Higher Education*, Vol. 17, No. 4, 2013, pp. 84-89; Peter Shea, Suzanne Hayes, Sedef Uzuner-Smith, Mary Gozza-Cohen, Jason Vickers, Temi Bidjerano, "Reconceptualizing the Community of Inquiry Framework: An Exploratory Analysis", *The Internet and Higher Education*, Vol. 23, 2014, pp. 9-17.

要性，但是 Garrison 等人指出教学临场感可以由探究社区中的任何成员扮演，即任何一个成员都可以发挥教学临场感①。Garrison 和 Akyol 呼吁让学生发挥主导作用，"每个参与者不仅有责任构建个人意义，而且需要承担起单独和协作促进与指导这一过程的角色和责任……没有这些共同责任，学习社区就无法形成"②。此外，Garrison 和 Akyol 发现当教师不在场时，学生更倾向于通过自我调节来发展认知临场感，Wang 和 Shan 发现学生自我调节对于认知临场感发展水平有显著积极影响。探究社区的本质是构建个人意义和共享理解的批判性思维③。探究社区成员均需承担促进、监控和管理社区知识构建过程的角色。也就是说，探究社区中深刻而有意义的学习取决于成员监控和管理探究过程的能力④。近几年，探究社区中成员对于认知临场感发展的重要性得到了国际研究者的重视。同伴教学临场感被认为是有效协作探究的核心⑤。然而，与教师教学临场感相比，已有研究对同伴教学临场感的研究较少⑥。同伴教学临场感对于学生认知临场感的促进潜力停留在理论探讨层面，鲜有研究通过实证研究验证同伴教学临场感对于学生认知临场感的实际促进作用。鉴于此，本书旨在探究同伴教学临场感何以促进认知临场感这一科学问

---

① D. Randy Garrison, Terry Anderson, Walter Archer, "Critical Thinking, Cognitive Presence, and Computer Conferencing in Distance Education", *American Journal of Distance Education*, Vol. 15, No. 1, 2001, pp. 7-23.

② D. Randy Garrison, Zehra Akyol, "Toward the Development of a Metacognition Construct for Communities of Inquiry", *The Internet and Higher Education*, Vol. 24, 2015, pp. 66-71.

③ D. Randy Garrison, Zehra Akyol, "Toward the Development of a Metacognition Construct for Communities of Inquiry", *The Internet and Higher Education*, Vol. 24, 2015, pp. 66-71; Chang-Hwa Wang, Siqi Shan, "The Effects of Self-Efficacy on Learners' Perceptions of Cognitive Presence in Online Collaborative Learning Activities", *PEOPLE: International Journal of Social Sciences*, Vol. 3, No. 3, 2018, pp. 1144-1172.

④ D. Randy Garrison, "Shared Metacognition in a Community of Inquiry", *Online Learning*, Vol. 26, No. 1, 2022, pp. 6-18.

⑤ D. Randy Garrison, "Shared Metacognition in a Community of Inquiry", *Online Learning*, Vol. 26, No. 1, 2022, pp. 6-18.

⑥ Ayesha Sadaf, Tong Wu, Florence Martin, "Cognitive Presence in Online Learning: A Systematic Review of Empirical Research from 2000 to 2019", *Computers and Education Open*, Vol. 2, 2021, p. 100050.

题。基于研究目的，本书提出以下研究问题：（1）同伴教学临场感能否促进学生认知临场感整体发展水平？如果能，具体体现在哪些方面？（2）同伴教学临场感能否促进学生认知临场感在探究与整合阶段的发展水平？如果能，具体体现在哪些方面？

二 研究设计

（一）研究方案制定

根据研究目标，我们制定了如图 7-1 所示的实验流程：首先，构建学习任务并组织在线讨论，学生参与团体知识建构活动，同时收集初次会话数据作为基线；接着，实施干预措施，为各组分配组长，并提供教学临场感支架（详见表 7-1），同时对组长进行详细培训，解释支架的用途及其重要性，确保他们能够有效引导同伴学习；随后，在同伴教学临场感的指导下，组织学生参与第二次团体知识建构活动，并再次收集会话数据以反映干预后的变化；然后，利用认知临场感理论框架，通过滞后序列分析法挖掘干预前后学生认知临场感的过程模式；最后，对比分析干预前后的认知临场感过程模式差异，评估干预措施的效果。

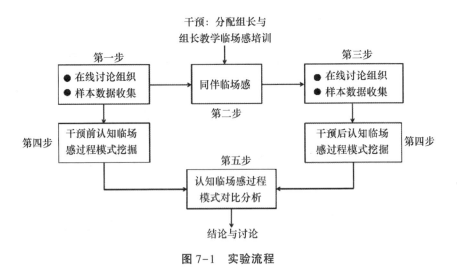

图 7-1 实验流程

表 7-1　　　　　　　　　　　同伴教学临场感支架

角色	解释说明	举例
设计与组织（5）	计划讨论目标	"今天我们的学习目标是……"
	计划讨论内容	"今天我们将讨论……"
	计划讨论流程或方法、制定讨论规则、提出讨论要求	"请大家准备好平板、纸和笔，我们即将开始讨论，讨论过程中不能中途下线"
	计划要提问组员的具体问题	"被外国人占领的地方，为什么热闹非凡?"
	时间规划	"尽可能在组员提出观点之后立即回答，最长不能超过三分钟"
促进对话（7）	识别小组成员的错误及不全面的观点	"俊熙，你认为嘉禾……"
	解决小组成员的冲突，例如在不一致观点之间建立联系	"我认为悦颖和蓉莎说的是一回事儿"
	对小组成员的观点和回答表示赞同、感谢，通过一些语言和表情对他们表示欣赏	"天如，你的回答非常棒""天如，谢谢你的补充"
	维持良好的小组学习氛围	"嘉禾，不要紧张，说一说你的观点，如果不对也没有关系"
	诊断小组同学的需求，及时给予指导	"俊熙，你是不是认为这个问题是……"
	通过提问，或者追问等方式吸引和监督成员持续参与探讨	"针对这个话题，其他人还有想法吗?""蓉琪，你来再补充一下可以吗?"
	评价讨论过程的有效性	"志芳，你跑题了，我们现在讨论的是课文的写作背景，而不是课文内容"
直接指导（8）	提供内容，尤其对于有难度的问题发表自己的观点	"这个词语的意思是……这句话的意思是……这句话考察的是……"
	提问组员问题	"悦颖认为……荣莎你怎么看?"
	监督小组讨论聚焦讨论主题	"我们似乎陷入了一条死胡同，请大家思考一下……"
	总结讨论	"原始问题是……嘉禾认为……蓉琪认为……我们得出的结论是……但是我们还没有解决……"

续表

角色	解释说明	举例
直接指导（8）	通过提问或评价与解释性反馈确认（考察）组员理解	"你很接近了，但你没有考虑到……这很重要，因为……"
	直接明确指出组员错误的观点	"记住，蓉莎是从文章写作的角度出发的，所以当你说……时要注意……"
	从不同来源注入新的知识	"优学派上的老师说课文是按照倒叙手法写的，你可以观看……进一步了解……"
	对于组员的错误理解进行指导	"俊熙，你的观点不正确，因为……"

（二）同伴临场感支架设计

根据教学临场感框架，设计了同伴教学临场感支架，如表 7-1 所示①。首先，在不改变句意的前提下，对原始教学临场感评价指标的具体表述进行了情境化处理。其次，针对教学设计与组织维度，保留了原始 4 个指标，考虑到学生都能熟练使用移动版 Moodle 平台进行在线讨论，因此删除了"有效利用媒体"。最后，提问是教学临场感直接指导维度的重要指标之一，但考虑到组长可能无法随时生成问题，而是需要提前设计好要提问组员的问题，因此新增了"计划要提问组员的具体问题"；针对促进对话维度，保留了原始 6 个指标，新增了"诊断小组同学的需求，及时给予指导"；针对直接教学，在保留了原始 6 个指标的基础上，将原始"提供内容或问题"拆解为"提供内容"与"提问组员问题"。删除了"响应技术问题"，新增了"对于组员的错误理解进行指导"。

（三）数据收集与分析方法

研究以西部某市级小学（互联网+教育示范区学校）四年级 42 名学生为研究对象，研究对象拥有 2 年使用平板常态化进行学习的经历。此

---

① Terry Anderson, Rourke Liam, D. Randy Garrison, Walter Archer, "Assessing Teaching Presence in a Computer Conferencing Context", *Journal of Asynchronous Learning Networks*, Vol. 5, No. 2, 2001, pp. 1-17.

外，该班级语文教师在教学中常态化开展基于 Moodle 平台的线上线下深度融合创新教学。对于新课的学习，学生先按照教师给予的思维导图进行自主学习，然后以小组（共 10 组，第 1—8 小组每组 4 人，第 9—10 小组每组 5 人）为单位利用移动版 Moodle 平台聊天室进行在线实时讨论；第二天课堂上，教师基于学生课前讨论针对性生成课堂教学内容。此外，课上各个小组展示汇报小组在线学习成果，教师与班级其他同学给予反馈指导。本书以研究对象利用 Moodle 平台进行的在线小组讨论为研究情境收集数据。

滞后序列分析能回答学生在做什么，学生为什么这样学习以及何种学习行为会促使学生学习成效的提升等问题，帮助相关者深入理解学生学习[1]。因此，本书采用滞后序列分析法探究干预前后认知临场感过程模式。滞后序列分析的前提是对学生互动话语进行编码分析，采用的认知临场感行为编码表见第六章第一节中表 6-1，这里不再赘述。

三　研究发现与解释

（一）干预前后认知临场感过程模式挖掘

首先，本研究在干预前收集了学生团体知识建构活动中的 1230 条话语，作为初始数据资料进行滞后序列分析。依据认知临场感行为编码表的理论指导进行编码。经过编码处理，1230 条话语最终被归类为 1012 个认知临场感行为。随后，将这 1012 个行为序列导入 GSEQ 软件，计算各行为之间的发生频次及残差值，结果见表 7-2。最后，基于调整后的残差值，绘制了干预前认知临场感行为序列转换过程，如图 7-2 所示。

①　Zehra Akyol, D. Randy Garrison, "Understanding Cognitive Presence in an Online and Blended Community of Inquiry: Assessing Outcomes and Processes for Deep Approaches to Learning", *British Journal of Educational Technology*, Vol. 42, No. 2, 2011, pp. 233–250; Larisa Olesova, Margaret Slavin, Jieun Lim, "Exploring the Effect of Scripted Roles on Cognitive Presence in Asynchronous Online Discussions", *Online Learning*, Vol. 20, No. 4, 2016, pp. 1–20; Ayesha Sadaf, Larisa Olesova, "Enhancing Cognitive Presence in Online Case Discussions with Questions Based on the Practical Inquiry Model", *American Journal of Distance Education*, Vol. 31, No. 1, 2017, pp. 56–69.

表 7-2 　　　　　　　　　　认知临场感滞后序列分析残差表

残差值	A Te-Q	B Te-T	C Ex-N	E Ex-S	F Ex-C	G Ex-B	H Ex-D	I In-S	J In-C	K In-Cs	L Re
Te-Q	-0.72	-0.19	6.86	-1.29	-0.42	-0.49	-1.79	-3.37	-2.17	-1.19	-1.13
Te-T	19.70	-3.35	1.78	-3.21	-0.56	-0.65	-2.39	-4.49	-2.89	-1.58	-0.01
Ex-N	-5.14	-5.55	5.45	2.60	-0.06	0.63	3.35	-2.19	0.61	-2.68	-3.40
Ex-S	-2.75	-3.46	2.60	-0.95	2.32	-0.90	-1.35	3.53	-0.71	0.09	-0.89
Ex-C	2.08	1.41	-1.28	0.77	-0.09	-0.11	-0.40	-0.75	-0.48	-0.26	-0.25
Ex-B	-0.49	-0.65	-1.47	-0.90	-0.11	15.84	-0.46	1.88	-0.56	-0.31	-0.29
Ex-D	-1.79	-0.41	-4.48	0.19	-0.40	-0.46	0.94	-1.60	7.40	7.56	-0.06
In-S	-2.98	8.82	-8.10	-1.29	-0.75	-0.87	-0.79	5.89	-0.16	-1.51	5.88
In-C	-1.64	2.10	-2.96	2.54	-0.48	-0.56	0.73	-0.51	0.34	1.09	0.41
In-Cs	-1.19	-0.85	-2.24	0.66	-0.26	-0.31	0.81	1.37	-0.54	4.92	0.77
Res	-1.13	9.79	-3.40	0.29	-0.25	-0.29	-1.07	-0.80	-1.29	-0.71	-0.67

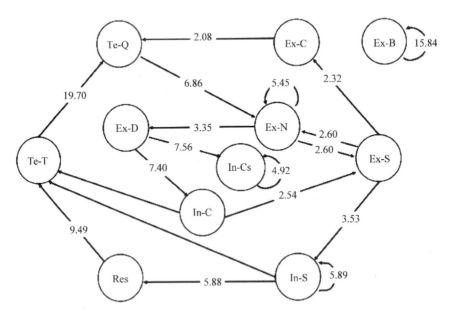

图 7-2　干预前认知临场感行为序列转换过程

接下来，研究在干预后同样收集了学生团体知识建构中的 1230 条话语。依据相同的编码标准，这 1230 条话语被处理并归类为 1129 个认知临场感行为。然后，这些行为序列被导入 GSEQ 软件中，以计算行为间的关系发生频次和残差值，具体结果见表 7-3。最终，基于调整后的残差值，绘制了干预后认知临场感行为序列转换过程，见图 7-3。

表 7-3 　　　　　　　　认知临场感滞后序列分析残差表

残差值	A Te-Q	B Te-T	C Ex-N	E Ex-S	F Ex-C	G Ex-B	H Ex-D	I In-S	J In-C	K In-Cs	L Re
Te-Q	-1.72	-2.21	9.46	-2.54	-0.39	-0.51	-1.34	-2.32	-1.08	-1.72	-2.68
Te-T	24.97	-2.03	0.00	-3.36	-0.51	-0.66	-1.73	-3.39	-2.22	-2.22	-3.47
Ex-N	-5.28	-5.59	8.05	2.40	2.50	3.23	2.21	0.61	-2.33	-2.33	-6.20
Ex-S	-3.30	-2.42	2.55	-0.08	-0.75	-0.97	-0.19	3.56	-1.79	-0.65	-1.25
Ex-C	-0.39	-0.50	2.49	-0.75	-0.09	-0.12	-0.31	-0.71	-0.39	-0.39	-0.61
Ex-B	-0.51	-0.65	3.22	-0.97	-0.12	-0.15	-0.39	-0.92	-0.51	-0.51	-0.79
Ex-D	-1.34	-1.72	-3.75	0.29	-0.31	-0.39	-1.04	-0.93	8.37	7.56	-1.53
In-S	-3.11	-2.10	-7.57	-0.62	-0.71	-0.92	0.06	2.60	3.20	-1.53	12.19
In-C	-1.08	-1.70	-3.52	0.86	-0.39	-0.51	-0.53	1.62	0.21	2.13	3.49
In-Cs	-1.72	-2.21	-2.93	0.48	-0.39	-0.51	2.70	0.83	-0.44	7.91	-0.48
Res	-2.24	20.61	-7.64	1.09	-0.61	-0.79	-1.53	-4.31	0.40	-1.80	0.96

（二）干预前后学生认知临场感整体水平差异对比分析

其一，Te-T→Te-Q→Ex-N→Ex-S→In-S→Res 和 Te-T→Te-Q→Ex-N→Ex-D→In-C→Ex-S→In-S→Res（图 7-4 左）说明干预前认知临场感能够通过两条路径从触发事件过渡到探究阶段，再从探究阶段过渡到整合阶段，接着从整合阶段过渡到最后的解决。Te-T→Te-Q→Ex-N→Ex-D→In-C→Res、Te-T→Te-Q→Ex-N→Ex-S→In-S→Res、Te-T→Te-Q→Ex-N→Ex-S→

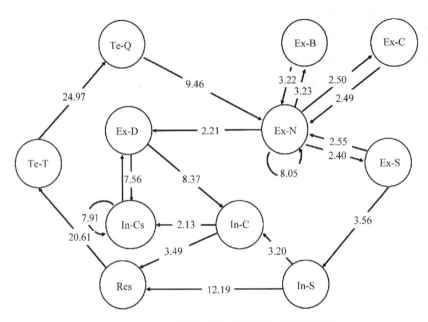

图 7-3　干预后认知临场感行为序列转换过程

In-S→In-C→Res、Te-T→Te-Q→Ex-N→Ex-D→In-Cs→Ex-D→In-C→
Res（图 7-4 右）说明干预后学生认知临场感能通过四条路径从触发事件

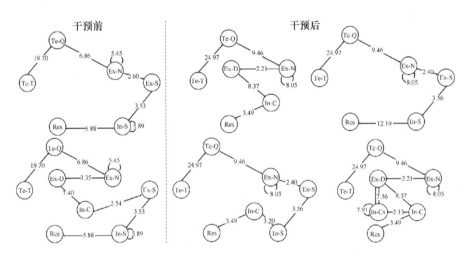

图 7-4　干预前后认知临场感行为序列转换过程差异对比分析一

过渡到了探究阶段（Te-Q→Ex-N），再从探究阶段过渡到了整合阶段（Ex-D→In-C＼Ex-S→In-S＼Ex-D→In-Cs），最后从整合阶段过渡到了解决（In-C→Res＼In-S→Res）。

针对以上分析，本书发现同伴教学临场感能促进学生认知临场感的整体发展水平。对比干预前后认知临场感从触发事件过渡到解决阶段的行为序列转换过程可以发现，干预后从触发事件顺利到达解决阶段的路径由两条增加到四条。这是因为干预前探究阶段的建议考虑和产生分歧分别能显著引发整合阶段的汇集（Ex-S→In-S）与补充他人观点（Ex-D→In-C），而干预后建议考虑和产生分歧不仅能分别显著引发汇集与补充他人观点，产生分歧还能显著与整合阶段的在观点之间建立联系相互引发（Ex-D→In-Cs，In-Cs→Ex-D）。不同的人由于原有经验不同，对同一事物以及概念的理解不同①。因此，产生分歧在团体构建知识中不可避免，关键是要在不同观点之间建立联系。同伴教学临场感能通过"识别小组成员错误及不全面的观点""解决小组成员冲突"以及"直接明确指出组员错误观点"等促进成员在不同观点之间建立联系；另外，认知临场感从触发事件到解决阶段的路径增加一倍的另外一个关键是：干预后整合阶段的汇集不仅可以显著引发解决（In-S→Res），还能显著引发整合阶段的补充他人观点（In-S→In-C），而补充他人观点又可以显著引发解决（In-C→Res）②。本书认为这是因为同伴教学临场感促进对话为学生开放表达自己的观点提供了支持，其次同伴教学临场感通过"维持良好的小组学习氛围"等促进学生对他人观点进行批判性思考，进而对他人观点进行补充，从而实现了汇集显著引发补充他人观点。

其二，Te-T→Te-Q→Ex-N→Ex-S→Ex-C→Te-Q（图7-5上）说明干预前学生在探究阶段持续时间较长，经历了从陈述个人观点到建议考虑（Ex-N→Ex-S），再从建议考虑到突然下结论（Ex-S→Ex-C），并

①　刘三女牙、胡天慧、柴唤友：《新型异步在线讨论环境的应用图景与发展路向》，《现代远程教育研究》2021年第5期。

②　Ye Chen, "Cognitive Presence in Peer Facilitated Asynchronous Online Discussion：The Patterns and How To Facilitate", *Syracuse University*, 2018.

且从突然下结论显著引发了新一轮的触发事件（Ex-C→Te-Q）。可见，认知临场感从触发事件开始，历经较长时间探究阶段又回到了触发事件。这说明认知临场感陷入了触发事件到探究，探究再到触发事件的低阶学习中。干预后只有从触发事件到探究阶段的路径，没有从探究阶段到触发事件的路径（图7-5下），这说明学生认知临场感都能从触发事件过渡到探究，不存在从触发事件到达探究后，又从探究返回触发事件的情况。Te-T→Te-Q→Ex-N→Ex-D→In-C、Te-T→Te-Q→Ex-N→Ex-D→In-Cs 以及 Te-T→Te-Q→Ex-N→Ex-S→In-S（图7-5下）三条路径说明干预后认知临场感能够从触发事件过渡到探究（Te-Q→Ex-N），并且能从探究顺利过渡到整合（Ex-D→In-C \ Ex-D→In-Cs \ Ex-S→In-S）。此外，干预前认知临场感容易陷入探究阶段头脑风暴（Ex-B）、陈述个人观点（Ex-N）自循环（图7-5上）。然而，干预后学生认知临场感虽然还会陷入陈述个人观点自循环，但却可以通过 Ex-N—Ex-D—In-Cs、Ex-N—Ex-D—In-C 及 Ex-N—Ex-S—In-S（图7-5下）走出探究阶段自循环，到达整合阶段。

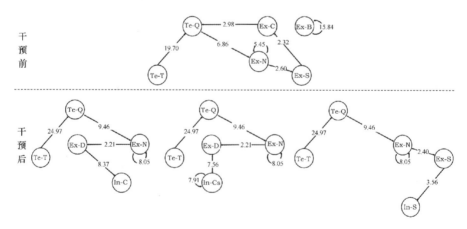

图7-5　干预前后认知临场感行为序列转换过程差异对比分析二

针对以上分析，本书发现干预前认知临场感容易陷入触发事件到探究阶段，探究阶段到触发事件，以及探究阶段自循环的低阶学习中。干预后，认知临场感均能从探究阶段过渡到整合阶段，实现高阶学习。首先，干预后学生只在解决阶段触发新的事件，从而开始新一轮的认知临场感，这符合认知临场感"解决阶段触发新事件"的理论假设。干预前在探究阶段由于有成员突然下了不正确或没有被论证的结论，引起其他成员的质疑，从而触发新的问题。干预后，当有成员突然下结论后，同伴教学临场感通过"追问""识别小组成员的错误及不全面的观点"（同伴教学临场感促进对话）以及"直接明确指出组员错误的观点"（同伴教学临场感直接教学）等方式促使成员陈述个人观点，而非触发新事件。此外，通常情况下，学生容易陷入持续探究模式中，因此教学临场感对于将批判性思维和认知临场感推进到高阶水平至关重要①。因此干预前缺少教学临场感导致学生的会话陷入探究的自循环，干预后同伴教学临场感能促进认知临场感从探究阶段顺利过渡到整合阶段而非陷入探究阶段的自循环。

其三，Te-T→Te-Q→Ex-N→Ex-S→In-S→Te-T 与 Te-T→Te-Q→Ex-N→Ex-D→In-C→Te-T（图7-6上）两条路径都说明干预前学生认知临场感从触发事件过渡到探究阶段，并且能从探究阶段过渡到整合阶段，但不能从整合阶段过渡到解决，而是从整合阶段直接回到了触发事件。干预后（图7-6下）整合阶段三个行为指标均不会显著引发触发事件，这说明认知临场感不存在从整合阶段直接返回触发事件的情况，而是能够通过补充他人观点和汇集从整合阶段过渡到解决阶段；其次，Te-T→Te-Q→Ex-N→Ex-D→In-Cs（自循环）说明干预前学生认知临场感从触发事件过渡到了探究，并且从探究阶段顺利过渡到了整合阶段，但是又陷入了整合阶段在观点之间建立联系的自循环。干预后虽然认知临场感会陷入整合阶段的在观点之间建立联系的自循环，但是也可以通过产生分歧显著引发补充他人观点，最后到达解决。此外，干预前学生认知临场感容易陷入整合阶段汇集自循环，干预后没有再出现汇集自循环。

---

① D. Randy Garrison, Terry Anderson, Walter Archer, "Critical Thinking, Cognitive Presence, and Computer Conferencing in Distance Education", *American Journal of Distance Education*, Vol. 15, No. 1, 2001, pp. 7-23；杨洁、白雪梅、马红亮：《探究社区研究述评与展望》，《电化教育研究》2016年第7期。

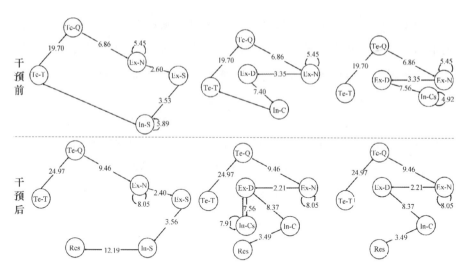

图 7-6　干预前后认知临场感行为序列转换过程差异对比分析三

　　针对以上分析，本书发现干预前认知临场感在整合阶段直接开启了新一轮的触发事件，或者陷入整合阶段的自循环。理论上，整合阶段需要积极的教学临场感来诊断误解，提供探索性的问题、评论和额外的信息，以确保认知临场感持续发展，并为批判性思维过程建模[①]。然而，干预前由于教学临场感的缺失导致关键时刻学生认知临场感得不到即时指导，从而陷入整合阶段的自循环，甚至出现混乱，即在没有解决当前讨论的问题之前又触发了新的事件。干预后，当认知临场感到达整合阶段之后，同伴教学临场感能通过"监督小组讨论聚焦讨论主题"以及"评价讨论过程的有效性"等措施促使其从整合阶段过渡到解决阶段而非陷入整合阶段的自循环或开启新一轮的触发事件。

　　（三）干预前后学生认知临场感在探究与整合阶段表现水平差异对比

　　对于探究阶段而言，陈述个人观点是基础，认知临场感的顺利进行是在成员陈述个人观点的基础上进行。首先，干预前（图 7-7 左）陈述

　　① D. Randy Garrison, Terry Anderson, Walter Archer, "Critical Thinking, Cognitive Presence, and Computer Conferencing in Distance Education", *American Journal of Distance Education*, Vol. 15, No. 1, 2001, pp. 7-23; Holly Fiock Brown, "Designing a Community of Inquiry in Online Courses", *The International Review of Research in Open and Distributed Learning*, Vol. 21, No. 1, 2020, pp. 134-152.

个人观点显著引发产生分歧和建议考虑，干预后（图7-7右）陈述个人观点不仅显著引发产生分歧和建议考虑，还显著引发突然下结论和头脑风暴；其次，干预前陈述个人观点只与建议考虑相互引发，干预后陈述个人观点与建议考虑、突然下结论、头脑风暴三种探究行为显著相互引发，即陈述个人观点先显著引发了建议考虑、突然下结论、头脑风暴等行为，这些行为又会显著引发陈述个人观点。最后，干预前探究阶段的产生分歧可以显著引发整合阶段的在观点之间建立联系，干预后产生分歧与在观点之间建立联系显著互相引发，更能实现探究与整合的联结。

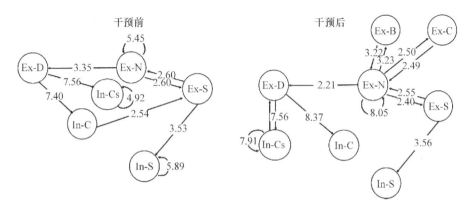

图7-7　干预前后认知临场感探究阶段行为序列转换过程差异对比

基于以上分析，本书发现对于探究阶段本身而言，首先，干预后陈述个人观点不仅显著引发产生分歧和建议考虑，还显著引发突然下结论和头脑风暴，即显著引发更多探究行为序列，这说明同伴教学临场感能够促进群体在探究阶段对相关信息进行更全面的探索，从而就他人陈述的观点进行丰富深入的讨论，而且成员能够根据群体发表的观点进行针对性的反馈与对话；其次，干预后能增加探究行为之间的双向转换，具体表现在陈述个人观点与建议考虑、突然下结论以及头脑风暴三种探究行为显著相互引发，这与探究阶段学生在私人的、反思的个人世界和对思想（知识）的社会探索之间转换，也就是说学生在批判性反思（私人）与和他人对话（共享的）之间反复移动的理论假设一致，说明干预后同伴教学临场感能促进认知临场感在探究阶段按照预期进行；最后，干预后能够实现产生分歧与在观点之间建立联系的显著双向引发，这说明同伴教学临场感更能促进认知临场感实现探究与整合的联结①。一方面，同伴教学临场感能促进小组认知临场感通过不断地产生分歧与在不同观点之间建立联系的双向转换，对与问题相关的内容进行思考与批判，而非只是单向地从产生分歧到在不同观点之间建立联系。另一方面，探究阶段的产生分歧与整合阶段的在不同观点之间建立相互显著引发，说明认知临场感在探究与整合阶段徘徊。这是因为认知临场感在从探究阶段过渡的过程中，学生将开始根据社区思想如何描述和解释正在考虑的问题或事件，从而评估想法的适用性②。因此，表现出来从探究到整合，再从整合到探究，这也符合认知临场感并非线性发展的理论观点。

对于整合阶段而言，首先，干预前（图7-8左）整合阶段三个行为指标之间没有直接连线，说明整合阶段三个行为不能相互显著引发；干预后（图7-8右）汇集显著引发补充他人观点，补充他人观点显著引发在观点之间建立联系，这说明整合阶段能显著引发整合阶段本身的行为；其次，干预前认知临场感在整合阶段只能通过汇集到达解决，干预后认知临场感在整合阶段能通过多种路径到达解决阶段（图7-8）。

基于以上发现，本书认为，首先，干预后认知临场感在整合阶段能够更多地显著引发整合阶段本身的行为，这符合整合阶段的典型特征，即通过汇集、补充他人观点以及在观点之间建立联系以实现从探究阶段产生的想法中构建意义③。同时，这说明认知临场感能够到达高阶学习，

---

① D. Randy Garrison, Terry Anderson, Walter Archer, "Critical Thinking, Cognitive Presence, and Computer Conferencing in Distance Education", *American Journal of Distance Education*, Vol. 15, No. 1, 2001, pp. 7-23；白雪梅、顾小清：《在线学习中教学临场感子维度对认知临场感各阶段的影响机制研究》，《现代远距离教育》2021年第6期。

② D. Randy Garrison, Terry Anderson, Walter Archer, "Critical Thinking, Cognitive Presence, and Computer Conferencing in Distance Education", *American Journal of Distance Education*, Vol. 15, No. 1, 2001, pp. 7-23；白雪梅、马红亮、赵梅：《探究社区中社会存在对认知存在的影响机制》，《现代远程教育研究》2020年第6期。

③ D. Randy Garrison, Terry Anderson, Walter Archer, "Critical Thinking, Cognitive Presence, and Computer Conferencing in Distance Education", *American Journal of Distance Education*, Vol. 15, No. 1, 2001, pp. 7-23；白雪梅、顾小清：《在线学习中教学临场感子维度对认知临场感各阶段的影响机制研究》，《现代远距离教育》2021年第6期。

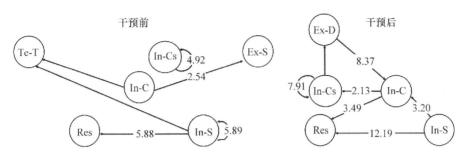

图7-8 干预前后认知临场感整合阶段行为序列转换过程差异对比

并且能停留在高阶学习阶段；本书认为这与同伴教学临场感息息相关，同伴教学临场感能够"通过提问，或者追问等方式吸引和监督成员持续参与探讨"，使得成员对小组已建立的观点进行补充，或者在已有观点之间建立联系，从而促使认知临场感"定格"在整合阶段。其次，干预前认知临场感在整合阶段只能通过汇集到达解决，干预后认知临场感在整合阶段能通过多种路径到达解决阶段。这一研究发现说明了同伴教学临场感对于认知临场感从整合阶段过渡到解决阶段的重要性。整合阶段强调理解探究阶段发现的信息，并对其进行整合，但是学生往往在整合观点过程中会陷入认知冲突，无法顺利进行对话[1]。然而，同伴教学临场感促进对话能够通过"解决小组成员的冲突，例如在不一致观点之间建立联系"促进学生认知临场感的顺利进行。此外，还能通过"通过提问或评价与解释性反馈确认（考察）组员理解"以及"直接明确指出组员错误的观点"等诊断学生的错误理解，并且通过"提供内容，尤其对于有难度的问题发表自己的观点"提供权威理解（或知识），帮助学生获得准确理解，引导有价值有意义的对话，将学习者的认知活动引向更高水平。

四 研究总结与建议

认知临场感是深度学习和批判性思维的核心，如何促进认知临场感

---

[1] 白雪梅、顾小清：《在线学习中教学临场感子维度对认知临场感各阶段的影响机制研究》，《现代远距离教育》2021年第6期。

顺利进行是深度学习发生与批判性思维培养的关键。本书通过开展实验研究，利用滞后序列分析法，就同伴教学临场感对于认知临场感的促进作用进行了研究。研究发现，同伴教学临场感能够促进认知临场感的整体发展水平，具体表现在：能够促进认知临场感通过四条路径实现从触发事件发展到解决阶段；能够促进认知临场感从触发事件到探究、探究再到触发事件，以及探究自循环的低阶学习中过渡到整合阶段的高阶学习中；能够促进认知临场感突破从整合阶段触发新的事件或陷入自循环的困境，从而顺利过渡到解决阶段。接着，本书对同伴教学临场感对认知临场感探究与整合两个阶段的促进作用进行了探究，发现同伴教学临场感能促进认知临场感在探究阶段显著引发更多探究行为，增加探究行为之间的双向转换，并且探究阶段的产生分歧与整合阶段的在观点之间建立联系显著互相引发，更能实现探究与整合的联结；同时能够促进认知临场感在整合阶段实现三种整合行为序列间的联结，显著引发更多整合行为序列，而且能通过多条路径从整合过渡到解决。

基于上述研究发现，本书针对同伴教学临场感何以促进认知临场感的发展提出以下建议：（1）挖掘"专家型学习者"使其成为同伴教学临场感的主要来源。虽然任何一个成员都可以提供同伴教学临场感，但是成员水平差异较大，呈现同伴教学临场感的能力和水平不尽相同。因此，建议挖掘"专家型学习者"，并且将他们分配到不同的组，重点使其扮演专家（教师）角色，充分发挥同伴教学临场感，成为同伴教学临场感的主要来源。（2）具备共享元认知能力是发挥高水平同伴教学临场感的关键。共享元认知的本质是通过促进自我调节学习和共同调节学习从而实现共同理解。参与者不仅要通过自我调节对知识进行意义建构，同时还需要通过共享调节对群体的学习进行监控与管理，承担起塑造、促进和指导探究过程的责任从而展示教学临场感，最终达到促进小组成员调节学习的目的[1]。（3）动态有目的持续探究是实现深度有意义学习的关键。有效的团体知识构建需要团队成员朝着共同的目标努力，并且当意

---

① D. Randy Garrison, "Shared Metacognition in a Community of Inquiry", *Online Learning*, Vol. 26, No. 1, 2022, pp. 6-18.

识到团体学习没有朝着共同目标前进时，及时动态调整。这要求学习者需协商共同目标，协调并确保每位成员对群体学习结果共同负责，并确保群体朝着共同的目标努力。在知识构建过程中，学习者需时刻监测和关注他们的认知、动机、情绪和行为都朝着目标进行。

第二节　在线学习中同伴教学临场感何以促进认知临场感的发展？

一　研究背景

探究社区理论指出教学临场感之所以称为教学临场感而非教师临场感，是因为学生同样能产生教学临场感，即在线学习环境需要教师和学生共同承担构建学习社区的责任。Garrison 和 Akyol 指出尽管教学临场感通常是指教师在探究社区中发挥的作用，但是它可以延伸到探究社区中任何一个参与的学生身上，个体互动过程中学习的方向受所有成员的共同影响[1]。因此，在线讨论中教学临场感不仅来自教师，还可以来自学生[2]。换言之，教学临场感可以通过学生之间的互动实现，形成"同伴教学临场感"。同伴教学临场感强调在线学习环境中学生主体性的发挥及其对集体认知构建的贡献[3]。

在线讨论中对话反馈作为互动交流中的核心元素，是实现有效教学临场感的关键途径。这种反馈模式不仅局限于教师向学生传递信息，更加鼓励所有参与者，尤其是学生同伴之间，通过对话开展互评互学，以

[1]　D. Randy Garrison, Zehra Akyol, "The Community of Inquiry Theoretical Framework", In Handbook of Distance Education Routledge, 2013.

[2]　D. Randy Garrison, "Shared Metacognition in a Community of Inquiry", *Online Learning*, Vol. 26, No. 1, 2022, pp. 6-18; Peter Shea, Jennifer Richardson, Karen Swan, "Building Bridges to Advance the Community of Inquiry Framework for Online Learning", *Educational Psychologist*, Vol. 57, No. 3, 2022, pp. 48-161.

[3]　D. Randy Garrison, "Shared Metacognition in a Community of Inquiry", *Online Learning*, Vol. 26, No. 1, 2022, pp. 6-18.

此深化理解力、激发批判性思维①。同伴对话反馈作为一种在线学习策略，为学生提供了实践同伴教学临场感的机会，培养了他们以专家视角进行交流的能力②。近年来，同伴反馈已引起广泛的关注③。Garrison 和 Akyol 强调在线讨论中同伴间的反馈可以提高学生自身学习的元认知意识④。Chen 和 Gao 进一步指出探究社区中的同伴反馈能促进学生深度学习、提高学生批判性思维和综合能力。此外，相较于传统的教师主导反馈模式，研究者普遍认为同伴对话反馈在促进学生积极参与方面独具优势⑤。当学生同伴在讨论中扮演教师角色时，学生会更积极地参与其中，同伴反馈往往能带来比教师反馈更显著的学习效果。Hew 指出在同龄人的引导下，学生更愿意表达个人观点，乐于分享学习成果⑥。Oh 等人通过对比教师主导和同伴主导的在线讨论，发现同伴互动会对学生的认知

① David Boud, Elizabeth Molloy, "Rethinking Models of Feedback for Learning: the Challenge of Design", *Assessment & Evaluation in Higher Education*, Vol. 38, No. 6, 2013, pp. 698－712; Rachael Ruegg, "Differences in the Uptake of Peer and Teacher Feedback", *RELC Journal*, Vol. 46, No. 2, 2015, pp. 131–145.

② Young Hoan Cho, Kwangsu Cho, "Peer Reviewers Learn from Giving Comments", *Instructional Science*, Vol. 36, 2011, pp. 629－643; Maria Sapouna, "Evaluating the Impact of the Patchwork Text Process in Criminal Justice Education", *Innovations in Education and Teaching International*, Vol. 55, No. 3, 2018, pp. 376–383; Ye Chen, Jing Lei, J Cheng, "What if Online Students Take on the Responsibility: Students' Cognitive Presence and Peer Facilitation Techniques", *Online Learning*, Vol. 23, No. 1, 2019, pp. 37–61.

③ D. Randy Garrison, Zehra Akyol, "Theoretical Frameworkl, Handbook of Distance Education", *Routledge*, 2013, pp. 104–120; Melissa Patchan, Christian Schunn, Richard Correnti, "The Nature of Feedback: How Peer Feedback Features Affect Students' Implementation Rate and Quality of Revisions", *Journal of Educational Psychology*, Vol. 108, No. 8, 2016, p. 1098; Renée M. Filius, Renske A. M. De Kleijn, Sabine G. Uijl, Frans J. Prins, Harold V. M. van Rijen, Diederick E. Grobbee, "Strengthening Dialogic Peer Feedback Aiming for Deep Learning in SPOCs", *Computers & Education*, Vol. 105, 2018, pp. 86–100.

④ D. Randy Garrison, Zehra Akyol, "Theoretical Frameworkl, Handbook of Distance Education", *Routledge*, 2013, pp. 104–120.

⑤ Dr. Joyce Gikandi, D. Morrow, "Designing and Implementing Peer Formative Feedback Within Online Learning Environments", *Technology Pedagogy and Education*, Vol. 25, No. 2, 2016, pp. 153–170; Wenting Chen, Jianwu Gao, "Creating an Online Community of Inquiry: Learner Practice and Perceptions of Community－Based Feedback Giving in Academic Writing", *Computer Assisted Language Learning*, Vol. 37, No. 3, 2022, pp. 493–520.

⑥ Khe Foon Hew, "Student Perceptions of Peer Versus Instructor Facilitation of Asynchronous Online Discussions: Further Findings from Three Cases", *Instructional Science*, Vol. 43, 2015, pp. 19–38.

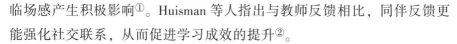

临场感产生积极影响[①]。Huisman 等人指出与教师反馈相比，同伴反馈更能强化社交联系，从而促进学习成效的提升[②]。

尽管同伴反馈研究受到了研究者的高度关注，然而，目前尚未有研究探讨同伴主导的教学临场感对群体认知临场感的影响。因此，我们采用认知网络分析法，基于学生在线讨论学习情景，探究同伴教学临场感对学生群体认知临场感的促进作用，据此提出以下三个研究问题：

（1）教师教学临场感与同伴教学临场感对学生群体认知临场感的影响有什么差异？

（2）同伴教学临场感各阶段对学生群体认知临场感有什么影响及影响差异？

（3）不同水平的同伴教学临场感对学生群体认知临场感影响的差异？

值得一提的是，在前一节中，笔者团队通过滞后序列分析检验了同伴促进可以促进认知临场感。然而，这一节我们主要是通过实证分析，探究同伴促进"何以"促进认知临场感。两项实证研究虽然聚焦同一主题，但是存在本质区别。

二　研究设计

（一）研究对象和情景

本书以 2020—2022 年西北地区某小学四年级语文课在线讨论、互动反馈为研究情境。选取四年级 43 名学生作为研究对象。通过异质分组策略，每组分 4—5 人，总计形成 10 个小组。该课程采用混合教学模式，线下课堂教学与线上讨论相结合，其中线上讨论通过 Moodle 在线平台进行，在每次正式开展线上讨论活动之前，教师精心准备了与课堂内容紧

①　Eunjung Grace Oh, Wen-Hao David Huang, Amir Hedayati Mehdiabadi, Boreum Ju, "Facilitating Critical Thinking in AsynchRonous Online Discussion: Comparison Between Peer-and Instructor-Redirection", *Journal of Computing in Higher Education*, Vol. 30, 2018, pp. 489-509.

②　Bart Huisman, Nadira Saab, Paul van den Broek, Jan van Driel, "The Impact of Formative Peer Feedback on Higher Education Students' Academic Writing: a Meta-Analysis", *Assessment & Evaluation in Higher Education*, Vol. 44, No. 6, 2019, pp. 863-880.

密相关的主题材料，并通过 Moodle 平台发布讨论任务与引导问题，鼓励学生们进行预习和初步思考，学生与自己组内成员进行在线讨论。其中，讨论共分为两种形式，一是由教师参与互动反馈的在线讨论，二是由学生组长参与互动反馈的在线讨论。教师参与的在线讨论，由教师组织、引导学生思考作答，此时教师也参与学生之间的对话反馈，教学临场感主要来自教师；没有教师参与的在线讨论，由学生组长自发组织、引导、促进学生思考、讨论，此时的教学临场感主要来自学生同伴，组长通过同伴对话反馈的方式发挥教学临场感，具体流程如图 7-9 所示。

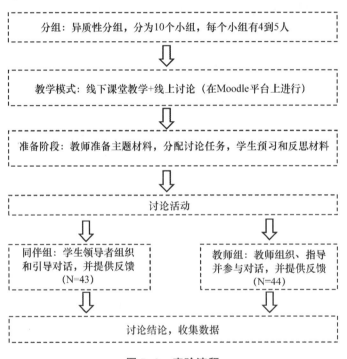

图 7-9　实验流程

（二）编码框架与研究方法

1. 编码框架

根据 Garrison、Anderson 等人提出的探究社区框架，笔者团队从教学临场感与认知临场感两个维度对学生在线讨论话语进行编码，具体见表

7-4[①]。其中教学临场感包含三个子维度，分别是教学设计与组织、促进对话和直接指导；认知临场感包含四个阶段，分别是触发事件、探究、整合和解决。

表7-4　　　　　　　教学临场感和认知临场感编码框架

临场感	指标	具体解释
教学临场感	教学设计与组织	在课程开始之前设计学习资源、学习活动以及课程安排
	促进对话	为了实现深度有意义学习，通过各种措施促进学生进行有目的的对话，从而主动构建知识
	直接指导	学科专家与教学专长的优势，为学生的认知活动提供及时的专家知识与专业指导
认知临场感	触发事件	启动批判性探究循环的阶段，通常由教师提出问题、困境或学生提出问题
	探究	包括对思想的探索和反思，邀请参与者探究问题的本质，它涉及集思广益和交流研究结果
	整合	学生将相关信息和发现联系起来并提出假设的阶段，特点是从收集的思想和信息中构建意义
	解决	学生通过假设检验或替代应用于触发学习周期的问题或困境来评估新构建的知识的阶段

2. 研究方法

Csanadi 等人指出，传统的基于编码和计数的交互分析方法仅能揭示交互的频率，却忽略了代码间的关联及其与学习过程的内在联系[②]。这

---

① D. Randy Garrison, Terry Anderson, Walter Archer, "Critical Thinking, Cognitive Presence, and Computer Conferencing in Distance Education", *American Journal of Distance Education*, Vol. 15, No. 1, 2001, pp. 7-23; Terry Anderson, Rourke Liam, D. Randy Garrison, Walter Archer, "Assessing Teaching Presence in a Computer Conferencing Environment", *Journal of Asynchronous Learning Networks*, Vol. 5, No. 2, 2001.

② Andras Csanadi, Brendan Eagan, Ingo Kollar, David Williamson Shaffer, Frank Fischer, "When Coding-and-Counting is not Enough: Using Epistemic Network Analysis (ENA) to Analyze Verbal Data in CSCL Research", *International Journal of Computer-Supported Collaborative Learning*, Vol. 13, 2018, pp. 419-438.

种分析方法也未能捕捉文本数据的时间动态性和行为模式①。因此，笔者团队采取了一种新的方法论途径——量化民族志，以探究学习者的在线互动行为中认知水平发展情况。认知网络分析作为量化民族志的关键技术，它通过构建可视化网络，直观呈现学习者认知元素间的关系和发展②。认知网络分析有三个核心概念：编码框架、分析单元和时间窗，其中，编码框架界定研究关注的认知元素；分析单元是指分析时考虑的数据片段；而时间窗则允许研究者追踪认知元素随时间的变化。认知网络分析的独特之处在于，它能够生成网络图，其中节点代表特定的代码，边则反映代码间的关联强度或共现频率③。这种可视化手段不仅有助于揭示个体或群体复杂认知网络的结构，还能直观展示不同网络间的差异。目前认知网络分析已经用于不同教育环境中，为理解认知构建过程及时序演变提供了新视角④。因此，笔者团队使用认知网络分析工具根据不同情景的需要对在线讨论中文本数据进行分析单元划分，构建学生认知临场感的量化分析模型，目标是深入剖析不同分析单元下学生认知网络的结构特征及其差异，进而揭示在线学习环境中的认知发展规律。

（三）数据收集与处理

笔者团队收集了在线讨论中两次全员讨论的文本数据，按一定格式

---

① Manu Kapur, "Temporality Matters: Advancing a Method for Analyzing Problem - Solving Processes in a Computer-Supported Collaborative Environment", *International Journal of Computer-Supported Collaborative Learning*, Vol. 6, 2011, pp. 39-56.

② David Williamson Shaffer, Wesley Collier, A. R. Ruis, "A Tutorial on Epistemic Network Analysis: Analyzing the Structure of Connections in Cognitive, Social, and Interaction data", *Journal of Learning Analytics*, Vol. 3, No. 3, 2016, pp. 9-45; Kaliisa Rogers, Kamila Misiejuk, Golnaz Arastoopour Irgens, Morten Misfeldt, "Scoping the Emerging Field of Quantitative Ethnography: Opportunities, Challenges and Future Directions", *International Conference on Quantitative Ethnography*, Cham: Springer International Publishing, 2021, pp. 3-17.

③ David Williamson Shaffer, Wesley Collier, A. R. Ruis, "A Tutorial on Epistemic Network Analysis: Analyzing the Structure of Connections in Cognitive, Social, and Interaction Data", *Journal of Learning Analytics*, Vol. 3, No. 3, 2016, pp. 9-45.

④ Ramy Elmoazen, Mohammed Saqr, Matti Tedre, Laura Hirsto, "A Systematic Literature Review of Empirical Research on Epistemic Network Analysis in Education", *IEEE Access*, Vol. 10, 2022, pp. 17330-17348; Vitor Rolim, Rafael Ferreira Mello, Rafael Dueire Lins, Dragan Gasevic, "A Network-Based Analytic Approach to Uncovering the Relationship between Social and Cognitive Presences in Communities of Inquiry", *The Internet and Higher Education*, Vol. 42, 2019, pp. 53-65.

将数据保存至 Excel 表格中，共获得文本数据 3971 条。数据收集完成后，对原始文本数据进行处理，去除无效文本后获得有效文本 3676 条。在正式编码前，首先对两名编码员进行编码培训，确保编码员对编码内容的理解趋于一致。之后，随机抽取 30% 的编码文本，分别由两名编码员进行独立预编码，利用 SPSS24.0 工具对编码数据进行一致性检验，得到 Cohen's Kappa 系数为 0.753，为进一步提高编码的一致性，两名编码员协商分歧，统一认知后，继续完成后续编码。最后，将编码结果导入认知网络分析在线工具（https：//app. epistemicnetwork. org/）以认知临场感四个编码要素和教学临场感三个编码要素进行会话建模，对各要素进行可视化分析。

三　研究发现与讨论

（一）教师教学临场感与同伴教学临场感对群体认知临场感影响的差异分析

针对研究问题 1，笔者团队根据有无教师参与在线讨论，在数据中选取了具有代表性的两个讨论实例作为分析样本：一是教师参与并主导的在线全员讨论（教师组），二是学生组长自发组织和引导的无教师参与讨论（同伴组）。根据文本编码结果将数据导入至认知网络分析工具中，得到两组学生的认知网络质心，如图 7-10 所示，不同的方块表示不同组的平均认知网络质心，圆点代表每个学生的认知网络质心，虚线框表示质心位置在 95% 水平上的置信区间（下同）。由图 7-10 可知，两组学生认知临场感仅在 X 维度上存在显著差异（教师组 M = -0.09，同伴组 M = 0.09，t = 3.44，p = 0.00 < 0.05，Cohen's d = 0.73），在 Y 维度上不存在差异（p = 1.00）。

为了进一步分析两个组认知临场感之间的差异，笔者团队通过认知网络分析工具绘制了两组学生认知临场感叠减图［如图 7-11（c）所示］，具体来说，线条代表不同组认知节点之间的连接，线条的粗细代表连接的强度，其中，两个组平均认知网络经叠减后，元素之间的连线重叠时会自动相减，最终呈现出连线较强线条的颜色，同时线条的粗细也会进行叠减（下同）。由图 7-11 可知，同伴组和教师组触发事件—整

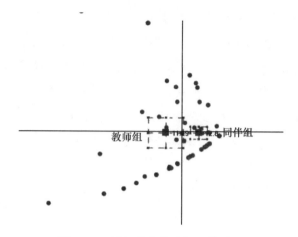

图 7-10　两组学生的认知网络质心

合、触发事件—解决、探究—整合、探究—解决之间的连线被抵消变细甚至消失，但同伴组的"触发事件—探究"的连线显示清晰。这表明在同伴引导的在线讨论中，学生认知临场感触发事件—探究的联系远远大于

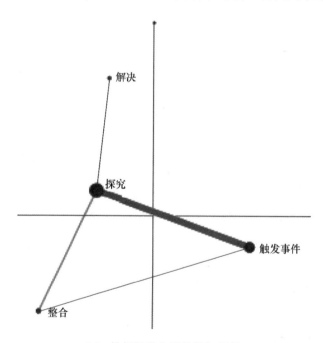

（a）教师组学生平均认知网络

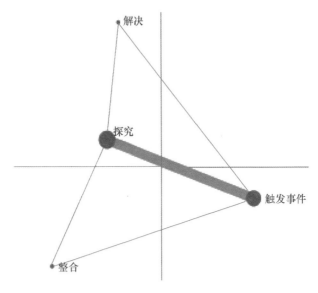

（b）同伴组学生平均认知网络

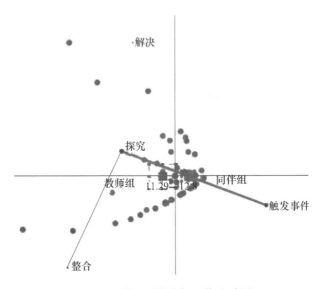

（c）两组学生平均认知网络叠减图

图 7-11　两组学生的平均认知网络

教师引导的在线讨论，而对于认知临场感触发事件—整合、触发事件—解决、探究—整合、探究—解决的联系，同伴组和教师组之间的表现相似。

接着对两组学生认知网络连线系数进行了分析，如表7-5所示。由表7-5可知，在教师引导的在线讨论中，学生认知临场感"触发事件—探究""探究—整合""探究—解决"的连接较强，其权重分别是0.59、0.18和0.11，这表明教师引导的在线讨论中学生认知临场感更多处于触发事件和探究阶段，整合和解决阶段较少出现；在同伴引导的在线讨论中，学生认知临场感触发事件—探究（0.96）探究—整合（0.11）探究—解决（0.08）连线系数较大，这表明同伴引导的在线讨论同样也倾向于促进学生认知临场感在触发事件和探究阶段发展，且在整合和解决阶段的表现与教师引导的在线讨论相似。简言之，相较于教师教学临场感，同伴教学临场感在触发事件与探究阶段对学生认知临场感的促进作用更为明显。同时，针对整合与解决两个高阶认知阶段，同伴教学临场感虽未展现显著优势，但其功能与教师教学临场感相当，同样能够有效促进学生向高阶认知阶段发展。

表7-5　　　　　　　　　两组学生的认知网络连线数

共现类别	教师组	同伴组
触发事件—探究	0.59	0.96
触发事件—整合	0.03	0.02
触发事件—解决	0.00	0.03
探究—整合	0.18	0.11
探究—解决	0.11	0.08
整合—解决	0.00	0.00

注："触发事件—探究"代表触发事件与探究在一个时间窗连续出现，表格中的数值代表连续出现的次数经认知网络计算后的权重，也就是图中连线的数值，下同。

综上分析，笔者团队发现无论是教师引导还是学生引导的在线讨论，群体认知临场感大都集中于触发事件和探究阶段。这与先前的研究结果一致，即学生的互动讨论通常很少体现较高层次的认知临场感，尤其是在解决问题和应用知识方面[1]。这可能是因为学生从探究向整合阶段过渡时面临困难，学生很容易停留在持续的浅层次探索模式中[2]。另一方面，笔者团队发现同伴教学临场感与教师教学临场感均在一定程度上促进群体认知临场感到达整合和解决两个高阶阶段；此外，当同伴发挥教学临场感的作用时，群体认知临场感的触发事件与探究出现的频率远远大于教师引导的在线讨论，即当同伴引导、促进在线讨论时，学生表现出更高的参与度。这与 Xie 等人的研究结果一致，即在线讨论中当学生扮演主持人角色时，学生参与程度会明显增加[3]。这是因为教师具有权威性，教师主导的互动讨论往往以教师为中心，教师充当主持人或意见领袖，学生在这种环境中容易受到教师主观规范的影响，学生在表达观点时会感到紧张，并且教师的权威性会压制学生的积极性[4]。而同伴间的关系更加平等、自然，同伴教学环境能够为学习者创造一个安全、支

① D. Randy Garrison, Terry Anderson, Walter Archer, "Critical Thinking, Cognitive Presence, and Computer Conferencing in Distance Education", *American Journal of distance education*, Vol. 15, No. 1, 2001, pp. 7-23; D. Randy Garrison, Martha Cleveland-Innes, Tak Shing Fung, "Exploring Causal Relationships Among Teaching, Cognitive and Social Presence: Student Perceptions of the Community of Inquiry Framework", *The Internet and Higher Education*, Vol. 13, No. 1-2, 2010, pp. 31-36; Katrina A. Meyer, "Face-to-face Versus Threaded Discussions: The Role of Time and Higher-Order Thinking", *Journal of asynchronous learning networks*, Vol. 7, No. 3, 2003, pp. 55-65; Katrina A. Meyer, "Evaluating Online Discussions Four Difference Frames of Analysis", *Journal of Asynchronous Learning Networks*, Vol. 8, No. 2, 2004, pp. 101-114.

② Zehra Akyol, D. Randy Garrison, "The Development of a Community of Inquiry over Time in an Online Course: Understanding the Progression and Integration of Social, Cognitive and Teaching Presence", *Journal of Asynchronous Learning Networks*, Vol. 12, 2008, pp. 3-22.

③ Kui Xie, Chien Yu, Amy C. Bradshaw, "Impacts of Role Assignment and Participation in Asynchronous Discussions in College-level Online Classes", *The Internet and Higher Education*, Vol. 20, 2014, pp. 10-19.

④ P. Light, E Nesbitt, V. Light, Su White, "Variety is the Spice of Life: Student Use of CMC in the Context of Campus Based Study", *Computers & Education*, Vol. 34, No. 3-4, 2000, pp. 257-267; Khe Foon Hew, Wing Sum Cheung, Connie Siew Ling Ng, "Student Contribution in Asynchronous Online Discussion: A Review of the Research and Empirical Exploration", *Instructional science*, Vol. 38, 2010, pp. 571-606.

持性强的空间，增加学习者的信心，此外，与教师相比，在同伴反馈活动中，同伴的交流有助于学生克服困难。学生还可以通过与同伴的互动交流来增强知识建构，这是很少能通过接受教师反馈来实现的[1]。因此，同伴反馈更容易让学生表达自己的观点，集思广益，挑战彼此的想法[2]。另外，值得注意的是，尽管触发事件与探究处于低阶认知阶段，但它们是通向高阶认知阶段（整合和解决）不可或缺的基石，如果没有同伴引导学生积极参与探究，那么高水平的认知就无从谈起[3]。由此可见，同伴教学临场感对促进学生认知水平由低阶向高阶过渡发挥着重要作用。鉴于此，笔者建议未来研究应致力于如何优化同伴教学过程，以充分利用同伴教学临场感、发挥同伴反馈的优势，有效引导学生跨越认知发展的阈值，进而实现更高层次的认知目标。

基于以上认识，笔者建议在教育实践中应充分挖掘并有效利用同伴教学临场感的潜力，以促进学生的认知层次从低阶向高阶稳步提升，具体而言：课程开始前，教师应通过观察、评估和前测等手段识别每位学生的能力倾向，选拔具有领导潜质的学生担任小组负责人。对这些负责人进行针对性培训，包括但不限于沟通技巧、团队管理策略以及如何激发同伴参与度，确保他们在同伴教学中有效发挥临场感效应。

（二）同伴教学临场感子维度对群体认知临场感各阶段的影响差异分析

针对研究问题 2，首先对各组组长的教学临场感水平进行了描述性统计分析得出各子维度呈现频率及占比，分析结果见表 7-6。根据表

---

① Khe Foon Hew, "Student Perceptions of Peer Versus Instructor Facilitation of Asynchronous Online Discussions: Further Findings from Three Cases", *Instructional Science*, Vol. 43, 2015, pp. 19-38; Susan Irvine, Brett Williams, Lisa McKenna, "Near-peer Teaching in Undergraduate Nurse Education: An Integrative Review", *Nurse Education Today*, Vol. 70, pp. 60-68; Zhe Dong, Ying Gao, Christian D. Schunn, "Assessing Students' Peer Feedback Literacy in Writing: Scale Development and Validation", *Assessment & Evaluation in Higher Education*, Vol. 48, No. 8, pp. 1103-1118.

② Wing Sum Cheung, Khe Foon, Hew, "Asynchronous Online Discussion: Instructor Facilitation vs. Peer Facilitation", *Ascilite 2010 Proceedings*, 2010.

③ Katrina A. Meyer, "Evaluating Online Discussions: Four Difference Frames of Analysis", *Journal of Asynchronous Learning Networks*, Vol. 8, No. 2, 2004, pp. 101-114.

7-6 可知，在教学设计与组织方面表现最好的两个组是第 1 组和第 6 组，因此将其命名为 A 组；在促进对话方面表现最好的两个组是第 2 组和第 4 组，因此将其命名为 B 组；在直接指导方面表现最好的两个组分别是第 3 组和第 5 组，因此将其命名为 C 组。

表 7-6 组长教学临场感各子维度呈现频率及占比

组别	教学设计与组织	促进对话	直接指导	总数	教学设计与组织（%）	促进对话（%）	直接指导（%）
1	10	7	9	26	38.46	26.92	34.62
2	13	48	32	93	13.98	51.61	34.41
3	21	35	41	97	21.65	36.08	42.27
4	13	62	30	105	12.38	59.05	28.57
5	12	33	31	76	15.79	43.42	40.79
6	21	22	14	57	36.84	38.60	24.56
7	12	18	20	50	24.00	36.00	40.00
8	11	25	20	56	19.64	44.64	35.71
9	26	41	33	100	26.00	41.00	33.00
10	10	16	14	40	25.00	40.00	35.00

接着，利用认知网络分析工具绘制不同组学生认知网络质心（如图 7-12 所示）。三个组的质心分别位于 X、Y 轴的不同位置，且相距较远。具体而言，A 组和 B 组在 X 维度上（$p = 0.92$）不存在显著差异，在 Y 维度上（$p = 0.04$）存在显著差异；B 组和 C 组在 X 维度上（$p = 0.00$）存在显著性差异，在 Y 维度上（$p = 0.62$）不存在显著性差异；A 和 C 组在 X 维度上（$p = 0.00$）存在显著性差异，在 Y 维度上（$p = 0.05$）不存在显著性差异。这表三个小组学生认知临场感存在差异，具体分析结果如表 7-7 所示。

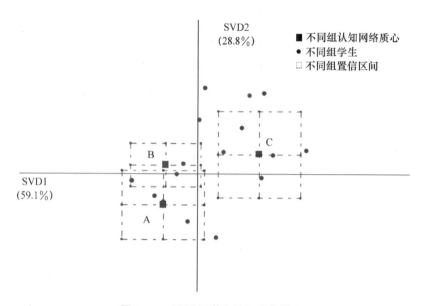

图 7-12　不同组学生认知网络质心

表 7-7　　　　不同同伴教学临场感组学生认知网络结构差异 T 检验

类别	X 维度						Y 维度					
	Mean	SD	N	t	d	p	Mean	SD	N	t	d	p
A 组	0.10	0.15	8	-0.10	0.05	0.92	0.09	0.12	8	-2.3	1.14	0.04
B 组	0.10	0.14	9				-0.03	0.08	9			
B 组	0.10	0.14	9	-3.99	1.88	0.00	-0.03	0.08	9	-0.51	0.24	0.62
C 组	-0.19	0.16	9				-0.06	0.17	9			
A 组	-0.10	0.15	8	-3.84	1.85	0.00	0.09	0.12	8	-2.13	1.08	0.05
C 组	-0.19	0.16	9				-0.06	0.17	9			

　　其次，为了探究不同小组学生认知临场感的差异性，笔者团队利用认知网络分析工具绘制了三组学生认知临场感认知网络，如图 7-13 所示。由图 7-13 可知，首先，三个小组学生认知临场感触发事件—探究均有较强的连接，共线系数分别是 0.97、0.98 和 0.89，其中 B 组数值最大。这表明"教学设计与组织""促进对话"和"直接指导"均与认知

临场感的"触发事件"与"探究"阶段产生了很强的联系。其次，经过对比发现，A组学生认知临场感触发事件—整合（0.06）之间的连接强于B组（0）和C组（0.03），这说明教学设计与组织一方面与学生低阶认知水平（触发事件）有关，另一方面也能促进学生认知进入高阶阶段（整合）。C组学生认知临场感探究—整合（0.25）和探究—解决（0.28）之间的连接强于A组（0.10）（0）和C组（0.06）（0.09），这说明直接指导可以有效促进学生认知临场感处于探究、整合和解决阶段，即直接指导可以促进学生高阶认知水平的发展。

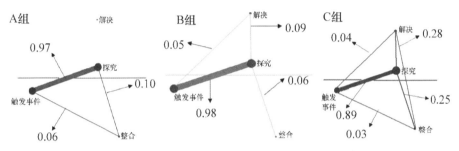

图7-13 三组学生认知临场感认知网络

基于以上分析，发现在同伴教学临场感不同子维度影响下，群体认知临场感水平各不相同。其一，在同伴教学临场感教学设计与组织的影响下，学生认知临场感触发事件和整合出现的频率较高。换言之，教学设计与组织一方面与触发事件阶段（低阶认知水平）有关；另一方面也能够促进部分学生认知向整合阶段（高阶认知水平）发展。笔者前期相关研究发现教学设计与组织对触发事件与整合有影响，本书的这一研究验证了这一观点①。究其原因，教师（或同伴）作为学生学习"设计者"的角色，在课程开始前精心策划学习资源和活动②。而触发事件关注对

---

① 白雪梅、顾小清：《在线学习中教学临场感子维度对认知临场感各阶段的影响机制研究》，《现代远距离教育》2021年第6期。

② Xuemei Bai, Xiaoqing Gu, Rifa Guo, "More Factors, Better Understanding: Model Verification and Construct Validity Study on the Community of Inquiry in MOOC", *Education and Information Technologies*, Vol. 28, 2023, pp. 10483-10506.

探究问题或任务的定义，学生在开始讨论时需要问题进行引导，因此，教学设计与组织直接决定触发事件阶段涉及的问题或任务，进而影响触发事件①。对于整合而言，学生需要在探究的基础上对相关信息进行梳理，根据收集到的信息和想法构建新意义。教学设计与组织通过合理规划在线讨论进程帮助学生认知临场感及时由探究向整合过渡。如果没有同伴合理地规划讨论进程，那么学生认知临场感将一直处于不断探究阶段。

其二，在同伴教学临场感促进对话的影响下，学生认知临场感触发事件和探究出现的频率较高。这是因为在触发事件阶段，问题提出要为学生营造良好的学习氛围，吸引学生快速投入讨论。在探究阶段，学生需要通过不断地自我反思以及同他人对话来认识问题，实现个人认知在个人私有认知世界与群体共享世界之间循环反复，进而在信息搜寻的基础上通过互动对话来分享对学习内容的理解②。促进对话可以通过吸引学习者参与讨论、给予积极反馈等方式促进学生进行头脑风暴、质疑提问以及信息交换，确保高质量的探究过程得以实现③。因此，同伴教学临场促进对话对学生认知临场感探究阶段的维持必不可少。

① D. Randy Garrison, Terry Anderson, Walter Archer, "Critical Inquiry in a Text-based Environment: Computer Conferencing in Higher Education", *The Internet and Higher Education*, Vol. 2, No. 2-3, 1999, pp. 87-105; D. Randy Garrison, Terry Anderson, Walter Archer, "Critical Thinking, Cognitive Presence, and Computer Conferencing in Distance Education", *American Journal of Distance Education*, Vol. 15, No. 1, 2011, pp. 7-23; Terry Anderson, Rourke Liam, D. Randy Garrison, Walter Archer, "Assessing Teaching Presence in a Computer Conferencing Context", *Journal of Asynchronous Learning Networks*, Vol. 5, No. 2, 2001, pp. 1-17.

② D. Randy Garrison, Terry Anderson, Walter Archer, "Critical Thinking, Cognitive Presence, and Computer Conferencing in Distance Education", *American Journal of Distance Education*, Vol. 15, No. 1, 2011, pp. 7-23; Doctoral Candidate Kadir Kozan, Jennifer C. Richardson, "Interrelationships between and among Social, Teaching, and Cognitive Presence", *The Internet and Higher Education*, Vol. 21, 2014, pp. 68-73.

③ Anderson, Terry Liam, Rourke Garrison, D. Randy Archer, Walter, "Assessing Teaching Presence in a Computer Conferencing Environment", *Journal of Asynchronous Learning Networks*, Vol. 5, No. 2, 2001; D. Randy Garrison, J. B. Arbaugh, "Researching the Community of Inquiry Framework: Review, Issues, and Future Firections", *The Internet and Higher Education*, Vol. 10, No. 3, 2007, pp. 157-172.

其三，在同伴教学临场感直接指导的影响下，学生认知临场感探究、整合和解决阶段出现的频率最高，即直接指导一方面可以促进学生认知临场感处于探究阶段，另一方面可以促进学生认知临场感由探究向整合，整合向解决高阶认知水平的发展，这与 Costley 等人的研究结论相似，Costley 等人指出直接指导更有利于提升学生学习成效①。首先，在探究阶段，学生对已接收到的问题进行探究，通过批判性反思和话语来单独或集体地探索问题。在此阶段面对大量的讨论问题和信息，学生的认知容易一直停留在不断产生问题、提出问题阶段②。同伴之间的直接指导可以帮助学生筛选出有用问题，建立问题与信息之间的有效关联，促进学生进行高效探究。在整合阶段，学生需要对探究阶段出现的各种信息进行整合、加工和内化，通过在反思和话语之间的反复移动获得深刻的理解，这个过程中学生会受到各种信息的干扰。面对复杂的知识信息，同伴提供的"学科专家知识和学术指导"有助于诊断并纠正学生的认知误区，帮助学生获得准确的理解③。此外，Garrison 等人也提出，整合阶段通常需要加强教学临场感，以探索和诊断学生的想法，使学习者在发展他们的想法时进入更高层次的思考④。当进入解决阶段，学生遇到难以解决的问题时，同伴会及时给予指导，帮助学生顺利解决问题，促进学生认知临场感由整合向解决阶段过渡，进一步推动高阶认知发展。因

① Jamie Costley, "The Effects of Instructor Control on Critical Thinking and Social Presence: Variations Within Three Online Asynchronous Learning Environments", *Journal of Educators Online*, Vol. 13, No. 1, 2016, pp. 109-171.

② Elizabeth Murphy, "Recognising and Promoting Collaboration in an Online Asynchronous Discussion", *British Journal of Educational Technology*, Vol. 35, No. 4, 2004, pp. 421-431; D. Randy Garrison, J. B. Arbaugh, "Researching the Community of Inquiry Framework: Review, Issues, and Future Directions", *The Internet and Higher Education*, Vol. 10, No. 3, 2007, pp. 157-172.

③ D. Randy Garrison, Terry Anderson, Walter Archer, "Critical Thinking, Cognitive Presence, and Computer Conferencing in Distance Education", *American Journal of Distance Education*, Vol. 15, No. 1, 2001, pp. 7-23; Meina Zhu, Susan C. Herring, Curtis J. Bonk, "Exploring Presence in Online Learning Through Three Forms of Computer-Mediated Discourse Analysis", *Distance Education*, Vol. 40, No. 2, 2019, pp. 205-225.

④ D. Randy Garrison, Terry Anderson, Walter Archer, "Critical Thinking, Cognitive Presence, and Computer Conferencing in Distance Education", *American Journal of Distance Education*, Vol. 15, No. 1, 2001, pp. 7-23.

此，笔者认为直接指导在提升学生高阶认知水平方面具有显著效果。此外，值得一提的是，已有研究①发现促进对话对认知临场感解决阶段影响最大，是影响学生认知临场感发展的核心要素。而笔者认为同伴教学临场感直接指导能有效促进学生认知向整合与解决发展，是影响学生"高阶"认知发展的核心要素。这可能因为同伴教学和教师教学有着本质不同②。在教师主导的教学模式中，教师凭借深厚的学科知识和娴熟的对话引导技巧，能够精准定位学生的认知障碍，有效促进学生跨越认知冲突，引导认知临场感从低阶阶段向高阶阶段平稳过渡。因此，教师的促进对话能力被视为学生认知发展的核心推手。相比之下，同伴教学作为一种平等互助的学习形式，同伴既是施教者也是受教者，这种双重身份使他们更能敏锐洞察和理解同伴面临的挑战，从而提供更具针对性且易于产生共鸣的指导。加之同龄人间天然的亲近感和共同语言，同伴之间的直接指导往往能更有效地激发学生的主动思考，促进问题解决能力的提升，进而强化学生的元认知能力。因此，在同伴教学框架下，直接指导成为驱动学生认知向更高层次发展的核心要素。

因此，笔者建议要灵活运用教学临场感三个子维度各自的优势。具体策略如下：（1）教学设计与组织维度与学生认知临场感的低阶水平（触发事件）和高阶水平（整合）均有联系。在触发事件阶段，高质量的问题设计至关重要，它能激发学生的讨论热情，进而推动高阶认知的发展③。因此，要设置开放性的任务、话题和问题或设置开放性的环境引导学生自由选择感兴趣的话题展开探讨④。其次，在整合阶段，应引

---

① 白雪梅、顾小清：《在线学习中教学临场感子维度对认知临场感各阶段的影响机制研究》，《现代远距离教育》2021 年第 6 期；Fang Li，"'Are you there?'：Teaching Presence and Interaction in Large Online Literature Classes"，*Asian-Pacific Journal of Second and Foreign Language Education*，Vol. 7，No. 1，2022，p. 45.

② J. C. C. Chan，Khe Foon Hew，Wing Sum Cheung，"Asynchronous Online Discussion Thread Development：Examining Growth Patterns and Peer-Facilitation Techniques"，*Journal of Computer Assisted Learning*，Vol. 25，No. 5，2009，pp. 438-452.

③ Cindy E. Hmelo-Silver，"Problem-based Learning：What and How do Students Learn？"，*Educational Psychology Review*，Vol. 16，2004，pp. 235-266.

④ 白雪梅、顾小清：《在线学习中教学临场感子维度对认知临场感各阶段的影响机制研究》，《现代远距离教育》2021 年第 6 期。

导学生对他人观点进行批判性思考，鼓励他们结合他人意见与自身见解，形成独到观点。例如，使用诸如"我不同意这个观点，原因是……"的表达方式。此外，还应当为学生提供方便查找的资源，鼓励学生在综合信息基础上形成独立见解。（2）促进对话维度主要助力于学生认知临场感的触发事件和探究阶段。在触发事件阶段，建议使用"问题支架"，同伴可通过提出启发性问题吸引学生参与讨论[①]。在探究阶段，建议同伴及时为学生提供反馈，如通过表扬贡献、营造积极氛围、鼓励沉默者发声等方式维持学生良好的讨论动力。（3）直接指导维度对于学生认知临场感的整合和解决阶段尤为关键。对于整合阶段而言，学生认知往往在探究向整合过渡时面临困难，陷入循环讨论的"怪圈"。因此，建议引入同伴间的及时干预机制，鼓励互相提醒总结核心观点，以避免无尽的循环探究陷阱[②]。对于解决阶段而言，建议为学生提供知识支架。首先，针对学生在该阶段暴露出来的薄弱知识点，及时提供补充学习材料，以增强其知识的完整性。其次，通过精准的指导和补充新信息，直接解决学生的理解误区或知识盲区，帮助学生在新获得的知识与实际问题解决之间建立有效的联系，促进深度学习。

（三）不同同伴教学临场感水平对群体认知临场感影响差异分析

为了回答研究问题3，选取了全员参与的在线讨论会话记录，按照组长在小组讨论中表现出的有效同伴教学临场感话语次数（具体数据见表7-6），并结合 CoI 量表的评估结果，采用了分层的方法对各小组进行分类，将同伴教学临场感话语频数最小的两个组定义为低水平组；频数处于中间的四个组定义为中水平组；频数最高的四个组定义为高水平组。利用认知网络分析工具绘制三个不同水平同伴教学临场感组学生认知网络质心，结果如图7-14所示。

① Cindy E. Hmelo-Silver，"Problem-based Learning：What and How do Students Learn？"，*Educational Psychology Review*，Vol. 16，2004，pp. 235-266.

② Michelene T. H. Chi，Ruth Wylie，"The ICAP Framework：Linking Cognitive Engagement to Active Learning Outcomes"，*Educational Psychologist*，Vol. 49，No. 4，2014，pp. 219-243.

表7-8　　不同水平同伴教学临场感组学生认知网络结构差异 T 检验

水平	X 维度						Y 维度					
	Mean	SD	N	t	d	p	Mean	SD	N	t	d	p
高水平	0.01	0.14	17	0.34	0.15	0.74	0.04	0.12	17	2.91	1.18	0.01
低水平	-0.01	0.14	8				-0.10	0.11	8			
高水平	0.01	0.14	17	0.28	0.09	0.78	0.04	0.12	17	0.76	0.26	0.46
中水平	-0.01	0.22	18				0.01	0.10	18			
中水平	-0.01	0.22	18	-0.04	0.01	0.97	0.01	0.10	18	2.49	1.08	0.03
低水平	-0.01	0.14	8				-0.10	0.11	8			

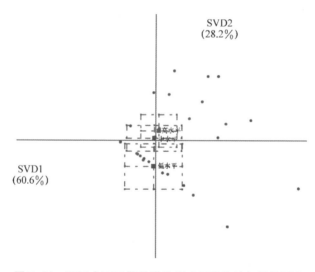

图 7-14　不同水平同伴教学临场感组学生认知网络质心

由图 7-14 可知，不同水平组的学生认知网络质心分别处于不同位置，这表明不同同伴教学临场感水平组的学生认知网络结构存在差异。各组之间的差异如表 7-8 所示，高水平组与低水平组的认知网络在 X 维度（p=0.74）上不存在显著性差异，但在 Y 维度（p=0.01）上存在显著性差异；高水平组与中水平组在 X 维度（p=0.78）Y 维度（p=0.46）上均不存在显著性差异；中水平组与低水平组在 X 维度（p=0.97）上不存在显著性差异，但在 Y 维度（p＝0.03）上存在显著性差异。

为了进一步探究不同水平同伴教学临场感对小组认知临场感水平影响的具体差异情况，笔者团队通过认知网络分析绘制了不同水平同伴教学临场感组学生叠减图与平均认知网络，结果如图 7-15、图 7-16 所示。首先，由图 7-15 可知，高水平组与中等水平组均位于上方区域，这两个小组学生认知临场感的触发事件、探究和解决阶段出现的次数较多；低水平组位于下方区域，小组学生认知临场感的触发事件、探究和整合阶段出现的次数较多。这表明除了触发事件和探究外，中、高水平组解决阶段出现次数较多，而低水平组整合阶段出现的次数较多。其次，由图 7-16 可知，低水平组学生认知临场感"触发事件—探究""触发事件—整合""探究—整合"的连线颜色较深；中等水平组认知临场感的触发事件—探究、探究—整合、探究—解决的连线颜色较深；高水平组认知临场感的"触发事件—探究""探究—整合""探究—解决""触发事件—解决"的连线颜色较深。这表明高水平组学生认知结构比中、低水平组学生认知结构更多样化。具体而言，相较于低水平组，中等水平组新增了探究—解决，高水平组在中等水平组的基础上又新增了触发事件—

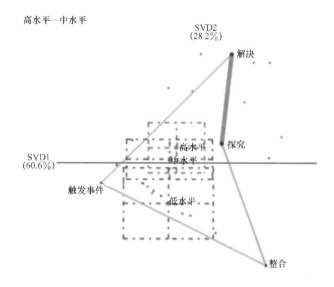

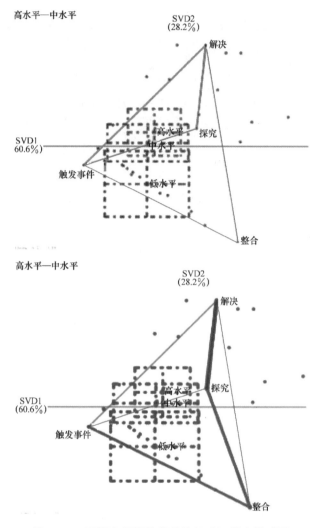

图 7-15　不同水平同伴教学临场感组学生叠减图

解决。由此可见，中、高水平组解决阶段出现的频率依次增加。这表明同伴教学临场感水平越高的组，学生认知临场感解决阶段出现的频率越高，即同伴教学临场感水平越高，学生认知临场感水平也越高。

基于以上分析，发现低水平同伴教学临场感可以使学生认知临场感达到整合阶段，但中、高水平同伴教学临场感可以使学生认知临场感达到

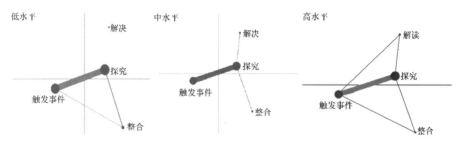

图 7-16 不同水平同伴教学临场感组学生平均认知网络

解决阶段。也就是说，同伴教学临场感水平越高，学生认知临场感解决阶段出现的频率越高。这与 Kozan、Wertz 等人的研究结果相似，即高水平的教学临场感会产生高水平的认知临场感，在此基础上笔者强调高水平"同伴"教学临场感可以促使学生产生高水平认知临场感，更加突出了同伴反馈在在线讨论中的作用[①]。这是因为学生总是在探究阶段向整合阶段、整合阶段向解决阶段过渡时面临困难[②]。如果在整合向解决阶段过渡时同伴能够发挥自身作用，及时为学生提供积极的指导和帮助，那么将会促进学生认知向更高阶发展。具体来看：低、中、高水平组的学生在讨论时，组长均通过诸如鼓励参与、表扬进步和引导深入探讨等手段营造良好的学习环境，吸引学生积极参与在线讨论（如："今天讨论板块较多，先开始写信""假如是你的话，你该怎么说问候语呢？""这个环节大家还有疑问吗？""大家思维活跃""点赞、厉害、太棒了"……）。但相较于低水平组，中、高水平组组长在面对组员无法独立解决的问题时，能够更加准确而直接地介入并指导（如："不要这样说，大家都不许这样说，要说些比如说是老师、同学、亲人、不要说名

① Kadir Kozan, "A Comparative Structural Equation Modeling Investigation of the Relationships Among Teaching, Cognitive and Social Presence", *Online Learning*, Vol. 20, No. 3, 2016, pp. 210-227; Ruth E. H. Wertz, "Learning Presence Within the Community of Inquiry Framework: An Alternative Measurement Survey for a Four-Factor Model", *The Internet and Higher Education*, Vol. 52, 2022, p. 100832.

② Norman Vaughan, D. Randy Garrison, "Creating Cognitive Presence in a Blended Faculty Development Community", *The Internet and Higher Education*, Vol. 8, No. 1, 2005, pp. 1-12.

称""语言不要太枯燥，多说一点""那我补充一下，写完一件事写另一件事要另起一个自然段"……），帮助学生克服讨论过程中的认知挑战。因此，可以明显看出，组长教学临场感水平与群体讨论的认知深度和发展层次紧密相连。高水平的组长能够更有效地引导学生跨越认知障碍，推动群体讨论向着更高阶的认知水平发展。此外，该发现再次强调了在线讨论中同伴直接指导的重要价值，同伴之间直接、具体的指导有助于帮助学生解决讨论中面临的问题、加深理解、提升认知水平。因此，直接指导对促进高效学习和认知发展具有重要价值。

基于以上发现，笔者建议教师应该关注同伴教学临场感的提高，挖掘学生潜力，充分发挥同伴教学临场感的作用。（1）引导学生学习同伴促进技巧，如促进联系、提供信息、做出澄清等，通过同伴促进技巧提升同伴教学临场感水平[①]。（2）课程实施过程中，教师需要密切关注并定期评估同伴教学临场感的表现，定期提供个性化的反馈，结合具体情境提供有针对性的指导。（3）创设模拟教学情境，让学生在真实情境的角色扮演中体验和锻炼同伴教学技能，培养他们在各种课堂情境中的适应性和灵活性。

四 研究总结与建议

笔者团队运用认知网络分析法，探讨了同伴教学临场感对学生认知临场感的影响，回答了"同伴教学临场感如何影响认知临场感"这一问题。研究发现，同伴教学临场感与教师教学临场感一样，对群体认知临场感的发展具有同等重要的关键性影响。其次同伴教学临场感的三个子维度——教学设计与组织、促进对话、直接指导，分别在促进群体认知临场感的各个阶段中起着独特的作用。具体而言，教学设计与组织对认知临场感的触发事件和整合阶段有显著影响；促进对话主要促进触发事件和探究；而直接指导则对整合和解决阶段尤为关键。最后，值得注意

① Ye Chen, Jing Lei, Jiaming Cheng, "What if Online Students Take on the Responsibility: Students' Cognitive Presence and Peer Facilitation Techniques", *Online Learning*, Vol. 23, No. 1, 2019, pp. 37-61.

的是，同伴教学临场感的水平高低也直接影响学生认知临场感的发展阶段。中、高水平的同伴教学临场感能够促使学生认知临场感达到解决阶段，并且同伴教学临场感水平越高，学生达到认知临场感解决阶段的频率也越高。这表明，提升同伴教学临场感的质量，有助于推动学生在认知临场感上的深入发展。这也证明了高水平同伴教学临场感可以产生高水平的认知临场感，尤其凸显了同伴反馈在在线讨论中的价值。

未来的教育研究应当重点关注如何更有效地利用同伴教学临场感来提升学生群体的认知临场感。具体来说，应致力于优化同伴教学过程，充分挖掘同伴教学临场感的潜力，让学生的认知层次能从低阶平稳过渡到高阶。在教育实践中，课程初期通过教师评估，选拔有能力的学生担任小组负责人，并对其进行培训，使他们能在同伴教学中有效发挥临场感效应。此外，未来研究还应探索如何进一步强化同伴教学临场感，尤其是直接指导这一维度，因为它能显著促进学生认知向整合与解决阶段发展，对高阶认知发展起到核心推动作用。同时，应考虑如何通过同伴教学，尤其是同伴间的直接指导，帮助学生克服认知挑战，提升学习效率和认知水平。最后，鉴于同伴教学临场感与群体讨论认知深度和发展层次的紧密联系，未来的研究还需深入探讨如何培养高水平组长，以更有效地引导学生跨越认知障碍，推动讨论向更高阶认知水平发展。总之，未来的研究方向应围绕如何最大化同伴教学临场感的积极作用，以及如何通过同伴反馈和直接指导来促进学生认知临场感的全面发展。

总结与展望

第一节 研究总结

　　随着教育信息化的加速和国家教育数字化转型战略的实施，在线教育已成为教育体系不可或缺的部分。本书聚焦于 CoI 社区理论与实践，旨在为中国在线教育领域注入创新动力。鉴于 CoI 理论的广泛影响力——其首篇学术论文被引用超过 9000 次（截至 2024 年 4 月，Google 学术统计），本书分为两大板块深入剖析：一是全面纵览国际 CoI 研究；二是展示作者团队的六项前沿实证研究。

　　本书的第一章至第四章全面梳理了国际 CoI 研究。第一章回顾了 CoI 框架的起源、核心思想及其影响，并探讨了 CoI 评估工具的发展轨迹，分析了 CoI 框架三大核心要素：教学临场感、社会临场感、认知临场感之间的相互依存关系，以及 CoI 框架这三大核心要素与其他在线学习变量的关系。这一章旨在回答什么是 CoI 框架、其影响与发展，以及如何构建在线学习环境中的社区感，促进有意义的学习体验等重要问题。第二章至第四章则分别探讨了社会临场感、教学临场感和认知临场感的国际研究进展，总结了这些研究的重要发现和趋势。

　　本书的第五章至第七章展示了笔者团队在 CoI 领域的前沿探索。首先，鉴于 MOOC 作为在线教育的典型形式，面临高辍学率、低完成率和无法提供等同于校内教育的质量认证等问题，笔者团队从 CoI 视角出发，探究如何通过教学设计提高 MOOC 的质量。第五章专注于 MOOC 中的 CoI 实证研究，具体内容两项实证研究。其中，这一章节的第一项实证研究验证了 CoI 模型在 MOOC 中的适用性，旨在为促进 MOOC 的高质量发展提供新见解。第二项实证研究关注基于 MOOC 的混合学习中不同群体对 CoI 框架教学临场感、社会临场感、认知临场感的感知水平差异，旨在为 MOOC 如何提高不同群体对 CoI 三大临场感的感知水平，从而确保良好的学习体验提供实证证据。通过这些研究，本书不仅探讨了 CoI 理论在 MOOC 中的应用，还为解决 MOOC 面临的挑战提供了具体的策略和建议。

其次，认知临场感作为 CoI 三大要素的核心，指的是学习者在批判性在线探究社区中通过持续反思和对话来构建意义的程度。认知临场感是深度学习发生的重要条件，因此笔者团队重点关注在线学习中认知临场感发展过程模式、特征及其促进策略。其中，第六章的两项实证研究主要聚焦于学习分析技术支持下的在线协作学习中认知临场感过程模式的挖掘。具体而言，这一章中的第一项实证研究运用行为序列分析法，诊断了在线团体知识建构学习中的认知临场感过程模式，揭示了学生在不同阶段的认知行为特征及其转换规律。第二项实证研究借助认知网络分析，揭示了在线协作学习中认知临场感的发展轨迹、特征及差异，提供了对认知临场感动态演变的深入理解。

第七章则集中探讨了提升认知临场感的策略，并开展了两项实证研究。这一章的第一项实证研究探讨了"同伴促进"在提升在线团体知识建构中认知临场感的作用，分析了同伴互动如何影响学生的认知发展。第二项实证研究则通过认知网络分析，探究了同伴教学临场感对认知临场感发展的促进作用，提供了具体的证据支持，展示了同伴教学如何有效提升学生的认知参与。这两章的研究不仅揭示了认知临场感在在线学习中的复杂性和多样性，还为教育实践提供了具体的指导和策略，以促进学生的认知发展和学习成效。

第二节　研究展望

基于 CoI 框架的权威性与适用性，国际有关 CoI 领域的研究持续不断，基于对国际相关研究的梳理，以及笔者团队开展的相关实证研究发现，建议未来研究可以从以下几方面展开。

其一，深化 CoI 框架的应用。一方面，进一步探索 CoI 框架在不同文化背景下的适应性和有效性，评估其通用性或文化特异性，为全球在线教育提供更广泛的理论支撑。另一方面，研究 CoI 框架在融合虚拟现实、增强现实和混合现实、元宇宙等新兴技术支持的在线学习环境中的应用，以期发现新的教学设计原则。其二，扩展 CoI 理论边界。一方面，结合心理学理论，探索情绪智力、自我效能和动机如何影响 CoI 框架下的学习体验，以及它们如何被整合到教学设计中。另一方面，考察 CoI 框架在成人教育、职业培训和非正式学习场景中的适用性，以适应快速变化的工作市场和社会需求。其三，创新评估与测量方法。一方面，尝试自动化评估工具，即开发基于人工智能的自动评估工具，用于实时监测和反馈 CoI 框架下的学习活动，以提高教学效率和个性化学习支持。另一方面，多源数据融合，即结合学习分析、社交媒体分析和生物信号数据，创建多维度的 CoI 评估模型，以获得更全面的学习者行为和认知状态图景。最后，教师专业发展方面，设计针对教师的 CoI 培训计划，提升其在线教学能力和对 CoI 框架的理解，促进教师角色的多元化和教学创新。学生数字素养提升方面，探索如何通过 CoI 框架培养学生的数字素养和批判性思维，使他们能够在复杂的信息环境中有效学习和解决问题。通过这些研究方向的探索，我们期望能够进一步完善 CoI 框架，丰富在线教育理论体系，为教育实践者、政策制定者和研究人员提供更加坚实的基础，共同促进教育的数字化转型和高质量发展。

值得一提的是，CoI 框架虽然包含三大临场感。但最重要的是认知临场感，教学临场感与社会临场感都是为了促进认知临场感。鉴于此，笔者建议未来相关研究可以聚焦认知临场感。具体而言，其一，可以拓展认知临场感的过程模式研究。结合文本、音频、视频等多种数据源，进行综合分析，以更全面地捕捉学生在不同学习阶段的认知行为和情感变化。开展长期的纵向研究，跟踪学生在整个课程或多个课程中的认知临场感发展，探讨其在不同时间点的变化及其与学习成效的关系。在全球范围内进行跨文化研究，比较不同文化背景下认知临场感的过程模式和特征，以验证 CoI 理论的普遍性和适应性。其二，深入探究同伴促进机制。第七章的第一项实证研究表明，"同伴促进"在提升在线团体知识建构中的认知临场感方面具有显著作用。

未来的研究可以在此基础上进一步深入：

一方面，探讨不同类型的同伴角色（如组长、普通成员、专家型同伴等）对学生认知临场感的影响，分析这些角色如何通过不同的互动方式促进学生的深度学习。另一方面，设计和评估更加系统化的同伴支持机制，例如同伴辅导、同伴反馈、同伴评价等，以提高同伴促进的效果。此外，还可以研究同伴教学临场感在不同学习阶段的动态变化，探讨其如何随着学习进程的推进而演变，并影响学生的认知发展。通过上述研究展望，未来的研究将进一步深化对认知临场感的理解，探索精细化的认知临场感发展策略，为在线教育的可持续发展注入新的动力。

出版学术专著目录

1. 曹二磊：预科生数学核心概念理解水平及教学策略研究
2. 关荐：民族地区文化共同体建设的心理学路径研究
3. 王安全：西部乡村振兴中的教师教育供给制度研究
4. 马晓凤：精准帮扶视域下农村小规模学校发展研究
5. 马晓玲：西北地区农村教学点信息化演进研究
6. 田养邑：教育精准扶贫机制的人类学图志
7. 马笑岩：小学教育专业教学质量评价标准研究
8. 李英慧：梁漱溟青年教育观研究
9. 陈琼：西北地区小学中华优秀传统文化传承的典型案例研究
10. 白雪梅：21 世纪在线学习：探究社区理论与实证研究